Eric Pulier
Hugh Taylor

Compreendendo SOA Corporativa

Tradução

Marcelo Trannin Machado

Mestre em Engenharia de Sistemas e Computação

Do original

Understanding Enterprise SOA, by Eric Pulier and Hugh Taylor

Original English language edition published by Manning Publications Co., 209 Bruce Park Avenue, Greenwich, Connecticut 06830. Copyright© 2007 by Manning Publications Co. Portuguese language edition copyright© 2008 by Editora Ciência Moderna Ltda. All rights reserved.

Copyright© 2008 Editora Ciência Moderna Ltda.

Todos os direitos para a língua portuguesa reservados pela EDITORA CIÊNCIA MODERNA LTDA.

Nenhuma parte deste livro poderá ser reproduzida, transmitida e gravada, por qualquer meio eletrônico, mecânico, por fotocópia e outros, sem a prévia autorização, por escrito, da Editora.

Editor: Paulo André P. Marques
Supervisão Editorial: Carlos Augusto L. Almeida
Capa: Patricia Seabra (baseada no original)
Tradução: Marcelo Trannin Machado
Diagramação e Arte-final: Verônica Paranhos
Copidesque: Luciana Nogueira Duarte
Assistente Editorial: Martha Roberta Tavares da Cunha

Várias **Marcas Registradas** aparecem no decorrer deste livro. Mais do que simplesmente listar esses nomes e informar quem possui seus direitos de exploração, ou ainda imprimir os logotipos das mesmas, o editor declara estar utilizando tais nomes apenas para fins editoriais, em benefício exclusivo do dono da Marca Registrada, sem intenção de infringir as regras de sua utilização.

FICHA CATALOGRÁFICA

Pulier, Eric e Taylor, Hugh

Compreendendo SOA corporativa

Rio de Janeiro: Editora Ciência Moderna Ltda., 2008.

Informática; desenvolvimento de aplicações; arquitetura de software

I — Título

ISBN: 978-85-7393-664-3   CDD 001642

Editora Ciência Moderna Ltda.
Rua Alice Figueiredo, 46 – Riachuelo
CEP: 20950-150– Rio de Janeiro, RJ – Brasil
Tel: (21) 2201-6662
Fax: (21) 2201-6896
E-mail: lcm@lcm.com.br
www.lcm.com.br

Para Jake, Will, Chloe e Georgia
Vocês são a razão pela qual o futuro parece brilhante
E.P.

Sumário

Prólogo XIII

Prefácio XV

Agradecimentos XIX

O livro XXI

Introdução XXVII

PARTE 1 – COMPREENDENDO A TECNOLOGIA DE SOA CORPORATIVA 1

Capítulo 1 – O objetivo do acoplamento fraco 3

   1.1 No início, era a computação distribuída 5

   1.2 Os dois problemas de interoperabilidade 8

   1.3 O objetivo: interoperabilidade simples e barata 12

   1.4 Acoplamento fraco real 18

   1.5 Resumo 24

Capítulo 2 – Visão geral de web services..25

    2.1 Quando você procura minha apólice do carro 25

    2.2 A tecnologia de base 29

    2.3 Características de web services 33

    2.4 Dando à luz um web service 36

    2.5 O gerente atento alerta: padrões 38

    2.6 Resumo..39

Capítulo 3 – O que web services podem fazer..41

    3.1 Tecnologia com potencial...41

    3.2 Invocando procedimentos remotos..42

    3.3 Trocando dados 43

    3.4 Impacto sobre o EDI..43

    3.5 Comunicando-se com sistemas multifornecedores................................45

    3.6 Interagindo interdepartamentalmente e além..46

    3.7 Integrando aplicações (EAI) 47

    3.8 O gerente atento alerta: os limites dos web services..............................49

    3.9 Resumo..52

Capítulo 4 – O que é SOA?..55

    4.1 Arquitetura corporativa: a figura geral 56

    4.2 A arquitetura orientada a serviços 58

4.3 O gerente atento: EA é um processo e não um dogma 64

4.4 Resumo 64

Capítulo 5 – SOA para integração de aplicações corporativas *67*

5.1 A Titan está satisfeita com sua EAI? 67

5.2 Como os web services podem simplificar EAI 72

5.3 Web services em portais 74

5.4 Web services em desenvolvimento de software 76

5.5 O gerente atento alerta: limitações de web services em EAI 80

5.6 Resumo 83

Capítulo 6 – SOA para comércio B2B *85*

6.1 A Titan realiza B2B? 86

6.2 Exemplo: gerenciando a cadeia de suprimentos 86

6.3 Exemplo: construindo hubs 89

6.4 Parceiro a Parceiro: linhas aéreas e aluguel de automóveis 90

6.5 SOAs de Governo e Científicas 93

6.6 O gerente atento alerta: você pode ainda precisar de padrões proprietários 96

6.7 Resumo 97

Capítulo 7 – SOA: processos de negócios aperfeiçoados *99*

7.1 A empresa "centrada em integração" 101

7.2 A empresa "centrada em processos" 109

7.3 O gerente atento alerta: gerenciamento de processos é subjetivo 111

7.4 Resumo 112

Capítulo 8 – Operações em tempo real *113*

8.1 Qual é o time frame da sua companhia? 114

8.2 O objetivo da empresa em tempo real.......................................115

8.3 Realizando o tempo real com SOA..117

8.4 Tornando-se ágil com SOA..119

8.5 O data warehouse virtual em tempo real...................................121

8.6 Criando acordos de nível de negócios.......................................123

8.7 O gerente atento alerta: tempo real é um termo desgastado 124

8.8 Resumo 125

Capítulo 9 – Segurança em um ambiente fracamente acoplado *127*

9.1 Riscos do acoplamento fraco 128

9.2 Camadas de segurança de SOA..134

9.3 Soluções para segurança de SOA 135

9.4 O gerente atento alerta: não deixe a segurança paralisá-lo 144

9.5 Resumo 145

Capítulo 10 – Conduzindo uma SOA *147*

10.1 Problemas da SOA não-gerenciada...147

10.2 Soluções de gerenciamento de carga 152

10.3 O gerente atento alerta: escolhendo uma solução

de gerenciamento de SOA 160

10.4 Resumo 160

Capítulo 11 – Montando redes de SOAs *163*

11.1 A rede de SOAs potencial da Titan 164

11.2 Gerenciando a rede de SOAs 165

11.3 Tornando segura a rede de SOAs 168

11.4 Descobrindo a solução certa 169

11.5 Utilizando interceptação de SOAP para gerenciamento

de rede de SOAs 170

11.6 VPNs XML 172

11.7 O gerente atento alerta: de quem é a responsabilidade? 174

11.8 Resumo 175

Capítulo 12 – Utility computing *177*

12.1 O que a Titan ganharia com a utility computing 177

12.2 Como os padrões abertos possibilitam a utility computing 181

12.3 Utility computing na SOA 182

12.4 O gerente atento alerta: torne segura a sua utility computing 185

12.5 Resumo 185

PARTE 2 – COMPREENDENDO AS PESSOAS E O PROCESSO DA SOA CORPORATIVA 187

Capítulo 13 – Explorando uma SOA para a Titan 189

13.1 Encontrando-se com os profissionais da Titan..191

13.2 Convertendo a lista de desejos da Titan em uma SOA................................195

13.3 Resumo..206

Capítulo 14 – Chegando a um consenso na Titan 209

14.1 A segunda reunião...209

14.2 Liderança 215

14.3 Os quatro Ps 216

14.4 Resumo..217

Capítulo 15 – Pessoal: começando o treinamento.. 219

15.1 Criando grupos para o sucesso do treinamento de SOA.............................219

15.2 Indo além do básico 223

15.3 Adicionando um "Conselho de Arquitetos"..228

15.4 Resumo..229

Capítulo 16 – Pessoal: estabelecendo as melhores práticas... 231

16.1 Descoberta de Serviços 231

16.2 Criação de serviços - Parte I..238

16.3 Resumo..246

Capítulo 17 – Pessoal: estabelecendo as boas práticas *249*

17.1 Escolhendo uma plataforma 249

17.2 Escolhendo um projeto-piloto 250

17.3 Confrontando uma arquitetura real 253

17.4 Estabelecendo objetivos e chegando ao sucesso 255

17.5 Mensurando o sucesso 260

17.6 Resumo 260

Capítulo 18 – Planejar e prosseguir *263*

18.1 Criando um plano de SOA 263

18.2 O quarto P: prosseguimento 270

18.3 Enfrentando o desastre 271

18.4 Resumo 272

Olhando adiante *275*
Índice *277*

Prólogo

Na última década, temos visto grandes melhorias em produtividade na maioria dos setores da economia; as pessoas estão realizando mais por menos. Trabalhadores de fábricas produzem artefatos mais rapidamente, resolvem problemas mais rapidamente, até mesmo bancos liquidam cheques mais rapidamente. O processo de integrar aplicações de software corporativas, no entanto, tem resistido a essa tendência positiva: parece tão lento e improdutivo quanto sempre foi fazer com que um software fale com outro. Quaisquer promessas como a de uma bala de prata para resolver o problema de integração soam como uma daquelas fantasias entusiastas de fornecedores que prometem a lua, mas entregam o pântano.

Tenho trabalhado nas áreas de processos de negócios e tecnologia para grandes companhias como Kmart, Office Depot, Charles Schwab e Staples, em papéis tão diversos quanto o de dirigente de uma grande organização de marketing direto (com um negócio significante baseado na web), de CIO de um dos maiores varejistas do mundo ou de dirigente de uma supply chain global de muitos bilhões de dólares, e tenho visto milhões de dólares gastos em integração entre sistemas modernos e legados, e entre aplicações internas e externas. Até recentemente, era impossível melhorar o retorno sobre esses investimentos ou a certeza de que esses investimentos se pagariam. Acredito que a tecnologia para resolver esses problemas finalmente está aqui. É um assunto vasto e complexo chamado Enterprise Services-Oriented Architecture (SOA). Até recentemente seu acesso era restrito somente aos papas da tecnologia. Estou empolgado com o fato de Eric Pulier ter lançado este livro para tornar o conceito acessível ao público de negócios em geral.

Conheço Eric Pulier há muitos anos e o tenho visto construir companhias que resolveram grandes problemas de integração entre sistemas; ele é unicamente qualificado para divulgar o conceito de SOA. Ambos acreditamos no poder de SOA e trabalhamos juntos para disponibilizá-la em diversos contextos de negócios. Diferentemente de muitas outras promessas tecnológicas, SOA é real, é o resultado de décadas de evolução em direção a empresas mais ágeis e eficientes. Ela requer vários itens de infra-estrutura de tecnologia e, felizmente, o mercado de software fornece essas ferramentas. E o mais importante: ela requer que homens de negócios mudem a forma como pensam sobre interações entre processos de negócios; este livro os ajudará a compreender como mudar esse pensamento.

SOA corporativa é um assunto que, por sua própria natureza, cruza diversas disciplinas e especialidades funcionais, tanto em TI quanto em negócios. Melhorar sistemas corporativos utilizando novos padrões é ao mesmo tempo empolgante e desafiador pode ser difícil saber por onde começar. Este livro possui uma abordagem generalizada que torna esse assunto compreensível para uma grande faixa de leitores. Ao mesmo tempo, é técnico o suficiente para ser relevante para aqueles que precisam trabalhar com tecnologistas para concluírem seus trabalhos.

Utilizarei este livro para ajudar a direcionar mais o uso de serviços no intuito de aumentar a produtividade. Espero que você também considere este livro útil para levar suas aplicações e processos de negócios a um nível superior de produtividade.

PAUL GAFFNEY
Executive Vice President,
Supply Chain
Staples, Inc.

PREFÁCIO

Service-oriented architecture (SOA) é um notável passo evolucionário na marcha tecnológica em direção a um dos seus maiores objetivos inalcançados: a possibilidade de conectar uma ampla variedade de sistemas sem software proprietário para se conseguir uma verdadeira interoperabilidade aberta.

No seu núcleo, SOA é algo simples. Imagine dois programas de software que foram escritos em linguagens diferentes e que são executados em diferentes sistemas operacionais. Sempre foi possível estabelecer uma conexão entre dois programas como esses utilizando código proprietário ou customizado, mas essa abordagem tem se mostrado custosa e ineficiente. Web services, que formam a base do SOA, tornaram possível criar e operar conexões entre dois itens de software utilizando uma nova linguagem comum conhecida como XML. Essa é a promessa do SOA.

Para alguns, SOA é um grande avanço em computação. Para outros, é a última moda de uma indústria que viveu momentos negros na última década. Independentemente do que você acredita, a realidade é que SOA está acontecendo. Se você trabalha em qualquer negócio, governo ou entidade sem fins lucrativos de tamanho razoável, pode ter certeza de que o planejamento de SOA está a caminho do seu local de trabalho.

Este livro dará a você, homem de negócios, as ferramentas para compreender tanto as questões corporativas quanto tecnológicas envolvidas na realização de retorno sobre o investimento de uma SOA corporativa. Essa é uma proposta desafiadora, mas, se realizada corretamente, totalmente possível. O mundo tecnológico está agitado com a conjectura relacionada a SOA, fornecedores ansiosos, alianças ambíguas, paradigmas superestimados e muita propaganda. Algumas dessas coisas, confesso, foram disseminadas por mim ao longo dos anos. Eu sou um fornecedor. Estou aqui para orientar, mas também para alertar sobre a maneira sensata, calcada em negócios, de se abordar SOA.

Meu objetivo é auxiliá-lo a avaliar as melhores opções de SOA para sua organização. SOA requer que você se oriente rapidamente no turbilhão do mercado. Esta é minha segunda experiência em uma situação similar.

Em 1999, viajei pelo mundo para o lançamento de uma empresa, apresentando a curva exponencial de adoção da tecnologia de Internet em corporações e governos. A imaginação global corria solta com as muitas implicações do sucesso dos padrões de rede. Cada grande jornal, revista e programa de televisão noticiou – o mundo estava mudando e aparentemente para melhor!

Após alguns meses do lançamento, a empresa que fundei atingiu um valor de mercado de mais de $1,5 bilhão. A era dos "padrões de Internet" – a língua franca da comunicação global instantânea – havia chegado. Com a adoção universal de TCP/IP, HTML, HTTP e navegadores web, um conjunto de padrões foi adotado e formava a fundação para uma nova era em computação. O resultado só poderia ser eficiência sem precedentes para os negócios, a educação, a saúde e o governo. As perspectivas eram brilhantes e tínhamos explorado somente a ponta do iceberg.

Um ano depois, as coisas mudaram. O entusiasmo pelo poder explosivo da tecnologia de rede foi revertido com a mesma ferocidade que o abasteceu meses antes. A nova sabedoria comum era: a Internet era uma moda, os benefícios, ilusórios; os analistas, empreendedores, engenheiros, investidores e mercados financeiros eram insanos! A NASDAQ entrou em colapso e continuou a afundar pelos três anos seguintes tão precipitadamente que cada princípio da promessa inicial caiu em questionamento. A contra-reação do mercado foi tão severa que as tecnologias da Internet pareciam ter se tornado não somente esquecidas, mas intimamente suspeitas. Em vez de rejeitar ações supervalorizadas, planos de negócios pobres, executivos sem experiência ou tecnologias imaturas, o mercado condenou tudo.

Claramente, houve mérito em trazer o mercado de volta à Terra. Valorizações estavam altas e rodeadas de financiamento de venture capital, em vez de modelos de negócios, estavam sustentando muitas companhias pobremente concebidas. Mas a "exuberância irracional" foi totalmente irracional? A resposta irá surpreender muitos: o otimismo inicial era justificável. De fato, o potencial foi menosprezado. Como exploraremos neste livro, a realização da promessa da Internet está chegando e a criação de valor resultante irá obscurecer até mesmo as estimativas mais fortes do passado.

O poder da tecnologia de rede se manifesta de três formas distintas de conectividade: pessoa-a-pessoa, pessoa-para-computador e computador-para-computador, e cada uma delas carrega uma série de implicações culturais e econômicas. É a terceira forma de comunicação, computador-para-computador, que explorarei neste livro. Não é somente a menos explorada até agora, mas também a mais valiosa e essencial.

Permitir a comunicação eletrônica pessoa-a-pessoa via e-mail se tornou algo comum no nosso mundo consumidor e de negócios. Parece inconcebível que há apenas uma década essa capacidade era privilégio de poucos. Parecendo uma segunda natureza em nossas vidas, o e-mail é uma inovação baseada inteiramente em padrões de rede. Não foi imediatamente óbvio que seria possível enviar uma mensagem de uma pessoa para outra sem uma linha direta entre elas, sem se saber que tipo de software cliente elas teriam, ou que tipo de computador estariam utilizando. Construindo-se sobre os mesmos padrões, fornecedores de software e serviços de e-mail se tornaram bem-sucedidos na base da interoperabilidade total. Você pode enviar um e-mail de qualquer lugar do mundo sem saber a localização geográfica do destinatário ou sua plataforma de computador, e sua mensagem chegará e estará disponível em segundos.

De modo similar, padrões de Internet inauguraram outra grande mudança na capacidade computacional – a transição de aplicações cliente/servidor para aplicações baseadas em navegadores. Isso permitiu a utilização de software sobre uma rede sem código específico no lado do usuário da conversação. Em alguns anos, a World Wide Web ligou centenas de milhões de computadores e aplicações via interfaces baseadas em navegadores, fornecendo centenas de milhões de transações remotas ao redor do mundo, e nenhuma delas envolveu um requisito de software especializado para permitir a interação. Novamente, há uma década essa capacidade não era nada mais do que uma novidade para um grupo seleto de adotantes precoces, cientistas e inventores. Hoje, o mundo é fundamentalmente diferente, pois cidadãos de países de toda parte do globo possuem o poder de acessar a base de conhecimento coletiva da raça humana.

As implicações mais impressionantes dessas tecnologias podem ser rastreadas para um princípio fundamental: padrões de rede. Mensagens podem ser enviadas a qualquer destinatário de e-mail de diferentes fornecedores, computadores, dispositivos e assim por diante, porque todo mundo adotou a mesma linguagem de comunicação. Sítios web podem ser vistos por qualquer um que possua um navegador padrão pela mesma razão. Não seria do interesse de negócios de ninguém (seja a IBM, a Microsoft ou o governo norte-americano) impor seus próprios padrões, pois isso poderia prejudicar suas próprias capacidades de alavancar o poder da interoperabilidade. Se a Acme E-mail Company gerasse e-mails que só pudessem ser lidos por outros usuários da Acme E-mail Company, essa companhia rapidamente se tornaria irrelevante. Em um ciclo espetacular de auto-interesse, cada grande companhia no mundo baseou-se em padrões que inauguraram uma liberação potencialmente exponencial de valor de investimentos em tecnologia da informação.

Se levarmos essa tendência ao próximo nível de execução, chegaremos brevemente na realização da promessa desses padrões: interoperabilidade aplicação-para-aplicação. O valor de um software em uma economia ligada em rede crescerá em proporção direta à capacidade de interoperação com outro software via padrões. Como veremos neste livro, esse mesmo princípio se aplica não somente a saber como o software é construído, mas também à forma como companhias e governos constroem processos eficientes para competirem.

Interoperabilidade aberta é a liga-mãe do valor potencial em tecnologia da informação. Embora aplicações de e-mail baseadas em navegadores sejam significantes, a visão de que essas tecnologias alterariam a face dos negócios foi o conceito menos compreendido da era da bolha, obrigando executivos confusos e investidores a se virarem para compreender como ou quando um sítio web afetaria seus negócios de alguma maneira misteriosa e profunda. A promessa não realizada não sucumbiu por causa dessas aspirações (elas estão a todo vapor), mas por causa da imaturidade de padrões na área de comunicação computador-para-computador.

Conforme padrões de interoperabilidade de "aplicações" amadurecem, o mistério é resolvido – era previsto que os benefícios anunciados fossem revelados. Organizações que tirarem vantagem dessa evolução em computação competirão e aquelas que não conseguirem se encontrarão na mesma posição da Acme E-mail Company: relegadas a um mundo extremamente pequeno, enquanto os competidores ao seu redor alcançarão a próxima era da computação conectada, global e hipereficiente. Esse é o poder da arquitetura orientada a serviços.

Para compreender o que é SOA corporativa, deve-se experimentar totalmente o gosto tecnológico e político do que pode acontecer quando uma grande organização se compromete com essa nova, empolgante e desafiadora tecnologia. Esse é o objetivo desse livro ao apresentar o estudo de caso da Titan Insurance, uma grande companhia lutando contra muitas das questões do mundo real que aparecem quando padrões abertos são introduzidos em um ambiente complexo.

ERIC PULIER

Agradecimentos

São necessários a contribuição e o talento de muitas pessoas para escrever um livro que abrange uma tecnologia emergente e complexa. Estou totalmente em débito com aqueles que me auxiliaram nesse esforço, especialmente meu co-autor, Hugh Taylor, que trabalhou proximamente a mim e me auxiliou a dar forma a muitos aspectos deste livro, além de criar todos os gráficos que constam nele.

Este livro não teria sido possível sem os comentários e orientação de meus colegas na SOA Software: Alistair Farquharson, Rasta Mansour, Pranav Parekh, Ramesh Sakala, David Weil, Michael Gibson, Ananth Arunachalam, Abongwa Ndumu, Michael Berkovich, Bill Knutson e Mark Shvets.

À Manning Publications, sou muito grato pela orientação profissional do editor Marjan Bace e do editor de desenvolvimento Jackie Carter, assim como à expertise de todos da equipe de produção, especialmente ao editor técnico, Jeff Cunningham. Gostaria de agradecer também aos revisores que deram valioso feedback em diferentes estágios do desenvolvimento do original: Nikhilesh Krishnamurthy, James McGovern, Jeff Machols, Henry Chiu, Tom Valesky, Keyur Shah, Jamiel Sheikh, Doug Warren e Jason Bloomberg.

O LIVRO

Este livro se dirige a todos no mundo dos negócios ou setor público que precisam compreender os novos padrões emergentes para virtualmente todas as decisões de tecnologia da informação. Para homens de negócios, este livro pretende explicar e clarificar em termos de negócios o modo como web services e SOA funcionam. Para profissionais de TI, o livro oferece uma visão geral orientada a negócios de SOA.

Como o livro está organizado

O livro está organizado em torno de duas áreas críticas necessárias para a realização de uma SOA corporativa: tecnologia e pessoas. A natureza de SOA é integrativa; por definição, SOA estende limites. SOA corporativa atravessa diversas linhas de disciplinas de negócios e tecnologia. No livro, isso é amplamente ilustrado pela apresentação do caso de estudo da Titan Insurance, uma visão de perto de uma companhia de seguros que está sofrendo o trauma de TI de uma fusão problemática.

Além da Introdução, que estabelece os parâmetros da Titan Insurance e apresenta o seu histórico, o livro é composto de duas partes:

A Parte 1, "Compreendendo a tecnologia de SOA corporativa", examina os aspectos tecnológicos de web services, assim como outras questões tecnológicas que formam a base de SOA corporativa. Os capítulos 1, 2 e 3 fornecem uma visão geral ampla dos web services, como funcionam e o que podem fazer para seus negócios. O capítulo 4 introduz o conceito de arquitetura orientada a serviços. Os capítulos 5, 6, 7 e 8 exploram como a SOA corporativa altera os terrenos de integração de aplicações corporativas, desenvolvimento de software, comércio business-to-business, gerenciamento de processos de negócios e operações em tempo real. Os capítulos 9 e 10 apresentam discussões extremamente importantes sobre segurança e gerenciamento de

SOA corporativa. Os capítulos 11 e 12 examinam redes de SOA e utility computing, dois cenários de instalação que provavelmente estarão no seu horizonte se você estiver considerando uma SOA.

A Parte 2, "Compreendendo as pessoas e o processo da SOA corporativa", retorna para o caso da Titan em profundidade e oferece um olhar completo sobre os fatores políticos, pessoais e tecnológicos que surgem ao se implementar uma SOA corporativa em uma companhia real. O capítulo 13 examina a realização da lista de desejos da Titan para sua SOA e começa a mostrar como lidar com os players específicos envolvidos no processo. O capítulo 14 continua a descrição de como conseguimos consenso entre os players sobre como alcançar uma SOA efetiva. O capítulo 14 também introduz os quatro Ps – pessoas, piloto, plano e prosseguimento – minha sugestão de processo em quatro estágios para as melhores práticas em SOA corporativa. Os capítulos 15 e 16 se aprofundam mais em como os processos de treinamento e planejamento funcionam. Além disso, esses capítulos destacam uma abordagem de melhores práticas para identificar as aplicações em uma empresa que são mais adequadas a serem expostas como web services, um processo que chamo de descoberta de serviços. O capítulo 17 examina a seleção de plataforma e estabelecimento dos objetivos do projeto e mensuração de sucesso. O capítulo 18 conclui o livro com uma visão de como a Titan Insurance prosseguiu com seu plano de SOA.

Os gráficos

Nas ilustrações utilizadas neste livro, várias imagens aparecem repetidamente, representando situações típicas que ocorrem em tecnologia da informação corporativa. A seguir é apresentado um guia dos gráficos e símbolos que você encontrará durante o livro.

Máquina ou servidor baseado em Linux ou Windows

Servidor moderno montado em rack

Interface proprietária entre sistemas, representada pela imagem da "fechadura e chave"

Banco de dados

 Sistemas legados, incluindo minicomputadores

 Computador mainframe

 Estação de trabalho PC utilizada por usuários

 Servidor Unix ou Sun grande e moderno

 Web Service

 Solução de integração de aplicações corporativas

AUTOR ONLINE

A aquisição de *Compreendendo SOA corporativa* inclui acesso gratuito ao fórum web privado mantido pela Manning Publications, onde você pode fazer comentários sobre o livro, colocar questões técnicas e receber ajuda do autor e de outros usuários. Para acessar o fórum e se inscrever nele, direcione seu navegador web para www.manning.com/pulier. Essa página fornece informações sobre como se inscrever no fórum uma vez que tenha se registrado, que tipo de ajuda está disponível e as regras de conduta no fórum.

O compromisso da Manning com seus leitores é fornecer um espaço para que um diálogo entre os leitores, e entre os leitores e o autor possa se realizar. Não é compromisso para uma quantidade específica de participação da parte do autor, cuja contribuição ao fórum do livro permanece voluntária (e não-remunerada). Sugerimos que você faça perguntas ao autor sobre questões desafiadoras, para mantê-lo interessado!

O fórum Author Online e os arquivos das discussões anteriores estarão disponíveis no website da editora Manning enquanto o livro estiver em catálogo.

OS AUTORES

ERIC PULIER Fundador e Executive Chairman da SOA Software, é um pioneiro e visionário amplamente reconhecido no mundo da tecnologia da informação. Reconhecido como um dos 30 e-Visionaries pela VAR Business, Eric é um palestrante em conferências e eventos da indústria, e um membro da UDDI Advisory Community da IBM. Lidera os esforços da SOA Software para desenvolver soluções de impacto para o gerenciamento de Web Services XML, trabalhando com clientes como Toyota, US Steel, Hewlett Packard e Charles Schwab. Concluiu seu BA, Magna Cum Laude, na Harvard University. Reside em Los Angeles, CA.

HUGH TAYLOR Vice-presidente de Marketing na SOA Software e autor de diversos white papers e artigos sobre SOA, assim como do livro *The Holywood Job Hunter's Survival Guide*. Hugh concluiu seu BA, Magna Cum Laude, e seu MBA na Harvard University. Reside em Los Angeles, CA.

A ILUSTRAÇÃO DA CAPA

A figura na capa de *Compreendendo SOA corporativa* é um "Bosniac", ou um habitante da Bósnia, a província mais a oeste do Império Otomano e parte do estado da Bósnia-Herzegovina. A ilustração foi tirada de uma coleção de vestimentas do Império Otomano publicada em 1º de Janeiro de 1802, por William Miller da Old Bond Street, Londres. O frontispício perdeu-se da coleção e não conseguimos localizá-lo até agora. O sumário do livro identifica as figuras tanto em inglês quanto em francês, e cada ilustração traz os nomes de dois artistas que trabalharam nela; ambos ficariam, sem dúvida, surpresos de encontrar sua arte ilustrando a capa de um livro de tecnologia da informação... dois séculos mais tarde.

A coleção foi comprada por um editor da Manning em um antiquário de mercado de pulgas na "Garagem" na West 26th Street, em Manhattan. O vendedor era um americano estabelecido em Ankara, na Turquia, e a transação ocorreu quando ele estava fechando seu estande. O editor da Manning não tinha com ele a quantia necessária para a compra. Um cartão de crédito e um cheque foram educadamente recusados. Como o vendedor estava voltando para Ankara naquela noite, a situação não favorecia a transação. Qual foi a solução? Não foi mais do que um acordo verbal à moda antiga selado com um aperto de mãos. O vendedor propôs simplesmente que o dinheiro fosse transferido para ele e o editor saiu de lá com as informações bancárias em um pedaço de papel, e o portfólio de imagens sob seu braço. Não é necessário dizer que nós transferimos o dinheiro no dia seguinte, e permanecemos gratos e impressionados pela confiança dessa pessoa desconhecida para com um de nós. Isso lembra algo que poderia ter acontecido há muito tempo.

As figuras da coleção Otomana, como as outras ilustrações que aparecem nas nossas capas, trazem à vida a riqueza e variedade de vestimentas customizadas de dois séculos atrás. Elas lembram o grau de isolamento e distância daquele período – e de qualquer outro período histórico, exceto o nosso presente hipercinético.

Códigos de vestuário sofreram mudanças desde então e a diversidade por região, tão rica na época, desapareceu. Hoje é geralmente difícil diferenciar um habitante de um continente de outro. Talvez, tentando ver isso com otimismo, trocamos uma diversidade cultural e visual por um estilo de vida mais variado. Ou por uma vida técnica e intelectual mais variada e interessante.

Nós, na Manning, celebramos a inventividade, a iniciativa e, sim, a diversão do ramo de computação com capas de livros baseadas na rica diversidade da vida regional de dois séculos atrás, trazida de volta à vida pelas figuras dessa coleção.

Introdução

Um estudo de caso de acoplamento forte

Por décadas, departamentos de TI trabalharam com o objetivo de alcançar eficiência para a corporação, oferecendo flexibilidade para se adaptar às necessidades de negócios, que estão constantemente em mudança, em vez de restringi-las. Para muitos, essas aspirações permaneceram em sua maioria não realizadas – o resultado de sistemas incompatíveis e arquiteturas que dificultam processos de negócios em vez de deixá-los livres para se tornarem ágeis e prontos para o mercado. Este livro busca mostrar uma evolução no modo como a TI é abordada, e oferecer esperança de que os objetivos da indústria possam finalmente estar próximos.

Ao se escrever um livro desse tipo, é tentador permanecer na segurança relativa do quadro branco. Setas coloridas e paradigmas são fáceis. Muito fáceis, na realidade. TI verdadeira é desafiadora. Por essa razão, decidimos apresentar a questão dando um sentido de negócios à arquitetura orientada a serviços (SOA) por meio de um profundo estudo de caso.

O que segue é um exemplo de como um projeto de SOA se parece em negócios reais. Para isso, iremos passar boa parte deste livro dentro da Titan Insurance, uma grande companhia que está lidando com as muitas questões do mundo real que surgem quando padrões abertos são introduzidos em um ambiente complexo. Titan Insurance é um estudo de caso baseado em nossas experiências verdadeiras, mas os nomes foram alterados para bem nos proteger.

Nota do autor: Embora este livro tenha sido escrito em conjunto com outros autores, por questões de simplicidade e estilo, aqui as referências aos autores estão no singular.

FUNDINDO DUAS COMPANHIAS DE SEGUROS

Ouvi falar pela primeira vez na Titan Insurance um ano atrás quando um antigo colega, Jay Franklin, que tinha sido contratado recentemente como vice-presidente sênior de arquitetura da Titan, me pediu um conselho. Jay estava avaliando as opções de TI da Titan, pois a companhia havia começado a evoluir e integrar seus sistemas legados após a fusão. A companhia estava experimentando uma série de dificuldades operacionais e financeiras, muitas das quais tinham suas origens em problemas de TI. Ele confessou que estava um tanto paralisado quanto a qual rumo tomar e queria minha opinião em relação a como a Titan poderia melhorar sua situação. Nós concordamos em almoçar juntos e, em meio a sushis, contou-me a seguinte história.

Titan é uma companhia seguradora de médio porte que surgiu há dois anos como resultado de uma fusão entre a Hermes Casualty e a Apollo Insurance. A Titan fatura 1,5 bilhão de dólares ao ano em apólices de automóveis e de residência com quase um milhão de clientes em cinco estados diferentes. A companhia possui 3 mil empregados espalhados por uma sede e dois escritórios regionais.

A Hermes era a maior entre as duas companhias na fusão e a Apollo experimentou o destino da entidade menor nesses tipos de negócio. Os dirigentes da Hermes estavam no poder da Titan, enquanto a equipe de dirigentes da Apollo ficou em posição subalterna. Na área de TI, Dorothy "Dot" Bartlett, que havia sido CIO da Apollo, era agora CTO da Titan. Henri-Pierre ("H.P.") Wei havia sido CIO da Hermes e permaneceu nessa posição na Titan. Um deles, Dot, possuía claramente o comando das verdadeiras questões de TI, enquanto H.P. era mais uma figura de gerência executiva com experiência em comandar grandes organizações. Meu colega, Jay, se reportava a Dot.

Falando sistematicamente, a companhia vivia o típico desastre de TI. Legados diversos operados semi-independentemente entre culturas corporativas diferentes, com orçamentos restritos e leis regulatórias limitando a todos. Regulamentações obrigavam que houvesse integridade absoluta de processos e fluxos de dados auditáveis dentro dos processos e entre eles. Cada um dos antigos negócios continuava sendo operado com autonomia quase total de TI. Como a figura 1 mostra, tanto a TI da Apollo quanto a da Hermes operavam separadamente e se reportavam a seus antigos chefes. Contudo, essa separação entre as duas organizações existia por um bom motivo. As duas companhias haviam adotado arquiteturas de sistemas completamente diferentes. Como resultado, a integração de aplicações e implementação de novos requisitos não haviam ido muito além de uma longa série de reuniões frustrantes. Em todos os eventos, havia apenas um desejo limitado dos dois grupos de trabalhar conjuntamente, mas mesmo se ambos quisessem se unir e colaborar na TI, teria sido quase impossível.

De acordo com Jay, companhias de seguro possuem, geralmente, duas grandes áreas de operações, apólices e sinistros, sendo cada uma suportada por um conjunto de sistemas de TI. O sistema de apólices gerencia as apólices de seguros dos clientes segurados da companhia e rastreia o tipo de apólice que o cliente comprou, a data em que foi comprada, seu prêmio, e assim por diante. O sistema de sinistros lida com o arquivamento, rastreamento, investigação e pagamento dos sinistros. Ambos os grupos de sistemas devem se comunicar com os sistemas financeiros da companhia de seguros.

Arquitetura legada da Hermes

A Hermes Insurance construiu sua infra-estrutura de TI em torno de uma plataforma centralizada, "monolítica", baseada em mainframe, fornecida pela InsurTech, uma companhia de software britânica especializada em soluções para a indústria de seguros. A solução da InsurTech, à qual a equipe de TI da Hermes se referia de brincadeira como "HAL 9000", em alusão ao infame computador de *2001, uma Odisséia no Espaço*, lidava com todas as apólices, cotação, cobrança, cobertura e trabalho de sinistros da companhia. As aplicações de sistemas, que tinham estado em uso desde 1979, foram escritas em uma linguagem para a qual estava ficando cada vez mais difícil encontrar desenvolvedores. Isso é típico com muitos sistemas legados: embora a "raiz" do sistema funcionasse bem, a InsurTech vinha avisando há vários anos que iria parar de dar suporte ao produto em um futuro próximo.

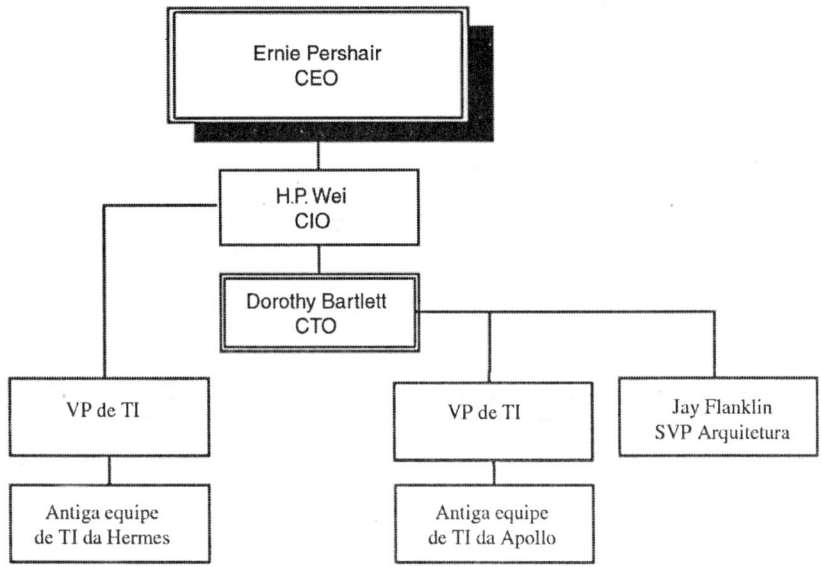

Figura 1 O quadro de organização da TI da Titan reflete a influência da Hermes Insurance na fusão da Hermes com a Apollo para a formação da Titan Insurance. O CIO da Hermes, H.P. Wei, agora é CIO da Titan e sua antiga equipe se reporta a ele. A antiga equipe de TI da Apollo se reporta a Dot Bartlett, que é agora CTO da Titan e segunda no comando em termos de tomada de decisão de TI na Titan.

Sistemas secundários eram conectados ao sistema da InsurTech através de interfaces customizadas. Como a figura 2 mostra, uma série de interfaces conectavam o sistema da InsurTech ao sistema financeiro da Hermes e a um sistema interativo de resposta por voz (IVR) para clientes que lhes permitia encontrar o status de suas apólices. Corretores e a equipe de serviço ao cliente da Hermes usavam uma aplicação proprietária de emulação de terminal do tipo fat client. O software de emulação de terminal foi escrito para ser utilizado no sistema operacional Windows 95. No momento da fusão, a Hermes tinha se atualizado para versões mais recentes do Windows.

A Hermes manteve um website orientado a marketing que era completamente separado dos sistemas principais dos negócios. Houve discussões sobre conectar o website a outros sistemas, mas a decisão de se fazer isso foi adiada no momento da fusão.

Arquitetura legada da Apollo

A Apollo tinha abordado a TI diferentemente. Sua arquitetura legada era mais bem distribuída que a da Hermes. A Apollo tinha sistemas separados, cada um de um fornecedor diferente. Apólices, sinistros e finanças eram todos conectados por um sistema de integração de aplicações corporativas (EAI) proprietário, no qual a companhia investiu significativamente. Usuários internos operavam um fat client para acessar os três sistemas principais. O fat client tinha sido desenvolvido para Windows 2000, que é o sistema operacional que a equipe da Apollo utilizava em suas estações de trabalho. Os corretores da empresa tinham acesso web aos sistemas de apólices e cotação por meio de uma aplicação J2EE executada em um servidor de aplicações. O mesmo servidor de aplicações também provia aos clientes um website para informações de prêmio e cobrança, embora não houvesse opções de pagamento online. Um sistema de documentos eletrônicos proprietário alimentava o sistema de apólices com os documentos que entravam. Todos os sistemas alimentavam um data warehouse, como mostrado na figura 3.

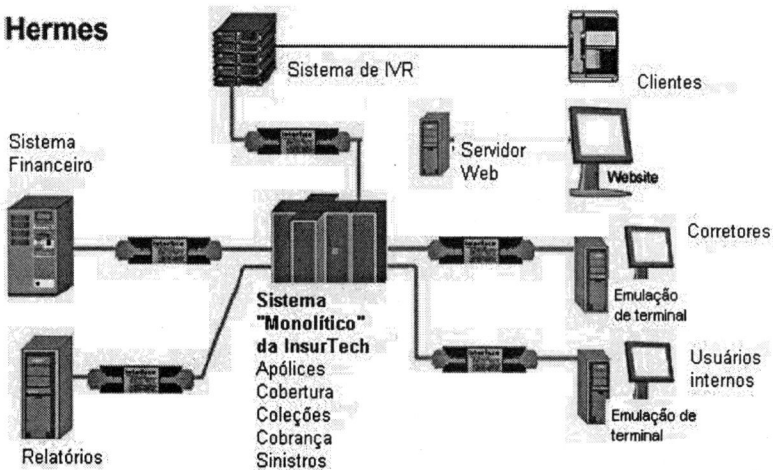

Figura 2 A arquitetura legada da Hermes foi construída em torno de uma solução monolítica datada de 1979 para a indústria de seguros da InsurTech, uma companhia de software britânica que planejava descontinuar o serviço na versão instalada que a Hermes estava operando. Todos os outros sistemas se conectavam à solução da InsurTech por meio de interfaces customizadas.

INTEGRAÇÃO DE PROCESSOS E OPERAÇÕES

Jay me explicou que os conjuntos separados e paralelos de sistemas de TI das companhias que se combinavam para criar a Titan causavam inúmeros problemas para a situação geral de TI da Titan. A companhia estava enfrentando problemas de incompatibilidade de sistemas, "silos" de dados e incompatibilidade de aplicações, entre outros.

O problema básico da Titan vinha do forte acoplamento. Uma vez que as antigas companhias de seguros Hermes e Apollo tinham seguido diferentes abordagens de arquitetura corporativa, o departamento de TI da Titan tinha de lidar com sistemas paralelos para cada grande área do negócio. Em apólices, sinistros e finanças, a Titan estava operando em dois sistemas separados, cada um sendo executado em um sistema operacional, plataforma de hardware e linguagem de programação diferentes. Não havia uma maneira simples ou efetiva em termos de custo para quebrar os fortes acoplamentos e estabelecer comunicações simples e em tempo real entres esses sistemas. O resultado era um par de silos de dados para apólices, sinistros e finanças.

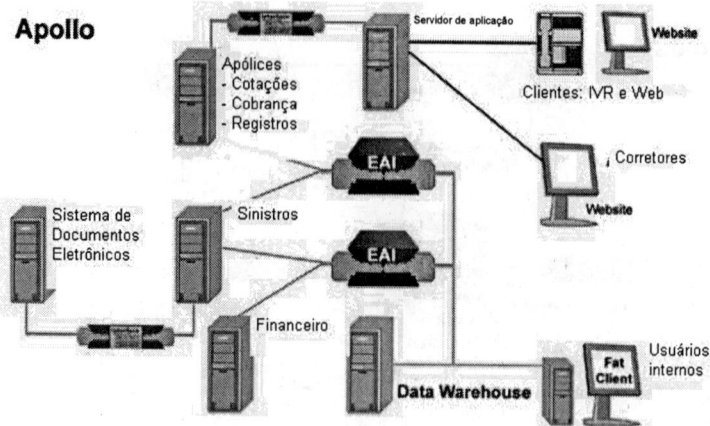

Figura 3 A arquitetura legada da Apollo se baseava em um conjunto de sistemas distribuídos, conectados em sua maioria através de módulos de um EAI proprietário, para lidar com as funções principais de apólices, sinistros e finanças.

No caso de apólices, os dados dos antigos donos de apólices da Hermes eram guardados no sistema de mainframe monolítico da InsurTech na velha infra-estrutura da Hermes e os dados dos antigos donos de apólices da Apollo eram guardados no banco de dados de apólices baseado em Windows da Apollo. Nos primeiros anos de existência da Titan, os dois bancos de dados permaneceram completamente separados, com os membros das equipes de apólices verificando cada banco de dados separadamente para garantir que nenhuma apólice estivesse duplicada de um sistema para o outro. Além de ser complexa, essa abordagem não garantia uma boa integridade de dados. Na verdade, uma auditoria dos dois sistemas revelou centenas de erros e duplicações de informações de apólices.

Finalmente, depois de um ano de trabalho e ao custo de perto de um milhão de dólares, o antigo grupo de desenvolvimento de aplicações da Hermes escreveu um patch customizado na linguagem do mainframe que executava diariamente uma atualização e reconciliação de base de dados entre os bancos de dados de apólices das antigas Hermes e Apollo. Como a figura 4 mostra, os dois sistemas estavam agora conectados por mais uma interface proprietária. Os dois sistemas continuavam sendo executados separadamente e a equipe de tratamento de apólices ainda tinha que acessar cada banco de dados separadamente.

Jay estava confuso com o fato de a equipe da Hermes haver escolhido escrever o patch na velha linguagem do mainframe. Eu expliquei que, na minha opinião, embora fosse um erro criar mais interfaces proprietárias em uma linguagem essencialmente obsoleta, o ato era um reflexo da preponderância política do grupo da Hermes na organização da Titan. Os profissionais da Hermes tinham uma estreita relação com H.P. Wei, logo, quando a questão de integridade de dados surgiu, sugeriram imediatamente uma solução que sabiam que poderiam entregar. E, não tão coincidentemente, era uma solução que apenas eles sabiam como escrever e manter. Jay estava começando a compreender o que eu estava dizendo: "Eles estão construindo uma segurança de emprego com aquele patch, acima de tudo". Eu disse a ele que sim, companhias eram feitas de pessoas, e pessoas freqüentemente realizam ações em seu próprio interesse que podem ou não ser benéficas para a empresa como um todo. Freqüentemente essas decisões são sutis e muitas vezes nem são motivadas conscientemente por interesse próprio.

A principal preocupação de Jay era com o grupo da Hermes, que estava se preparando para desenvolver outro patch para conectar o sistema legado monolítico da InsurTech ao antigo banco de dados de sinistros da Apollo. Havia claramente a necessidade de uma solução – a equipe de gerenciamento de sinistros estava tendo dificuldades para rastrear sinistros utilizando os dois sistemas em paralelo. Exemplos de problemas eram abundantes. Em mais de um caso, um sinistro foi pago duas vezes.

"Não venha me falar de gerenciamento de mudanças", disse Jay. "Temos uma longa lista de solicitações de mudanças para o sistema de sinistros – entre outros – mas não podemos fazer nada até que resolvamos o problema do patch. Portanto, mesmo que eles desenvolvam o patch, ainda será extremamente complicado e desafiador realizar mudanças nos dois sistemas simultaneamente."

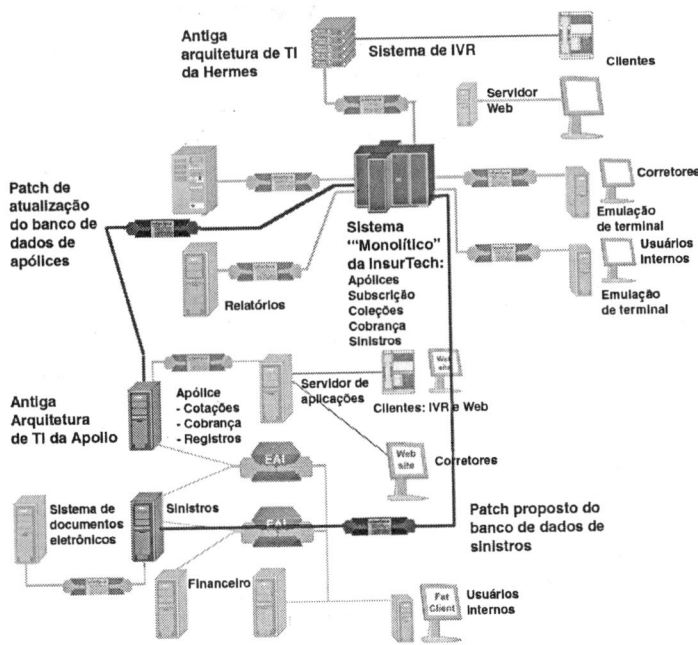

Figura 4 Por causa da desagregação do bancos de dados, a antiga equipe de TI da Hermes desenvolveu um patch customizado que atualiza e sincroniza os antigos bancos de dados da Hermes e da Apollo utilizando uma atualização diária de novos dados e comparações entre os dois bancos de dados.

Jay descreveu mais problemas na Titan com relação a monitoramento do gerenciamento da infra-estrutura e monitoramento operacional. A Apollo havia investido em um pacote de software que monitorava o desempenho do sistema em toda a empresa. Com esse dashboard descentralizado, os profissionais de TI da Apollo saberiam imediatamente se um servidor caísse ou se um sistema estivesse ficando sobrecarregado com atividade. Houve rumores de estender o pacote de monitoramento para a antiga infra-estrutura da Hermes, mas a decisão ficou parada devido a incertezas sobre o futuro do sistema de mainframe no qual se baseava a antiga operação da Hermes.

Isso levou Jay às duas maiores preocupações sobre o que estava acontecendo na Titan: obsolescência do mainframe da InsurTech e segurança. Ambas as preocupações eram bem reais. Além de o hardware central do mainframe e o sistema operacional em que era executada a solução da InsurTech estarem ficando cada vez mais desatualizados, a InsurTech estava planejando descontinuar o suporte para a solução dentro de alguns poucos anos. A equipe da Hermes estava envelhecendo, com vários membros perto da idade de aposentadoria. Encontrar novos desenvolvedores que soubessem como escrever código para o sistema seria um grande desafio. Segurança, a outra preocupação de Jay, também estava se tornando muito importante. Cada uma das infra-estruturas das antigas companhias era suficientemente segura em si mesma, e como a Titan não se incomodava em pagar pela manutenção e monitoramento de dois aparatos inteiros de segurança separados, os sistemas individuais permaneceriam seguros. O problema era que não existia solução de segurança para as novas conexões intracompanhia, máquina-a-máquina (como o patch do banco de dados de apólices) que estavam sendo expostos. Claramente, como Jay percebeu, era possível desenvolver funcionalidades de segurança para essas novas conexões, mas o desafio era criar uma infra-estrutura de segurança que fosse simples de se gerenciar, manter e alterar.

Gerenciando as operações da Titan

Jay me disse que os problemas de TI da Titan, causados pelo forte acoplamento, estavam originando problemas fora do departamento de TI também. De fato, numerosos aspectos operacionais da companhia estavam sendo afetados negativamente pelas dificuldades em integrar os sistemas das duas antigas companhias. Uma vez que os sistemas legados ainda não estavam integrados depois de dois anos, a Titan estava na verdade operando como duas companhias separadas, unidas somente pelo nome. A direção estava vendo evidências desse problema no serviço ao cliente, vendas e finanças.

De acordo com Jay, os dois grupos de serviço ao cliente da Titan – das antigas Hermes e Apollo – operavam bem individualmente, mas a falta de coordenação causava muitos problemas aos clientes da Titan. Em um dia típico, milhares de clientes ligavam para a companhia para se informar sobre detalhes das apólices, questões de cobrança e contabilidade, e sinistros. Os representantes de serviço ao cliente que respondiam às ligações usavam estações de trabalho PCs para procurar as informações dos clientes e responder às questões. Quando as companhias operavam separadamente, ambas tinham um bom desempenho de serviço ao cliente. Agora, contudo, o desempenho não estava atendendo às expectativas.

Uma vez que a Hermes e a Apollo usavam cada uma seu próprio fat client nas estações de trabalho dos representantes de serviço ao cliente para acessar os bancos de dados de apólices e sinistros, não era prático um antigo representante de serviço ao cliente da Hermes procurar informações de um antigo cliente da Apollo. Nem era prático instalar os dois fat clients nas estações de trabalho de cada um dos representantes de serviço ao cliente da Titan. O cliente da Hermes era um programa de "emulação de terminal" de mainframe executado em Windows 98. O cliente da Apollo era desenvolvido para Windows 2000. Não era possível instalar o cliente para Windows 2000 nas antigas máquinas da Hermes sem atualizar todas elas para Windows 2000. Embora fosse possível realizar o upgrade, H.P. Wei queria atualizar todo mundo para Windows XP ao mesmo tempo. Os custos e problemas envolvidos em atualizar 1.500 estações de trabalho pareciam não valer a pena.

Embora fosse teoricamente possível instalar o cliente de emulação de terminal da Hermes nas estações de trabalho dos representantes de serviço ao cliente da Apollo, não era realista nem desejável treinar todos eles para utilizar a emulação de terminal e fazer com que ficassem pulando de uma aplicação para outra enquanto trabalhavam. Nem era interessante criar uma situação em que o departamento de TI teria de suportar o dobro de clientes de emulação de terminal nas novas máquinas, pois poderia haver conflitos de sistemas.

Havia um contorno simples para esse problema: Após ouvir o número da apólice, que identificava o cliente como sendo da Hermes ou da Apollo, o representante de serviço ao cliente saberia imediatamente se conseguiria buscar o registro do cliente. Se fosse necessário, transferiria a ligação do cliente para o outro grupo de serviço .

Essa abordagem possuía vários problemas, no entanto. Era custoso obter os passos extras de busca da apólice e transferência da ligação em cada atendimento do serviço ao cliente. Os clientes estavam ficando irritados em ter de esperar mais por causa do aumento do tempo necessário para processar cada chamada. E a gerência do serviço ao cliente não tinha déia real de como cada unidade de serviço ao cliente estava atendendo.

Os corretores da Titan estavam tendo um problema similar. Uma vez que os corretores da Apollo estavam aptos a acessar informações de clientes através de um website, era relativamente simples estender o acesso às informações do cliente, apólices e sinistros da Apollo para os antigos corretores da Hermes. E, novamente, embora fosse possível instalar a aplicação de emulação de terminal da Hermes nas estações de trabalho dos corretores, não era prático treinar todos eles para utilizar o software. Além disso, o software de emulação de terminal não estava configurado para trabalhar seguramente sobre HTTP fora do domínio da empresa. Consertar o problema de segurança teria sido custoso e consumiria muito tempo. Como resultado, os corretores da Titan estavam realizando muito mais chamadas ao serviço ao cliente para obter ajuda sobre questões de clientes do que antigamente.

De uma maneira geral, o aumento do volume de ligações dos corretores e a maior taxa de transferências internas devido à incompatibilidade de fat clients estava criando uma situação em que clientes da Titan estavam experimentando longo tempo de espera. O vice-presidente encarregado do serviço ao cliente estava começando a reclamar de que suas contas de telefone estavam crescendo a cada mês enquanto as queixas dos clientes também estavam aumentando. Era possível contratar mais representantes de serviço ao cliente para lidar com as longas filas de chamadas, mas isso era especificamente contra os objetivos das companhias fundidas.

De acordo com Jay, os dois grupos de TI haviam se encontrado repetidamente para discutir uma solução para o problema. A ação mais expediente foi instalar rapidamente um módulo especial de EAI do fornecedor que já havia conectado a maioria dos sistemas da Apollo. O novo módulo de EAI permitiria aos desenvolvedores criar um novo fat client que iria permitir aos antigos representantes de serviço ao cliente da Apollo acessar o mainframe InsurTech da Hermes sem ter de utilizar o cliente de emulação de terminal. Por sua vez, como mostra a figura 5, os antigos representantes de serviço ao cliente da Hermes poderiam acessar os sistemas da Apollo utilizando um fat client separado.

Para conectar os antigos corretores da Apollo ao mainframe InsurTech da Hermes, os grupos de TI decidiram criar uma interface entre o servidor de aplicações da Apollo e o sistema da InsurTech. Os antigos corretores da Apollo poderiam então utilizar seus navegadores para acessar o mainframe.

Embora isso fosse uma possível solução, disse Jay, era uma maneira cara de se obter um resultado bastante pobre. No final, cada corretor e cada representante de serviço ao cliente ainda teria de utilizar dois clientes para acessar dois conjuntos de sistemas separados. O projeto estava estimado para levar nove meses para ser completado ao custo de mais de meio milhão de dólares para consultores externos que teriam de ser trazidos para desenvolver parte da solução. Finalmente, a solução seria a Titan comprar outro módulo de EAI, com conseqüentes taxas de manutenção, com que a companhia não tinha originalmente se planejado.

O processamento de sinistros, continuou Jay, foi dificultado por várias abordagens adotadas pelas duas antigas companhias. A Apollo tinha investido em um sistema de gerenciamento de documentos eletrônicos que permitia a um profissional de processamento de sinistros acessar qualquer documento escrito relacionado a um sinistro utilizando um cliente de documento eletrônico proprietário no seu PC. O sistema funcionava muito bem para a Apollo e ajudou a companhia a economizar milhões de dólares no armazenamento e recuperação de documentos de papel utilizados no processamento de sinistros. As salas de gerenciamento de sinistros da Apollo eram surpreendentemente livres de papéis, enquanto os processadores de sinistros da Hermes pareciam estar imersos em pilhas de papel e pastas de arquivos.

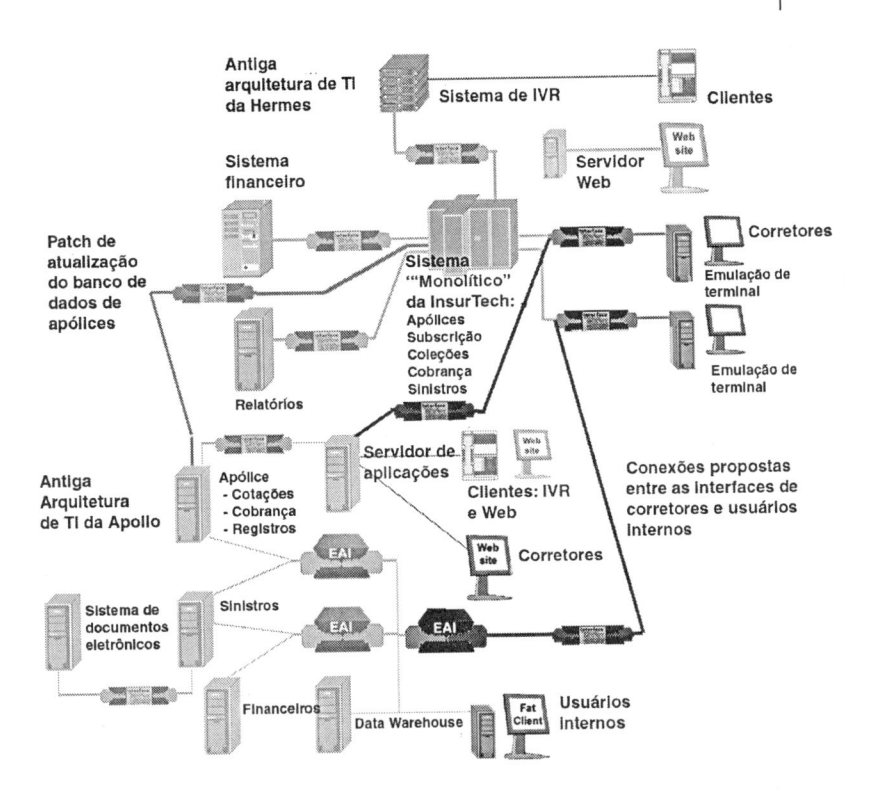

Figura 5 Para corrigir um grande conjunto de problemas nas interações do serviço ao cliente e dos corretores, a Titan estava considerando desenvolver interfaces customizadas para conectar as aplicações existentes de fat client utilizadas pelas duas antigas equipes de serviços ao cliente da Hermes e da Apollo e pelos corretores às suas respectivas contrapartes dentro da infra-estrutura de TI.

O problema no processamento de sinistros era que as duas organizações processadoras de sinistros não podiam ser integradas por causa de divergências nas metodologias. Uma solução sugerida por Jay foi migrar todas os novos sinistros para o sistema de documento eletrônico e deixar os antigos sinistros da Hermes atrofiar até que todos fossem finalizados. Essa solução não era a ideal, pois a equipe de sinistros da Apollo era substancialmente menor do que a equipe da Hermes e possivelmente não conseguiria lidar com o volume total de sinistros sozinha. Isso, combinado com a realidade política da Apollo (e não da Hermes), cuja equipe foi quase demitida após a fusão, iria requerer que a maior parte da equipe de processamento de sinistros da Hermes se atualizasse no sistema de documentos eletrônicos e fosse treinada na sua utilização. Assim como em outras pendências na organização de TI, a questão do processamento de sinistros foi deferida até que um plano de integração completo fosse desenvolvido e ratificado pela gerência. Até esse momento, as duas organizações de processamento de sinistros operariam em paralelo.

O departamento de marketing estava sofrendo sua cota de problemas de TI também. Um problema era o website da Titan. Impossibilitado de integrar totalmente os antigos sites da Apollo e da Hermes, o site da Titan era uma versão mais simples de cada um, deixando muito a desejar em termos de funcionalidade interativa útil que se conectava com os sistemas de apólices e sinistros. Embora o departamento de marketing tivesse grandes planos para o website da Titan, sua realização tinha sido adiada até que as questões arquiteturais subjacentes fossem resolvidas. Interseções nos bancos de dados de apólices também causavam duplicação nos esforços de marketing. Muitos clientes estavam recebendo os mesmos materiais de marketing ou ligações duas vezes, o que era tanto um desperdício financeiro quanto uma situação importuna para os clientes.

Informações ausentes na sede da corporação

Todos os problemas causados pela incompatibilidade de TI estavam resultando em um problema muito mais sério para a Titan. A realidade era que o negócio estava sendo operado como duas organizações completamente separadas que foram unidas somente no nome. Só isso já era um grande problema, mas a questão que estava realmente causando um grande mal-estar em Ernie Pershair, o CEO da Titan Insurance, era a horrível situação da pouca visibilidade nas operações, combinada com uma quase total falta de sinergia na companhia após a fusão. Pershair vendeu a fusão para os acionistas da Hermes prometendo a eles grandes reduções nos gastos operacionais derivados das sinergias e eficiências pós-fusão. Dois anos após a fusão, muito pouco dessas eficiências haviam sido realizadas.

O departamento de finanças da Titan não recebia relatórios no tempo correto sobre o desempenho da companhia como um todo. Em vez disso, recebiam relatórios separados de cada uma das antigas companhias em formatos que não eram compatíveis. As duas companhias não tinham montado relatórios para rastrear gastos e receitas da mesma maneira, logo cada conjunto de relatórios financeiros precisava ser reconciliado manualmente antes que a alta gerência pudesse ver dados financeiros integrados dos negócios. Isso causava um problema de gerenciamento – informações financeiras atrasadas e incompletas não permitiam um gerenciamento corporativo efetivo. E, com as regulamentações de governança corporativa da Sarbanes-Oxley entrando em vigor, havia sérios problemas relacionados à conformidade surgindo para Pershair e outros da sua equipe.

Em termos puramente financeiros, também, os problemas relacionados à TI da Titan estavam causando sérias dificuldades. O desempenho deficiente na área de serviço ao cliente e processamento de sinistros, como discutido anteriormente, era custoso em termos de relacionamentos com clientes, além de ter um grande gasto associado. O plano de fusão pretendia a eliminação de uma certa porcentagem de equipe redundante no serviço ao cliente e processamento de sinistros, mas nenhuma dessas reduções foi realizada. Na verdade, a companhia estava considerando a possibilidade de contratar mais pessoal para compensar os problemas operacionais causados pela falta de integração.

O orçamento de TI também estava parecendo alto demais para a alta gerência. Na época da fusão, a TI tinha sido negligenciada como um grande tópico de discussão. Os advogados e banqueiros que dirigiram a fusão tiveram a seguinte atitude: "O pessoal de jaleco branco de laboratório fará tudo funcionar, portanto não precisamos nos preocupar." Eles assumiram que a TI se viraria consigo mesma. Ela sempre se virou, não é? Jay se contorceu em exasperação enquanto contava o que ouviu sobre essas deliberações. "Eles fizeram o acordo assumindo que duas arquiteturas de TI totalmente diferentes pudessem ser integradas facilmente," disse com um estalo de dedos. "Eles não pararam para tentar compreender as arquiteturas das duas companhias."

O orçamento da TI pós-fusão era, não surpreendentemente, exatamente a soma dos respectivos orçamentos de TI das duas companhias. Não houve nenhuma redução de pessoal. Mesmo depois de saídas por aposentadoria e troca de emprego, cada posição foi preenchida novamente, pois a carga de trabalho ainda era alta – na verdade, era maior do que antes, por causa do desenvolvimento das novas interfaces. Os custos com licenças de software e manutenção eram exatamente os mesmos de antes da fusão.

Depois de considerar cuidadosamente suas opções, recomendei a Jay uma solução potencial que poderia resolver muitos desses problemas. Por sorte, Jay veio até mim em 2003 e não em 1996. De fato, os problemas de Jay casavam perfeitamente com os avanços em padrões de computação que tinham amadurecido nos últimos anos.

Criando a lista de desejos

"Não me entenda mal", tentou explicar Jay. "As pessoas com quem trabalho não são estúpidas. Longe disso. Estão entre as melhores em seus campos. Elas apenas nunca enfrentaram esse tipo de desafio de integração antes e os custos de seguir nosso caminho típico são simplesmente inaceitáveis."

"O que você espera alcançar nos próximos 12 meses?", perguntei.

"Bem," ele disse, tirando uma folha de papel dobrada do bolso, "nós temos uma lista de desejos." Ele abriu o papel, que continha:

1. Diminuir o orçamento da TI

2. Permitir acesso por telefone e web a todas as informações de apólices tanto para os corretores quanto para os clientes.

3. Desenvolver uma aplicação única com a qual qualquer empregado ou corretor possa acessar qualquer informação de sinistro ou apólice de qualquer lugar.

4. Implementar um sistema de processamento de sinistros unificado.

5. Desenvolver um sistema único de impressão de cheque de pagamento de sinistro.

6. Implementar um sistema único de impressão de cobrança.

7. Criar um sistema único de pagamento e processamento de cartão de crédito.

8. Desenvolver um portal corporativo.

9. Desenvolver um portal para corretores.

E o último desejo: garantir que os sistemas sejam flexíveis para mudanças no futuro.

Eu estudei a lista. "O que você está considerando para tornar tudo isso possível?" "Bem", disse Jay. "Há várias opções, mas a maioria delas é ou muito cara ou cria mais problemas do que resolve." Ele então prosseguiu explicando as propostas que a Titan tinha recebido de fornecedores externos para resolver seus problemas de TI.

Migração gigantesca

Diversos gigantes de TI globais apresentaram à Titan propostas baseadas em migrações por atacado de todos os sistemas da Titan para novas plataformas fundadas nas tecnologias dos fornecedores. Isso era, como Jay observou, uma solução viável, mas altamente problemática. Para começar, o preço mais baixo do grupo excedia 10 milhões de dólares, e alguns custavam muito mais do que isso. Todas as propostas incluíam anos de contrato de serviço e suporte intensivos, que também custavam milhões de dólares. E o projeto de migração foi estimado para levar pelo menos dois anos e provavelmente levaria mais tempo. A tradução da lógica de negócios complexa entre os sistemas antigos e os novos era um processo subjetivo e altamente propenso a erros. Logo, enquanto a migração estivesse em andamento, seria provável que os requisitos mudassem, e pessoas entrariam e sairiam, tanto da Titan quanto dos fornecedores. O resultado final, muitas pessoas alertaram, seria uma situação em que a Titan gastaria 20 milhões de dólares ou mais em um período de cinco anos, e ainda teria de lidar com os problemas já existentes durante esse tempo.

E então, Jay continuou, Titan seria uma prisioneira do fornecedor escolhido para sempre. É muito tentador tornar-se "totalmente IBM ou BEA ou Microsoft ou Oracle", explicou, "Mas eles o possuem nesse ponto. Qualquer coisa que você queira fazer posteriormente irá requerer produtos e serviços adicionais daquele fornecedor. Eu não quero me colocar nessa posição novamente."

De uma maneira comparável, a InsurTech propôs migrar o antigo sistema da Hermes para uma nova versão da sua solução e ao mesmo tempo migrar todos os antigos sistemas da Apollo para InsurTech. Essa proposta tinha algum apelo no sentido de que migrações entre plataformas da mesma companhia de software eram mais simples do que migração entre fornecedores diferentes. A InsurTech tinha realizado essa atualização de migração muitas vezes e a Titan tinha confiança de que ela poderia lidar bem com essa situação. Porém, depois de ter vivido com um sistema monolítico por muitos anos, os profissionais da Hermes não desejavam perpetuar uma situação como essa. Eles preferiam propostas que incluíssem um grau de flexibilidade e menos dependência de uma única aplicação e fornecedor para executar tudo, para sempre.

EAI massivo

Outra abordagem discutida era estender o pacote de EAI que a Apollo utilizava para conectar todos os seus diferentes sistemas legados na Titan. Havia várias razões pelas quais essa abordagem estava ganhando uma séria atenção. A Apollo já a possuía, logo o investimento para expandir o sistema de EAI era incremental e, portanto, muito mais baixo do que uma migração completa de sistemas. EAI oferecia um grau de flexibilidade também. Os sistemas legados permaneceriam em seus lugares, enquanto o acesso a eles seria aberto. Além disso, a antiga equipe da Apollo também tinha experiência com a plataforma de EAI e, por isso, a curva de aprendizado não seria tão acentuada como acontecia com outras soluções.

Como desvantagem, implementar um projeto de EAI de larga escala para conectar os sistemas da Titan levaria um tempo longo, com um processo de treinamento complicado para novos membros da equipe, o que poderia estender o cronograma, escopo e orçamento do projeto. Uma vez completo, o sistema requereria que aqueles desenvolvedores dedicados e experientes em EAI fossem mantidos na equipe a altos custos. Depois que o projeto fosse completado, o gerenciamento de mudanças poderia ser difícil, e a manutenção de vários sistemas legados teria que continuar indefinidamente após a instalação do pacote de EAI. Mesmo se os sistemas legados fossem substituídos um a um, o orçamento estimado para manter os sistemas legados online por muitos anos era desalentador. Por último, a solução de EAI não resolveria o problema que era a InsurTech estar prestes a desligar a solução que a Hermes utilizava há tantos anos. Não importa o que acontecesse, a Titan teria que substituir aquele sistema brevemente.

Código customizado

Um grupo de desenvolvedores na Titan sugeriu criar interfaces customizadas e aplicações de substituição que pudessem alcançar os mesmos objetivos que os conceitos de migração massiva, mas preservar a possibilidade da Titan de escolher soluções best-of-breed para seus diversos processos de negócios. Com um conjunto de interfaces customizadas, os desenvolvedores argumentavam, a Titan poderia começar seletivamente a substituir componentes da solução da InsurTech e outros sistemas que não eram mais necessários. Outras interfaces customizadas e fat clients poderiam integrar o acesso das estações de trabalho do serviço ao cliente e dos corretores aos diversos sistemas que essas pessoas precisavam acessar. O cronograma para completar as interfaces era relativamente menor – por volta de um ano – e o orçamento era atrativamente baixo. A maioria dos desenvolvedores necessários para o trabalho já estava na equipe.

Em uma demonstração de coesão pouco comum, no entanto, ambos H.P. Wei e Dot Bartlett se recusaram a olhar essa opção com seriedade. A equipe de desenvolvimento já estava sobrecarregada com atribuições do dia-a-dia. Um projeto de interfaces customizadas dessa escala necessitaria de contratação de mais desenvolvedores, o que ambos, o CIO e o CTO, queriam evitar. Além disso, os executivos duvidavam de que os desenvolvedores eram bons o bastante – tanto em desenvolvimento de software como em gerenciamento de projetos – para lidar com um projeto tão complexo e importante e talvez o mais importante de tudo: eles tinham pouca vontade para um conjunto de interfaces customizadas que logo se tornaria mais um monte de aplicações documentadas pobremente e que seria quase impossível de atualizar uma vez que os criadores originais se aposentassem ou saíssem.

"Bem, isso é uma bagunça, você não acha?", perguntou Jay. Nesse momento, senti que tinha informações suficientes para ajudar o Jay a ver que essa "bagunça" era similar ao que muitas companhias no mundo enfrentavam e era, de fato, precisamente a razão pela qual XML, web services e padrões abertos – a base de "acoplamento fraco" de sistemas – estavam se popularizando.

"Você considerou criar uma SOA?", perguntei. "Acoplamento fraco?"

"Acoplamento fraco?", ele perguntou. Uma luz de esperança apareceu em seu rosto. "Parece interessante."

"Pode ser uma coisa boa para você, embora fazê-lo corretamente não seja fácil. Nada é fácil."

"Claro", ele respondeu. "Mas eu quero aprender." E, dessa forma, começamos.

PARTE 1

COMPREENDENDO A TECNOLOGIA DE SOA CORPORATIVA

Uma vez que SOA corporativa cruza diversas linhas de disciplinas de negócios e de tecnologia, dividi este livro em duas partes. A Parte 1 trata primariamente dos fundamentos tecnológicos de uma SOA corporativa. Especificamente, descreve *web services* como os habilitadores da verdadeira interoperação entre sistemas distribuídos. Embora eu vá me referir ao estudo de caso da Titan Insurance periodicamente, a ênfase está nas questões específicas de tecnologia. Na maior parte do tempo, tentei ilustrar meus pontos utilizando uma variedade de pequenos exemplos. A Parte 1 é cumulativa; se você a ler seqüencialmente, chegará a uma compreensão bem completa das tecnologias básicas envolvidas em SOAs e os fatores críticos inerentes à sua utilização.

Capítulo 1

O objetivo do acoplamento fraco

1.1 No início, era a computação distribuída
1.2 Os dois problemas de interoperabilidade
1.3 O objetivo: interoperabilidade simples e barata
1.4 Acoplamento fraco real
1.5 Resumo

Eu convidei Jay Franklin, Senior Vice President of Architecture na Titan Insurance, para passar um dia inteiro no meu escritório e aprender sobre arquitetura orientada a serviços (SOA) em detalhes. É impossível fazer isso tomando café no final de um almoço. Nos refugiamos na minha sala de conferências, munidos de papel e grandes quadros brancos.

"*Web services*", disse a Jay, "é o grito de guerra de toda grande companhia de *software* do mundo. Do nada, um sistema de computação totalmente novo varreu a indústria com uma promessa tão significante que até mesmo o idealista com a cabeça mais aberta é obrigado a duvidar da verdade dessa tendência. Mas alguns fatos são inegáveis. Observe as estratégias públicas da IBM, Microsoft, Hewlett-Packard, Oracle, BEA, Sun Microsystems, SAP, PeopleSoft e todas as outras 10 mil companhias significantes que lideram a economia de TI. Examine a dinâmica de mudanças de como organizações – de telecoms a indústrias químicas, fabricantes automotivos e varejistas – estão planejando realizar negócios entre elas. Examine as aspirações do governo federal do Estados Unidos para facilitar o fluxo de informações críticas entre agências de inteligência, defesa e segurança interna. Você encontrará uma coisa em comum: *web services* como a tecnologia que possibilita uma arquitetura orientada a serviços."

E dessa forma, começamos. Para compreender SOA, expliquei, é necessário voltar ao início e ver como acoplamento fraco tem sido um objetivo difícil de ser alcançado pela indústria de TI por toda uma geração. Hoje, no entanto, finalmente está se realizando através do desenvolvimento de *web services*. *Web services*, a tecnologia mais promissora para tornar possível uma arquitetura orientada a serviços, são componentes de *software* capazes de se comunicar uns com os outros através de diversas redes utilizando "padrões abertos" não-proprietários e universalmente aceitos. O conceito é baseado na Extensible Markup Language (XML), um método de se "rotular" dados para torná-los compreensíveis de um sistema para o outro. *Web services* permitem que diferentes aplicativos de *software* se comuniquem e operem um com o outro independentemente da plataforma e da linguagem de programação que está sendo utilizada. A visão de *web services* é um mundo em que sistemas podem descobrir e utilizar as capacidades um do outro sem intervenção humana. Nesse ambiente – conhecido como SOA – um *software* se oferece como um "serviço" para qualquer outro *software* que precise de sua funcionalidade.

Antes de prosseguirmos, faço um importante esclarecimento sobre como compreender minhas descrições de *web services* e SOA. Uma SOA é um princípio geral de TI que já existe há muitos anos. Diversas tecnologias tentaram alcançar o objetivo de uma SOA, onde cada função de *software* em uma arquitetura corporativa é um "serviço" que é definido utilizando-se uma linguagem de descrição com interfaces que podem ser invocadas para se realizar processos de negócios. *Web services*, um desenvolvimento recente, é uma maneira efetiva de se criar uma SOA. Contudo, não é a *única* maneira de se realizar uma SOA e, sem dúvida, você ouvirá outras abordagens bastante válidas para esse objetivo. Neste livro, porém, estou partindo da premissa de que a melhor e mais prática maneira de se construir uma SOA é com *web services*.

Os *web services* de hoje têm um conceito simples e evolucionário, que possui predecessores em um passado de muitos anos atrás na história da computação. Nos anos 1960, engenheiros de *software* reconheceram a necessidade de se alcançar modelos de computação distribuída, procurando facilidade de integração e reutilização. De fato, muitos dos conceitos básicos inerentes aos *web services* foram inventados, implementados de várias formas e utilizados por décadas.

Olhando para a história que levou inexoravelmente ao aparecimento dos padrões de *web services*, fica claro que diversas idéias promissoras falharam porque uma tecnologia efetiva para interoperabilidade universal ainda não tinha aparecido em cena. Nos últimos dez anos, testemunhamos o desenvolvimento e amadurecimento de várias tecnologias chave que forneceram os fundamentos para os *web services* atuais. A história dos *web services* é, de certa forma, a história de se alcançar alturas espetaculares sobre, como Sir Isaac Newton dizia, "os ombros do gigante".

O propósito deste capítulo não é parecer nostálgico sobre a história da computação ou discorrer efusivamente sobre os grandes pensadores e pioneiros que tornaram os *web services* possíveis. Em vez disso, acredito que somente analisando os precursores desse fenômeno poderemos compreender completamente suas implicações atuais para os negócios e governos ao redor do mundo. Em outras palavras, a resposta para o nosso futuro está na jornada que acabamos de completar.

Desnecessário dizer que o relato que vem a seguir está longe de ser completo. Alguém poderia escrever facilmente um livro substancial sobre a história dos *web services*. Minha intenção, no entanto, é apresentar uma visão geral sobre os principais eventos e marcos que ocorreram para que os *web services* surgissem. Com isso como premissa, podemos explorar as implicações para o futuro das competitivas e ágeis operações corporativas.

1.1 NO INÍCIO, ERA A COMPUTAÇÃO DISTRIBUÍDA

Vamos ver como negócios e organizações utilizam computadores e como se tornou necessário usar mais de um computador para se realizar uma dada tarefa. Dentro de uma corporação ou governo, aplicações de *software* especializadas são introduzidas por meio de esforços feitos em casa, da introdução de pacotes de *software* de terceiros, ou de ambos. Essas aplicações rapidamente se tornam interdependentes, necessitando uma das outras para completar processos de negócios básicos, tais como receber e executar um pedido de um cliente. De fato, a otimização de processos de negócios rapidamente demanda interação não somente entre os sistemas de uma companhia, mas também com sistemas de outras companhias e agências governamentais. Embora a integração entre esses sistemas tenha sido desejada por muito tempo, os custos e complicações envolvidos nela resultaram na maioria das organizações possuírem centenas de "silos" de informações. Cada silo é uma coleção de dados separada e insular. Freqüentemente, esses silos só podem ser conectados por meio de um custo e esforço enormes. Aproximadamente metade de todo o gasto com TI no mundo é relacionada a construção e manutenção de interfaces entre diferentes silos de informações dentro das companhias e entre elas. As ineficiências são surpreendentes.

1.1.1 O que é computação distribuída?

Computação distribuída é um termo que descreve uma arquitetura de *hardware* e *software* em que mais de um computador participa na realização de uma dada tarefa. Por exemplo, digamos que uma companhia de peças automotivas utiliza um sistema baseado em UNIX para processar os pedidos de clientes. O antigo computador *mainframe* da companhia armazena o catálogo completo de peças. Para processar um pedido, o computador UNIX precisa procurar um número de peça. A figura 1.1 mostra como os dois computadores precisam funcionar conjuntamente para completar a tarefa de entrada de pedido. Uma máquina precisa da informação da peça e a outra possui essa informação. A informação necessária para se processar o pedido é "distribuída" entre as duas máquinas. Para completar o pedido, o computador *mainframe* deve auxiliar o computador UNIX compartilhando essa informação do seu catálogo de peças.

Nesse ponto da nossa discussão, Jay perguntou, "E a minha companhia de seguros?"

"Vamos utilizar exemplos menores e mais simples," respondi. "Voltaremos à Titan uma vez que tenhamos conseguido compreender os fundamentos de *web services* e SOA."

Agora você pode imaginar por que a companhia de peças automotivas simplesmente não carrega o catálogo inteiro de peças no computador UNIX e elimina a necessidade de ter essa arquitetura distribuída. Isso certamente é possível, e em muitos casos realmente é feito sob o nome de "consolidação". No entanto, a migração de dados consome tempo, é propensa a erros e é cara. Além disso, a lógica de negócios contida em sistemas legados é bizantina e elaborada, quase sempre tendo sido criada durante décadas e por centenas de mãos humanas. É provável que sob certas circunstâncias, por exemplo, a aplicação de catálogo de peças saiba como e quando rejeitar uma requisição, ou responder, de uma certa forma baseada em um código de imposto específico, com prática de negócio ou lei regulamentadora. Freqüentemente essa lógica é criada em linguagens ultrapassadas, que demandam habilidades raras – ou pior, as pessoas que realmente escreveram o código podem ser necessárias para interpretar funções não documentadas (e muitas vezes essas pessoas já morreram, ou são extremamente intratáveis, ou ambos.) Para compreender e realizar uma engenharia reversa do código legado (o qual, a propósito, geralmente está funcionando muito bem, obrigado!) é um pesadelo. Em muitas situações, é preferível sob uma perspectiva de orçamento e operacional deixar sistemas existentes em paz e fazer com que operem conjuntamente de uma maneira distribuída. Além disso, quase sempre a transação distribuída envolve sistemas fora de sua própria companhia ou controle, tornando qualquer consolidação fora de questão. Como resultado, embora esforços de consolidação sejam comuns, projetos de integração o são ainda mais.

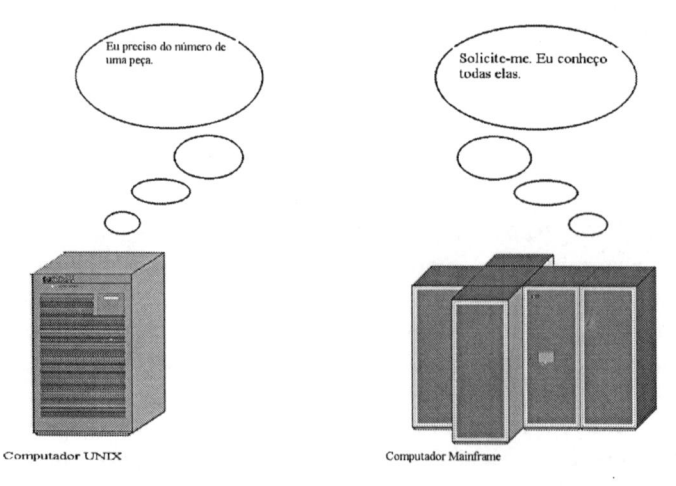

Figura 1.1 A computação distribuída surgiu quando se tornou necessário que diversos computadores compartilhassem informações e procedimentos, como ilustrado por esse caso hipotético de dois computadores que precisam se comunicar e não conseguem.

Precisando trocar mensagens para fazer com que a computação distribuída funcione, cada computador necessário para ajudar a completar uma dada tarefa deve ser apto a se comunicar com o outro computador ou computadores envolvidos nessa tarefa. No nosso exemplo da companhia de peças automotivas, o computador UNIX e o *mainframe* devem ser aptos a se comunicarem entre si. O computador UNIX deve ser apto para requisitar ao *mainframe* um número de peça e o *mainframe* deve ser apto para responder com o número da peça solicitado.

Como computadores em um ambiente distribuído se comunicam? Essencialmente, trocam mensagens discretas entre si. Como mostrado na figura 1.2, o computador UNIX envia uma mensagem para o *mainframe* requisitando o número da peça. Em resposta, o *mainframe* envia uma mensagem de volta com a informação apropriada. As duas máquinas podem se comunicar através de uma variedade de métodos, da Internet a Rede de Longa Distância (WANs[1]) ou Redes Locais (LANs[2]) dedicadas.

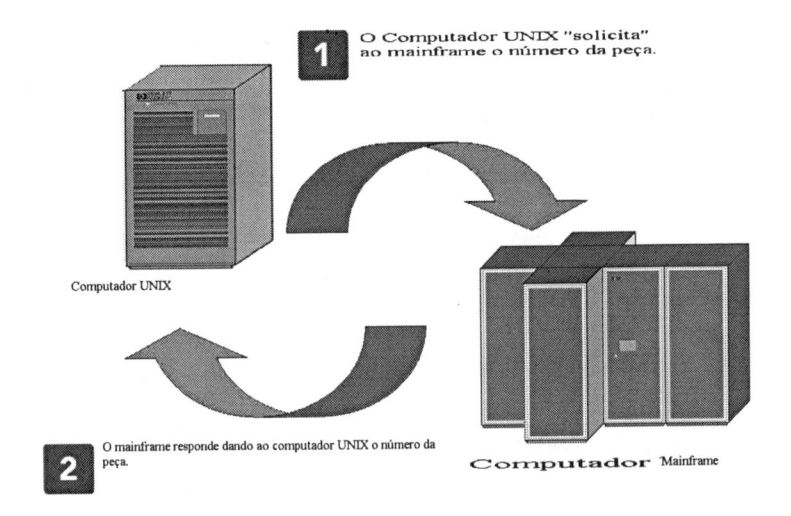

Figura 1.2 Neste exemplo de computação distribuída, o computador UNIX envia uma mensagem para o mainframe para solicitar um número de peça. Em resposta, o mainframe envia ao computador UNIX uma mensagem que contém o número da peça.

Mensagens são a fonte de virtualmente todas as questões e soluções relacionadas ao gerenciamento de computação distribuída. Seja uma troca de dados eletrônicos (EDI[3]),

---

[1] N. T. Do termo original em inglês *wide area network*.
[2] N. T. Do termo original em inglês *local area network*.
[3] N. T. Do termo original em inglês *electronic data interchange*.

integração de aplicações corporativas (EAI[4]) ou qualquer uma das muitas maneiras com as quais fornecedores de TI tentam resolver os desafios de computação distribuída. A questão principal é quase sempre a mesma: transmissão, recebimento e resposta a mensagens entre os computadores envolvidos. *Web services* são simplesmente a evolução de técnicas para transmitir mensagens entre computadores em ambientes distribuídos. Finalmente, parece que com *web services* o mundo chegou a um caminho-padrão para se alcançar esses objetivos. Como veremos, as implicações desses padrões são surpreendentes.

1.2 Os dois problemas de interoperabilidade

A computação distribuída soa bastante simples, certo? Um casamento entre dois sistemas: o computador que precisa das informações envia uma mensagem para o computador que as possui. O receptor da mensagem retorna os dados requeridos e eles vivem felizes para sempre. Isso funciona bem nos livros de estórias, mas nas complexidades do mundo real as interações entre os dois sistemas parecem mais aquelas descritas no livro *Homens são de Marte, Mulheres são de Vênus*. Não importa quanto os dois lados queiram se comunicar, alguma coisa se perde na tradução, com desastrosos resultados. Sem formatos de comunicação abertos, as informações tendem a fluir muito especificamente, com trocas de requisições e respostas *hard-coded*, e geralmente somente após extrema persuasão. Como em um casamento humano, a integração de dois sistemas computacionais pode necessitar de bastante terapia. Essa dinâmica tumultuosa gera uma indústria global de integração de sistemas e serviços de consultoria, assim como departamentos de TI internos massivos, gastando ao todo exorbitantes trilhões de dólares para se alcançar uma harmonia nada fácil entre os sistemas. E quando qualquer coisa acontece, tudo se quebra novamente, demandando novo trabalho para reajustar os participantes.

Em geral, computadores de fabricantes diferentes, ou que rodam sob diferentes sistemas operacionais, ou que rodam *software* diferente escrito diferentemente por diferentes times, não entendem e transmitem informações de maneiras que não são compatíveis umas com as outras. Para se comunicar entre si, os computadores requerem os serviços de um tradutor que "fala ambas as línguas". Em computação, esse tradutor é conhecido como *interface*.

Para os nossos propósitos, uma interface é um *software*, opcionalmente sendo executado em seu próprio *hardware*, que interpreta e retransmite mensagens que viajam entre dois computadores operando em uma maneira distribuída. A figura 1.3 ilustra o fluxo de informações em um sistema como esse. A interface deve processar cada requisição de informações duas vezes: uma no sentido do computador solicitante para

---

[4] N. T. Do termo original em inglês enterprise application integration.

a fonte de informações e depois no sentido contrário. Se a interface não estivesse disponível, os computadores não poderiam se comunicar. Seriam como pessoas que não falam a mesma língua gesticulando sem efeito, como em um debate presidencial.

1
A requisição da peça viaja do mini-computador para a interface, onde é traduzida para um formato que o mainframe consegue entender.

Requisição

Mini-computador

2
A requisição da peça passa da interface para o mainframe

Computador Mainframe

4
A resposta viaja para o mini-computador, onde a informação é utilizada para completar a tarefa.

Mini-computador

3
A resposta do mainframe viaja novamente para a interface, onde é convertida de volta para um formato que o mini-computador pode entender.

Computador Mainframe

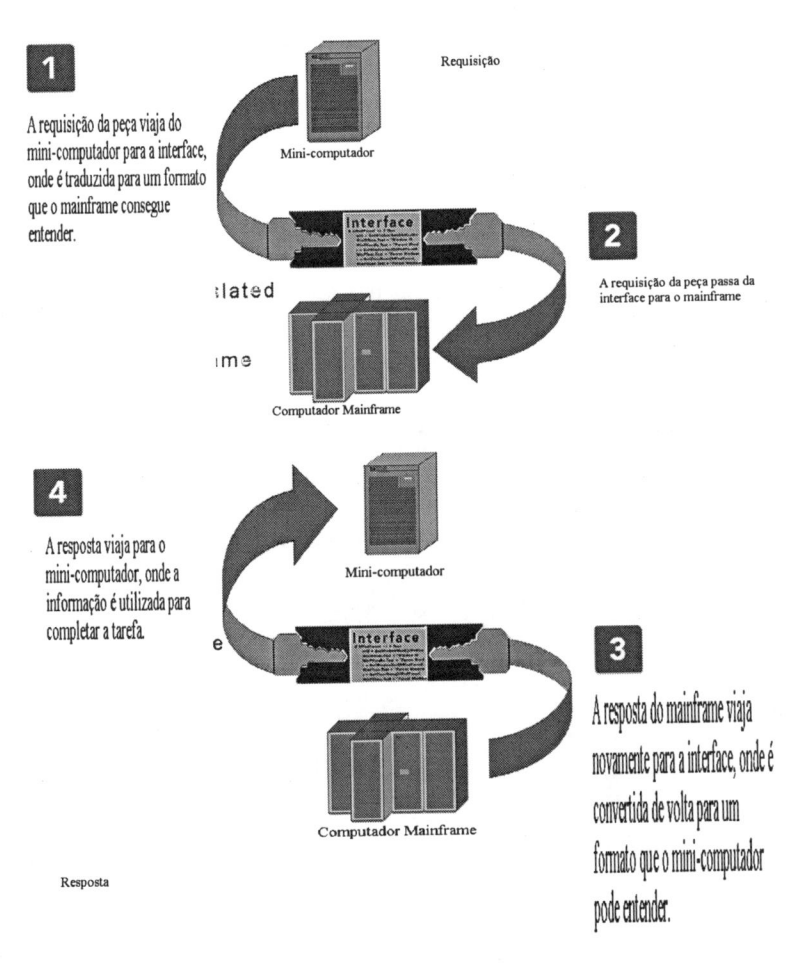

Resposta

Figura 1.3 Em uma computação distribuída, interfaces de software servem como intermediários de processamento de mensagens entre computadores que devem se comunicar.

1.2.1 Padrões proprietários

Na figura 1.3, o ponto de acesso de cada lado da interface é representado por uma fechadura e uma chave. Essa metáfora ilustra um problema profundo de interfaces: padrões proprietários. Seja uma interface codificada sob medida ou comprada do mercado, a maioria das interfaces se baseia em protocolos de mensagens e padrões de gerenciamento de dados proprietários. Em alguns casos, alguém possui a interface e cobra pelo seu uso; em outros casos, a interface foi codificada sob medida e só existe no projeto em questão, inadequada para ser reutilizada por outros sistemas no futuro. Se você pretende simplesmente conectar dois computadores entre si, então seus desafios são limitados. Os problemas reais ocorrem quando você quer que mais de dois computadores interoperem em um ambiente distribuído. Imagine uma companhia onde dezenas de computadores precisam se comunicar, ou uma cadeia de suprimentos onde diversos computadores procuram trocar informações, ou um mundo onde bilhões de mensagens por segundo devem ser trocadas entre computadores espalhados por todo o mundo (veja a figura 1.4).

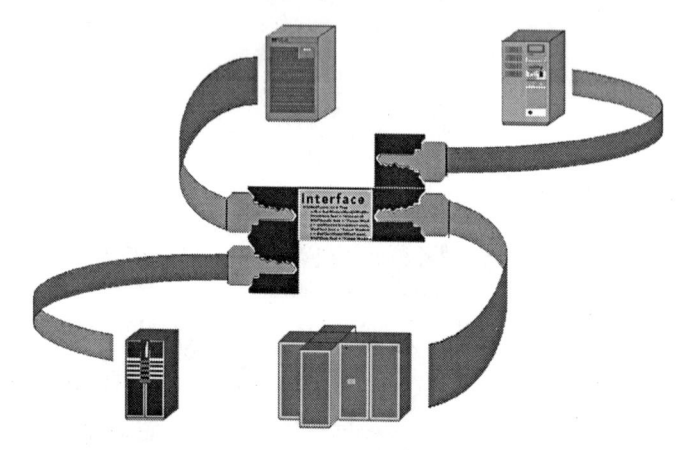

Figura 1.4 Quando você adiciona novos computadores a uma interface proprietária, fortemente acoplada, geralmente precisa adicionar uma nova interface ou um módulo de um programa de interface de software para alcançar a conectividade.

1.2.2 Acoplamento forte

A conexão proprietária entre computadores mostrada na figura 1.4 cria uma condição conhecida como *acoplamento forte*. Os computadores são ligados um ao outro através da limitação da interface feita sob medida. Não há nada intrinsecamente errado com acoplamento forte de computadores em um ambiente distribuído. Contudo, quando se quer realizar uma mudança, gasta-se muito tempo e é bastante custoso conectar computadores adicionais à interface ou alterar os computadores que estão atualmente conectados.

Se você quer permitir que mais computadores se comuniquem entre si em seu ambiente de computação distribuída, então cada máquina terá de se conectar à interface. Como mostrado na figura 1.4, isso significa que cada computador irá requerer suas próprias "fechadura e chave" para transmitir e receber mensagens. Isto é, cada tipo diferente de computador possui seu próprio sistema operacional, linguagem de programação e protocolo de comunicação. Conforme o número de máquinas na configuração cresce também cresce a complexidade das interfaces. Na figura 1.4, o ambiente distribuído hipotético inclui um *mainframe*, dois minicomputadores e um servidor moderno. Cada tipo de máquina possui seu modo único de se comunicar com a interface.

Em um ambiente fortemente acoplado, essa mudança torna-se cara. Se a sua interface é baseada em código desenvolvido sob medida, então um desenvolvedor de *software* terá de implementar as mudanças que você deseja reescrevendo o *software* da interface. Quanto mais cara a mudança, provavelmente mais complexas serão as mudanças na interface. Se a interface for desenvolvida sob medida em uma linguagem de computador arcaica, então os custos de mantê-la podem ser ainda mais altos, e certos indivíduos-chave podem se tornar perigosamente importantes.

Se a sua interface é baseada em uma solução de *software* de pacote, você ficará casado com o fornecedor da solução pela vida do sistema. (Claro, isso era o plano deles!) É muito provável que mudanças na interface irão requerer que você compre módulos adicionais do *software* ou desenvolva *patches customizados* para ele. Você terá problemas com custos de licenças, manutenção e desenvolvimento. Se o fornecedor sair do negócio, você ficará engessado com uma interface morta conectando dois sistemas críticos. Os custos de se substituir a interface seria astronômico. Imagine se as redes de televisão transmitissem cada programa em um formato único e que alguém que quisesse assisti-lo tivesse de projetar um novo mecanismo de recepção para sua televisão para cada programa que fosse disponibilizado, e atualizá-lo cada vez que a rede de televisão fizesse uma mudança no seu mecanismo de transmissão. O custo de se possuir e manter uma televisão funcional seria maior do que o custo de se manter uma casa para uma família inteira e completamente insustentável em escala. Ainda assim, no mundo dos negócios, isso é exatamente o que enfrentamos, gastando bilhões de dólares a cada ano "ajustando e reajustando" para termos certeza de que possamos obter as mensagens de nossos parceiros e até mesmo dos nossos próprios ambientes.

Nesse ponto, você pode estar balançando sua cabeça para cima e para baixo: Sim, todos já passamos por isso. Ou para a esquerda e para a direita: Por que eu nasci antes do advento dos padrões de interoperabilidade de aplicações, relegado a uma vida horrível de dor, miséria e orçamentos monstruosos de TI?! Embora o desespero causado por interfaces caras proprietárias ou *customizadas* ainda não tenha sido destaque na televisão, os bilhões de dólares de desperdício com certeza afetaram os caixas e valores das ações da maioria das companhias do mundo. Esses problemas não são culpa de ninguém. São simplesmente o resultado de uma condição em que negócios precisavam utilizar numerosos computadores diferentes para realizar tarefas e nenhum padrão comum existia para tornar o processo eficiente.

1.3 O OBJETIVO: INTEROPERABILIDADE SIMPLES E BARATA

A vida de todo mundo seria mais fácil se os computadores pudessem simplesmente "falar" uns com os outros. E isso , claro, seria tão ingênuo quanto solicitar às Nações Unidas para conduzir seus afazeres sem tradutores. Algumas pessoas podem argumentar que os resultados na ONU seriam os mesmos de qualquer maneira, mas o impacto negativo de arquiteturas baseadas em "silos" é criticado universalmente. Os objetivos eram claros desde o início: devemos criar padrões para mensagens entre computadores. Se os diversos computadores envolvidos em um ambiente distribuído puderem obedecer a padrões uniformes de comunicação, então uma grande parte da complexidade do desenvolvimento de interfaces poderá ser eliminada. Esse ideal, mostrado na figura 1.5, significa que computadores podem enviar mensagens para quaisquer outros computadores através da utilização de uma interface baseada em padrões abertos, não-proprietários, de troca de mensagens entre computadores.

Embora o conceito de padrões seja claramente simples, passaram-se levadas décadas para que padrões verdadeiramente utilizáveis surgissem. O problema veio do fato de que cada fornecedor desenvolvia um conjunto de tecnologias para suas próprias plataformas e então esperava que outros fornecedores se acomodassem aos seus "padrões" proprietários. Raramente uma companhia consegue (isto é., Microsoft com o Windows) ser bem-sucedida em dominar uma indústria criando e controlando "padrões" para todas as outras. Geralmente, para isso funcionar todos os grandes *players* (IBM, Microsoft, HP, Sun, Intel, Oracle etc.) devem participar e estar de acordo. Isso é um processo difícil. Mesmo que haja um acordo aparente entre as partes sobre um padrão, como havia nos anos 1980 com o ambiente de computação distribuída (DCE[5]), questões políticas e batalhas de conquista de território sabotam o esforço e o resultado é o mesmo conjunto de dificuldades e custos que os gerentes de TI enfrentavam com interfaces proprietárias.

---

[5] N. T. Do termo original em inglês *Distributed Computing Environment*

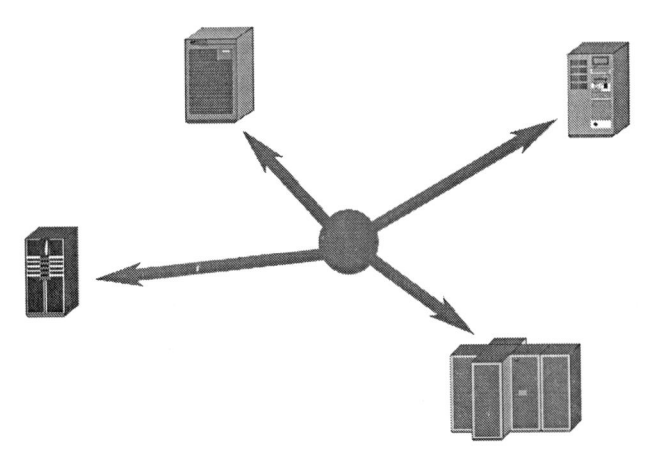

Figura 1.5 Com uma interface para computação distribuída baseada em padrões abertos, teoricamente é possível que cada computador na arquitetura se comunique com os outros utilizando padrões abertos.

1.3.1 O impacto do software orientado a objetos

O advento do *software* orientado a objetos proveu a base para um passo importante em direção ao *framework* conceitual para sistemas distribuídos interoperáveis. Em um *software* orientado a objetos, o desenvolvedor de *software* converte um processo em um "objeto" discreto que outro *software* pode utilizar. Por exemplo, você pode desenvolver um objeto que calcula equações matemáticas e chamá-lo de "objeto calculador". Sempre que você precisar calcular alguma coisa, em vez de escrever código de software para todo o processo de cálculo, você simplesmente instrui o programa a solicitá-lo ao objeto calculador. Para compreender o significado do *software* orientado a objetos, é necessário entender o que é a computação sem ele.

Nas primeiras décadas da computação, programas de *software* processavam dados seqüencialmente através de uma série de instruções conhecidas como *código procedural*. Por exemplo, um operador de computador na companhia telefônica comandaria o computador para "executar" um programa de *software* que imprimisse as contas mensais dos clientes. O computador então seguiria uma série de passos que foram codificados no *software*:

- Recuperar o registro do nome e do endereço do cliente da base de dados de clientes.
- Recuperar o registro dos detalhes das chamadas do cliente da base de dados de detalhes de chamadas de clientes.
- Calcular os totais da conta.
- Calcular a conta do cliente usando uma tabela de ajuste de custos de ligações.

- Imprimir a conta.
- Ir para o próximo registro de cliente.

Embora esse tipo de processamento fosse comum naquele tempo, sua inflexibilidade causava muitos problemas custosos ao gerenciamento de TI. Por exemplo, se você quisesse modificar a maneira na qual chamadas a cobrar eram calculadas, teria de reescrever aquela porção do programa, testar o programa inteiro, depurá-lo e reinstalá-lo. Isso era muito mais fácil de se dizer do que se fazer. Na realidade, esses programas procedurais continham milhares de linhas de código que causariam confusão em qualquer um que tentasse modificar um programa que não tivesse originalmente escrito. Como qualquer programador o diria com orgulho (tanto quanto se frustraria quem pagasse para gerenciar as aplicações), a programação praticada dessa maneira era muito mais "arte" do que "ciência".

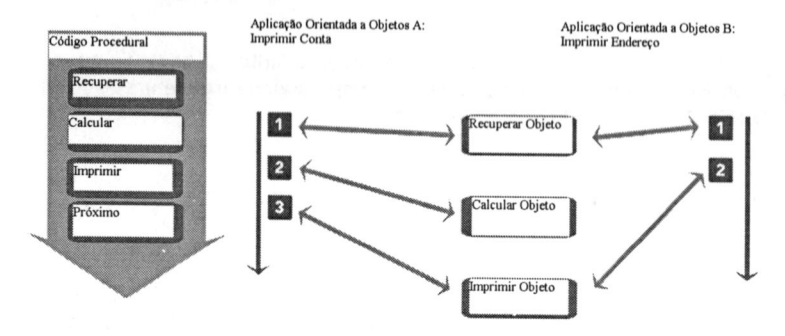

Figura 1.6 Software procedural versus orientado a objetos

Se o programa requeresse uma operação distribuída – isto é, se os detalhes das chamadas estivessem em um computador diferente do que estava calculando as contas – então as instruções da interface que faziam a conexão com aquele computador eram fixadas no programa. Programadores antigos apelidavam o código procedural de "código espaguete", embora em linguagem comum fosse mais conhecido como "pesadelo". Modificar um código como esse era similar a uma investigação criminosa que precisava decifrar evidências, recolher pistas e segui-las para, eventualmente, com sorte, descobrir o que aconteceu. De maneira geral, esse método de programação de *software* era incompatível com os requisitos modernos de uma organização de TI: flexibilidade e adaptabilidade a mudanças.

A abordagem orientada a objetos para o programa de cobrança telefônica se pareceria com isto:

- Chamar o objeto "Nome e endereço do cliente" (que recupera o nome e o endereço do cliente).
- Chamar o objeto "Detalhes da conta do cliente" (que recupera o detalhe da ligação).

- Chamar o objeto "Calcular a conta do cliente" que, por sua vez, chama o objeto "Custos de ligações" e o objeto "Cálculo".
- Chamar o objeto "Calcular totais da conta".
- Chamar o objeto "Imprimir a conta".

A beleza da abordagem orientada a objetos – assumindo que seja executada adequadamente – é que, teoricamente, cada objeto utilizado para a execução de alguma tarefa é um componente separado, que pode ser modificado ou substituído sem afetar os outros objetos. Mais importante, a teoria era que se outra aplicação fosse construída para um propósito diferente e precisasse, digamos, realizar os mesmo "cálculos" do exemplo acima, então esse mesmo objeto poderia ser reutilizado em um contexto completamente diferente. Objetos abstraem a funcionalidade de um *software* do seu código base verdadeiro, simplificando bastante a utilização e gerenciamento do *software* no processo. Alteração e adaptação de processamento de dados se tornam mais fáceis com a computação orientada a objetos.

A figura 1.6 mostra o contraste entre as abordagens tradicional, procedural e a abordagem orientada a objetos. Em um programa orientado a objetos, você pode ativar a funcionalidade de um objeto em qualquer ordem. No exemplo A, você pode executar a rotina recuperar-calcular-imprimir do programa de impressão de conta. No exemplo B, você pode recuperar as informações do cliente e depois imprimi-las, pulando o passo de cálculo se quiser.

Um dos objetivos da computação orientada a objetos é alcançar a reutilização e baixar o custo do desenvolvimento de aplicações. Programas de *software* podem não somente ser, teoricamente, montados a partir de objetos preexistentes, mas também mais de um programa pode compartilhar recursos desses objetos. Adicionalmente, algumas abordagens de programação orientada a objetos abrangem uma funcionalidade limitada multiplataforma. Por exemplo, um programa escrito em Microsoft Visual Basic pode invocar e fazer uso da função de um objeto escrito em C++.

Infelizmente, não há nenhum *software* orientado a objetos multilinguagem universal. As definições de objetos da Microsoft não funcionam automaticamente bem com as de outros fornecedores, e vice-versa. Além disso, os "objetos" foram tipicamente relegados a funções de sub-rotinas bem pequenas e não conseguem incentivar programadores a reutilizá-los em vez de reescreverem a mesma funcionalidade eles mesmos. A regra de Pulier de reutilização diz que um programador sempre olhará o trabalho de algum outro programador, não importa o quão brilhante ele seja, e sempre o achará um lixo. Por essa razão, muitas tentativas de se utilizar computação orientada a objetos para permitir interoperação de sistemas distribuídos heterogêneos não obtiveram, em grande parte, sucesso, por não serem universalmente adotadas e, portanto, sua utilidade foi limitada. Como você verá um pouco mais adiante, porém, *web services* disponibilizam funcionalidades maiores como componentes de *software* reutilizáveis que podem interoperar entre diferentes linguagens de programação. Como resultado, *web services* levam o conceito de reutilização a novos patamares, eliminando potencialmente as dificuldades de interfaces proprietárias ou *customizadas* que conectam um sistema a outros.

1.3.2 Cliente-servidor

O campo de TI avançou novamente com o surgimento da computação *cliente-servidor*. Cliente-servidor descreve uma arquitetura de *software* em que um programa de computador, o *cliente*, solicita dados ou funcionalidade de outro *software*, geralmente em um computador remoto, que é conhecido como *servidor*. A *World Wide Web*, por exemplo, é uma arquitetura cliente-servidor. Seu navegador é um cliente e os computadores que contêm os *sites web* que você visita são os servidores. Outro grande exemplo de arquitetura cliente-servidor é um caixa automático de banco. O caixa automático é o cliente; o computador central do banco é o servidor. Quando você faz uma solicitação de dinheiro no caixa automático, ele invoca um *software* servidor situado no computador do banco chamado "Aprovar transação". Se você tiver fundos suficientes, o servidor enviará uma mensagem de volta ao caixa automático que diz, de fato, "pague".

Da perspectiva de interoperabilidade aberta, a importância do surgimento da arquitetura cliente-servidor foi seu projeto "chamada e resposta", que é a essência dos *web services* e da SOA. O surgimento do cliente-servidor e seu subseqüente sucesso ensinaram a uma geração de arquitetos de sistemas e desenvolvedores de *software* as vantagens de se criar sistemas distribuídos baseados em mensagens. O surgimento da Internet, como um passo seguinte lógico, mostrou o poder dos padrões abertos quando aplicados a arquiteturas cliente-servidor, criando as condições para o desenvolvimento dos padrões de *web services*.

1.3.3 Criando os padrões

Já falamos um pouco sobre padrões, mas é importante termos certeza de que exploramos o significado do termo. O que é um padrão? Um *padrão* é uma regra com a qual todo mundo concorda. Um pé mede 12 polegadas. Todo mundo concorda sobre isso, portanto é um padrão de medida. Quem determina a definição precisa de quanto mede um pé exatamente? Nos Estados Unidos, o National Institute of Standards and Technology (NIST) diz que um pé mede exatamente 0.3048 metros. (Eles também dizem quanto é um segundo.) A coisa mais importante sobre um padrão é que todo mundo concorda sobre ele. Se você fabricasse réguas com pés marcando 0.4 metros, você cairia fora dos negócios bem rapidamente, pois não estaria aderindo ao padrão. Uma vez que um padrão tenha atingido um certo ponto – o ponto no qual bastante pessoas tenham adotado um padrão que possua *momentum* suficiente para virtualmente nulificar qualquer padrão concorrente – uma inundação de inovações ocorre, pois a partir de então se pode contar que certos fatos existam como uma base sobre a qual construir.

Ted Schadler, da Forrester Research, descreveu um grande exemplo desse fenômeno para mim em 2001 durante uma discussão sobre as implicações da tecnologia de *web services*. Ele disse que a viga de madeira de 2 por 4 se tornou gradualmente o padrão depois de muitos anos de materiais de construção inconsistentes e imprevisíveis. Uma vez que o padrão se firmou, um crescimento explosivo de construção ocorreu, pois casas poderiam ser construídas com muito mais precisão e menos custo do que no passado. A razão? Com o advento do 2 por 4, o projeto e a construção poderiam ocorrer com maior eficiência. Todo mundo envolvido no processo poderia assumir que um padrão seria empregado.

Como padrões funcionam em TI? Em TI, *órgãos padronizadores* realizam uma função similar à da NIST. Os órgãos de padronização são grupos industriais colaborativos sem fins lucrativos que desenvolvem e publicam os padrões que são utilizados para se desenvolver tecnologia. Por exemplo, o *World Wide Web Consortium* (W3C) publica as especificações da Hypertext Markup Language (HTML) para garantir que todos os navegadores *web* possam ler os documentos HTML que se encontram na *Web*. Se os desenvolvedores de navegadores não aderissem às especificações da W3C para HTML, haveria o risco de que *sites web* começassem a oferecer conteúdos que somente certos "clientes" poderiam entender, uma situação que resultaria no fracasso da *Web*. De fato, exatamente isso acontecia nos primeiros anos da *Web*, onde tínhamos que desenvolver três ou quatro versões de um *site* apenas para ter certeza de que os diferentes navegadores poderiam interpretar nosso conteúdo. Para os nossos propósitos, os órgãos de padronização importantes são o W3C, o *Web Services Interoperability Organization* (WS-I) e o Organization for the Advancement of Structured Information Standards (OASIS).

O aspecto mais crucial dos padrões é que sejam *abertos*. Um padrão aberto é um padrão que não pertence a nenhuma companhia ou organização que possa cobrar ou restringir seu uso. Eventualmente, uma companhia como a Microsoft pode se tornar tão abrangente que um padrão "fechado" possa dominar um setor e uma indústria possa ser criada em cima dele. Mais freqüentemente, padrões são poderosos porque são gratuitos e universais. A rápida ascensão da Internet se deveu, em parte, ao fato de que era baseada em um conjunto de tecnologias gratuitas baseadas em padrões abertos. Se alguém tentasse licenciar o TCP/IP, o HTTP e o HTML por um preço, a *Web* poderia não ter nunca se tornado a rede global que é hoje. O avanço dos *web services* é análogo aos progressos e tropeços do avanço dos seus padrões, uma batalha constante para dominar tecnologias competitivas e alcançar acordos básicos entre os grandes provedores de tecnologia.

É claro, não é simplesmente porque um grupo de companhias ou pessoas concordou que um padrão existe que se garante automaticamente sua ampla aceitação. De maneira inversa, pode haver padrões altamente efetivos que não são sancionados oficialmente por um órgão padronizador. Pessoas apenas concordaram ao longo do tempo em utilizá-lo e eles se tornaram padrões *de facto*. Para funcionar, um padrão precisa ser aceito e posto em uso por um grande número de usuários de forma a se tornar um fato da vida cotidiana para os tecnologistas que o utilizam. Quando um padrão é posto em prática, um novo padrão conflitante que surja, oficial ou não, não terá chances.

1.3.4 Acoplamento fraco pioneiro

Não deveria ser surpresa que a maioria dos avanços significantes na computação distribuída vieram depois do crescimento da programação orientada a objetos. Nos anos 1990, o Object Management Group, outro órgão padronizador, desenvolveu uma especificação para interoperação de computadores distribuídos conhecida como Common Object Request Broker Architecture (CORBA). Com CORBA, um computador em um ambiente distribuído pode requisitar os serviços de um objeto através de um "intermediário", que serve como uma interface comum entre todos os computadores envolvidos. Na teoria, CORBA era uma grande idéia. No entanto, falhou em cumprir sua promessa – principalmente, na minha opinião, não somente por causa das limitações da tecnologia (e eram muitas), mas por causa da discordância entre diversas companhias em decidir qual modelo de objetos adotar.

A resposta da Microsoft ao CORBA foi o Distributed Component Object Model (DCOM), que simplificou o processo de utilização de objetos em um ambiente Microsoft. Porém, como você pode adivinhar, DCOM foi um sucesso apenas limitado, pois seu uso era restrito a plataformas Microsoft. Se você estivesse em um Unix ou Linux utilizando Java ou uma linguagem de *mainframe*, então não poderia utilizar o DCOM.

Por volta da mesma época, a IBM criou o Distributed System Object Model (DSOM), que possui muitas das mesmas características do CORBA e DCOM. O DSOM não teve sucesso, pois sua sorte estava ligada ao fracassado sistema operacional OS/2. O fracasso do DSOM forneceu um exemplo excelente dos problemas enfrentados pela rodada inicial do desenvolvimento de padrões em computação distribuída. O DSOM poderia ter sido a "bala mágica" da computação distribuída. Tudo que precisava acontecer para que fosse bem-sucedido era a dissolução da Microsoft, o abandono do Windows como sistema operacional e a decisão da parte de todo proprietário de computador no mundo de mudar para o OS/2. Nada de mais, certo?

Quando os anos 1990 chegaram ao fim, tornou-se claro que o ideal da interoperabilidade aberta dependeria de padrões abertos para mensagens que fossem propriedade de todos e de ninguém ao mesmo tempo. Os líderes de opinião que assumiriam o desafio de fazer isso acontecer tiveram a boa sorte de terem acabado de ver a adoção mais notável de padrões abertos de tecnologia da história: a Internet.

1.4 ACOPLAMENTO FRACO REAL

A Internet criou as condições para o surgimento de padrões verdadeiramente abertos para interoperabilidade de computadores em ambientes distribuídos. Como uma rede massiva de computadores que se conectavam uns aos outros utilizando protocolos de comunicação e transmissão de dados comuns, a Internet mostrou que era possível se obter interoperação global de computadores, embora com um conjunto limitado de funcionalidades nos primeiros anos. Para se compreender bem o potencial da Internet, é importante reconhecer essa qualidade fundamental (isto é, rede baseada em padrões). Você pode então começar a suspeitar de que o valor explosivo da Internet não está no que já passou, mas na verdade apenas começando a aparecer.

1.4.1 Transparência de hardware, software e rede

Da perspectiva de *web services*, talvez a conquista mais importante da Internet seja sua habilidade de tornar todo o seu *hardware*, *software* e infra-estruturas de rede "invisíveis". Não faz diferença, na Internet, se o conteúdo que você está solicitando vem de uma máquina Sun, um *mainframe* IBM ou uma máquina com Windows. Seu navegador pode estar sendo executado em um PC Windows, um Macintosh ou uma máquina UNIX. O conteúdo aparece na sua tela exatamente igual. E, na Internet, a localização física de um computador não significa nada. Desde que um computador possua um endereço na Internet – um localizador universal de recurso (URL[6]) como www.digev.com – qualquer computador pode acessar seu conteúdo formatado para a Internet de qualquer lugar do mundo.

A figura 1.7 mostra o quão aberto é a rede Internet. Os hexágonos e barras grossas representam a rede universal Transmission Control Protocol/Internet Protocol (TCP/IP) que a Internet utiliza para fazer as mensagens fluírem. O TCP permite que dois computadores na Internet se conectem e troquem pacotes de dados. Um pacote é uma parte discreta de um fluxo maior de dados que viaja através da Internet. Qualquer mensagem da Internet, seja um e-mail ou uma página *web*, é composta de diversos pacotes separados que chegam separadamente no computador receptor. O *Internet Protocol* dá a cada pacote em um fluxo uma posição – primeiro, segundo, terceiro e assim por diante – de modo que o fluxo completo possa ser montado e compreendido na ponta receptora quando todos os pacotes chegarem. O TCP garante a entrega dos dados (que a mensagem inteira chegue em algum momento ao seu destino) e também garante que os pacotes serão remontados na mesma ordem em que foram enviados. Independentemente do *hardware* ou do sistema operacional, os padrões abertos do TCP/IP, HTTP e HTML tornam possível que qualquer computador na Internet compartilhe um certo tipo de conteúdo com qualquer outro computador, desde que empregue esses padrões abertos. Esse conteúdo é conhecido como "dados não estruturados", isto é, um conteúdo que pode ser recebido e exibido por um cliente compatível com os padrões, mas que não pode ser, de fato, "compreendido" pelo computador receptor. A seguir examinamos as diferenças entre dados estruturados e não estruturados – a chave para se descobrir o valor da Internet.

---

[6] N. T. Do termo original em inglês Unified Resource Locator

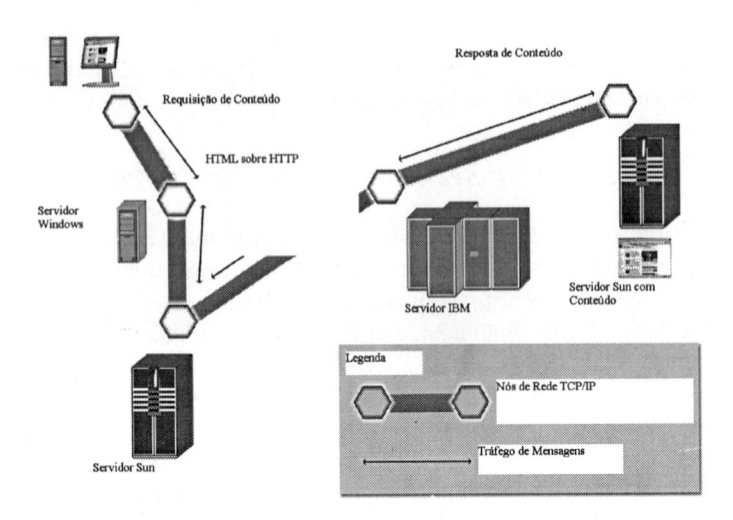

Figura 1.7 A rede de padrões abertos da Internet permite que pacotes de dados viajem de um ponto a outro sem a preocupação de compatibilidade no destino.

1.4.2 XML

XML é o padrão que começou a realizar o tão desejado ideal de interoperabilidade aberta. É um dos marcos tecnológicos que muitas pessoas discutem e poucas compreendem completamente. Isso me faz lembrar da parábola dos três cegos e o elefante, em que a interpretação de cada homem sobre o animal depende de onde ele está quando explora o tópico. Embora essa parábola permita descrever a maioria das discussões sobre novas tecnologias, talvez seja mais apropriada aqui, pois o XML é um conjunto de padrões que permitem aos desenvolvedores de *software* alcançar diversas tarefas diferentes. Perguntar "O que é XML?" é um pouco como perguntar, "O que é metal?" Metal é uma substância, sim. Mas, um carro também é um metal, assim como uma bala, um avião, uma viga, uma régua e assim por diante. Comparativamente, XML é apenas um conjunto de padrões que especificam como *estruturar* um *documento* baseado em texto para comunicação entre dois computadores para diversos propósitos. O XML lhe permite incorporar dados sobre os dados, além do "conteúdo" da mensagem. Como veremos, esses "metadados" são a diferença entre comunicação sem significado e verdadeira entre sistemas.

O XML é um padrão com um vasto número de aplicações potenciais. Um documento XML pode definir um *site web*, compartilhar dados entre dois bancos de dados, transportar um documento Word para dentro do Microsoft PowerPoint, comunicar um conjunto de instruções de programação de *software* e muito mais. Observe, porém, que quando falamos sobre "documentos" no contexto do XML, não estamos falando sobre ensaios e artigos. Um documento XML é uma mensagem de texto que é formatada de acordo com as especificações estabelecidas de XML. Em XML, "documento" é igual a "mensagem". Uma vez que essa mensagem é "estruturada", diferentemente de HTML puro, o computador interpretador pode olhar o texto e "entender" que, por exemplo, um número específico no documento é um "preço" e não um "número da casa" etc. O XML é o facilitador de casamento da Internet, oferecendo um caminho para comunicação em que dados podem ser transmitidos *e* entendidos por quem os recebe.

O segredo para se compreender o XML é compreender o que são metadados, os dados que descrevem outros dados, mais primários. A capacidade de dar rótulos dinâmicos é o que diferencia o XML do HTML. *Rótulos de metadados* é um termo utilizado para denotar dados que descrevem dados subseqüentes. Os rótulos XML oferecem uma maneira de se saber o que os dados "significam" e, portanto, como utilizá-los. Imagine que seu médico lhe enviasse dez pílulas exatamente iguais no mesmo recipiente com as seguintes instruções: "Se você tomar as dez pílulas na ordem correta você sobreviverá. Se você as tomar na ordem errada, você morrerá." Como você poderia ordená-las e garantir sua sobrevivência? Aos seus olhos, todas parecem iguais! No entanto, se as pílulas viessem em uma seqüência acordada e compreendida, rotuladas com nomes apropriados, de forma que você as pudesse identificar, então poderia pegar cada uma na ordem prescrita e viver para ver mais um dia. Sem os rótulos de metadados, dados são "estúpidos".

Por causa da rigidez e falta de extensibilidade do HTML, que são problemáticas para aplicações de negócios robustas, o XML amadureceu rapidamente. Como a demanda por maior flexibilidade de conteúdos na *web* e funcionalidades dinâmicas cresceu, o W3C passou a supervisionar o desenvolvimento do XML, além do padrão HTML, que é a fundação da *Web*. Para criar um padrão que permitisse facilmente a um desenvolvedor construir páginas *web* que oferecessem maior funcionalidade e flexibilidade, o W3C adaptou o avô de todas as linguagens de marcação, o Standard Generalized Markup Language (SGML) da ISO, para uso na *Web*. O resultado foi o XML.

Para ilustrar o contraste entre o HTML e o XML, digamos que você quisesse colocar as palavras "Nome do Cliente" em um *site web* na fonte de título. Você escreveria um HTML que se pareceria assim: <h1>Nome do Cliente</h1>. O <h1> é um *rótulo* que instrui o navegador a criar as palavras "Nome do Cliente" em uma fonte específica. O <h1> é um rótulo fixo. Sua definição foi criada anos atrás pelo W3C. Em contraste, o XML lhe dá a possibilidade de criar seus próprios rótulos e defini-los da maneira que é mais adequada para seus propósitos. Se você criasse a mesma página *web* com XML, criaria um rótulo chamado <nome> e escreveria <nome>Nome do Cliente</nome>. A definição do rótulo <nome> cabe a você. O XML *Schema*, à parte do documento XML que explica seus rótulos, funcionando junto com o *processador* XML no computador, dá a você a possibilidade de tirar vantagem de uma grande seleção de funções que você pode executar no seu documento XML baseado nos seus rótulos *customizados*. O XML lhe permite criar seus próprios rótulos de dados *customizados* e possibilita a definição, transmissão, validação e interpretação de dados entre aplicações e entre organizações.

Em geral, o XML é o novo formato de dados universal. Um formato de dados é uma convenção para se armazenar ou transmitir dados. Existem diversos formatos de dados, incluindo o delimitado por vírgula, que separa cada elemento em uma coleção de dados com uma vírgula; o *Symbolic Link Format* (SYLK); e o *Data Interchange Format* (DIF). A figura 1.8 contrasta as maneiras nas quais um simples conjunto de dados, mostrado na tabela 1.1, é escrito em XML *versus* SYLK e DIF, por exemplo. Observe os rótulos que delineiam os conteúdos de dados no XML. A diferença entre o XML e SYLK e DIF é que o XML, como um formato de dados, descreve os dados que contém. O SYLK e o DIF – assim como outros formatos de dados – meramente transmitem o conjunto de dados de uma maneira que permite ao usuário montá-lo em uma forma tabular.

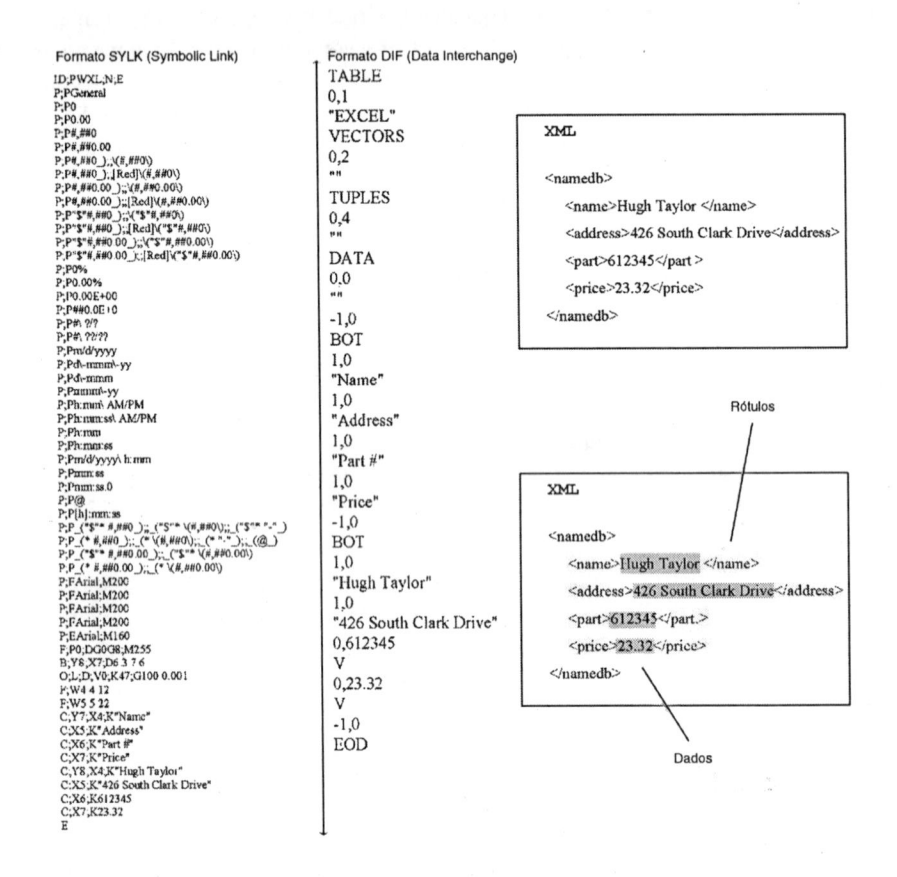

Figura 1.8 Comparação de XML com outros formatos de dados.

O XML é uma convenção global, aceita por virtualmente todo profissional de TI e desenvolvedor de *software* no mundo, para descrever dados em um documento. A importância disso é enorme: se você quiser que qualquer pessoa em qualquer país seja capaz de compartilhar um documento e interpretar os dados da mesma forma, XML é a solução. Mas mesmo o XML possui um uso limitado se todos utilizarem as capacidades de se criar rótulos de metadados flexivelmente de maneiras diferentes e incompatíveis. É aqui que os *web services* entram. Os *web services* especificam um conjunto preciso de padrões de XML que são utilizados na interoperação de computadores e troca de dados. Nos próximos anos, aos padrões de *web services* serão acrescentados *schemas* para todas as indústrias no mundo, e uma nova geração de computação será iniciada.

Tabela 1.1   Exemplo de Conjuntos de Dados

Nome	Endereço	Parte #	Preço
Hugh Taylor	426 South Clark Drive	612345	23.32

1.4.3 A união de fatores-chave

No final dos anos 1990, todos os elementos que comporiam os *web services* já existiam. A rede que formaria a espinha dorsal da interoperabilidade – a Internet – existia e seus protocolos de comunicação aberta haviam estabelecido um padrão global de redes. Além do mais, o *software* orientado a objetos e as arquiteturas cliente-servidor provia um fundamento conceitual para a utilização de componentes de *software* modulares remotos, cada um com seu endereço único. Por último, com XML, tínhamos um método para comunicarmos informações entre computadores globalmente. O que faltava era um passo bem pequeno – que a indústria de TI concordasse sobre padrões básicos de XML – e o mundo finalmente desse um passo de gigante na interoperabilidade de computação distribuída. Esse pequeno passo levou seis anos para ser dado.

Por volta dessa época, alguém na Microsoft cunhou a frase "*web services*" para descrever componentes de *software* que poderiam permitir a interoperação de computadores globalmente utilizando HTTP e a Web como uma rede de comunicação e o XML como o formato de mensagens. Como muitos outros, eu fico pensando se não haveria um termo mais descritivo para o que os *web* services fazem (objetos da Internet? serviços de rede?), mas o nome pegou e aqui estamos. Eu acho que o racional para o nome "*web services*" foi contrastar *software* dinâmico e funcional que pode realizar transações via Internet com as "páginas *web*" estáticas que eram meramente vistas na rede como HTML. A entrega de *software* "como um serviço", isto é, como eletricidade ou gás para sua casa, já era um ideal da indústria há muitos anos. Com os *web services*, a promessa da Internet chegou.

Em 2000, o W3C canonizou vários padrões de *web services* que, junto com outros grupos, começou a desenvolver. O resultado foi a ratificação de um conjunto de especificações para se utilizar o XML e os protocolos de comunicação da web para interoperação universal de computadores. Os padrões, Simple Object Access Protocol (SOAP), Universal Description and Integration (UDDI) e Web Services Description Language (WSDL), que exploraremos em mais detalhes no próximo capítulo, são os fundamentos dos *web services*.

Embora tentativas no passado tenham tratado das mesmas questões, nenhuma subiu a escala de "modismo" para "próximo estágio em computação." Por quê? Porque o poder dos *web services* não está na idéia em si, mas na adoção fundamental desses padrões por todos os grandes fornecedores de *software* do mundo. Em 2001, a IBM, Microsoft, Hewlett-Packard, Sun, Oracle e outros formaram seu próprio órgão padronizador, o WS-I, com o propósito de ratificar os padrões da W3C que utilizariam no desenvolvimento de suas próprias tecnologias de *web services*. A concordância dessas grandes companhias, muitas delas grandes rivais, em utilizar os mesmos padrões abertos foi um marco revolucionário na história da TI. As condições foram criadas pelo surgimento de *web services* como algo que possibilita o tão esperado valor da Internet para os negócios.

1.5 Resumo

Web services são componentes de *software* capazes de se comunicar uns com os outros sobre diversas redes utilizando "padrões abertos" aceitos universalmente e não proprietários. Os *web services* permitem que componentes de *software* diferentes se comuniquem e operem uns com os outros independentemente da plataforma e da linguagem de programação utilizada. Assim, permitem a realização de uma SOA. Uma SOA é uma abordagem para arquitetura corporativa na qual cada função de *software* em uma arquitetura corporativa é um "serviço" que é definido utilizando-se uma linguagem de descrição com interfaces que podem ser invocadas para se realizar processos de negócios.

Embora os *web services* sejam um marco na TI por causa de sua adoção quase universal, possuem predecessores que se encontram muitos anos atrás na história da computação. A necessidade dos *web services* surgiu da necessidade, e das dificuldades, de se gerenciar ambientes de computação distribuída.

Em um processo distribuído, computadores enviam mensagens uns aos outros para recuperar dados ou invocar procedimentos. Tradicionalmente, essas mensagens deviam passar por interfaces de *software* proprietárias ou codificadas de forma *customizada* para chegarem a seus destinos e serem entendidas. No ambiente de TI heterogêneo típico de hoje, onde muitos sistemas operacionais e linguagens de computação diferentes podem estar sendo utilizados, freqüentemente é necessário que os gerentes de TI comprem ou criem uma interface diferente para cada par de sistemas que precisem conectar – algo complexo e custoso.

Várias tentativas foram feitas para resolver os problemas da computação distribuída e orientada a objetos ao longo dos anos 1990, mas falharam devido a falta de suporte entre os *players* da indústria e a preponderância de padrões proprietários que permeavam esses esforços. A rede aberta da Internet, assim como as capacidades de descrição de dados universais do XML, formaram os fatores-*chave* que tornaram os *web services* possíveis e depois inevitáveis. A concordância dos grandes *players* da indústria em adotar os padrões de *web services* emergentes criou as condições para a revolução na computação.

CAPÍTULO 2

VISÃO GERAL DE WEB SERVICES

2.1 Quando você procura minha apólice do carro
2.2 A tecnologia sobre a qual ele está baseado
2.3 Características de *web services*
2.4 Dando à luz um *web service*
2.5 O gerente atento alerta: padrões
2.6 Resumo

Eu disse ao Jay, "Agora que sabemos de onde os *web services* vêm podemos dar uma olhada mais de perto no que eles são de fato e o que fazem. Na maior parte das vezes, ler sobre *web services* nas revistas e publicações do mercado é uma experiência similar a ouvir sobre a última moda em dieta: ´Coma batatas fritas, passe o dia todo sentado no sofá e pareça e sinta-se ótimo!´ Ou, pior, as discussões o afundam em um pântano altamente técnico, cheio de jargões, que você não consegue relacionar prontamente com seus negócios. O que pretendo aqui é prover uma visão geral sólida do que são *web services*, o que fazem, e em que a realidade se diferencia do alarde."

2.1 QUANDO VOCÊ PROCURA MINHA APÓLICE DO CARRO

Jay perguntou: "A Titan poderia ter um *web service* que permitisse a um representante de serviço ao cliente (RSC) procurar o prêmio devido em uma apólice de automóvel?"

"Sim, é claro", eu respondi. "Vamos ver como isso funcionaria. Um *web service* é um *software* que é conforme com um conjunto de padrões abertos de interoperabilidade. Esses padrões permitem a interoperação global de computadores, independentemente de plataforma de *hardware*, sistema operacional, infra-estrutura de rede ou linguagem de programação. A utilidade extraordinária dos *web services* é baseada no fato de se utilizarem protocolos de comunicação da Internet e XML para realizar suas tarefas. Um *web service* é, portanto, um *software* que pode responder a uma requisição de qualquer computador conectado em rede no mundo que se comunica, utilizando padrões XML de *web services*.

2.1.1 Chamada e resposta

Muitos *web services* seguem o projeto clássico de requisição e reposta da maioria das arquiteturas distribuídas, incluindo a World Wide Web e sistemas cliente-servidor. Embora outras formas de mensagens de *web services*, como "Envie e Esqueça", estejam disponíveis, neste livro focamos a forma "Requisição e Resposta". Ela é bastante comum e ilustra essas questões de interoperabilidade envolvidas em SOA extremamente bem. Em nosso exemplo, o Computador A solicita uma informação ou operação ao Computador B enviando uma mensagem pela rede. O Computador B responde enviando uma mensagem de volta também pela rede. Como discutimos no capítulo 1, e como ilustrado na figura 2.1, este processo tem sido dificultado por questões relativas a interfaces proprietárias e padrões de transmissão em rede, sistemas operacionais e linguagens de programação incompatíveis.

Web services, em comparação com o modo de computação distribuída tradicional de troca de mensagens através de interfaces proprietárias, empregam uma interface que é aceita universalmente: um tipo específico de XML conhecido como Simple Object Access Protocol (SOAP). Como mostrado na figura 2.2, o computador solicitante envia uma mensagem SOAP para o computador solicitado, utilizando um dentre diversos protocolos de transporte de mensagens, geralmente HTTP. Tendo em vista que o computador solicitante e o computador solicitado entendem SOAP como uma "linguagem comum", o computador solicitado consegue receber a mensagem, processá-la e respondê-la com uma mensagem SOAP, que ele sabe que será aceita pelo computador solicitante. Quando um *software* está pronto para interoperar utilizando *web services*, como o *mainframe* na figura 2.2, diz-se que está *exposto* como um *web service*.

Para colocarmos em termos humanos, imagine que você tenha dois amigos – um em uma ilha no Pacífico e outro em uma pequena vila na África – e nenhum deles compreenda português. Ao longo dos anos, você tem se comunicado com sucesso com seus amigos escrevendo cartas em português, fretando dois aviões particulares – um para pousar no mar perto da ilha e outro para pousar no mato para entregar suas cartas – e depois utilizando tradutores para interpretar suas cartas, uma vez que tenham chegado. Ah, e é claro, os aviões não são inicialmente preparados para pousar nesses aeroportos e, portanto, precisam ser equipados com trens de pouso especiais – diferentes para cada um dos locais – antes de embarcar na primeira viagem. E, claro, cada vez que o aeroporto muda, os aviões precisam ser alterados também para que possam pousar apropriadamente.

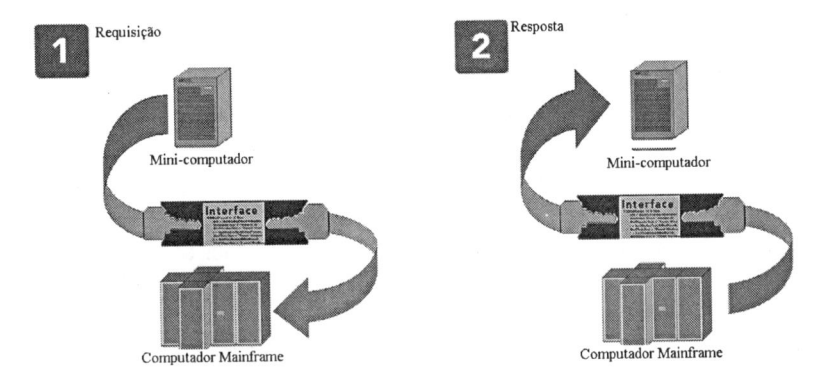

Figura 2.1 Em uma arquitetura que conecta dois sistemas através de uma interface proprietária, uma requisição de dados ou procedimento deve viajar do computador solicitante através da interface para o computador solicitado. O computador solici-

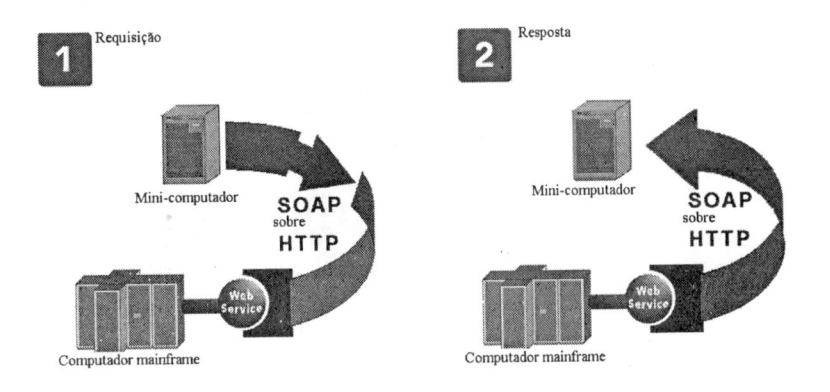

Figura 2.2 Nessa SOA, requisições e respostas no formato XML SOAP viajam entre dois computadores por HTTP. (Observação : SOAP também pode trafegar através de JMS, FTP, SMTP e de outros protocolos.)

Nesse cenário, você se comunicaria com seus amigos como computadores em ambientes distribuídos tradicionais têm feito há anos. Esse sistema funciona, mas é complexo, e, depois de um tempo, você se cansa das chateações e da despesa.

Uma das muitas vantagens de se utilizar *web services* em ambientes de computação distribuída é a universalidade da interface. Uma vez que um *web service* pode enviar e receber mensagens SOAP por meio de protocolos Internet, você pode interoperar com aquele serviço utilizando-se virtualmente de qualquer tipo de computador. Como mostrado na figura 2.3, um *web service* exposto em um *mainframe* pode interoperar com um computador UNIX, Windows ou Sun Solaris sem nenhuma modificação em sua interface.

Compare isso com o modelo tradicional de interfaces proprietárias em computação distribuída e você verá certas vantagens rapidamente. Em vez do projeto proprietário "fechadura e chave", com *web services* você tem uma interface aberta, aceita universalmente, como uma esfera com conectores arredondados, ilustrada na figura 2.3. Um *web service* é como uma tomada elétrica. Todo *plug* encaixa em qualquer tomada do Brasil. Quando você compra um aparelho, não precisa perguntar se se encaixa na tomada da sua casa. Por quê? A indústria elétrica chegou anos atrás desses padrões para tomadas elétricas, que todos os fabricantes aderiram desde então. *Web services* são o equivalente à tomada elétrica, em computação distribuída.

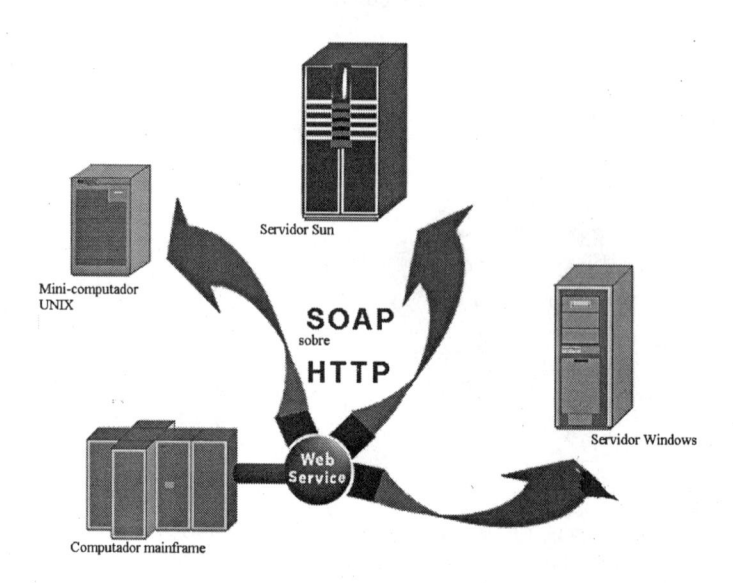

Figura 2.3 Por utilizar mensagens XML SOAP baseadas em padrões abertos, um *web service* pode interoperar com diversos computadores que requisitem um serviço.

2.1.2 Como um RSC consome web services

"Ok", Jay disse empolgado, "o representante de serviço ao cliente digita um número de apólice de automóvel em um navegador e aperta Enviar. Ele está utilizando o *web service*, certo?"

"Quase", respondi. "Em um tipo Requisição e Resposta de *web service*, o *software* que necessita dos dados ou funcionalidade oferecidos pelos *web services* geralmente é chamado de *consumidor* do *web service*. O consumidor invoca o *web service* enviando a ele uma mensagem de requisição. Isso seria a aplicação que seu RSC está utilizando. Ele pode ou não basear-se em um navegador. Poderia ser qualquer tipo de *software*. Se ele invoca um *web service*, é chamado de *consumidor* de *web services*. O *web service* em si geralmente é chamado de *provedor*. Manter esses conceitos de requisição e resposta e de consumidor e provedor na cabeça o ajudará a navegar pelo *marketing* de *web services*, que pode obscurecer fatos essenciais. Operações de *web services* geralmente envolvem uma requisição e uma resposta, embora outros cenários (como só o envio) também sejam possíveis. Há pelo menos um consumidor e um provedor em cada transação, e essas transações individuais geralmente fazem parte de processos maiores. Um provedor pode servir a centenas de consumidores, em diferentes máquinas, invocando o *web service* para diferentes propósitos. Uma operação de computação distribuída complexa, como processar uma solicitação de empréstimo, pode requerer que muitas *web services* sejam *orquestradas* em um processo. Porém, a operação subjacente de requisição e resposta permanece a mesma."

2.2 A TECNOLOGIA DE BASE

Um *web service* depende de três padrões de *software* baseados em XML inter-relacionados para funcionar apropriadamente:
- Simple Object Access Protocol (SOAP) – O formato da mensagem.
- Web Services Description Language (WSDL) – O documento que descreve exatamente o que o *web service* faz e como recorrer a ele.
- Universal Discovery, Description and Integration (UDDI) – O diretório dos *web services* que estão disponíveis para utilização.

Juntos, os três padrões são combinados para dar a *um web service* as possibilidades de funcionar, autodescrever-se e ser encontrado dentro de uma rede. Embora teoricamente um *web service* possa funcionar utilizando somente SOAP, a figura 2.4 mostra como um *web service* precisa do WSDL e do UDDI para ser eficaz.

2.2.1 SOAP

SOAP é a *língua franca* de *web services*, a estrutura XML sobre a qual todos as mensagens de *web services* são construídas. Quando dizemos que os *web services* baseiam-se em XML, na verdade queremos dizer que se baseiam em mensagens SOAP, que são escritas em XML. O que torna o SOAP especial e diferente de XML puro é que cada mensagem SOAP segue um modelo que foi especificado pelos padrões W3C.

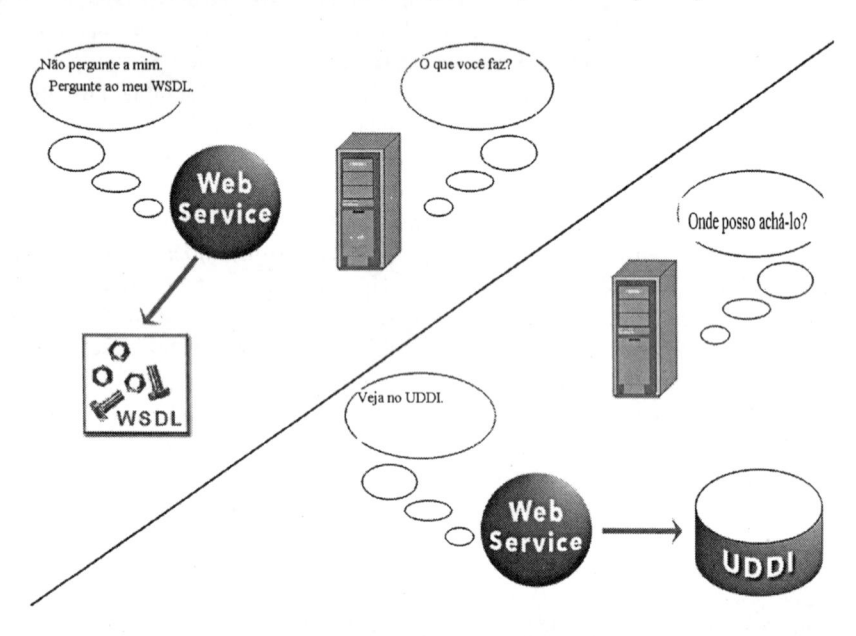

Figura 2.4 Quando precisa descrever sua funcionalidade e localização, um *web service* é essencialmente "estúpido". Para se autodescrever para potenciais requisitantes, o *web service* se baseia no seu documento WSDL, que provê uma explicação detalhada da sua funcionalidade e de como acessá-la. Para localização, o *web service* se baseia em sua listagem em um registro UDDI para permitir que potenciais requisitantes o encontrem.

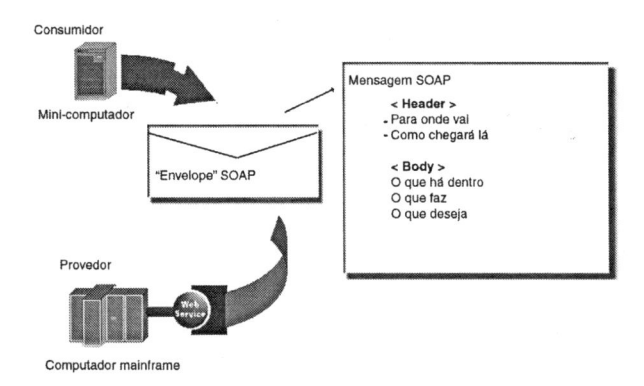

Figura 2.5 Uma mensagem SOAP é formatada como um "envelope" de código XML que define seu início e seu fim. O "cabeçalho" (*header*) descreve de onde a mensagem veio, para onde vai e como chegará lá. O "corpo" (*body*) da mensagem SOAP contém os dados relevantes ou instruções procedurais da requisição ou resposta SOAP.

O SOAP, às vezes, é chamado de "invólucro de dados" ou "envelope de dados". Eis o que essas descrições significam: cada mensagem SOAP começa com um rótulo escrito <SOAP-ENV:envelope>. O rótulo do envelope sinaliza ao receptor da mensagem que ele está recebendo uma mensagem SOAP. Em seguida vem um cabeçalho, que contém as informações críticas sobre para onde a mensagem vai e de onde veio. E depois vem o corpo da mensagem SOAP, que contém os dados verdadeiros ou instruções de operação requeridas pelo computador consumidor. A figura 2.5 mostra uma mensagem SOAP, completa com "envelope" e corpo, viajando por uma rede de um consumidor de *web services* para um computador provedor, nesse caso, um *mainframe*.

2.2.2 WSDL

O Web Services Description Language (WSDL) é um documento XML, projetado de acordo com padrões especificados pela W3C, que descreve exatamente como um *web service* específico funciona. No entanto, o *documento WSDL* (geralmente pronunciado como "wizdil") é muito mais do que um mero manual de instruções de como utilizar o *web service* que ele descreve. Aplicações de *software* de desenvolvimento de *web services* podem processar o documento WSDL e gerar as mensagens SOAP necessárias para se invocar o serviço específico automaticamente.

Por causa das capacidades do WSDL, *web services* são conhecidos como elementos de *software* "autodescritivos". Este é um conceito muito poderoso. *Web services* podem não somente interoperar universalmente através do SOAP, como também ser descritos universalmente utilizando-se WSDL. Um desenvolvedor de *software* em Bornéu pode criar um *software* para acessar um *web service* em Trinidad apenas lendo e processando o documento WSDL. Ele não precisa falar com mais ninguém, ler nenhum manual em particular ou comprar qualquer *software* especial – teoricamente, ele precisa apenas estar de acordo com os padrões. Eu disse *teoricamente* porque o desenvolvedor em Bornéu ainda precisaria estar autorizado apropriadamente, e a transação deveria ser monitorada adequadamente para ser segura, mas o mecanismo em si, de se conseguir uma requisição e uma resposta entre essas partes, foi simplificado drasticamente.

2.2.3 UDDI

Embora vários tipos de registros de *web services* estejam disponíveis para uso, identificamos o Universal Discovery, Description and Integration (UDDI) como o padrão geral utilizado como registro de *web services* que estão disponíveis para utilização em uma rede específica. Pense no UDDI como um tipo de "páginas amarelas" de *web services*. Se você quisesse encontrar um *web service* em sua empresa, procuraria no UDDI. O UDDI lhe diria onde encontrar o serviço e lhe daria o documento WSDL de modo a lhe permitir examinar o *web service* e ter certeza de que é o que você procura. Isso possui muitas ramificações para a utilização de *web services* como componentes de aplicações de *software*, assunto que exploramos em mais profundidade no capítulo 7.

Um registro UDDI é um conceito central, pois é um modelo que assume um conjunto distribuído, fracamente acoplado, de *web services*. Os serviços que o seu processo pode querer consumir poderia estar em qualquer lugar a qualquer momento e, de fato, a mesma função pode ser realizada por um serviço diferente dependendo de critérios como disponibilidade e preço. Nesse ambiente, operar sem um diretório desse tipo para encontrar os serviços obrigaria a "fixação" da localização do serviço na aplicação consumidora, minando uma razão-chave para se ter adotado os *web services* em primeiro lugar. Imagine depender de uma pessoa para uma tarefa-chave e depois descobrir que essa pessoa se mudou sem deixar seu novo endereço.

Web services possuem endereços Internet Uniform Resource Locator (URL). Para o computador requisitante, um *web service* é simplesmente uma URL. Como observamos no capítulo anterior, uma URL é o "endereço" de um programa de um *site web* como o Amazon ou Yahoo. Uma vez que os *web services* utilizam protocolos Internet, podem ser acessados enviando-se uma mensagem SOAP de requisição ao "endereço" do *web service*. (Observe que a maioria das URLs dos *web services* não é tão simples quanto http://www.amazon.com; elas se parecem mais com http://qams1:8080/ 8f3af62e=11d7-a378.) Isso pode não ser nada de mais, mas na verdade, é a base de como todo o sistema funciona. A mágica dos *web services* é que eles são localizados em endereços nos quais qualquer computador pode se conectar. A URL de um *web service* é a base de sua universalidade e transparência de rede. A universalidade vem da maneira-padrão descrevê-la, e a transparência vem da possibilidade de se utilizar um "nome lógico" na sua aplicação consumidora, que o UDDI pode "converter" para você na URL apropriada. Por exemplo, se eu quiser utilizar um serviço de autorização de cartão de crédito em minha aplicação, em vez de fixar uma localização do serviço, posso invocar um nome lógico (digamos, "AutorizCredito") e deixar o UDDI converter o nome em uma URL. Dessa forma, se a localização de um serviço mudar (e as coisas sempre mudam), meu programa permanecerá o mesmo – AutorizCredito continuará sendo AutorizCredito em qualquer lugar que o serviço esteja. Mascarar esses tipos de mudança da aplicação consumidora é a chave para se alcançar a agilidade que a tecnologia de *web services* promete.

2.3 CARACTERÍSTICAS DE WEB SERVICES

Web services se comportam diferentemente do *software* tradicional. Como discutimos, eles são baseados em padrões abertos, embora a maioria dos *softwares* em uso hoje se conecte através de tecnologias proprietárias. Além disso, *web services* são "fracamente acoplados" quando comparados aos sistemas de computação distribuída tradicionais. E, como a Internet, *web services* oferecem *transparência de rede* total na sua implementação e utilização.

2.3.1 Acoplamento fraco

No capítulo 1, examinamos a maneira como computadores operando em um ambiente distribuído tradicional são "fortemente acoplados". Isso é, cada computador se conecta com outros no ambiente distribuído por intermédio de uma combinação de interfaces e protocolos de redes proprietários. Isso é difícil, consome tempo e é dispendioso "desacoplar" e "reacoplar" computadores no sistema, pois tal mudança de computadores necessita de modificações na interface.

Web services, em comparação, são "fracamente acoplados". Uma vez que um *software* tenha sido exposto como um *web service*, é relativamente simples movê-lo para outro computador. Por que é assim? É simples "desacoplar" e "reacoplar" *web services* porque esses serviços abstraem a funcionalidade de *software* da interface. Uma vez que um programa de *software* esteja disponível como um *web service*, pode ser acessado através de SOAP de diversas maneiras, incluindo protocolos Internet.

A figura 2.6 ilustra a qualidade de acoplamento fraco dos *web services*. Na parte 1 do desenho, um minicomputador acessa um *web service* que foi exposto em um *mainframe*. Digamos, porém, que o dono do *mainframe* queira substituir a máquina velha por um novo servidor Sun. Como vemos na parte 2 da figura, a máquina Sun substitui o *mainframe*, mas o minicomputador, que é o consumidor do *web service*, não "sabe" disso. O minicomputador ainda fala com uma interface SOAP. Não faz diferença se a interface SOAP está em um *mainframe*, uma máquina Windows ou qualquer outra coisa. Tendo em vista que o *mainframe* tenha sido substituído pela máquina Sun, o minicomputador continua a acessar o *web service* sem saber de nada.

Nas partes 3 e 4, o processo de substituir computadores continua. O proprietário do minicomputador o substitui por um PC. O PC, com sua própria interface SOAP, pode acessar facilmente o *web service* na máquina Sun. Depois, por qualquer razão, o proprietário resolve substituir a máquina Windows por outra Sun. Sem problemas – o novo computador mais uma vez pode acessar o *web service* sem nenhuma modificação.

2.3.2 Transparência de rede

Tendo em vista que o acoplamento entre *web services* é "fraco" e os provedores e consumidores de *web services* enviam mensagens uns para os outros utilizando protocolos Internet abertos, os *web services* oferecem *transparência de rede* total para aqueles que os empregam. A transparência de rede se refere à capacidade dos *web services* de serem ativos em qualquer lugar em uma rede, ou grupo de redes, sem ter qualquer impacto na sua capacidade de funcionamento. Uma vez que cada *web service* possui sua URL, os *web services* possuem flexibilidade similar a *sites web* na Internet. Da mesma maneira que não faz diferença em que país um *site web* está hospedado – você pode vê-lo no seu navegador de qualquer modo – um *web service* pode estar localizado em qualquer computador conectado na rede e se comunicar utilizando protocolos da Internet. Quando você visita a Amazon.com, por exemplo, para comprar um livro, você na verdade não tem idéia, e nenhuma necessidade de ter, onde a aplicação que você está acessando com seu navegador reside – tudo que você precisa saber é seu endereço.

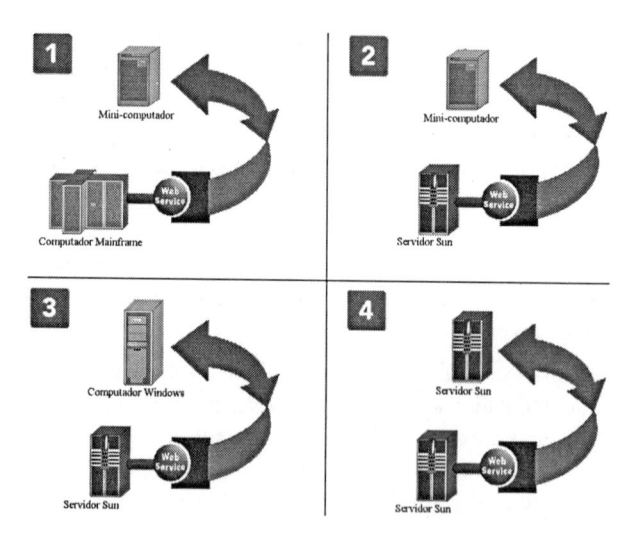

Figura 2.6 *Web services* não se baseiam no "acoplamento forte" que é o efeito colateral das interfaces proprietárias. Uma vez que os *web services* são componentes de *software* "fracamente acoplados" comparativamente simples (e baratos) para conexão, diversos computadores solicitantes podem recorrer ao mesmo *web service*, desde que adiram ao formato de requisição baseado em padrões SOAP.

Como mostra a figura 2.7, o mesmo *web service* pode estar localizado em dois domínios diferentes. Se por alguma razão o domínio A se tornar indisponível, então o computador consumidor pode acessar o *web service* do Domínio B sem que qualquer trabalho seja feito. Literalmente, tudo o que precisa ocorrer é a modificação da URL do *web service* no documento WSDL e a ligação do computador consumidor ao novo endereço do *web service* no Domínio B.

Dada nossa experiência extensiva com a Internet nos últimos anos, a qualidade de transparência de rede parece não ser tão importante, mas na verdade esse é um aspecto-chave do futuro da computação. A combinação do acoplamento fraco e da transparência de rede representa nada menos do que uma revolução na computação corporativa, não apenas porque a idéia é nova, mas porque a infra-estrutura e os padrões finalmente chegaram para torná-la realidade. Os negócios têm gasto fortunas ao longo dos anos gerenciando interfaces que controlam a interoperação de computadores em ambientes distribuídos. Os negócios americanos gastam bilhões de dólares por ano em tecnologia da informação. O Gartner estima que até 40% desses valores são gastos em integração de sistemas. O fato de *web services* em breve lhe permitirão trocar um provedor por outro com relativa facilidade é um desenvolvimento que promete economizar bilhões de dólares em redução de taxas e custos associados ao desenvolvimento e manutenção de interfaces proprietárias nos próximos anos.

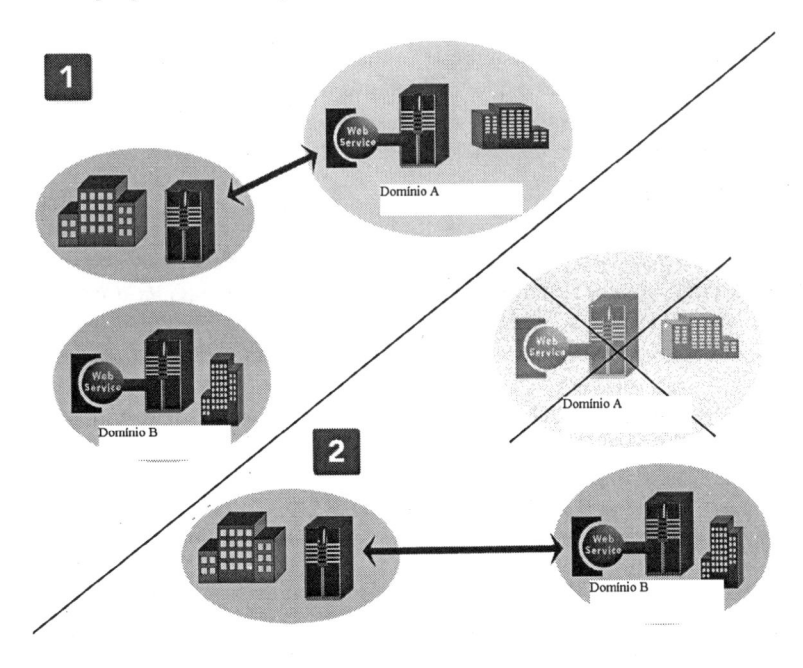

Figura 2.7 A transparência de rede permite que *web services* estejam localizados em qualquer lugar de uma rede ou grupo de redes.

2.4 Dando à luz um web service

"Pai, de onde vêm os *web services*?" Bem, se dois computadores se amam muito... Na verdade, como em muitas outras coisas nesse campo, a resposta é ao mesmo tempo simples e complexa. De maneira similar a trazer um bebê ao mundo, criar um *web service* é a parte fácil e divertida – torná-lo seguro e gerenciá-lo pelas próximas décadas é um desafio real. Além de ter os *web services* como parte da compra de um pacote de *software* (PeopleSoft, SAP etc.), há essencialmente duas maneiras nas quais *web services* passam a existir: 1) expor *software* existente como *web services*, ou 2) desenvolver novos *web services* do zero.

2.4.1 Expondo web services

Uma vez que boa parte dos programas de *software* do mundo foi desenvolvida antes do surgimento dos padrões de *web services*, a maioria dos *web services* que vemos hoje vem de sistemas *legados* que foram *expostos* como *web services*. Um sistema legado é algo que você já possui e não pode substituir rapidamente. Computadores *mainframe* são um grande exemplo de sistemas legados. Na maior parte dos casos, é muito mais simples e barato continuar a utilizá-los do que substitui-los. De fato, é difícil encontrar algo que funcione melhor, apesar do fato de muitos *mainframes* utilizarem sistemas operacionais e linguagens de programação mais velhos e complexos. A boa notícia é que a maioria dos fabricantes e desenvolvedores de *software* para *mainframes* – companhias como IBM e HP – oferece programas de *software* especializados que permitem aos engenheiros de *software* desvendar a funcionalidade de um *software* de *mainframe* e expô-lo como um *web service*.

Expor um *web service* envolve permitir que o *software* antigo receba as requisições de mensagens SOAP e responda à sua funcionalidade. Por exemplo, uma companhia seguradora pode possuir um computador *mainframe* que contenha o prêmio devido por cada proprietário de apólice. Vamos supor que uma aplicação de gerenciamento de relacionamento com o cliente (CRM[1]) precise das informações de saldo de prêmio de uma pessoa para auxiliar um atendimento por telefone. Como mostrado na figura 2.8, a aplicação CRM envia uma mensagem SOAP para o *mainframe* requisitando o prêmio de Nancy Smith. Um *web service* que tenha sido exposto no *mainframe* recebe a requisição SOAP e a responde recuperando as informações de Nancy Smith, traduzindo-as para SOAP, colocando-as no "envelope" SOAP e as enviando de volta à aplicação CRM, que consegue, é claro, entender SOAP e fazer uso dele.

Como o *web service* do *mainframe* sabe como recuperar os dados e traduzi-los? Do ponto de vista de negócios, a forma como um *web service* "funciona" internamente é

---

[1] N. T. Do termo original em inglês Customer Relationship Management

menos importante do que o conceito de que a aplicação pode agora ser pensada como uma "caixa preta", tornando efetivamente a plataforma subjacente irrelevante – a aplicação legada agora "se parece" com qualquer outra, acessada através de padrões.

Requisição SOAP ao CRM: saldo de Nancy Smith

CRM

Web Service

Computador Mainframe

Resposta SOAP

<UltimoNome>Smith</UltimoNome>
<PrimeiroNome>Nancy</PrimeiroNome>
<NumApolice>4235</NumApolice>
<TipoApolice>Casa</TipoApolice>
<PremioDevido>254.20 </PremioDevido>

Banco de dados do mainframe

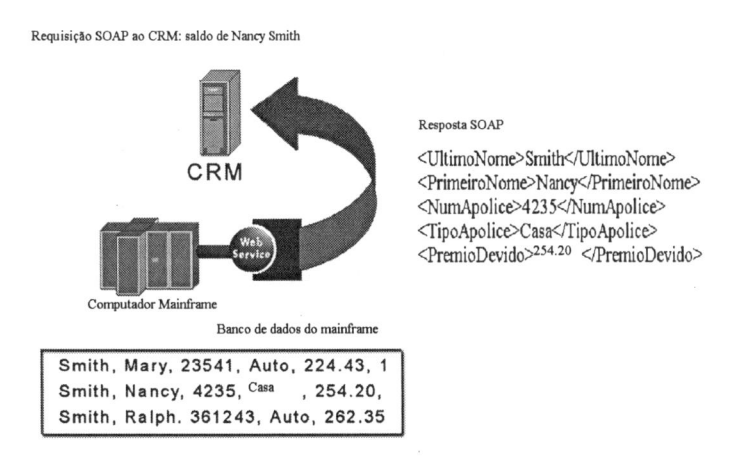

Smith, Mary, 23541, Auto, 224.43, 1
Smith, Nancy, 4235, Casa , 254.20,
Smith, Ralph, 361243, Auto, 262.35

Figura 2.8 Se um *web service* expõe um banco de dados que reside em um computador *mainframe*, o serviço traduz os dados do banco de dados para uma mensagem XML baseada em padrões antes de enviá-los para o computador solicitante.

2.4.2 Novos web services

A outra maneira pela qual *web services* passam a existir no mundo é através do desenvolvimento de *software* novo. Hoje, se você está desenvolvendo *software* utilizando ferramentas como WebSphere Studio Application Developer, Borland JBuilder, ou Microsoft Visual Studio .NET, entre outras, descobrirá que pode expor as funcionalidades de seu programa como um *web service* bem facilmente. Essas novas ferramentas de desenvolvimento de *software* foram criadas com *web services* em mente.

2.4.3 Tecnologias específicas

Há muita discussão na indústria sobre as várias linguagens de *software* e plataformas tecnológicas que você pode escolher para criar seus *web services*. Você possui duas escolhas: Java ou Microsoft .NET. Se Júlio César fosse um empreendedor do Vale do Silício, poderia ter resumido o mundo de *software* de hoje com o seguinte comentário, "*Omnia programmatis in duo partes divisa est*" ("toda a programação está dividida em duas partes"). No mundo de hoje, .NET e Java 2 Enterprise Edition (J2EE) são os dois "sabores" de *web services*, e a maioria das organizações escolheu ou uma ou ambas para suas diretrizes corporativas.

Embora eu definitivamente *não* queira me envolver em uma longa discussão sobre os prós e os contras de várias linguagens de programação, gostaria de orientá-lo em relação à estrutura básica da indústria de *software* atual. Java é a linguagem de programação desenvolvida pela Sun Microsystems que foi posteriormente adotada como o veículo primário de desenvolvimento de milhares de outras companhias, incluindo IBM e Oracle. .NET são os *web services* da Microsoft – construção de programação pronta que promove uma nova linguagem chamada C# (*C Sharp*). Ambas as linguagens provêem extensiva funcionalidade para o desenvolvimento de *web services*. Java é a mais aberta das duas, significando que pode ser executada em uma variedade maior de sistemas operacionais e plataformas do que o .NET. O .NET requer a utilização de servidores Microsoft e o sistema operacional Windows no provedor do *web service*. Além disso, existe Mono, uma implementação de código aberto do .NET projetada para ser executada em plataformas não-Windows como Linux.

Java e .NET podem interoperar, embora alguns problemas tenham surgido com relação à integração dos dois em arranjos complexos, que estão sendo resolvidos por meio de diversas soluções baseadas em padrões. Uma não é necessariamente melhor do que a outra, embora se você estiver na arena de computação corporativa, pode se encontrar trabalhando com Java por diversas razões – Java é a linguagem utilizada pelos populares servidores de aplicações IBM WebSphere Studio e BEA WebLogic. Como resultado, Java é a linguagem preferida para *web services* que deverão estar nessas plataformas.

Por fim, apesar da grande quantidade de discussão sobre esse assunto e comparações virtualmente infinitas entre Java e .NET na mídia, o debate é menos importante do que o fato de ambas estarem caminhando na mesma direção, assegurando a interoperabilidade e o poder dos *web services*. Se continuarmos a refinar os padrões e depois aderirmos a eles, começaremos a entrar em um mundo em que não importa verdadeiramente que plataforma foi utilizada para criar seu *software*. Em uma rede de *web services*, processos de negócios serão criados e otimizados baseados em prioridades de negócios, sem que sejam restringidos pelas tecnologias sob o conjunto distribuído de sistemas que estão sendo orquestrados.

2.5 O GERENTE ATENTO ALERTA: PADRÕES

O assunto desta seção, que será enfocado freqüentemente no livro, pretende dar algum alerta sobre como avaliar a maneira como essas tecnologias são apresentadas no mercado. Em relação aos padrões, o gerente atento alerta você para diferenciar entre o potencial da tecnologia de *web services* e sua implementação de fato. Padrões são incríveis no sentido de permitir a qualquer desenvolvedor criar *software* que possa interoperar sem a necessidade de tecnologia proprietária. Ao mesmo tempo, isso não significa que todo *software* baseado em padrões irá funcionar apropriadamente ou mesmo interoperar adequadamente por si mesmo. Mesmo com padrões, há espaço para discrepâncias e diferenças sutis em interpretações de cada padrão; podem, de fato, requerer um desenvolvedor. Além do mais, certos padrões ainda são imaturos. Em outras palavras, você pode ser apresentado a um *software* baseado em padrões, caro e que utiliza um conjunto de regras que ainda não foram totalmente ratificadas pelos órgãos padronizadores. Finalmente, alguns fabricantes de *software* possuem o hábito irritativo de embutir em seus produtos baseados em padrões pequenas funcionalidades proprietárias. Devemos perdoá-los. Eles não sabem o que fazem...

2.6 RESUMO

Web services consistem em troca de mensagens SOAP sobre uma variedade de protocolos, geralmente HTTP. SOAP é um tipo específico de formato de mensagem XML determinado pelos padrões da W3C.

Web services são baseados em uma arquitetura de *software* de requisição e resposta. Um "consumidor" de *web services* recorre a um *web service* enviando uma requisição SOAP para o *web service*. O *web service*, por sua vez, realiza a operação requisitada e responde com uma mensagem SOAP sua. Cada *web service* possui um consumidor e um provedor.

Por causa da natureza aberta dos *web services*, é possível para muitos consumidores de *web services* acessar o mesmo serviço independentemente do sistema operacional ou linguagem de programação. Desde que um consumidor recorra ao *web service* utilizando uma requisição SOAP em um padrão adequado, não fazendo diferença o tipo de computador, sistema operacional ou linguagem de programação o consumidor está utilizando.

Para se autodescrever para o mundo externo, cada *web service* possui um documento Web Service Description Language (WSDL) que provê ao potencial consumidor do serviço uma explicação de seu funcionamento e de como acessá-lo. O WSDL descreve como criar uma requisição SOAP que invocará o *web service* específico. Se um desenvolvedor de *software* quiser criar um programa que invoque o *web service*, tudo de que precisa é o documento descritivo. O WSDL provê toda as informações de que o desenvolvedor necessita para criar um programa que invoque o *web service*. Isso significa que desenvolvedores podem criar consumidores de *web services* sem sequer conhecer ou falar com o desenvolvedor que criou o *web service*.

Universal Discovery, Description and Integration (UDDI) é uma listagem de *web services* disponível dentro de uma rede específica. O UDDI funciona como as "páginas amarelas" de *web services*. Potenciais consumidores de *web services* podem procurar os que estão disponíveis para uso dentro do UDDI.

Embora centenas de padrões ainda sejam eventualmente ratificados, os três principais padrões de *web services* são SOAP, WSDL e UDDI.

Em comparação com computadores cujas interoperações são "fortemente acopladas" através de interfaces proprietárias, *web services* são "fracamente acoplados". Essa qualidade permite a administradores de sistemas substituir ou mover computadores que contenham *web services* com relativa facilidade. Acoplamento fraco também significa que mudanças no provedor não necessariamente levam a mudanças no consumidor dos *web services*. Por essas razões, e outras, o acoplamento fraco possui o potencial de economizar tempo e dinheiro ao se criar interoperação de computadores e aumentar dramaticamente a produtividade de uma organização ao permitir processos de negócios mais ágeis.

Web services funcionam em um modo de "transparência de rede". Como *sites web* na Internet, *web services* podem estar localizados em qualquer lugar da rede ou grupo de redes conectadas. Como resultado, *web services* podem ser movidos de um lugar para outro da rede sem impacto em seu acesso.

Web services podem passar a existir de duas maneiras básicas: desenvolvedores de *software* podem "expor" um *software* existente legado através da utilização de ferramentas de programação de *web services* especializadas; alternativamente, desenvolvedores podem criar *web services* inteiramente novos utilizando a nova geração de ferramentas de desenvolvimento de *software* disponibilizadas pela Microsoft e outros.

Capítulo 3

O que web services podem fazer

3.1 Tecnologia com potencial
3.2 Recorrendo a procedimentos remotos
3.3 Trocando dados
3.4 Impacto sobre o EDI
3.5 Comunicando-se com sistemas multifornecedores
3.6 Interagindo interdepartamentalmente e além
3.7 Integrando aplicações (EAI)
3.8 O gerente atento alerta: os limites dos web services
3.9 Resumo

Jay e eu continuamos nossa exploração de *web services* e começamos a ver o que eles podem ou não fazer. Por causa da concordância sobre os padrões de *web services* por todos os grandes *players* de TI, os *web services* possuem o poder de realizar mudanças drásticas no modo como a TI corporativa é projetada e gerenciada. No entanto, é importante ter em mente que os *web services* não podem resolver todos os desafios. Há limites para sua utilização, para ser exato. Meu objetivo neste capítulo é dar uma visão geral de várias maneiras pelas quais os *web services* podem mudar o modo como você aborda a tecnologia da informação – e também moldar essa visão com uma compreensão de expectativas realistas.

3.1 Tecnologia com potencial

A interoperação de computadores distribuídos que os *web services* permitem se divide em duas categorias principais: 1) chamada remota de procedimentos e 2) troca de dados. Qualquer implementação de *web services* no mundo real envolve uma ou ambas as atividades. Nenhum desses processos é novo. Porém, por causa da sua natureza aberta, os *web services* tornam as chamadas de procedimentos remotos e a troca de dados muito mais versáteis do que eram no passado. O resultado é a oportunidade para se interoperar em uma escala muito maior. E mais importante ainda, a possibilidade de se coordenar esses *web services* em processos maiores, e, além disso trocar rapidamente os componentes por outros cria uma oportunidade de competição inteiramente nova – agilidade de negócios.

3.2 Invocando procedimentos remotos

Sempre que um computador em um ambiente distribuído solicita a outro computador a realização de uma função, isso é conhecido como uma chamada remota de procedimentos (RPC[1]). Uma calculadora de câmbio é um bom exemplo de uma funcionalidade de *software* que pode vir a ser um RPC. Digamos que você tenha um negócio internacional realizado em um computador que processa pedidos. Toda vez que você processa um pedido de um país estrangeiro, precisa saber a cotação daquela moeda. Assumindo que a calculadora de câmbio mais barata e acurada esteja disponível em outro computador, que não executa seu *software* de processamento de pedido, você precisará fazer com que o *software* processador de pedidos realize solicitações ao *software* calculador de câmbio na outra máquina para descobrir taxas de câmbio.

Logo, se você precisar saber quanto valem 100 dólares em yens, seu *software* de processamento de pedidos pode enviar essa informação para a calculadora de câmbio. A figura 3.1 ilustra a requisição e a resposta envolvidas. O sistema realizando um RPC diz "Qual é a quantia em yens equivalente a 100 dólares?" O sistema de moeda responde "¥200".

Foi possível realizar esse tipo de conversão de moeda por intermédio de um RPC durante muitos anos, utilizando uma arquitetura cliente-servidor. RPCs são básicos para arquiteturas cliente-servidor. Porém, *web services* tornam RPCs extremamente mais simples de se realizar, pois eliminam a necessidade de os RPCs viajarem através de uma interface proprietária entre os computadores. E *web services* tornam possível – facilmente – computadores se engajarem em RPCs mesmo que rodem sobre sistemas operacionais e linguagens de programação diferentes.

---

[1] N. T. Do termo original em inglês Remote Procedure Call

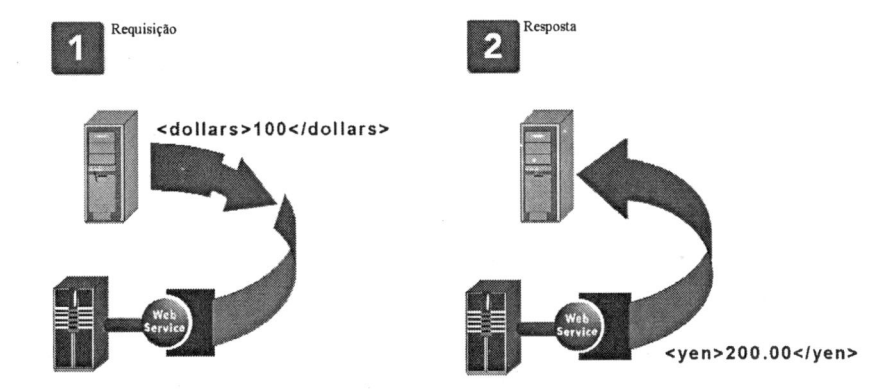

Figura 3.1 Uma calculadora de câmbio é um exemplo de chamada remota de procedimentos. O "consumidor" envia uma requisição solicitando a outro sistema que realize um procedimento de conversão de dólares para yens. O sistema responde à chamada remota de procedimentos executando a conversão de moedas e enviando a quantia em yens como resposta.

3.3 TROCANDO DADOS

Os *web services*, uma vez que utilizam o formato XML universalmente aceito para a transferência de dados, são bons em ajudar computadores distribuídos a trocar dados. Continuando com nosso exemplo de conversão de moedas, vamos assumir agora que o *software* de processamento de pedidos consiga calcular totais em moedas estrangeiras utilizando uma tabela de taxas de câmbio. Todos os dias, o *software* de processamento de pedidos precisa obter uma tabela atualizada de taxas de câmbio para funcionar apropriadamente. Para conseguir isso, você cria um *web service* que informa os dados da taxa de câmbio para o *software* de processamento de pedidos na forma de uma mensagem SOAP. A figura 3.2 mostra como seria isso. Para cada transação, o *software* de processamento de pedidos – agora, ele próprio, como um consumidor de um serviço separado – envia uma requisição SOAP solicitando as taxas de câmbio. Em resposta, o computador provedor envia de volta as taxas de câmbio como outra mensagem SOAP.

3.4 IMPACTO SOBRE O *EDI*

A área de troca de dados em grande escala, em que *web services* têm o potencial para penetrar, é a troca de dados eletrônicos (EDI[2]). O EDI, que existe há muitos anos, é um padrão para se trocar grandes quantidades de dados entre parceiros de negócios. Por exemplo, fabricantes grandes utilizam EDI para transmitir pedidos para seus fornecedores.

---

[2]N. T. Do termo original em ingês *Electronic Data Interchange*

Os *web services* possuem o potencial de transformar ou até mesmo substituir o EDI em muitos casos – não que haja algo de errado com o EDI. Ele serviu a seus propósitos muito bem, e certamente houve uma grande melhoria drástica em relação à mistura de formas ingerenciáveis que os negócios utilizavam para conseguir se comunicar uns com os outros. Contudo, o EDI é rígido e caro. Para enviar informações utilizando EDI, é preciso criar e manter uma rede de valor agregado (VAN[3]). Esse tipo de rede privadaenvolve maiores custos para se operar. Com *web services*, você pode alcançar os mesmos resultados do EDI sem o custo da VAN. E você consegue uma maior flexibilidade inerente ao modo como os dados são compostos e formatados. Isso é importante porque a complexidade da condução de negócios com diversos parceiros geralmente causa uma grande frustração e soluções caras, pois as companhias lutam para forçar o EDI a lidar com um conjunto sempre em mudança e expansivo de regras e processos *business-to-business*.

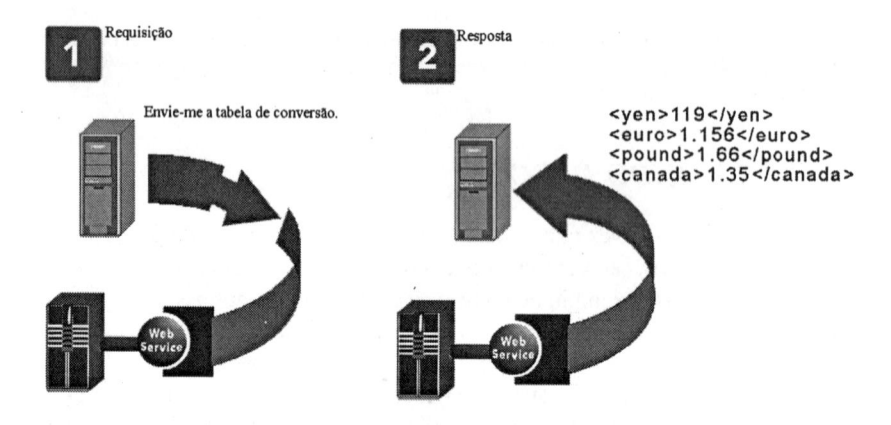

Figura 3.2 Neste exemplo de web services de troca de dados, o consumidor de web services envia uma requisição SOAP para o web service solicitando a tabela de conversão de moedas. O web service responde executando a requisição e enviando de volta a tabela de conversão formatada como uma resposta SOAP.

A realidade é, obviamente, que muitas empresas grandes se baseiam no EDI e continuarão a fazer isso no futuro. Embora o EDI seja caro, os custos e a incerteza de fazer uma troca para *web services* causará naturalmente uma mudança gradual para esse modelo de computação mais eficiente. Deve ser observado, portanto, que é possível nesse ambiente combinar o melhor, tanto de *web services* quanto de EDI "envolvendo" uma mensagem EDI em um envelope SOAP e permitindo que a mensagem EDI viaje facilmente através de protocolos Internet e sendo legível por uma ampla gama de computadores consumidores.

---

[3] N. T. Do termo original em inglês *Value-Added Netword*

Também houve um movimento para se expandir os objetivos do EDI com um novo formato de XML próprio. Rodando paralelamente ao desenvolvimento dos *web services*, vários órgãos padronizadores derivaram um padrão conhecido como *Enterprise Business* XML, ou ebXML, para ajudar na transição de EDI para a era do XML. Nesse momento, não se sabe se os *web services* ou o ebXML irão ganhar a batalha para mudar o comércio *business-to-business* para o domínio dos padrões abertos. O debate parece não ter resposta, porém, os padrões de ebXML e de *web services* estão convergindo rapidamente. É provável que nos próximos anos o ebXML se torne uma simples variação do modo como os padrões de *web services* são utilizados, e que o ebXML seja suportado pelas ferramentas de desenvolvimento, gerenciamento e segurança de *web services* dos grandes fornecedores.

3.5 COMUNICANDO-SE COM SISTEMAS MULTIFORNECEDORES

Você viu o comercial que diz, "E então isso chega até você. Você está totalmente pronto para a IBM...?" A razão pela qual esses comerciais são tão efetivos é que eles se conectam com a dor que todos nós sentimos de termos gastado anos tentando fazer com que computadores e *software* de diferentes companhias trabalhassem juntos. Os custos catastróficos de sistemas incompatíveis são surpreendentes, mas não são nada comparados à devastação emocional deixada pela onda de centenas de milhares de carreiras picotadas pelos extraordinários milhões de projetos de TI que perderam o controle. A interoperação entre sistemas que são executados em plataformas, sistemas operacionais e linguagens de programação diferentes é extremamente problemática – e categorias de maior orçamento – em toda a TI. Vamos examinar como *web services* podem reduzir muitos dos custos e estresses associados a esse tipo de ambiente heterogêneo.

Se seus negócios são como a maioria, você provavelmente possui diversos pacotes de *software* sendo executados em várias plataformas. Seu ambiente de TI pode se parecer com o mostrado na figura 3.3. Nessa ilustração, SAP roda em um IBM AS/400, Oracle roda em um Sun Solaris, Siebel em Windows e uma aplicação *customizada* em COBOL dos anos 1970 em um mainframe IBM. Quando é preciso se obter alguma visibilidade entre esses sistemas, parece que não há escolha a não ser começar a gastar bastante dinheiro. É complicado você precisar estar de fato "totalmente pronto" para a IBM para vir e substituir todo o seu *hardware* e o *software* não-IBM por produtos da IBM e deixá-los se preocupar com a consolidação ou integração de tudo. E não há nada de errado com essa escolha – além do custo extraordinário e o fato de ficar preso a um fornecedor, o que o deixa a mercê de uma poderosa organização externa para sempre.

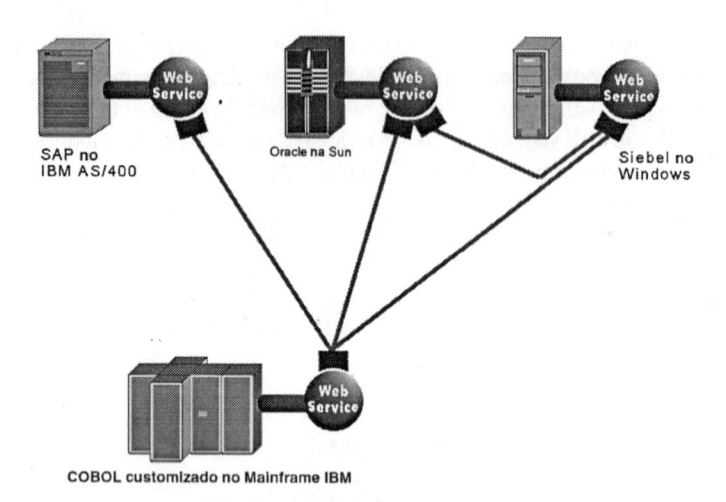

Figura 3.3 Por se basearem em protocolos universalmente aceitos e em padrões, os *web services* permitem que haja interoperação em um ambiente heterogêneo de fornecedores.

Como alternativa, você pode deixar seus sistemas serem executados onde estão sendo, e expor funcionalidades e dados-chave como *web services*. Depois, com a interface universal do SOAP e a função de rede universal dos protocolos Internet, pode permitir que seus sistemas multifornecedores interoperem com relativa facilidade. Nesse modelo, você também pode pegar esses serviços expostos e orquestrá-los em processos de negócios, e trocar de maneira modular qualquer serviço específico por outro (de outro fornecedor, talvez) como desejar. A promessa é clara: um conjunto modular de serviços fracamente acoplados pode libertar um negócio das correntes da velha infra-estrutura de TI. Com uma abordagem neutra de fornecedores, processos de negócios podem ser projetados em torno de prioridades de negócios – e não ditados por tecnologia ou fornecedor.

3.6 Interagindo interdepartamentalmente e além

Há uma grande cena no filme *Apollo 13*, em que um saco de peças é jogado em uma mesa na frente de um grupo de cientistas, e depois é dito a eles que possuem uma hora para descobrir como chegar a uma solução para salvar a Apollo, utilizando somente esses componentes – nenhum deles projetado originalmente para a tarefa em questão. Eu acho que qualquer profissional de TI pode se imaginar nessa cena. Você está levando o seu dia, pensando nas suas coisas, e invariavelmente uma necessidade imediata surge para resolver uma grande crise e a única maneira de se fazer isso é descobrir como integrar um conjunto de sistemas que nunca foram feitos para serem integrados com ferramentas pouco adequadas para o propósito. Todos os dias me encontro com companhias ou organizações governamentais que devem conseguir rapidamente uma interoperação entre um grupo de computadores em um ambiente distribuído heterogêneo de fornecedores que se espalha por mais de um prédio, domínio de rede, divisão corporativa ou a companhia inteira.

A figura 3.4 mostra um ambiente como esse, que é bastante típico em muitas empresas grandes hoje em dia. O desafio envolvido em fazer com que um mainframe IBM interopere com o Oracle na Sun é o que os sistemas estão em diferentes divisões e em diferentes fusos horários. Você não precisa apenas gerenciar as complexidades da interoperação, mas também tem que lidar com questões orçamentárias e políticas envolvidas. Se você precisa interoperar ccm um computador em uma outra companhia, como vemos com o Siebel no sistema Windows da figura 3.4, seu desafio é ainda maior.

Os *web services* lhe dão uma maneira para vencer muitos dos desafios inerentes à realização desse tipo de interoperação. Concordando com um modo aceito universalmente de interoperação – que não custa nada e não requer nenhum *software* proprietário para se implementar – você caminhará bastante em direção ao sucesso nesse desafio.

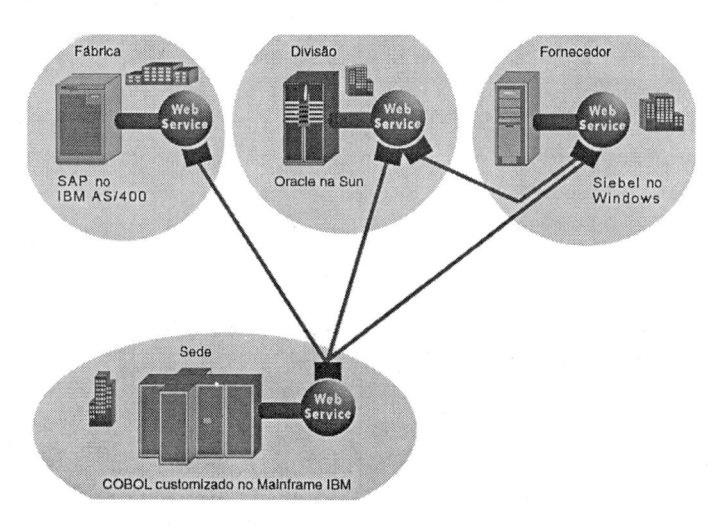

Figura 3.4 A necessidade de se conseguir interoperação entre divisões e companhias separadas é um processo que normalmente encarece as operações de TI. Os *web services*, com a abordagem universal baseada em padrões, tornam essa interoperação interorganizacional relativamente mais simples e barata.

3.7 INTEGRANDO APLICAÇÕES (EAI)

O campo que cresceu ao redor da interoperação confiável entre computadores distribuídos em grandes companhias é chamado de integração de aplicações corporativas

(EAI). EAI é ao mesmo tempo um conceito e um grupo de produtos. Refere-se ao processo de se conectarem grandes sistemas uns aos outros. Também é um rótulo que se aplica a diversos produtos de *software*, como Tibco e webMethods, que provêem interfaces entre computadores distribuídos. Produtos de *software* de EAI compreendem muitas das mesmas "interfaces proprietárias" que temos discutido nos capítulos anteriores.

Os *web services* pretendem impactar significantemente o EAI. Como observamos, os *web services* simplificam RPCs e trocas de dados, incluindo o EDI. Como resultado, os *web services* podem simplificar bastante o EAI e reduzir ou até mesmo eliminar a necessidade de interfaces de EAI proprietárias. Isso não quer dizer que plataformas de EAI, por si sós, não possam fornecer serviços úteis, de segurança a modelagem de processos de negócios, mas certos aspectos dos formatos proprietários para exposição de interface virarão *commodities* a luz dos novos padrões de XML.

A figura 3.5 mostra uma situação de EAI de *web services*. Nesse caso, uma série de *web services* é orquestrada para se alcançar um único resultado: uma solicitação de pedido completa. Para se processar um pedido, cada computador deve interoperar com os outros de uma maneira específica para realizar o objetivo.

Como isso é diferente de funções de RPC e troca de dados simples? O processo deve ser confiável e auditável. O EAI permite se alcançar um alto nível previsível de desempenho em interoperação. Plataformas de EAI proprietárias podem oferecer isso hoje. Os *web services* sozinhos – sem uma plataforma de EAI – também podem alcançar isso, mas primeiramente é necessário vencer diversas limitações da sua tecnologia. Vamos dar uma olhada nessas limitações em seguida.

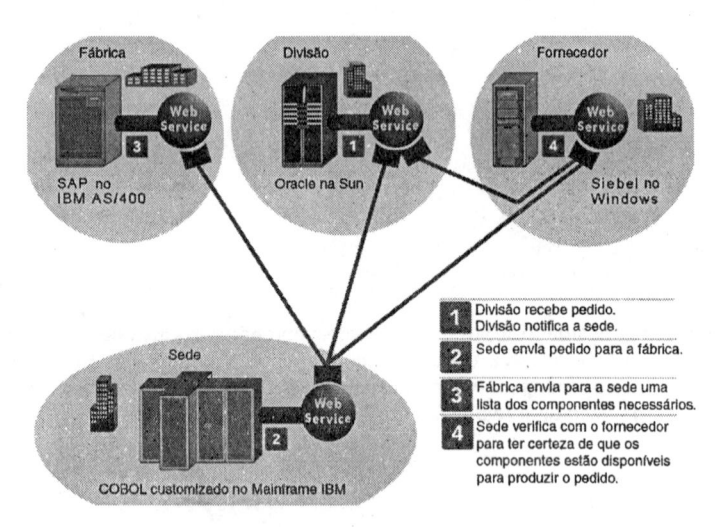

Figura 3.5 Neste exemplo de quatro aplicações corporativas interoperando para executar um pedido, **os *web services*** provêm de uma maneira baseada em padrões para se executar o EAI necessário.

3.8 O GERENTE ATENTO ALERTA: OS LIMITES DOS WEB SERVICES

Apesar de serem impressionantes, os *web services* certamente também possuem suas limitações. Essas limitações são importantes de se lembrar porque a tecnologia é como a política – as solicitações e as promessas invariavelmente divergem do que é feito após o voto ser dado. Meu objetivo neste livro é permitir que você possa julgar por si mesmo as forças e as fraquezas dos *web services*. Embora as forças claramente ultrapassem as fraquezas, compreendendo as armadilhas podemos nos planejar para contorná-las e também garantir que estamos aplicando a tecnologia somente onde é adequada e não como um remédio completo para nossas doenças.

Várias questões-chave são freqüentemente levantadas ao se considerar os *web services*:

- Latência – o XML é consideravelmente mais lento do que formatos de comunicação que são mais comprimidos. Por essa razão, os *web services* são mais adequados para funções "*coarse-grain*" – isto é, transações que oferecem um valor considerável, em vez de cálculos no nível de "sub-rotinas". Um bom exemplo de um *web service* apropriado é oferecer a previsão do tempo de um local (envie-me uma requisição com o CEP em SOAP e eu responderei com uma mensagem SOAP contendo o clima na sua região de escolha); um *web service* inapropriado seria somar dois números. No primeiro exemplo, um conjunto grande de algoritmos e processos é invocado; no segundo, a requisição é mais bem tratada dentro da própria aplicação consumidora por causa do "custo" e da "latência" implícitos em procurar um serviço externo para a resposta. Outro exemplo de em que esse custo não vale a pena é quando você está interagindo com um sistema que não é feito para interoperar de maneira geral com outros sistemas e que possui interfaces mais rápidas e eficientes já prontas. Por exemplo, a maioria dos bancos de dados pode ser acessada via Open Database Connectivity (ODBC) ou Java Database Connectivity (JDBC) (dois modelos padronizados diferentes para acesso a banco de dados). Nesses exemplos, adicionar *web services* só seria interessante se você fosse abrir as consultas para um grande conjunto de aplicações diferentes; em geral, as opções da interface nativa serão suficientes e funcionarão mais rapidamente do que seus equivalentes em *web services*.

Os próximos três itens são áreas que apontam para a imaturidade nos padrões de *web service*, e geralmente são apontados pelos fornecedores de EAI como razões para não utilizá-los em aplicações de missão crítica. Na verdade, são questões reais, mas na maioria dos casos podem ser resolvidas prontamente por plataformas de gerenciamento disponíveis no mercado que são feitas para SOA. Essas questões incluem

- Segurança – Expor dados sensíveis via "padrões" que qualquer um pode compreender é uma faca de dois gumes – eficiente por um lado, mortal por outro. Sem proteger os seus serviços de acessos sem autorização, nem toda a eficiência do mundo vale os riscos. Para utilizar os *web services* em uma empresa, devem-se tratar as questões de autorização e autenticação de usuários e sistemas e criptografia de mensagens sob demanda.

- Gerenciamento – Permitir que "consumidores de *web services*" interajam diretamente com *web services* cria uma relação que traz consigo um desafio de gerenciamento inerente. Como é possível monitorar o desempenho e assegurar a confiabilidade, resultados de auditorias ou enfatizar acordos de nível de serviço sem saber nada de fato sobre a interação com os serviços? *Web services* de classe empresarial significam necessariamente, portanto, começar uma "conversação" entre seus *web services* e aqueles que os consomem. Isso é algo muito importante no gerenciamento de *web services* e será tratado mais adiante neste texto.

- Transparência – A razão pela qual transparência é importante ao montar sua rede de *web services* é simples: não há razão para utilizar *web services* se você não consegue ter transparência. Em outras palavras, todos os benefícios de mudar para esse modelo de computação hipereficiente são perdidos se o modelo não consegue lidar com mudanças na configuração dos serviços sem causar muita dificuldade e custo na sua empresa. A transparência lhe permite proteger sua empresa de mudanças e criar uma infra-estrutura adaptativa que lida dinamicamente com mudanças sem intervenção humana, permitindo a seus sistemas e processos dependentes funcionarem sem ser afetados.

No caso de latência, a chave para a utilização de *web services* é aplicar a tecnologia de forma apropriada e não de qualquer maneira. Exploraremos com mais detalhes neste livro, no qual *web services* são aplicados mais efetivamente. No caso das outras limitações, as objeções são vencidas convenientemente com planejamento apropriado e educação, além dos padrões e tecnologias disponíveis para os apoiarem. Esses padrões e tecnologias também serão tratados em detalhes neste livro ao demonstrarmos seu enorme poder mesmo nos primeiros anos do ciclo de maturidade.

3.8.1 Substituindo sistemas legados

Uma mensagem de marketing confusa que você pode ouvir hoje em dia é que *web services* podem substituir todo o seu antigo sistema legado. Isso é uma má interpretação do propósito dos padrões de XML e de onde são mais bem aplicados. Primeiramente, os *web services* não devem ser confundidos com linguagens de programação; os *web services* são um mecanismo para interoperabilidade entre aplicações independentemente da plataforma (mainframe, Linux etc.) ou linguagem (Java, C++ etc.). O propósito dos *web services* é o oposto de uma "reescrita", na verdade permite às organizações valorizarem seus *assets* existentes ao expô-los através de padrões.

Em termos de custo, expor funcionalidades de sistemas legados-chave como *web services* geralmente é um passo evolucionário efetivo em termos de custos, com um retorno sobre investimento (ROI[4]) positivo. Desligar sistemas legados e substituí-los por equivalentes mais modernos é uma ordem de magnitude mais cara, geralmente nem um pouco mais eficaz. Dependendo das circunstâncias, é mais prudente "expor" sistemas existentes com padrões em vez de reescrevê-los do zero.

A importância das aplicações sendo executadas em *mainframes* é tal que organizações antes evitavam utilizar a tecnologia de *web services* para expor interfaces por causa de medos de segurança. Esses medos foram bastante enfraquecidos por causa das muitas estórias de sucesso de exposição de *web services* de mainframe seguros, e os enormes benefícios dos custos resultantes. De fato, baseando-me em claras taxas de adoção em 2004, posso prever facilmente que a maioria dos projetos de integração de mainframe será feita com *web services* nos próximos anos.

3.8.2 Operando seguramente ou confiavelmente por si mesmos

Atualmente, os padrões de *web services* não especificam métodos consistentes para garantir a segurança ou gerenciabilidade. Você pode comprar um pacote, como o Microsoft Visual Studio .NET, que lhe permite criar *web services*. Porém, esse pacote não lhe garante que a mensagem SOAP que você enviar para um parceiro chegará seguramente. Um *web service*, como definido nos padrões, não pode informar que o consumidor é legitimamente quem diz que é. Nem pode assegurar que sua mensagem SOAP realmente chegou. Eu não estou criticando a Microsoft aqui; qualquer pacote de desenvolvimento de *web services* lhe trará o mesmo problema. Quando você cria *software* que pode ser utilizado por qualquer um, em qualquer lugar, sob virtualmente qualquer rede, você está de fato afastando-se muito do controle que normalmente teria em sistemas corporativos. Há soluções para essa questão, com certeza, mas *web services* não possuem nenhuma funcionalidade inata para lidar com desafios de segurança e gerenciabilidade. Exploraremos essas soluções em maior profundidade em capítulos mais adiante.

3.8.3 Desempenho

Há também o desempenho. Os *web services*, atualmente, tendem a ser um pouco lentos quando comparados com outros modos de interoperação. Há muitas razões para isso, e times de tecnologistas em todo o mundo estão resolvendo, ou tentando resolver, um grande número delas enquanto você lê esta página. Contudo, de uma maneira geral, os *web services* e XML requerem mais poder de processamento para serem transportados em redes devido à natureza do XML e à capacidade dos computadores existentes para processar as mensagens. Como resultado desse déficit de desempenho, pode-se considerar o desempenho do sistema como um critério ao escolher qual das suas aplicações deseja expor como um *web service*.

---

[4]N. T. Do termo original em inglês Return on investment

3.8.4 Nem é sempre SOAP

Você pode estar imaginando se é possível alcançar a interoperabilidade de *web services* sem utilizar padrões de *web services* de fato. Se esse conceito lhe ocorreu, então você está verdadeiramente prestando muita atenção no que foi apresentado neste livro até agora, ou você é um verdadeiro gênio e deveria parar de ler aqui e me ligar para um emprego. Sim, utilizando XML sem SOAP, você pode de fato conseguir quase tudo que *web services* podem fazer, embora seja importante utilizar o mesmo tipo de XML em ambos os lados da transação. Esses padrões de XML específicos de indústrias estão aparecendo em praticamente todos os setores da economia e eventualmente se misturarão aos padrões de *web services*.

Diversas abordagens XML não-SOAP para *web services* estão em uso hoje em dia. Eu as menciono aqui porque há uma certa confusão no mercado atualmente sobre o que são *web services* "reais" – SOAP ou não-SOAP.

RosettaNet foi uma tentativa pioneira para se chegar a padrões utilizando XML para a interoperação de computadores utilizada em gerenciamento de cadeia de suprimentos. A Association for Cooperative Operations Research and Development (ACORD) é outro conjunto de padrões XML utilizados pela indústria de seguros. Enterprise Business XML (ebXML) é um conjunto de padrões que surgiu das tentativas de transição de EDI para XML. Todos esses três grupos de padrões estão atualmente em uso e obtendo algum grau de sucesso. Conforme os *web services* avançam, é provável que padrões de interoperabilidade extremamente importantes sejam fundidos com essas três abordagens.

3.9 Resumo

Os *web services* permitem dois tipos básicos de interoperação entre computadores distribuídos: chamadas remota de procedimentos (RPC) e troca de dados. Ambos os processos existiam antes da invenção de *web services*. Porém, os *web services* possuem o potencial para simplificar o custo e diminuir a dificuldade de sua execução. Em um RPC, o consumidor do *web service* envia uma requisição SOAP para o *web service* solicitando que um determinado procedimento seja realizado. O *web service* realiza o procedimento que foi solicitado e transmite o resultado de volta ao consumidor em uma resposta SOAP. Uma conversão de moeda de dólares para yen seria um exemplo de um RPC. Em uma troca de dados, o consumidor do *web service* envia uma requisição SOAP para o *web service* solicitando um conjunto específico de dados. O *web service* responde enviando os dados requisitados de volta para o consumidor em uma resposta SOAP.

A troca de dados eletrônicos (EDI), padrão de troca de dados entre parceiros corporativos por anos, está sendo alterada como um resultado dos padrões de *web services*. Uma vez que grandes negócios possuem um investimento em EDI, é provável que muitos converterão gradualmente seus sistemas EDI para uma base de *web services* em vez de substituir todos eles de uma vez. Por essa razão, a comunidade de *web services* tem prestado muita atenção no EDI.

Os *web services* permitem a interoperação entre sistemas distintos com uma mistura heterogênea de fornecedores, plataformas, sistemas operacionais e linguagens de programação, como um Oracle em uma Sun interoperando com SAP no IBM. Como resultado, os *web services* permitem um maior grau de "neutralidade de fornecedor" do que tem sido possível tradicionalmente na TI corporativa. Essa neutralidade vem com um novo sentido de modularidade que, de fato, evita que as organizações fiquem presas a uma companhia específica e permite montar seus empreendimentos com uma mentalidade *best-of-breed*.

Os *web services* permitem que computadores distribuídos através de diferentes divisões de uma companhia, ou mesmo em diferentes companhias, interoperem com relativa facilidade.

Conforme o passo dos negócios acelera e mais e mais negócios se baseiam em parcerias e alianças, os *web services* passam a representar um papel importante na conexão das companhias umas com as outras. De um modo similar, por causa da sua capacidade de permitir RPCs e trocas de dados simples entre computadores distintos e heterogêneos, os *web services* estão tendo um impacto imenso no campo de integração de aplicações corporativas (EAI).

Os *web services* possuem limitações, no entanto. Eles expõem sistemas legados, mas não os substituem. Não podem operar confiavelmente por si mesmos, por serem meramente um conjunto de padrões e não um pacote de *software* completo. Em muitos casos, o desempenho dos *web services* é mais lento do que outros modos de interoperação, e essa latência os torna inadequados para muitas tarefas. Porém, há muitas soluções promissoras para esses problemas chegando no mercado. Para praticamente todas as limitações, existe uma solução antiga ou recente.

É possível alcançar a mesma interoperação universal dos *web services* utilizando somente XML sem SOAP, WSDL ou UDDI – desde que as partes que se comunicam tenham adotado os mesmos padrões de XML. Há vários tipos de XML não-SOAP, como RosettaNet, que têm sido adotados em algumas situações de gerenciamento de cadeia de suprimentos, particularmente na indústria eletrônica. Outros exemplos de XML não-SOAP são ACORD, que foi desenvolvido para a indústria de seguros e ebXML, que é uma tentativa de transição do EDI para XML.

CAPÍTULO 4

O QUE É SOA?

4.1 Arquitetura corporativa: a figura geral
4.2 Arquitetura corporativa: a figura geral
4.3 O gerente atento: EA é um processo e não um dogma
4.4 Resumo

"Vamos começar mapeando os *web services* da Titan", disse Jay. "Eu estou pronto".

"Ainda não", respondi, omitindo o termo "apressado", que estava na ponta da minha língua. "Precisamos continuar vendo o contexto e aprendendo o que SOA é de fato. Nos últimos anos, a visão do que a TI pode e deve fazer para a empresa, assim como o papel dos profissionais de TI dentro da organização tem se tornado cada vez mais sofisticados e ambiciosos. A TI tem crescido impressionantemente desde suas mais humildes raízes em sistemas de gerenciamento da informação nos anos 1960. As expectativas da alta gerência e os investimentos na TI são muito mais altos do que eram nos primórdios, mesmo após os anos 2000. Um dos mais importantes e influentes executivos, em qualquer grande companhia hoje em dia, é o chief executive officer (CIO).

Um resultado fascinante da ascendência da TI na importância da corporação tem sido o crescimento de uma disciplina conhecida como planejamento de arquitetura corporativa (EAP[1]). O EAP é o processo de projetar e implementar a TI de uma maneira que vai ao encontro dos objetivos e expectativas da gerência enquanto, ao mesmo tempo, assegura a continuidade e eficácia dos sistemas de TI por si mesmos.

Web services estão tendo atualmente um grande impacto no campo de EAP. Seus benefícios em interoperação, assim como sua capacidade de melhorar o alinhamento entre a tecnologia e os processos de negócios, prometem iniciar uma nova fase em EAP:

---

[1] N. T. Do termo original em inglês Enterprise Architecture Planning

a SOA baseada em padrões. Por causa de sua natureza aberta, a SOA tem o potencial de promover vastas melhorias no controle de custos, agilidade de negócios e eficiência de processos de negócios de TI.

4.1 Arquitetura corporativa: a figura geral

Antes de começarmos, vamos desfazer qualquer confusão sobre a terminologia que introduziremos neste capítulo. Alguns definem arquitetura corporativa (EA[2]) como o projeto organizacional total, uma planta corporativa que inclui a cultura corporativa, os mercados, a geografia, a tecnologia e o capital humano. Podemos nos referir a isso como "arquitetura de negócios". Para advogados da arquitetura de negócios, o que os profissionais de TI fazem é chamado de "arquitetura tecnológica". Para os nossos propósitos, porém, EA significará o projeto, o planejamento e a execução dos sistemas de TI como um todo em uma empresa.

Para ver como a EA afeta o papel e as circunstâncias de TI nos negócios, devemos examinar primeiramente o conceito de "arquitetura" em si. Arquitetura é o processo de projetar prédios de forma a servirem aos seus propósitos. Se um arquiteto projeta uma casa, supõe-se que alguém vá morar nela. Se ele projeta um escritório, servirá para o trabalho; e assim por diante. De modo similar, EA é o processo de projetar sistemas de TI para que se "construa" uma estrutura de TI que preencha as necessidades do negócio. Diferentemente da maioria das arquiteturas físicas, que podem ser admiradas pela sua estética mais do que pelo seu sucesso funcional, a EA não tem outro propósito maior que não seja o de servir aos objetivos de negócios da companhia envolvida. De fato, qualquer coisa feita além disso em EA é não somente fora de propósito como, também, uma perigosa auto-indulgência que pode diminuir o sucesso da companhia que procura otimizar.

Assim como o arquiteto de tijolos e concreto, que projeta prédios, o arquiteto corporativo é restringido por uma série de fatores. A gravidade e as leis da física, por exemplo, restringem todas as decisões arquiteturais. É impossível, por exemplo, construir um prédio que não esteja erguido sobre o chão em algum ponto da fundação. Quase todos os prédios possuem uma fundação, uma estrutura e um espaço interno.

Os equivalentes em TI da lei da gravidade restringem as características de projeto da EA também. A figura 4.1 compara a arquitetura de um prédio com uma arquitetura corporativa. Como qualquer prédio comercial, uma EA é construída sobre uma fundação: a rede. A estrutura de aço do prédio é análoga à infra-estrutura de *hardware* do negócio. O espaço interno do prédio é como o *software*; é onde o trabalho é realizado.

---

[2]N. T. Do termo original em inglês Enterprise Architecture

CAPÍTULO 4 – O QUE É SOA? | 57

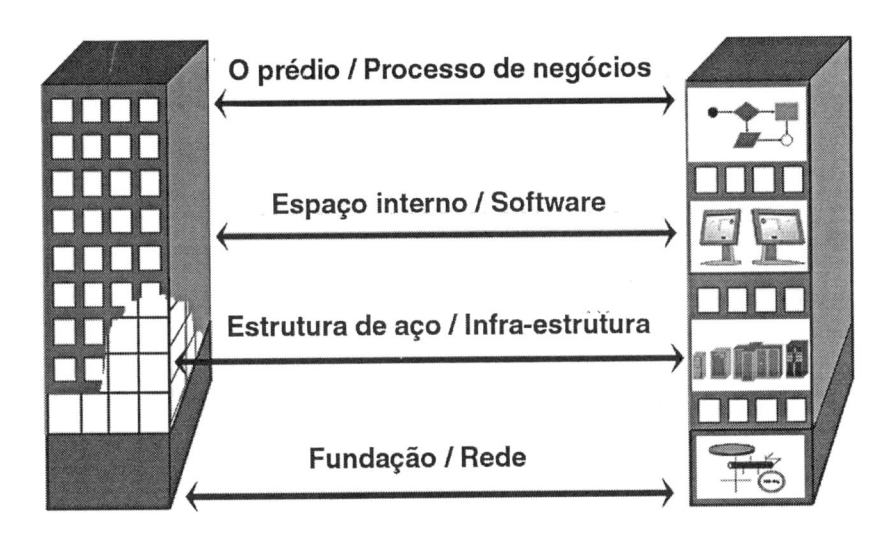

Figura 4.1 Comparando a arquitetura de um prédio com uma EA na TI corporativa.

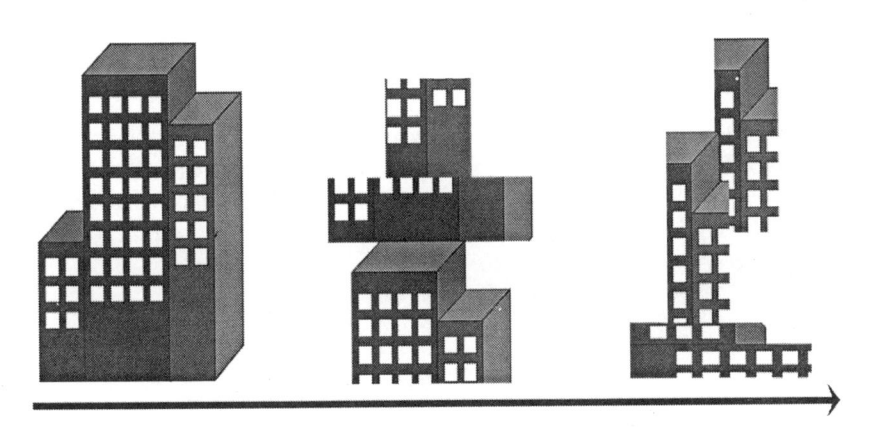

Figura 4.2 Esta ilustração mostra como um prédio se pareceria se arquitetos de prédios tivessem de lidar com o tipo de perturbação que as mudanças nos modelos de processos de negócios criam no mundo da TI.

As leis da gravidade e da física são rígidas. Seria loucura, ou mesmo impossível, projetar e construir um conjunto de prédios como os do lado direito da figura 4.2. E seria ainda mais impossível pegar um prédio e reconstruí-lo em qualquer tipo de *layout* que fosse necessário em um determinado dia.

Porém, na TI, isso é exatamente o que é necessário e esperado. Você pode projetar um conjunto incrível de sistemas com uma arquitetura corporativa brilhante e seis semanas após terminar, seu CEO diz "Vamos vender a subsidiária da Ásia e comprar uma companhia de seguros de vida. Isso não lhe causa muito problema, não é?" Ele está lhe pedindo para realizar o truque de mágica equivalente ao mostrado na figura 4.2. De alguma forma, pressupõe-se que você seja capaz de pegar o seu "prédio" e recolocá-lo em qualquer configuração que seja demandada e depois, pressupõe-se que você possa fazer isso outras vezes repetidamente. Como você pode fazer isso sem que toda a sua "estrutura" seja destruída?

Isso tem sido há muito tempo um problema intratável sob a luz de sistemas de TI fortemente acoplados, incompatíveis e inflexíveis. Os vilões: padrões proprietários; mistura de fornecedores heterogêneos; sistemas operacionais heterogêneos; protocolos de rede diferentes e que sempre mudam; linguagens de programação que sempre mudam... e assim por diante. O advento da SOA traz a promessa de uma arquitetura corporativa mais flexível e adaptativa.

4.2 A ARQUITETURA ORIENTADA A SERVIÇOS

Digamos que você pudesse mudar os elementos de sua EA em relação às mudanças no seu negócio sem gastos enormes de tempo e dinheiro. Nesse caso, repentinamente valores enormes seriam criados conforme os processos fossem continuamente atualizados e otimizados e conforme as restrições de TI dessem lugar a estratégias de negócios como a força motriz da companhia.

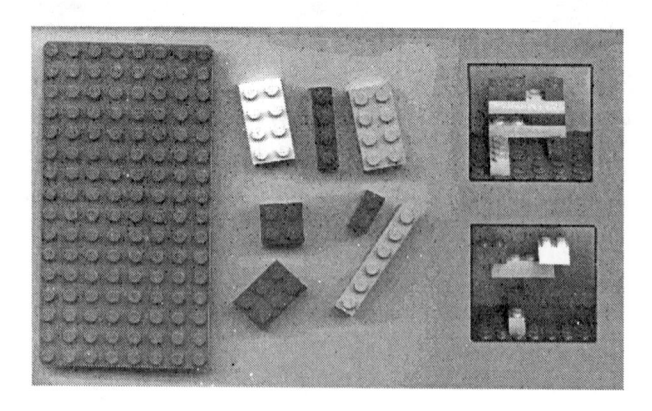

Figura 4.3 Blocos de Lego em diferentes configurações.

Essa é a promessa das novas arquiteturas orientadas a serviços. Pois cada elemento de uma SOA pode ser movido, substituído e modificado. Uma vez que cada um dos serviços existe de uma maneira fracamente acoplada, eles podem ser montados e remontados de diferentes formas com diferentes propósitos conforme as circunstâncias necessitem. A capacidade de se criar processos e aplicações compostas a partir dos serviços, combinada com a reutilização e a interoperabilidade baseadas em padrões, cria o que é finalmente o tão esperado objetivo da arquitetura corporativa – flexibilidade para mudanças.

Como o comentarista de tecnologia Rich Kuzyk observou, "...embalar uma função de uma aplicação como um *Web service* o transforma em uma peça de Lego; agora pode ser *plugada* sem alterações nas suas outras peças de Lego ou nas peças de um amigo, de modo que possa ser utilizada sempre e onde for necessário."[3]

A SOA torna seus sistemas em equivalentes de TI dos blocos de Lego. Você pode movê-los e reconfigurá-los à vontade. A Figura 4.3 mostra como um conjunto de blocos de Lego pode ser formado e transformado em diversas configurações "desafiadoras da gravidade". Com uma SOA, você fica livre da construção com "tijolos e pedras" das arquiteturas corporativas tradicionais.

4.2.1 Lutando para se adaptar na arquitetura corporativa atual

Para ver como a SOA pode impactar positivamente a TI, vamos examinar um negócio hipotético que possui um plano de EA tradicional. A figura 4.4 mostra a arquitetura corporativa de um grande negócio.

Como em muitas arquiteturas corporativas que conheci, essa é o resultado de um processo de EA "acidental". O *chief technology officer* (CTO) herdou essa mistura de sistemas de seu predecessor, que provavelmente também teve de se virar com um ambiente legado complexo.

Porém, da mesma maneira como ocorre com "Um relógio parado que funciona apenas duas vezes por dia", o fato de algo estar parcialmente quebrado não é suficiente para causar pânico – afinal, se de certa forma funciona (apesar da enorme complexidade e custo) não vai ter a mais alta prioridade. Por exemplo, um cliente a quem ajudei no último ano possui um *mainframe* na sede que abriga um *data warehouse* e um *software* de relatórios financeiros. O negócio recebe informações de uma divisão que roda Oracle na Sun, e uma usina que roda SAP em um minicomputador IBM. A usina, que é gerenciada pela sede, conecta-se a um fornecedor externo, que roda Siebel sobre Windows, através de uma interface que atravessa o *firewall* da firma.

---

[3]Kuzyk, Richard, "Messaging Software Boosts Web Services," ZDNet, January 14, 2002. http://news.zdnet.com/2100-9595_22-813160.html.

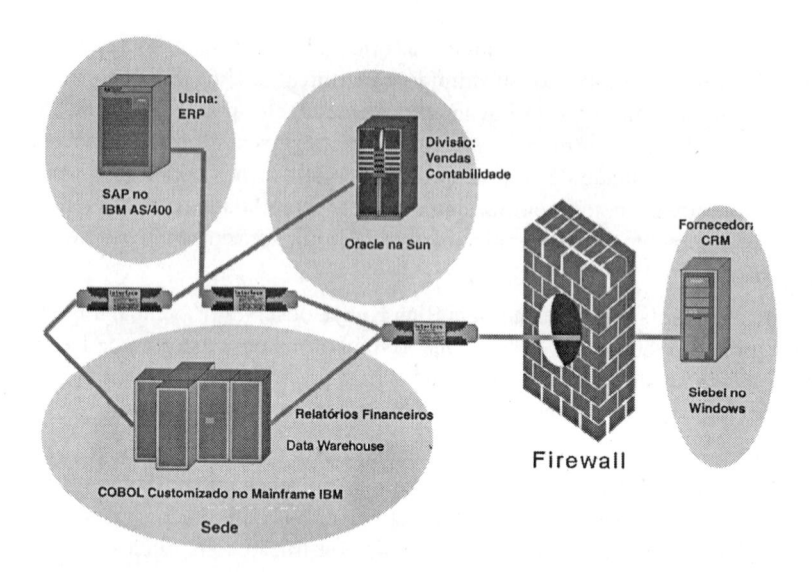

Figura 4.4 Esta arquitetura corporativa tradicional, que consiste em um conjunto de sistemas legados estritamente conectados uns aos outros com interfaces proprietárias, é extremamente inflexível e dispendiosa de se modificar, em termos de tempo e dinheiro.

Embora seja um pouco complicada e dependente de interfaces proprietárias, não há nada absolutamente errado com essa arquitetura. Ela funciona bem e atende às necessidades do negócio. Contudo... o que acontece quando algo precisa mudar, como ocorre freqüentemente nos negócios? O que acontece se, como vemos na figura 4.5, o fornecedor muda para aplicação *customizada* na Sun, a usina muda para SAP na Sun e a sede substitui o *mainframe* por um *cluster* de máquinas Windows? E a divisão agora é responsável pelos relatórios financeiros e o gerenciamento da usina?

Oops. Esse tipo de mudança é um fato constante da vida nas grandes corporações, especialmente porque novos projetos, parcerias, fusões e aquisições podem ocorrer a qualquer hora. Muitos CTOs se encontram em um jogo sem-fim de "pega" enquanto a gerência trabalha para realizar mudanças efetivas no modo como os negócios são realizados. Essa alta gerência, por sua vez, fica frustrada freqüentemente pela incapacidade do departamento de TI de "acompanhar", e, é claro, odeia os altos orçamentos de TI. Os ajustes na arquitetura corporativa mostrados na figura 4.5 podem levar meses e milhões de dólares para serem implementados. E além disso, provavelmente haverá muitos erros e problemas na transição, que terão um efeito negativo no negócio. Então, um ano depois, tudo terá de ser rearranjado novamente! Mais da metade do orçamento típico de TI no mundo é consumido nessas atividades.

CAPÍTULO 4 – O QUE É SOA? | 61

O efeito da EA tradicional, levando-se em consideração as restrições mostradas no exemplo anterior, é que a TI tende a determinar as decisões de negócios. É o departamento "lento" de TI que tem a voz da razão sempre que a alta gerência quer realizar uma mudança nos processos de negócios. "O que você quer dizer com 'a divisão vai cuidar dos relatórios financeiros'?" Pergunta o CTO chocado. "Você tem alguma idéia de quanto isso vai custar?" Logo, o projeto é jogado fora ou atrasado e o negócio como um todo sofre – tudo porque a TI está determinando a decisão. Não é nenhuma surpresa que tantos CTOs e CIOs estejam estressados hoje em dia – freqüentemente são solicitados a realizar milagres de TI ao mesmo tempo em que cortam orçamentos.

Idealmente, os objetivos de negócios deveriam reinar supremos em um negócio. O *chief operating officer* (COO) de uma companhia deveria ser capaz de ditar que uma divisão vai cuidar dos relatórios financeiros sem ter de se preocupar com as questões financeiras e pragmáticas da TI, nem com os prováveis atrasos e complicações envolvidas. O CEO deveria ser capaz de firmar um acordo com um novo parceiro e trocar uma parte pobre em desempenho da cadeia de suprimentos sem as restrições da TI. O quadro de diretores deveria ser capaz de aprovar uma aquisição estratégica sem se preocupar se o custo de integrar os sistemas será superior aos ganhos financeiros da transação. O gerente não deveria ser restringido pela TI, como é hoje. Com a SOA, essa visão dá um grande passo em direção à sua realização.

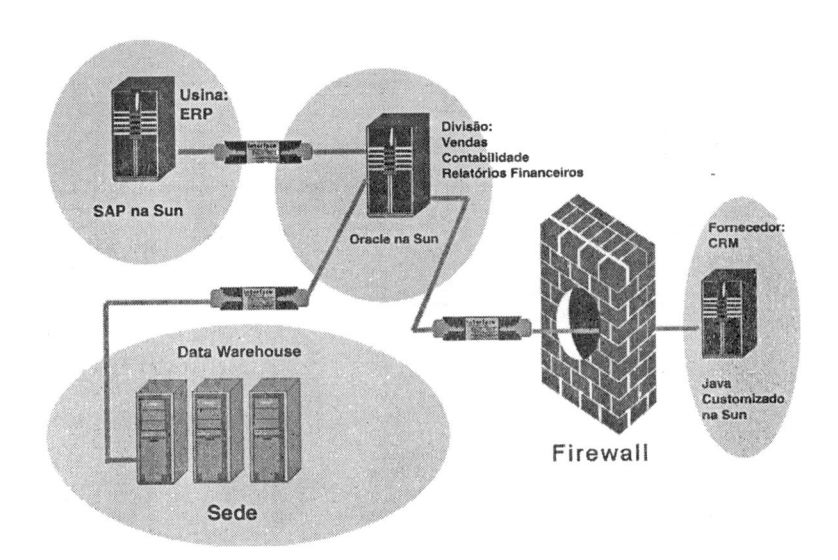

Figura 4.5 Quando a EA mostrada na figura 4.4 é modificada de acordo com o processo de negócios, o resultado é outra EA inflexível com novos sistemas tão fortemente acoplados por interfaces proprietárias quanto eram anteriormente. Essa EA será custosa novamente e difícil de ser modificada.

4.2.2 Soluções de SOA: teoria e prática

Vamos ver como a companhia retratada na figura 4.5 se pareceria se tivesse uma SOA. A figura 4.6 mostra a configuração da SOA. Agora, cada aplicação de *software* na arquitetura é exposta como um *web service*. Como resultado, pode ser acessada de qualquer lugar na rede independentemente da configuração do computador solicitante.

Esse modelo de SOA possui várias vantagens distintas em relação ao modelo tradicional. No mínimo, a companhia economizará dinheiro reduzindo o número de interfaces proprietárias que mantém. A gerência de mudanças se torna muito mais simples também. Se o fornecedor muda sua implementação Java do atual sistema Sun para um sistema IBM, por exemplo, os consumidores do *web service* do CRM não serão afetados. Eles não precisam nem mesmo "saber" que o computador por trás do *web service* foi alterado; isso não faria nenhuma diferença.

Assuma, por exemplo, que em nossa companhia hipotética a alta gerência decida mudar a estrutura de divisões e eliminar a divisão que era responsável pelos relatórios contábeis, comerciais e financeiros. Em vez disso, a gerência atribui a responsabilidade de todas essas funções, assim como o ERP, à usina. E decidem abandonar o Oracle e pôr tudo no SAP. Como a figura 4.7 mostra, essas mudanças amplas não obrigam a compra de nenhuma interface *customizada* ou proprietária. Todos os sistemas continuam se comunicando via SOAP, logo a modificação da EA é simples se comparada com o tipo de escrita de código extensiva que seria necessária em uma mudança equivalente em uma EA tradicional fortemente acoplada.

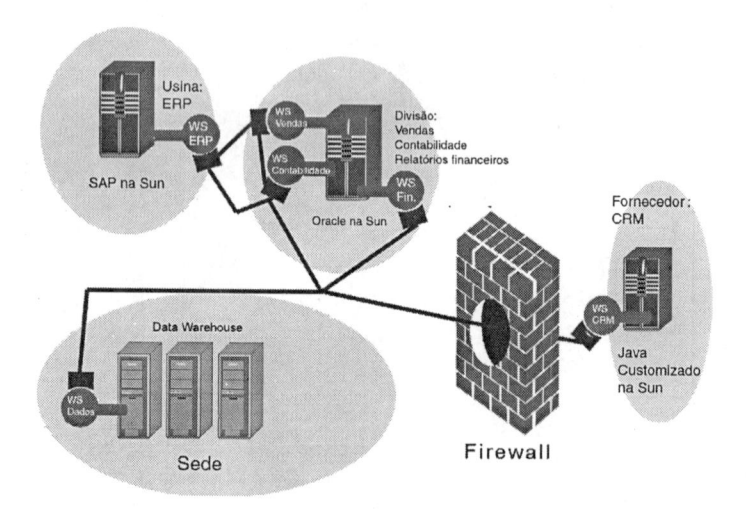

Figura 4.6 Essa figura ilustra o que acontece quando a EA mostrada na figura 4.5 é montada com uma SOA, com cada componente exposto como um web service.

CAPÍTULO 4 – O QUE É SOA? | 63

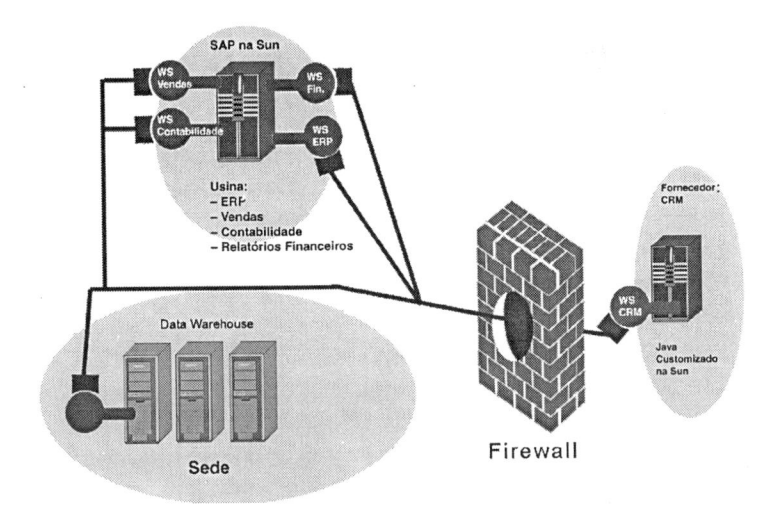

Figura 4.7 Implementar uma mudança em uma SOA é mais simples do que em uma EA tradicional e fortemente acoplada. Todos os sistemas ainda se comunicam via SOAP; não há necessidade de adquirir interfaces proprietárias.

Quanto isso afetará a arquitetura corporativa? Com uma SOA, a resposta é "não muito." Apesar do conjunto drástico de mudanças, os *web services* continuam podendo funcionar facilmente um com o outro, uma vez que são independentes de plataforma e transparentes em relação à rede. A quantidade de tempo e dinheiro requerida para realizar essas mudanças seria uma fração do que seria requerido no modelo tradicional.

Uma grande vantagem da SOA, portanto, é sua capacidade de tornar mais ágil a empresa. Tornando simples, rápido e barato implementar mudanças nos processos de negócios – ser capaz de "desafiar a gravidade" no sentido arquitetônico – a SOA dá à gerência de negócios o poder de tornar a TI conforme com seus desejos, e não o contrário. Decisões relacionadas com a gerência são tomadas baseando-se nos méritos gerenciais e não nas conseqüências de TI.

Isso é uma experiência libertadora tanto para o gerente de negócios quanto para o gerente de TI. O gerente de negócios pode agir de acordo com as necessidades estratégicas sem as restrições comuns de TI, e o gerente de TI pode entregar resultados de uma maneira eficiente e barata.

4.3 O GERENTE ATENTO: EA É UM PROCESSO E NÃO UM DOGMA

A arquitetura corporativa é uma área em que você precisa ser um consumidor especialmente crítico. Por um lado, o termo "arquiteto" pode significar muitas coisas. Não há instituto que forneça credenciais de arquiteto corporativo. Alguns são desenvolvedores, outros já fizeram trabalho de arquitetura. Outros, ainda, são administradores que gerenciam arquitetos e desenvolvedores. Quando você ouve um arquiteto, vale a pena conhecer seu *background* e seus objetivos.

Além disso, sugiro que você aborde a EA como um processo em vez de um dogma. Infelizmente, você pode encontrar alguns arquitetos bastante dogmáticos por aí trabalhando para sua companhia ou para as firmas de fornecedores. A arquitetura corporativa é tipicamente um conjunto abrangente de parâmetros de projeto. Uma boa EA é flexível o suficiente para sofrer mudanças, mas rígida o suficiente para evitar a implantação de sistemas incompatíveis e conflitos custosos de sistemas. Uma EA eficaz leva os processos de negócios em consideração; e eles estão sempre mudando. Quando você migra para SOA, faz bem em ser circunspecto sobre frases como "Não fazemos isso" ou "Isso não pode ser feito". De maneira análoga, seja cuidadoso com "Isso é fácil" quando vem de um arquiteto.

4.4 RESUMO

A arquitetura corporativa (EA) é a figura geral dos sistemas de TI de uma organização e como se relacionam entre si e com os processos de negócios que implementam. A disciplina de se criar EAs é conhecida como planejamento da arquitetura corporativa (EAP).

Tradicionalmente, EAs têm sido inflexíveis, confinadas pelas limitações de protocolos de rede, plataformas de *hardware* e linguagens de programação – muito similares a como a remodelagem de um prédio são limitadas pelas restrições físicas das estruturas originais. Esse acoplamento forte de sistemas em EAs tradicionais tem tornado-as custosas quanto a dinheiro e tempo para serem modificadas. Como resultado, arquitetos corporativos têm dificuldades para acompanhar as mudanças em processos de negócios.

A arquitetura orientada a serviços (SOA) é uma abordagem para EA onde cada elemento importante é exposto como um "serviço". O resultado é um ambiente computacional distribuído com um alto nível de interoperabilidade entre sistemas. A SOA permite ao arquiteto corporativo "desafiar as leis da gravidade" e combinar e recombinar elementos de *software* sem a necessidade de gastar quantidades substanciais de tempo e dinheiro, assumindo que tenha sido implementada inteligentemente.

Por causa da sua natureza flexível, fácil de ser alterada e econômica, a SOA dá aos gerentes de negócios a capacidade de modificar seus processos de negócios sem o tipo de restrições de TI que tem emperrado tais mudanças no passado. Tornando isso uma simples questão de mudar *hardware* e *software*, assim como a localização de sistemas, gerentes de negócios podem atingir seus objetivos com menos restrições. Por essa razão, os pioneiros de uma abordagem de SOA terão uma vantagem competitiva em seus setores.

Capítulo 5

SOA PARA INTEGRAÇÃO DE APLICAÇÕES CORPORATIVAS

5.1. A Titan está satisfeita com sua EAI
5.2. Como os web services podem simplificar EAI
5.3. Web services em portais
5.4. Web services em desenvolvimento de software
5.5. O gerente atento alerta: limitações de web services em EAI
5.6. Resumo

Eu expliquei para Jay que os *web services* e a arquitetura orientada a serviços (SOA) possuem o potencial de facilitar mudanças reais em integrações de aplicações corporativas (EAI). Além disso, a nova tecnologia pode ter um grande impacto em duas áreas relacionadas: portais e desenvolvimento de *software*. Todas essas três áreas, atualmente, sofrem de dificuldades causadas por padrões proprietários. Neste capítulo, mostraremos em detalhes o modo como a natureza aberta dos *web services* pode oferecer um bem-vindo alívio.

5.1 A TITAN ESTÁ SATISFEITA COM SUA EAI?

Utilizando a técnica de Atticus Finch, fiz uma pergunta ao Jay uma questão para a qual já tinha a resposta. "A Titan está satisfeita com sua EAI?" "Sim e não", ele admitiu. "Obviamente, gostamos do que ela pode fazer por nós. Mas não gostamos do custo, inflexibilidade e demanda de pessoal, e – "

"O acoplamento forte", disse, cortando-o.

"Certo", ele concordou com uma risada "o acoplamento forte". A Titan utiliza uma tecnologia de EAI proprietária na arquitetura legada da Apollo Insurance. Como mostrado na figura 5.1, a solução de EAI provê uma conexão entre os sistemas de apólices, sinistros e financeiros. Do jeito que está, funciona bem. O problema é a expansão e o gerenciamento de mudanças. A Titan precisará comprar mais módulos da solução se quiser conectar os sistemas da Apollo à antiga arquitetura da Hermes. Essa hipótese foi rejeitada temporariamente porque a compra de mais *software* proprietário atrelará mais ainda a companhia a um fornecedor e criará posições permanentes para engenheiros de *software,* que serão necessários para manter o sistema.

"Além do mais", disse, "você tem sorte de que isso funcione tão bem".

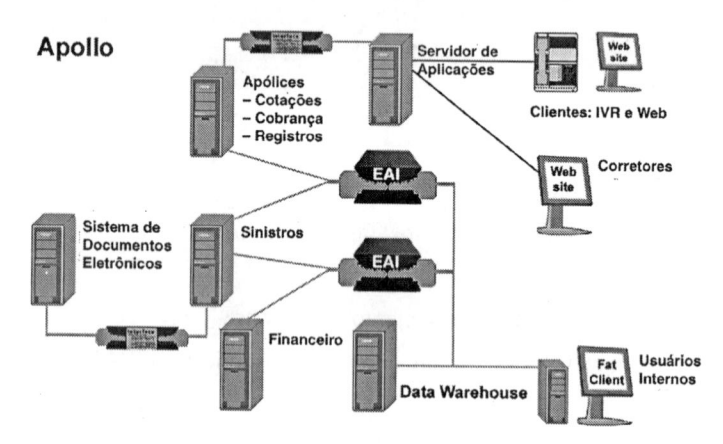

Figura 5.1 A Titan utiliza uma solução de EAI para permitir a interoperação entre seus sistemas de sinistros, apólices e financeiros.

5.1.1 Primeiramente, a verdade: EAI está falida

A infeliz verdade sobre EAI é que geralmente não funciona. Um relatório recente da Forrester indicou que aproximadamente 65% dos projetos de EAI sofrem atrasos ou ultrapassam o orçamento. Porém, eles custam em média mais de 6,4 milhões de dólares para serem completados – quando podem ser completados, na verdade. EAI geralmente é uma proposta muito mais longa e cara do que o resultado final justificaria.

5.1.2 Ilhas de integração

Por que projetos de EAI dão tão errado? Entre as razões principais que exploraremos, talvez a questão mais problemática seja simplesmente a maneira desestruturada que a EAI geralmente assume em uma companhia. A figura 5.2 mostra uma arquitetura de EAI típica no início de seu ciclo de vida. Por exemplo: uma companhia possui três sistemas, mas por diversas razões – custo, preferência da gerência, política e assim por diante – diferentes partes da companhia escolheram utilizar dois pacotes de EAI diferentes. O Pacote A integra a contabilidade com o *customer resource management* (CRM) do departamento de serviço ao cliente enquanto o Pacote B integra a contabilidade com o *mainframe*. Nesse ponto, a companhia precisa manter (e pagar taxas de manutenção) um módulo de cada um dos dois pacotes de EAI. Um terceiro fornecedor pode prover mais um outro pacote de EAI proprietário.

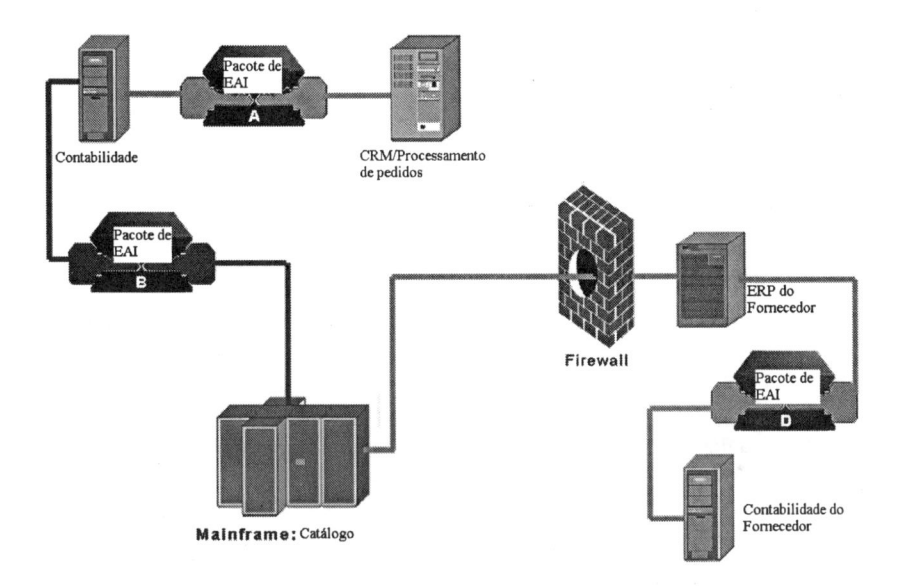

Figura 5.2 Em uma arquitetura de EAI típica, como a mostrada aqui, cinco aplicações podem ser conectadas por três plataformas de EAI diferentes.

Conforme o tempo passa, a companhia adiciona novos sistemas, como um *Enterprise Resource Planning* (ERP) e um *site web*. O que acontece se for necessário conectar o CRM com o ERP? Na maioria dos casos, terá que comprar módulos adicionais do pacote de EAI para realizar essa tarefa. Será preciso adquirir módulos "ERP para *mainframe*" e "ERP para CRM", uma situação mostrada nas figuras 5.3 e 5.4. Obviamente, cada módulo traz consigo taxas de manutenção anuais. Adicionar módulos de EAI aumenta não apenas sua complexidade de gerenciamento de TI, mas também seu orçamento permanentemente.

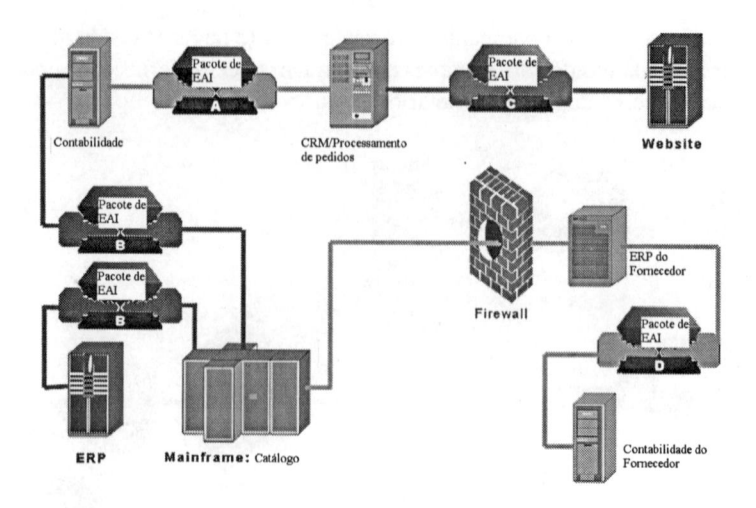

Figura 5.3 Quando um site web e uma aplicação de ERP são adicionados à EA mostrada na figura 5.2, a companhia compra um segundo módulo para o Pacote de EAI B e um pacote totalmente novo, C, para realizar a integração.

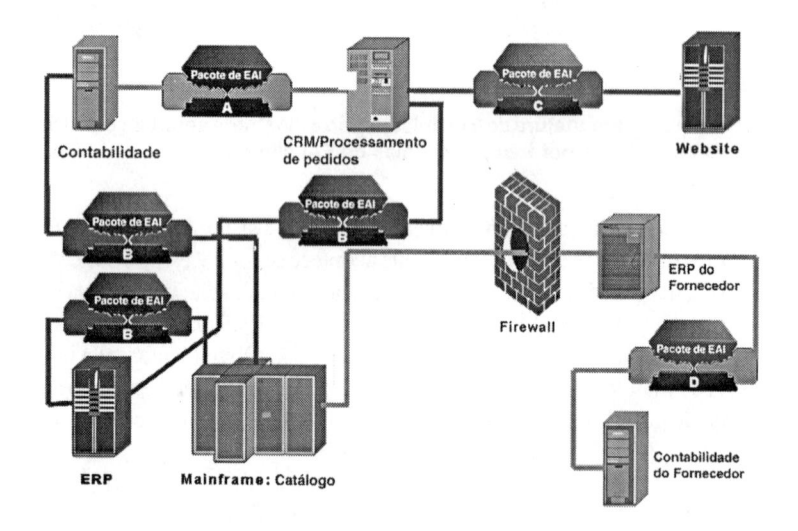

Figura 5.4 Quando a companhia deseja conectar seu sistema de CRM com o ERP, deve comprar outro módulo do Pacote de EAI B.

Seja a integração feita por um pacote de EAI proprietário ou através de um programa desenvolvido sob medida, o resultado geralmente é um conjunto de "ilhas de integração" na empresa. Quando a integração é depois estendida para além do *firewall*, os problemas se tornam ainda mais complexos. A figura 5.5 ilustra esse dilema. O

CAPÍTULO 5 – SOA PARA INTEGRAÇÃO DE APLICAÇÕES CORPORATIVAS | 71

que acontece se for preciso conectar seu *site web* com a contabilidade? Novamente, o resultado é uma batalha entre as várias plataformas de EAI. O fornecedor do Pacote A lhe diz que faz sentido abandonar o B e o C de modo que tudo "funcione junto". Nesse caso, além de custar uma fortuna, você ainda é atrapalhado pela tecnologia proprietária do Pacote A. Por outro laso se precisar conectar seu ERP com o ERP do fornecedor utilizando a metodologia tradicional de EAI, ou você ou o fornecedor teriam que trocar pacotes e mesmo assim não funcionaria. Você sempre pode criar sua própria interface *customizada*, mas isso implica um conjunto de problemas diferente, além de outros que exploraremos agora.

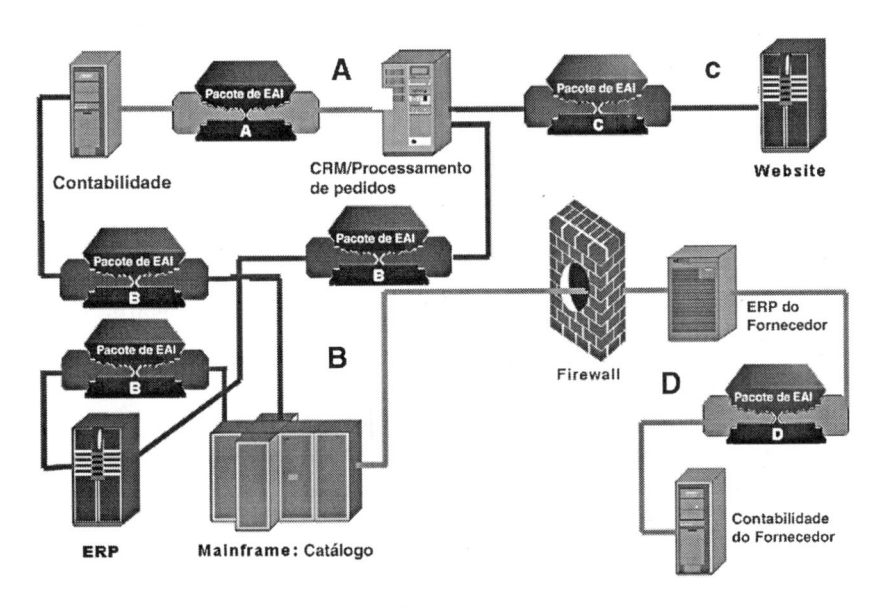

Figura 5.5 A dependência de quatro pacotes de EAI diferentes e proprietários para se realizar a integração entre os sistemas nessa companhia e na de seu fornecedor cria quatro "ilhas de integração" que são complicadas e custosas para se conectarem umas com as outras.

5.1.3 Outros desafios de EAI

Um tempo longo de desenvolvimento e implementação é outro fator que impacta a eficiência de EAI. O ciclo de vida médio de projetos é de 10 a 20 meses. O tempo necessário para afastar a política na organização (por si só um fator que pode potencialmente matar a EAI antes de mesmo de começar), escolher um fornecedor, capturar requisitos e depois implementar a solução pode ser tão longo que os primeiros objetivos do projeto ficam obsoletos quando o projeto é finalizado.

O resultado inesperado de EAI é freqüentemente a criação de um grande custo de "emprego para toda a vida" para o desenvolvedor com habilidades específicas em um pacote de EAI. Quando combinado com a obrigação de pagar taxas de manutenção recorrentes sobre pacotes proprietários e comprar componentes de EAI extras conforme o sistema cresce e muda, um projeto de EAI pode criar um custo de manutenção de grande duração que é insustentável.

O gerenciamento de mudanças talvez seja a maior causa de problemas em iniciativas de EAI. Com conflitos nas definições de mensagens de dados ou descasamentos em componentes proprietários, uma mudança para qualquer dos lados de um conjunto de sistemas integrados necessita de um processo de implementação geralmente complicado e custoso.

5.2 COMO OS WEB SERVICES PODEM SIMPLIFICAR EAI

Se se expusesse a funcionalidade de todos os sistemas como *web services*, na teoria poderia começar a resolver alguns desses desafios. A figura 5.6 mostra como a SOA se pareceria. Os sistemas na SOA interoperariam todos utilizando SOAP. Há diversos benefícios arrasadores na adoção desse tipo de SOA para propósitos de EAI:

- Pode-se criar interoperação entre quaisquer sistemas que haviam sido previamente presos em suas respectivas "ilhas de integração".
- O gerenciamento de mudanças se torna muito mais simples. Você pode modificar ou trocar sistemas com maior facilidade.
- Você não é mais refém do pacote de EAI proprietário. Pod-se conectar novos sistemas, não precisa comprar módulos especiais ou pagar taxas de manutenção adicionais.
- O especialista de EAI com "emprego para toda a vida" não é necessário.

CAPÍTULO 5 – SOA PARA INTEGRAÇÃO DE APLICAÇÕES CORPORATIVAS | 73

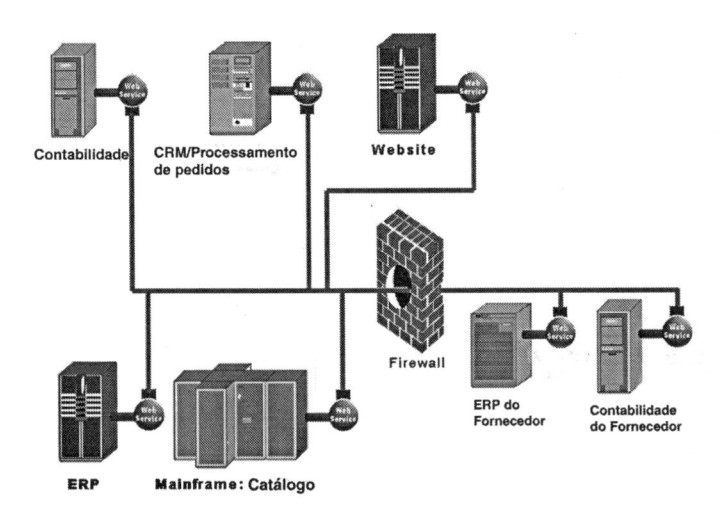

Figura 5.6 Abrindo todas as mensagens de integração para os protocolos de web services, que são universalmente entendidos e baseados em padrões, é possível quebrar as "Ilhas de integração" mostradas na figura 5.4.

Comparar EAI com SOA lado a lado mostra diversas diferenças entre as duas abordagens para a interoperação criativa de sistemas. A tabela 5.1 apresenta uma comparação de alto nível de EAI e uma SOA baseada em *web services*. Em cada categoria, a SOA é mais aberta e provê mais capacidade de interoperação sem dependência de plataformas proprietárias de fornecedores. No entanto, como veremos na próxima seção, conseguir a integração de sistemas e aplicações utilizando uma SOA baseada em *web services* também possui desafios e limitações.

Tabela 5.1 Comparação de Alto Nível entre EAI e SOA Baseada em Web Services

EAI SOA	Baseada em *Web Service*
Baseada em tecnologia proprietária	Baseada em padrões abertos
Acoplamento relativamente forte entre sistemas	Sistemas fracamente acoplados
Interoperabilidade mínima entre fornecedores baseada em	Interoperabilidade entre fornecedores padrões
Reutilização restrita de interfaces de EAI por tada para SOA	Interfaces de serviços altamente reutilizáveis qualquer aplicação capaci-

5.3 WEB SERVICES *EM PORTAIS*

Portais, que podem prover acesso unificado a diversas aplicações, são de muitas formas comparáveis a EAI. Conforme os portais ganham importância com usuários corporativos, os departamentos de TI que desenvolvem e suportam esses portais têm ficado sob pressão cada vez maior para serem mais flexíveis na entrega de conteúdo ao mesmo tempo em que continuam a cortar o orçamento. *Web services* podem permitir ambos os objetivos desejados ao gerenciamento de portais.

Um portal é uma aplicação baseada em navegadores que apresenta conteúdo e funcionalidade a partir de diversas fontes em uma única tela. Por exemplo, um portal de empregados em um negócio pode conter informações de recursos humanos, agendas de eventos especiais, interfaces de previsões de vendas e assim por diante. Cada uma dessas áreas separadas no portal pode se originar de um sistema diferente dentro do negócio. Algumas áreas de conteúdo em um portal podem vir de fora do negócio, como seria o caso de um relatório de previsão do tempo, por exemplo.

A figura 5.7 mostra uma arquitetura de portal típica. O portal extrai conteúdo de diversos sistemas diferentes. Para obter a informação ou funcionalidade do sistema original para o portal, o desenvolvedor de portal deve escrever uma interface sob medida ou comprar um pacote de portal que conecte os sistemas subjacentes aos portais. De qualquer maneira, isso consome tempo, é inflexível e geralmente é caro. O trabalho e orçamento para manter um portal feito dessa maneira podem ser bastante substanciais.

Como mostrado na figura 5.8, os *web services* provêem uma maneira efetiva de reduzir a complexidade e custo que acompanham as interfaces de portal *customizadas*. Com cada sistema de apoio exposto como um serviço, o portal pode extrair seu conteúdo e funcionalidade de cada sistema sem a necessidade de nenhum conector *customizado*. O resultado é um portal mais simples e de menor custo.

O gerenciamento de mudanças em um ambiente de portal também é bastante melhorado por *web services*. Com uma arquitetura de *web services*, um portal pode mudar flexivelmente suas fontes de conteúdo. A figura 5.9 mostra como um desenvolvedor de portal pode "trocar" fontes de conteúdos *plugando* novos *web services*.

CAPÍTULO 5 – SOA PARA INTEGRAÇÃO DE APLICAÇÕES CORPORATIVAS | 75

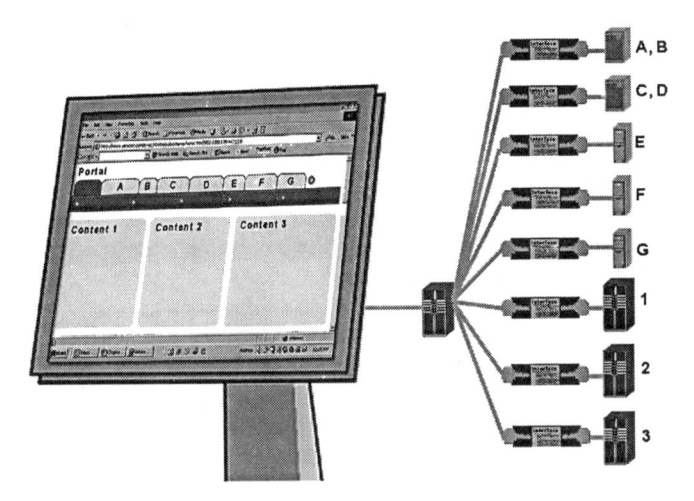

Figura 5.7 Uma arquitetura típica de portal, mostrada aqui, pode utilizar uma interface desenvolvida sob medida separada para se conectar com cada fonte subjacente de dados.

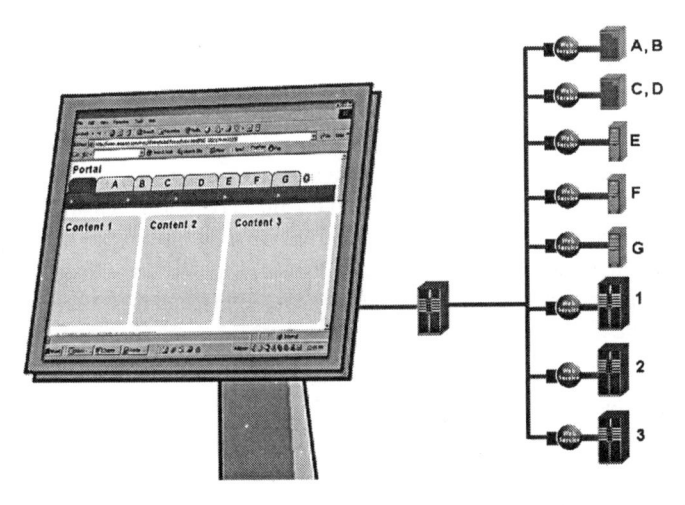

Figura 5.8 Um portal baseado em web services funciona como um consumidor de web services para cada fonte de dados subjacente que pode ser exposta como um web service.

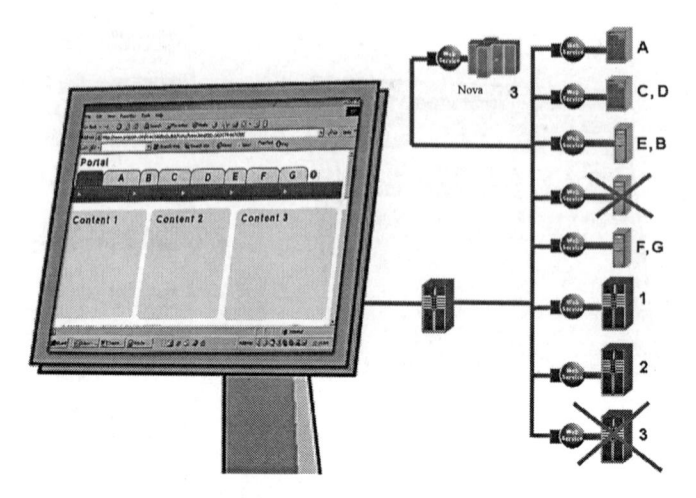

Figura 5.9 O gerenciamento de mudanças é bastante simplificado em arquiteturas de portais baseadas em web services. A natureza universal do SOAP torna possível adicionar ou retirar fontes de dados sem ter que reescrever interfaces customizadas ou comprar interfaces proprietárias.

5.4 WEB SERVICES *EM DESENVOLVIMENTO DE* SOFTWARE

O desenvolvimento de *software*, embora seja um campo independente, faz parte, de maneira geral, da discussão de EAI e SOA. A explicação é que a área de desenvolvimento de *software* relacionada com SOA e *web services* é a de integração de aplicações e de desenvolvimento de *software* com o propósito de conectar duas aplicações de *software*. Nessa arena, o potencial de *web services* para a reutilização de código os torna um tópico relevante de discussão.

Web services abrangem a verdadeira reutilização de código, o que sempre foi o grande sonho de programadores de computadores. Quando as linguagens de programação de computadores orientadas a objetos surgiram nos anos 1970 e 1980, seus desenvolvedores tinham em mente o objetivo de abstrair a função de um pedaço de *software* do seu código de fato. Em comparação com as primeiras práticas de desenvolvimento de *software*, em que um desenvolvedor de *software* tinha que codificar cada linha de um programa para realizar uma dada tarefa funcional com uma linguagem orientada a objetos, o desenvolvedor só precisa acessar uma interface que fronteia o código subjacente. Em termos práticos, isso significa que o trabalho que realmente consome tempo, o de codificar um *software*, tem de ser realizado apenas uma vez. Depois disso, o código se torna um objeto a que se pode recorrer sem a necessidade de codificar novamente.

CAPÍTULO 5 – SOA PARA INTEGRAÇÃO DE APLICAÇÕES CORPORATIVAS | 77

Embora isso esteja longe de ser simples, a programação orientada a objetos tem melhorado o desenvolvimento de *software* de muitas maneiras. Os *web services* levam a programação orientada a objetos a um estágio adiante. Os *web services* são, de fato, "objetos universais" ou componentes que podem ser entendidos por qualquer *software* sendo executado em qualquer sistema operacional – eles são verdadeiros "códigos reutilizáveis". Vamos ver o que isso significa para o futuro do desenvolvimento de *software*.

Para ilustrar os obstáculos que até agora têm atrapalhado a criação de códigos verdadeiramente reutilizáveis em linguagens orientadas a objetos, vamos tomar um exemplo extremamente simples de programação orientada a objetos: uma calculadora. Digamos que precisemos desenvolver um programa de calculadora utilizando uma linguagem de programação orientada a objetos. Como mostrado na figura 5.10, nossa biblioteca contém objetos *Visual Basic* (Windows) para as operações matemáticas de adição e subtração. Também temos objetos Java para divisão e multiplicação. Se quiséssemos ter uma calculadora que adicionasse, subtraísse, multiplicasse e dividisse teríamos que reescrever pelo menos dois objetos. Não é possível acessar a funcionalidade de um objeto Java a partir do *Visual Basic* e vice-versa. O requisito de que os objetos "casem" com as linguagens de programação tem sido a barreira número um para o advento de objetos como código reutilizável. Objetos são parcialmente reutilizáveis. Você pode reutilizá-los se permanecer dentro de um ambiente de linguagem específico: Java com Java; linguagens Microsoft (*Visual Basic*, C++, ASP) com linguagens Microsoft e assim por diante. Além disso, objetos tradicionais teriam de se comunicar um com o outro através de protocolos de transporte de mensagens compatíveis. Incompatibilidade entre protocolos de transporte de mensagens era outra barreira para o potencial de objetos se tornarem código universalmente reutilizável.

Colocando *web services* para funcionar em nosso exemplo de calculadora, podemos expor cada um dos quatro objetos existentes como *web services*. (Observe: Esse exemplo é hipotético e não tem o intuito de indicar um uso real recomendado de *web services*.) A figura 5.11 apresenta esse novo paradigma de programação orientada a objetos. Utilizando SOAP e protocolos de Internet, cada objeto pode agora ser utilizado por qualquer programa consumidor de *web services*. No nosso exemplo, criamos um novo *web service* de calculadora – por si mesmo um objeto que pode ser utilizado por qualquer consumidor de *web services* – que envia e recebe requisições de mensagens SOAP para funções matemáticas para cada um dos objetos originais. Não faz diferença para o *web service* de calculadora que a adição seja um objeto *Visual Basic* enquanto a divisão seja um objeto Java. Ele apenas "identifica" a interface SOAP.

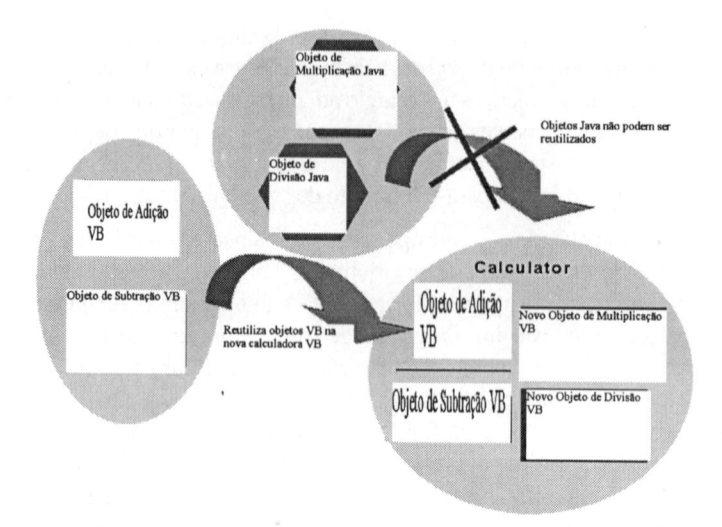

Figura 5.10 Se estivéssemos desenvolvendo um programa de software de calculadora utilizando Visual Basic (VB), por exemplo, e tivéssemos objetos para as operações matemáticas de adição e subtração em VB, mas objetos de multiplicação e divisão escritos em Java, teríamos de criar ou encontrar essas operações em VB, pois objetos Java e VB não são compatíveis uns com os outros.

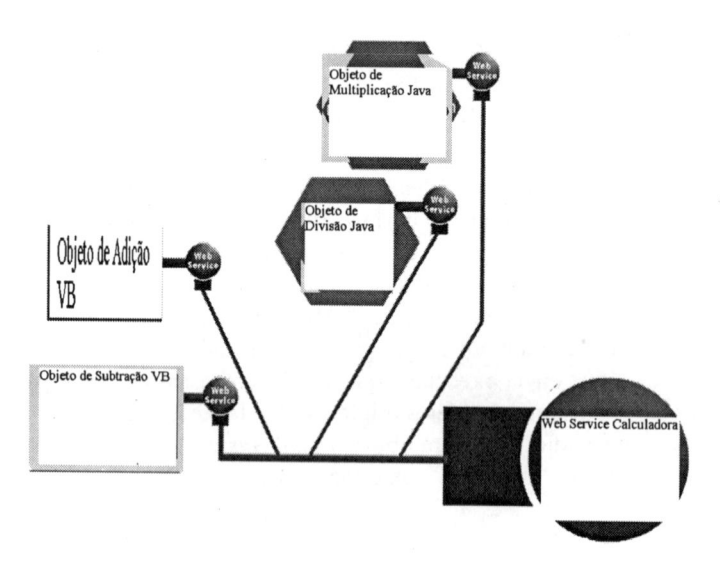

Figura 5.11 No exemplo da calculadora, expor tanto os objetos VB quanto os Java para as quatro operações matemáticas como web services os tornaria compatíveis em um web service de calculadora. Diferentemente do exemplo na figura 5.10, não é necessário reescrever os objetos Java em VB para fazê-los funcionar juntos.

CAPÍTULO 5 – SOA PARA INTEGRAÇÃO DE APLICAÇÕES CORPORATIVAS | 79

Certamente, se você está desenvolvendo um novo *software*, pode expor seus novos objetos como *web services*. Logo, não precisa volta atrás e "expô-los" mais tarde com interfaces padronizadas. Não deveria ser difícil fazer isso, embora abrir objetos para um uso universal também possa trazer alguns desafios. Por exemplo, a funcionalidade de um objeto pode precisar ser diferenciada do que era originalmente se você decidir torná-la disponível para um grupo de consumidores muito maior do que o planejado. Além disso, encorajando a reutilização em um nível prático pela primeira vez, *web services* possuiriam um grande potencial de tornar o desenvolvimento de *software* mais eficiente.

Os *web services* também possuem o potencial de reduzir uma das maiores complicações no mundo de TI: o redesenvolvimento de *software* para estar conforme com critérios de migração de *hardware* e sistema operacional. Veja a situação apresentada na figura 5.12, que é bastante comum na TI corporativa. Uma aplicação COBOL, desenvolvida em 1975, é reescrita em C quando a companhia se moderniza e passa para minicomputadores no início dos anos 1980. Quando o minicomputador se torna indesejável por quaisquer razões, a companhia reescreve o *software* em *Visual Basic* para Windows em 1999. Então, em 2003, uma fusão com uma companhia "totalmente Java" torna necessária a reescrita da aplicação novamente, pois o *hardware* e o sistema operacional Windows não serão mais suportados na nova companhia.

1975:
Software Original Escrito em Cobol para Mainframe

1981:
Software reescrito em C para mini-computador

1999:
Software reescrito em Visual Basic para Windows

2003:
Devido a uma fusão com uma "Companhia totalmente Java", o software é reescrito em Java

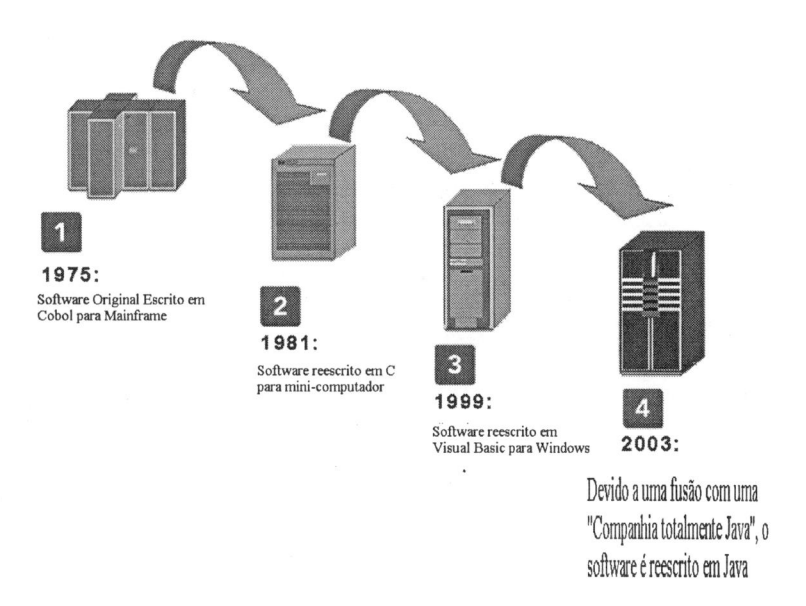

Figura 5.12 Conforme uma organização atualiza seus sistemas ou os modifica devido a fusões, torna-se necessário reescrever programas de software de modo que sejam compatíveis com novos sistemas operacionais e linguagens de programação.

Esse processo contínuo de reescrita é custoso e consumidor de tempo em muitos níveis. Não é custoso apenas financeiramente – alguém precisa realizar esse trabalho árduo – o processo desvia o aperfeisoamento dos sistemas e a realização de outras tarefas pressionadoras. Cada vez que você migra uma aplicação para uma nova linguagem e plataforma, pode acidentalmente criar *bugs* que ficam escondidos até que o novo sistema entre em produção. Reescrever uma aplicação VB em Java é uma opção, mas reescrever é problemático. Todo CTO tem uma estória de pesadelo de descobrir, meses depois do lançamento de um sistema, que está calculando impostos sobre vendas de maneira errada ou incorretamente para um conjunto de usuários ou algum outro problema do tipo que pode custar facilmente à companhia milhões de dólares. Ou o novo sistema pode causar conflitos imprevistos com outros sistemas na arquitetura corporativa, criando uma interrupção em processos de negócios críticos.

Expondo a aplicação como um *web service* você pode, em muitos casos, evitar ter de reescrever programas para novas plataformas. Em nosso exemplo, quando a companhia se funde com a companhia "exclusivamenteJava" em 2003, em vez de reescrever o programa para criar uma plataforma comum, você pode em vez disso expor as funcionalidades-chave como *web services*. Depois pode criar programas consumidores de *web services* em seu ambiente Java que permitam aos sistemas Java interoperarem com o programa em *Visual Basic* sem "ter de se preocupar" se o código subjacente é *Visual Basic* ou qualquer outro.

É importante perceber que nesse cenário você terá de continuar suportar essa máquina Windows por tanto tempo quanto puder manter os consumidores dos *web services* . Algumas pessoas não gostam de ter de gerenciar esse tipo de ambiente com sistema operacionais heterogêneos nos seus *data centers*. No entanto, quando você pesa isso com os problemas envolvidos em reescrever o programa, a exposição de *web services* provavelmente começa a parecer uma idéia muito boa.

5.5 O GERENTE ATENTO ALERTA: LIMITAÇÕES DE WEB SERVICES EM EAI

Se você estiver prestando atenção, percebeu uma frase-chave na seção 5.2: "na teoria". O que um *expert* dirá sobre *web services* em EAI é que eles podem trazer benefícios enormes, mas não podem substituir automaticamente toda a infra-estrutura de EAI existente de uma vez. Pelo menos, essa é a estória hoje em dia. Várias questões importantes têm de ser resolvidas antes.

5.5.1 Velocidade e confiabilidade

Uma vez que os *web services* não são um pacote de *software*, não possuem capacidade inerente de gerenciar o tipo de tráfego de mensagens corporativas requerido em

CAPÍTULO 5 – SOA PARA INTEGRAÇÃO DE APLICAÇÕES CORPORATIVAS | 81

EAI. EAI demanda gerenciamento de mensagens robusto, confiabilidade e auditabilidade. As pessoas precisam saber que suas aplicações integradas estão funcionando como esperado. Como resultado, o consenso é que pacotes de EAI ainda existirão por um tempo. Porém, eles serão provavelmente baseados em *web services* e isso faz uma grande diferença.

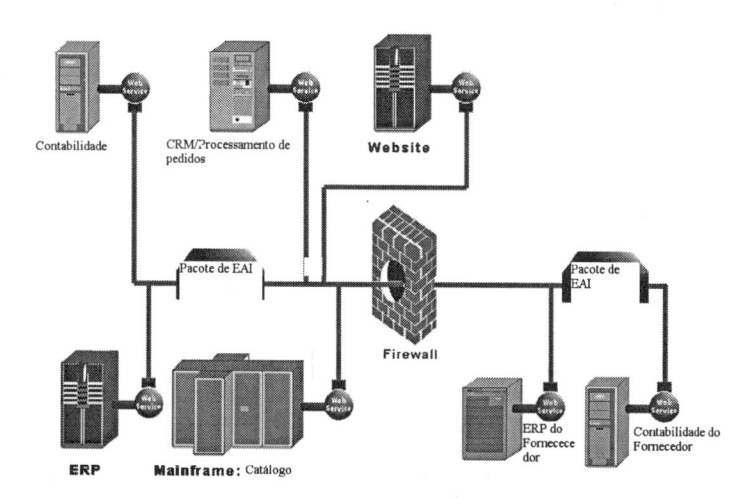

Figura 5.13 Por causa da sua capacidade superior de lidar com tráfego de mensagens em escala corporativa e questões relacionadas, alguns pacotes de EAI podem desempenhar um papel em EAI na SOA.

Você ainda precisará de um pacote de EAI que funcione com uma SOA, ou equivalente, para gerenciar a interoperação de sistemas em uma SOA. A figura 5.13 mostra como isso pode parecer. Cada lado do *firewall* possui seu próprio pacote de EAI garantindo uma operação suave da SOA. No entanto, você percebe alguma coisa diferente com eles,? Na figura, os pacotes de EAI não possuem mais o simbolismo de "fechadura e chave" de pacotes proprietários. Isso acontece porque, na SOA, os pacotes de EAI se tornam um *middleware* baseado em *web services*.

Para o fornecedor de EAI, essa não é uma novidade boa. Ser baseado em *web services* provavelmente significa que eles não serão mais capazes de vender tantos módulos extras para interconectar vários sistemas. Se tudo for baseado em *web services*, o fornecedor de EAI não pode justificar uma venda de um pacote proprietário. A SOA irá quase certamente diminuir, embora não eliminar, o negócio de plataformas de integração proprietárias de EAI e orientar uma tendência em que companhias de EAI enfatizarão suas "ferramentas de processos" em vez da tecnologia de integração subjacente.

5.5.2 Segurança

Segurança é outro grande fator na adoção de uma SOA para fins de EAI. Embora a SOA pareça impressionante na figura 5.13, ela é totalmente insegura. Uma vez que *web services* utilizam protocolos de Internet para mensagens, e mensagens de Internet são projetadas para passar pelo *firewall*, os *web services* são expostos a brechas de segurança. A figura 5.14 ilustra como um usuário indesejado poderia acessar os *web services* na sua SOA. Há algumas soluções excelentes para esse problema, é claro, e nós tratamos delas mais adiante neste livro. A questão a se lembrar é que os *web services* em seu estado natural são completamente abertos.

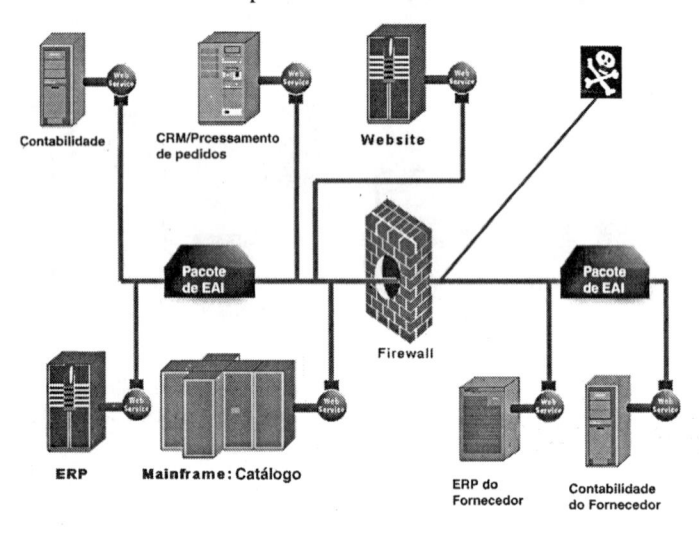

Figura 5.14 A SOA insegura mostrada aqui é vulnerável a uso desautorizado por usuários desconhecidos que escrevem suas próprias requisições SOAP.

5.5.3 Questões políticas levantadas por web services *de EAI*

Política organizacional é outra razão pela qual *web services* não são uma panacéia instantânea em EAI. Há uma razão pela qual essas "ilhas de integração" aparecem na maioria das arquiteturas corporativas. Geralmente são o resultado de pressões orçamentárias divergentes ou de força política. Independentemente de gostarmos ou não, as pessoas nas organizações tendem a gostar de seu "território" e a querer expandir sua base de poder. Quando essas batalhas se estendem para a TI, o que sempre ocorre, o resultado é conjuntos de prioridades e agendas conflitantes. Abrir cada sistema como um serviço não irá fazer com que os problemas de controle, gerenciamento e orçamento sumam. De fato, os *web services* podem piorar os problemas, a menos que a organização os resolva antes.

Por exemplo, em nossa companhia hipotética da figura 5.13, como o departamento de contabilidade irá reagir quando descobrir que precisa suportar a interoperação com o *mainframe*, o *site web* e os sistemas do fornecedor além dos que já suporta? Quem irá compreender quais tipos de informações podem ser acessadas pelos novos usuários? Quem pagará pelo aumento de infra-estrutura necessário para o aumento de volume de mensagens? Quem irá pagar e executar as mudanças na política de segurança que deve acompanhar um aumento no conjunto de usuários em potencial de um *web service*? Se o departamento de contabilidade decidir cobrar uma taxa de uso pelo acesso de seus *web services*, como isso será resolvido? Esses são apenas alguns tipos de questões que surgem automaticamente quando sistemas são abertos em uma SOA.

Em resumo, embora expor sistemas como serviços baseados em padrões traga benefícios poderosos, sua implementação requer uma abordagem focada e disciplinada para garantir resultados eficazes.

5.6 Resumo

Com projetos de EAI sofrendo custos altos, ciclos de vida longos e uma alta taxa de fracasso, a questão de integração tem se tornado uma grande dor de cabeça para muitos gerentes de TI. Embora tais projetos geralmente sejam iniciados com boas intenções e projeto inteligente, políticas corporativas e mudanças não planejadas nos processos de negócios geralmente resultam em projetos de EAI presos em "ilhas de integração" incompatíveis que criam mais barreiras para a verdadeira integração corporativa.

Os *web services* possuem o potencial de reduzir as necessidades de custo e tempo e a complexidade de EAI ao permitir que sistemas interoperem utilizando padrões entendidos universalmente como SOAP, WSDL e UDDI. Por serem baseados em padrões abertos, os *web services* também prometem algum grau de neutralidade de fornecedor ou ausência de dependência de fornecedores específicos. Porém, questões de segurança e desempenho, assim como considerações políticas e organizacionais, mitigam os *web services* como uma "bala mágica" em todas as situações de EAI.

Dito isso, os pacotes de EAI existentes provavelmente irão sobreviver por muitos anos devido à sua capacidade de gerenciar o volume de transações no nível corporativo e garantir o desempenho de sistemas integrados. Também é altamente provável que esses pacotes de EAI irão migrar para os padrões de *web services*, uma mudança que irá alterar pra sempre seus modelos de negócios. Nesse ponto, companhias de EAI competirão principalmente com companhias baseadas em *web services* que ofereçam a capacidade de adicionar segurança no nível corporativo e capacidades transacionais para uma SOA, assim como com fornecedores de ferramentas de processos que ofereçam ferramentas de modelagem de processos visuais compatíveis com padrões da indústria.

No domínio de portais, os *web services* aumentam a flexibilidade ao permitir que desenvolvedores de portais troquem fontes de conteúdo virtualmente sempre que desejarem. Em comparação com o projeto tradicional de portais, em que o desenvolvedor deve escrever ou adquirir uma interface proprietária separada para cada fonte de dados subjacente que alimente o portal, com *web services* o desenvolvedor pode escrever *software* consumidor de *web services* para invocar aplicações ou fontes de dados subjacentes.

No campo de desenvolvimento de *software*, os *web services* cumprem a tão sonhada promessa de verdadeira reutilização de código de *software*. Como objetos universais virtuais, os *web services* permitem que o *software* orientado a objetos utilize qualquer objeto exposto como *web service* independentemente da linguagem de programação utilizada para criar o objeto. Como resultado, os *web services* possuem o potencial de reduzir ou eliminar o processo custoso e volátil de reescrever programas de *software* para serem conformes com os novos padrões de sistema operacional e *hardware* quando uma companhia se moderniza.

Capítulo 6

SOA para comércio B2B

6.1. A Titan realiza B2B?
6.2. Exemplo: gerenciando a cadeia de suprimentos
6.3. Exemplo: construindo hubs
6.4. Parceiro a parceiro: linhas aéreas e aluguel de automóveis
6.5. SOAs de governo e ciências
6.6. O gerente atento alerta: você pode ainda precisar de padrões proprietários
6.7. Resumo

Vivemos em uma era de corporações "virtuais", ciclos de vida rápidos de produtos e alianças entre negócios em constante mudança. Essas tendências pressionam cada vez mais as companhias para encontrarem maneiras flexíveis e inovadoras de se conectarem com seus parceiros, clientes e fornecedores – isso é conhecido no círculo de TI como comércio *business-to-business* (B2B). Porém, embora a Internet tenha experimentado uma explosão em alguns aspectos do comércio B2B, muitas operações críticas de B2B continuaram atoladas no território rígido e custoso de arquiteturas corporativas tradicionais. Em geral, conexões de TI entre negócios são difíceis de ser mantidas e complexas para serem alteradas.

Com sua flexibilidade e neutralidade de fornecedor inerentes, os *web services* e a SOA provêem um método na qual o comércio B2B moderno pode ser implementado de uma maneira flexível e econômica. Os *web services* e a SOA proporcionam um comércio B2B mais dinâmico e eficaz, e este capítulo examinará várias maneiras que possibilitam que isso aconteça.

Antes, porém, abordaremos a interação entre os processos de negócios e a TI. Afinal, a maior parte da TI existe porque um negócio ou uma organização precisa dela.

Em geral, a TI suporta processos de negócios. Muito freqüentemente, estratégias de negócios são reféns da infra-estrutura rígida de TI que foi desenvolvida ao longo dos anos, falhando em levar em consideração que o objetivo final da TI existir é tornar os negócios em si mesmos mais competitivos. Este capítulo e, na verdade, a maior parte do resto deste livro, tratam das maneiras pelas quais a TI pode apoiar os processos de negócios conforme evoluam.

6.1 A TITAN REALIZA B2B?

Perguntei ao Jay se a Titan realizava B2B. "Sim", respondeu ele, "a Titan interage com seus corretores, assim como certas agências governamentais, como departamentos de veículos automotores." Conforme se desenvolvia na discussão, no entanto, Jay quis mergulhar tão profundamente nas nuances da situação da Titan que achei que ele estava se perdendo. "Vamos dar um passo atrás e ver alguns exemplos antes", sugeri. "Depois, poderemos mergulhar na situação da Titan. Quando duas companhias se tornam parceiras, suas respectivas arquiteturas corporativas se tornam parceiras também. Em relacionamentos cliente-fornecedor como o gerenciamento da cadeia de suprimentos de manufatura e relacionamentos de parceiros como linhas aéreas e firmas de aluguel de automóveis ou fabricantes de automóveis e distribuidores, arquiteturas corporativas tradicionais têm se mostrado inflexíveis e problemáticas. Os sistemas e suas interfaces não conseguem acompanhar as mudanças nesses relacionamentos. Os *web services* podem permitir que esses sistemas se conectem com maior agilidade."

6.2 EXEMPLO: GERENCIANDO A CADEIA DE SUPRIMENTOS

Gerenciamento de cadeia de suprimentos é uma área do comércio B2B que provê algumas boas oportunidades para uma SOA. Para entender como a SOA pode melhorar o comércio B2B, vamos examinar um exemplo simplificado de uma companhia manufatureira com duas fábricas. Como mostrado na figura 6.1, o processo de negócios para o gerenciamento da cadeia de suprimentos nessa companhia dita que se uma fábrica estiver sem uma peça específica, seu sistema de ERP envia uma mensagem para o computador na sede, que então, consulta automaticamente o sistema ERP situado na outra fábrica para ver se esta possui aquele item no estoque. Se a outra fábrica não tiver o item, então o computador da sede envia um pedido eletrônico para o sistema ERP do fornecedor. A metade superior da figura 6.1 mostra o mapa desse processo de negócios.

A metade inferior da figura 6.1 mostra a arquitetura corporativa necessária para suportar esse processo de negócios. Para suportar a consulta ao estoque da companhia e o pedido de suprimentos, a arquitetura corporativa requer que quatro sistemas sejam conectados utilizando três interfaces proprietárias. O *mainframe* na primeira fábrica se conecta ao servidor baseado em Windows na sede que, por sua vez, se conecta ao minicomputador na segunda fábrica e ao servidor Sun no fornecedor. Como vimos, essa integração fortemente acoplada pode se mostrar inflexível e custosa para ser modificada e mantida. Por exemplo, na arquitetura atual, a adição de novos fornecedores, leilões competitivos em contratos de fornecedores e assim por diante seriam complexos e caros para serem mantidos.

Converter para uma SOA abriria diversas novas possibilidades para se conduzir o comércio B2B sem retrabalho significativo nos sistemas subjacentes. Como mostrado na figura 6.2, além de eliminar as interfaces proprietárias, a SOA torna facilmente possível para a primeira fábrica se comunicar diretamente com a segunda e realizar pedidos sem ter de passar pelo computador da sede, como é configurado atualmente. Certamente, seria possível realizar uma mudança na arquitetura do método tradicional e modificar as interfaces, mas isso seria uma tarefa complexa e consumiria mais tempo. O sistema da sede pode agora monitorar o fluxo de transações passivamente utilizando seu próprio *web service*, que pode receber as mensagens SOAP que viajam de e para a segunda fábrica e o fornecedor.

Processo de Negócios

1. Fábrica está em falta de peças: solicita peças adicionais
2. Há em estoque em algum lugar? SEDE
3. Verifica estoque em outra fábrica
4. Solicita e confirma pedido com fornecedor

Arquitetura Corporativa

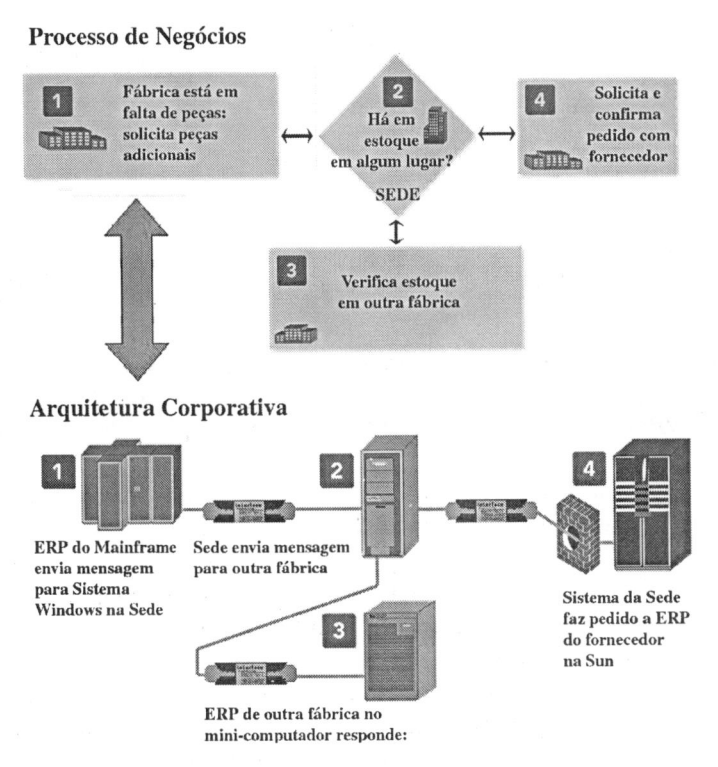

1. ERP do Mainframe envia mensagem para Sistema Windows na Sede
2. Sede envia mensagem para outra fábrica
3. ERP de outra fábrica no mini-computador responde:
4. Sistema da Sede faz pedido a ERP do fornecedor na Sun

Figura 6.1 O processo de negócios B2B mostrado na parte superior é suportado pela arquitetura corporativa mostrada na parte inferior. Para cada passo no processo de negócios, há um conjunto correspondente de funcionalidades ou interações entre os sistemas.

Para entender como a SOA pode aumentar drasticamente o potencial do comércio B2B, veja a figura 6.3. O fabricante pode agora instituir um sistema de leilão eletrônico para seus pedidos. Os fornecedores que quiserem dar lances na oportunidade para ganhar o negócio do manufaturador podem se conectar ao sistema de leilão através de um *web service*. Mais uma vez, isso é possível de se realizar com a tecnologia de computação distribuída tradicional, mas a um custo muito maior. Os custos são tão altos, na verdade, que tais sistemas raramente são construídos, e quando o são, raramente são alterados sem considerável sofrimento. Com o advento da SOA, porém, esse tipo de comércio B2B pode facilmente ser realizado. O manufaturador ganha a capacidade de gerenciar seus fornecedores e custos eficazmente e os fornecedores aumentam a capacidade de ganhar novos negócios. Além disso, quando os fornecedores são substituídos ou novos fornecedores, adicionados a TI pode responder rapidamente e de maneira barata às decisões de negócios.

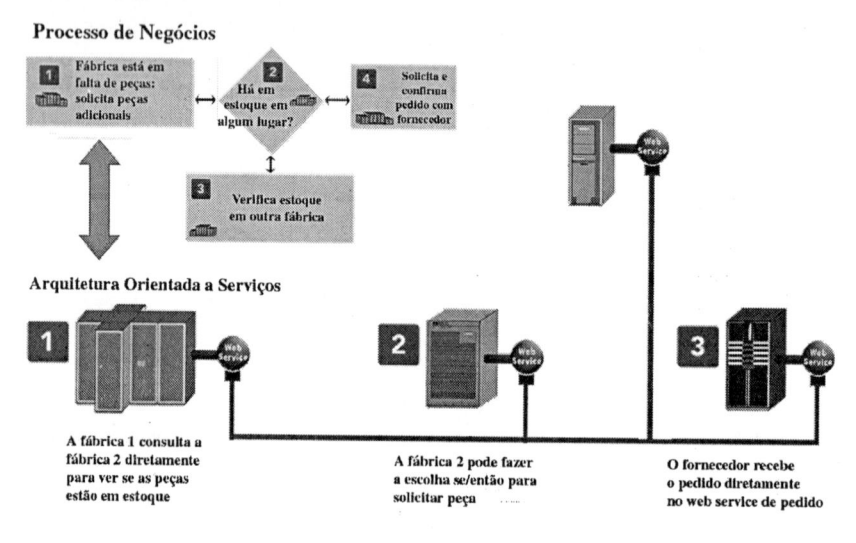

Figura 6.2 Com uma SOA, o suporte ao processo de negócios B2B da figura 6.1 é realizado com uma série de transações de *web services*.

As características de UDDI e WSDL de *web services* tornam o novo paradigma de SOA muito mais simples de se implementar também. Se um fornecedor quiser participar do sistema de leilão, seus desenvolvedores de *software* podem acessar as especificações do *web service* do manufaturador utilizando seu registro de serviços disponíveis. Os desenvolvedores de *software* do fornecedor podem processar o documento WSDL e derivar a informação da política correta que será necessária para interoperar com o sistema de leilão baseado em *web services*. UDDI e WSDL dão a essas características de SOA a capacidade de crescer rapidamente. Se 10 mil fornecedores necessitarem se cadastrar no sistema de leilão, podem fazê-lo praticamente sem perturbar ninguém no fabricante. Na realidade, desenvolvedores ligarão uns para os outros para trocar informações e garantirem que tudo está funcionando corretamente, mas em termos de crescimento relativamente sem esforços, a SOA permite uma melhoria em uma ordem de magnitude maior do que as arquiteturas baseadas em interoperabilidade proprietária.

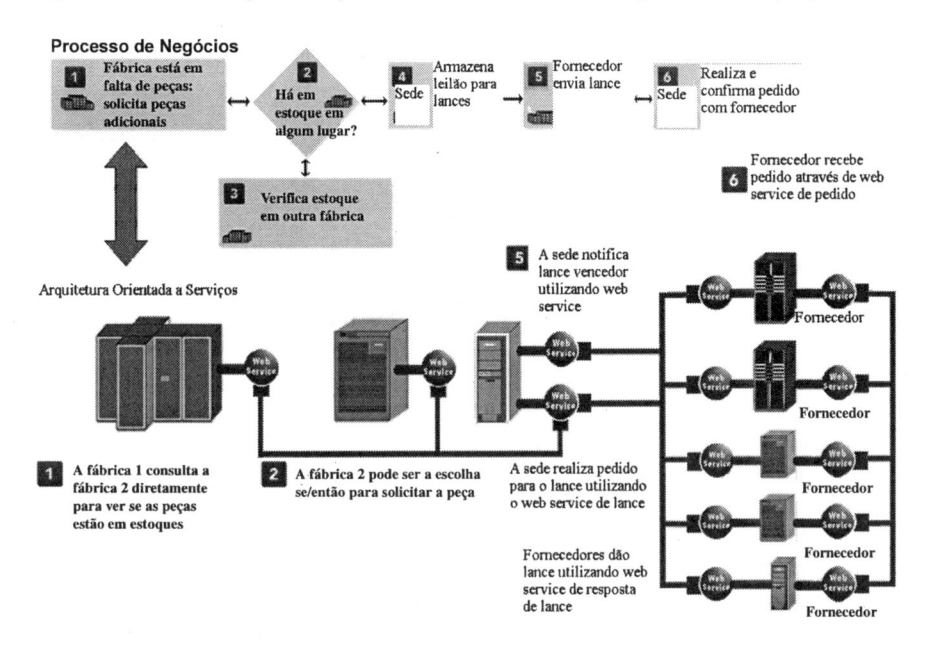

Figura 6.3 A SOA simplifica o gerenciamento de mudanças. Quando o negócio deseja criar um leilão multifornecedores, requer que seus fornecedores adiram aos padrões de web services ao criarem seus sistemas de leilão. Quando completado, os negócios podem obter diversos lances de fornecedores sem ter de utilizar nenhum software proprietário para realizar suas conexões.

6.3 EXEMPLO: CONSTRUINDO HUBS

Uma tendência na TI corporativa que a SOA encoraja é o desenvolvimento de vários "*hubs*" corporativos. Um *hub* é um centro baseado em *web services* através do qual serviços distribuídos podem ser gerenciados e tornados seguros de uma maneira central. Internamente, *hubs* se tornam o centro de fornecimento e gerenciamento de serviços para a empresa. Externamente, permitem a comunicação com diversos fornecedores, distribuidores, clientes e assim por diante. Por exemplo, na indústria automotiva, milhares de distribuidores devem receber e transmitir regularmente informações de vendas para o fabricante. Como ilustrado na figura 6.4, uma SOA e um *hub* podem tornar essa rede vasta de distribuidores uma realidade.

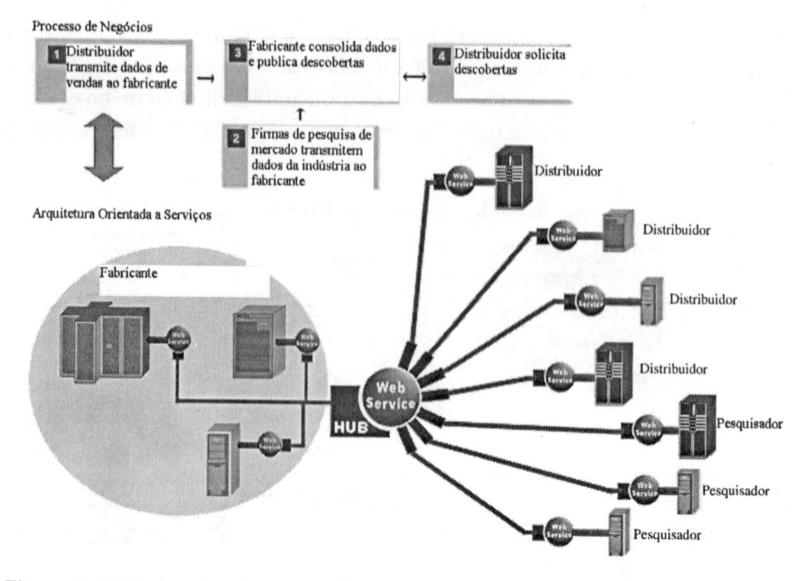

Figura 6.4 Fabricantes de automóveis lidam com milhares de fornecedores, distribuidores e parceiros. Para otimizar os aspectos de TI de interoperabilidade com tantas companhias diferentes (uma operação que era bastante cara até mesmo para ser considerada antes da invenção da SOA), o fabricante cria um único hub baseado em web services no qual todos os fornecedores, distribuidores e parceiros podem se conectar.

O processo de negócios com um *hub* automotivo é um processo de vendas e compartilhamento de informações de mercado que vem ocorrendo há muitos anos. Geralmente, o distribuidor reporta dados de vendas para o fabricante. Ao mesmo tempo, o fabricante coleta dados de pesquisa de mercado de firmas de pesquisa. O fabricante então combina as informações e as publica de volta para os fornecedores. Isso era originalmente feito de maneira impressa e depois pela *Web*. Contudo, o processo sempre foi lento e propenso a erros. Com o *hub* baseado em *web services* e SOA, é possível agora compartilhar informações quase em "tempo real" com um grande número de distribuidores.

6.4 PARCEIRO A PARCEIRO:
LINHAS AÉREAS E ALUGUEL DE AUTOMÓVEIS

A necessidade de comunicação entre companhias que trabalham em parceria umas com as outras cria uma demanda potencial forte para SOAs. Por exemplo, companhias de aluguel de automóveis e linhas aéreas sempre trabalham juntas. A companhia de aluguel de automóveis geralmente deseja saber quando o vôo de um viajante está chegando de modo que possa planejar melhor suas operações. Se uma pessoa chegar atrasada, ou se seu vôo for cancelado, a companhia de aluguel de automóveis poderá se planejar de acordo.

Tradicionalmente, se uma companhia de aluguel de automóveis deseja ser informada automaticamente sobre o horário de um vôo, seus desenvolvedores de *software* devem criar uma interface *customizada* para se conectar ao computador da companhia de linhas aéreas. Mesmo se as linhas aéreas possam fornecer fornecer um *"kit"* para permitir essas informações, como muitas companhias grandes fazem, o trabalho envolvido poderia ser significativo. E depois, a companhia de aluguel de automóveis teria de enfrentar o grande centro de custo de arquiteturas corporativas: gerenciamento de mudanças.

Uma SOA pode simplificar os desafios de integração de *software* nas conexões entre a companhia de linhas aéreas e a de aluguel de automóveis. Como mostrado na figura 6.5, um *web service* exposto no *mainframe* das linhas aéreas pode ser acessado por diversas companhias de aluguel de automóveis, independentemente de suas arquiteturas de *hardware* e *software*. O gerenciamento de mudanças em ambos os lados se torna infinitamente mais fácil. Se as linhas aéreas modificarem seu *software* de chegada de vôo, as companhias de aluguel de automóveis podem modificar seu *software* consumidor de *web service* sem ter de programar de acordo com um padrão de *software* específico das linhas aéreas.

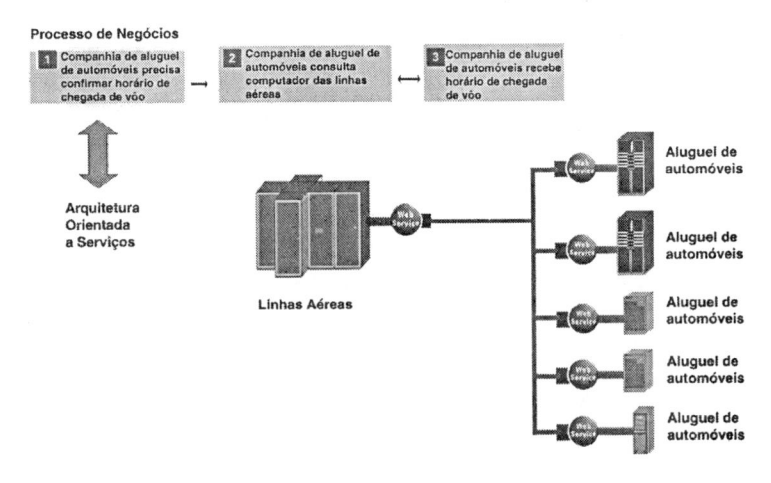

Figura 6.5 Uma linha aérea pode estabelecer uma SOA que a conecta a companhias de aluguel de automóveis e compartilhar horários de vôos utilizando padrões de web services. Como resultado, a companhia de aluguel de automóveis pode ter os horários dos últimos vôos sem depender de TI proprietária para tornar isso possível.

Talvez a vantagem mais importante que a SOA traga ao comércio B2B, seja a flexibilidade que confere aos processos de negócios. Na figura 6.5, o processo de negócios é relativamente simples: 1) A companhia de aluguel de automóveis solicita o horário de chegada de um vôo das linhas aéreas, 2) as linhas aéreas respondem com um horário de vôo e 3) a companhia de aluguel de automóveis recebe o horário do vôo. Agora vamos supor que a companhia de aluguel de automóveis queira fazer uma oferta especial por exemplo, dizendo aos seus clientes: "Se seu vôo for atrasar muito, encontraremos quais hotéis estão disponíveis na área caso você precise de um lugar para passar a noite."

Para realizar essa oferta especial, o departamento de TI da companhia de aluguel de automóveis precisa implementar a versão automatizada do seguinte processo de negócios:

- Passos 1-3: A companhia de aluguel de automóveis solicita e recebe um horário de chegada de vôo.

- Passo 4: A companhia de aluguel de automóveis verifica se o vôo está atrasado o suficiente para se qualificar para a oferta especial.

- Passo 5: Se o vôo estiver atrasado, a companhia de aluguel de automóveis cria uma lista de hotéis próximos que possuam vagas.

A figura 6.6 ilustra como seria esse processo se fosse implementado através de uma SOA. A companhia de aluguel de automóveis utiliza um programa consumidor de *web service* para consultar os hotéis participantes que, por sua vez, utilizam um *web service* para responder.

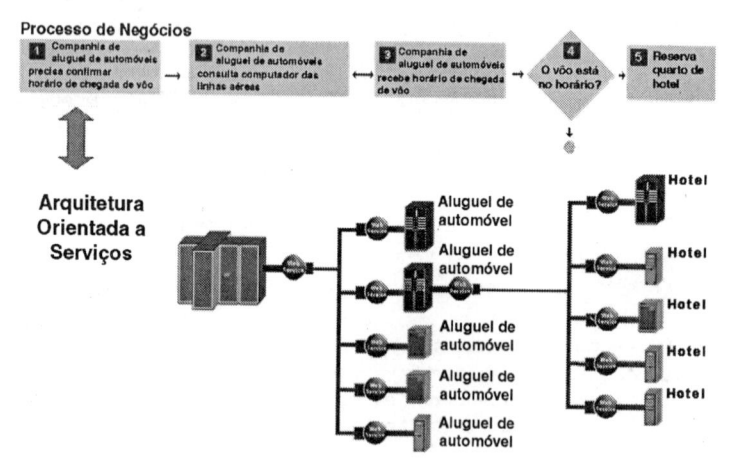

Figura 6.6 A SOA permite flexibilidade de processo de negócios, como mostrado nessa continuação do exemplo de linhas aéreas/aluguel de automóveis da figura 6.5. Se uma companhia de aluguel de automóveis quiser adicionar uma opção de reserva de hotel – um novo processo de negócios – pode criar uma segunda SOA para lidar com a interoperação entre seu sistema e os sistemas das cadeias de hotéis.

Assim como nos outros exemplos, certamente é possível conseguir esse tipo de integração utilizando meios tradicionais. No entanto, dado o esforço e o custo envolvidos, não é provável que uma companhia de aluguel de automóveis e uma meia-dúzia de cadeias de hotéis se comprometam com tal conceito. Por quê? A resposta é que muitas idéias novas de negócios, especialmente várias alianças de negócios, são essencialmente experimentais. Se a idéia não funcionar, então os parceiros a abandonam. O resultado é que a maioria das companhias não se aventuraria em novas idéias se, para isso, precisarem investir um alto custo de TI para serem implementadas.

A SOA dá à companhia de aluguel de automóveis a flexibilidade de experimentar novas idéias de mercado de maneira mais barata. Embora não seja um serviço gratuito, é muito mais barato para a companhia de aluguel de automóveis se conectar com alguns hotéis através de uma SOA do que integrar-se sob medida com cada um.

6.5 SOAs DE GOVERNO E CIENTÍFICAS

No governo, serviços, ONGs, universidades e saúde há uma necessidade grande de mais colaboração entre os grupos, compartilhamento de dados e capacidade de trabalharem juntos. A SOA possui o potencial de possibilitar a colaboração a um custo razoável pela primeira vez. Atualmente, o governo dos Estados Unidos reconheceu o enorme potencial do XML e de *web services* para áreas tão diversas quanto mapeamento geoespacial, defesa e segurança interna. De fato, várias transformações massivas de arquiteturas de sistemas governamentais estão a caminho e irão mudar os sistemas de padrões proprietários para padrões abertos.

6.5.1 Exemplo: coordenando o governo

Quando ouvimos falar sobre "falha em coordenar inteligência" na análise do 11 de setembro, devemos entender que uma grande parte dessa falha foi de tecnologia da informação. Numerosos artigos foram escritos desde o 11 de setembro, detalhando as falhas de várias agências de inteligência – o FBI, a CIA e assim por diante – em inter-relacionar seus vastos bancos de dados antiterrorismo. Em muitos casos, os problemas originaram-se das dificuldades inerentes a conectar sistemas legados, muitos dos quais foram criados com código *customizado* ao longo dos últimos 40 anos. Esses problemas são principalmente o resultado de processos governamentais lentos, apesar do Ato Clinger-Cohen de 1996, que obriga essas agências federais a utilizar arquiteturas corporativas em suas áreas de TI. Porém, cada agência possui seus próprios orçamentos e prioridades de tecnologia. Nenhuma agência queria suportar a despesa e dificuldade e integrar sistemas. E muitas das agências que agora precisam cooperar estão em ramos diferentes do governo – estadual e federal – ou até mesmo em países estrangeiros.

Aplicar os princípios de SOA à cooperação de agências governamentais torna possível conectar funções críticas da infra-estrutura de TI de uma agência a todas as outras agências. A figura 6.7 mostra como agências governamentais diferentes, incluindo as de governos estaduais, federal e estrangeiros podem compartilhar informações utilizando *web services*. Nesse caso, o processo envolve procurar ocorrências em inteligência em cada banco de dados de cada agência separadamente e atualizar os respectivos bancos de dados com quaisquer ocorrências que sejam encontradas. Como você pode perceber, não há "arquitetura tradicional" no exemplo da figura 6.7. Isso acontece porque o tipo de interoperação descrito nesse cenário simplesmente não existia antes de se tornar possível através da utilização de SOA.

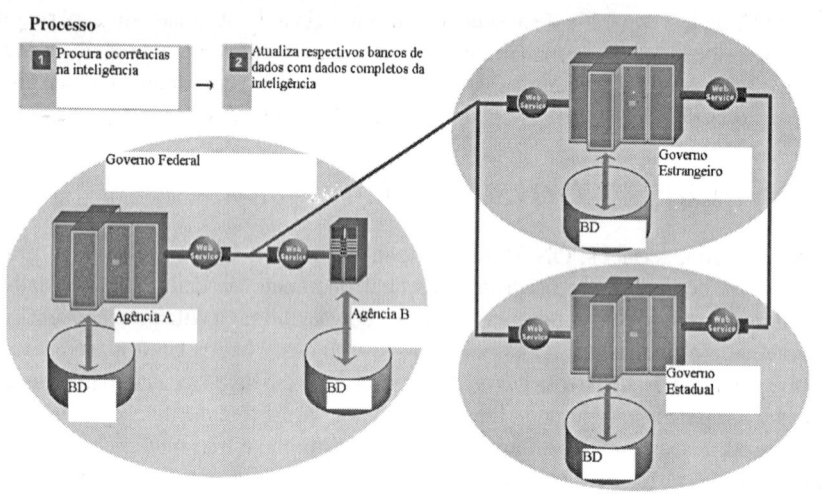

Figura 6.7 Uma SOA pode permitir colaborações intra-agências mais eficazes e baratas. Ao expor bancos de dados e funcionalidades de processos críticos como web services (assumindo-se que a segurança adequada esteja sendo utilizada) diversas agências governamentais podem compartilhar informações eficientemente.

Certamente, TI não é o único fator em colaboração entre agências. Uma ampla gama de questões políticas e orçamentárias deve ser resolvida antes que as agências possam cooperar efetivamente umas com as outras. Contudo, a SOA provê um conjunto de ferramentas para colaboração que nunca existiu antes. Como resultado, possui o potencial de produzir resultados dramáticos no governo. O exemplo mostrado aqui aponta apenas uma dentre centenas de maneiras que SOAs podem melhorar o gerenciamento governamental de impostos, saúde e cumprimento de leis, entre muitas outras áreas.

6.5.2 Exemplo: integrando dados científicos

Das milhares de oportunidades de transformar a pesquisa científica e acadêmica através do uso de SOAs, talvez a mais intrigante seja a área de informática biomédica. Ela envolve a aplicação de TI para melhorar o conhecimento médico e a prática da medicina.

A pesquisa de genoma do câncer de uma área da informática biomédica, por exemplo pode ser enormemente melhorada pela SOA. Pesquisadores do câncer ao redor do mundo começaram a perceber que pacientes diferentes com o mesmo tipo de câncer respondem diferentemente ao mesmo tratamento. Em outras palavras, dois homens podem ter câncer de próstata, mas apenas um deles tem sucesso com tratamento com radiação. Os pesquisadores descobriram uma correlação entre uma característica genética específica do paciente e o sucesso da um tratamento em particular. As implicações resultantes para o tratamento do câncer são profundas. Se o médico souber que tipo de tratamento é mais adequado para tratar uma pessoa, dada uma característica genética, pode adotar esse tratamento e evitar gastar tempo com outro ineficaz. O problema é que essa área de pesquisa é bastante recente, e os dados disponíveis sobre a correlação de traços genéticos e tratamentos de câncer são altamente distribuídos. Pode haver um paciente de câncer em Nova York que poderia se beneficiar de um tratamento de câncer que foi registrado em um computador no Brasil. Como fazer para que o médico do paciente em Nova York saiba sobre a correlação do tratamento genético no Brasil? A resposta: uma SOA.

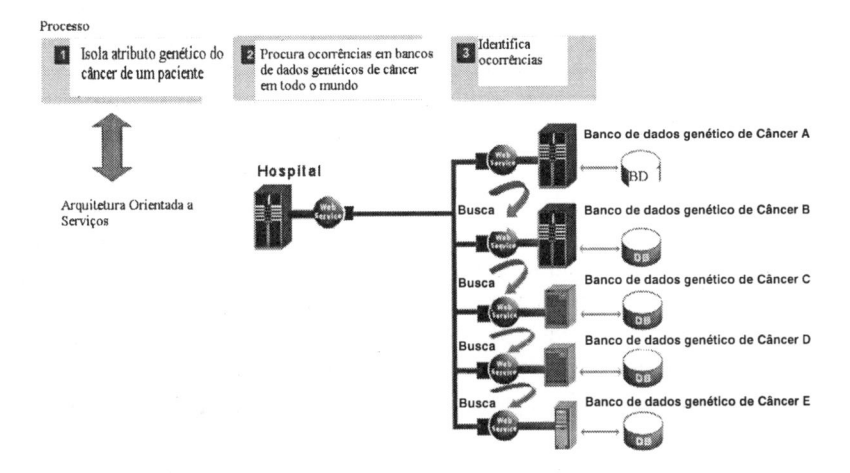

Figura 6.8 A pesquisa genética de câncer ilustra uma nova utilização de SOA na arena médico-científica. Quando um elo de tratamento de câncer genético é descoberto em um hospital (isto é, quando um sucesso no tratamento de um tipo de câncer específico é relacionado a um genótipo específico no paciente), essa descoberta pode ser comparada a outros relacionamentos câncer/tratamento genético armazenados em uma série de bancos de dados ligados entre si em todo o mundo. O compartilhamento de dados possibilitado pela SOA pode ajudar outros pacientes de câncer a obterem o tratamento de que precisam ao serem identificados tratamentos potencialmente poderosos para seus cânceres.

Interligando bancos de dados distribuídos de correlações entre tratamento de câncer e genética ao redor do mundo, uma SOA de informática biomédica pode ajudar a salvar vidas e avançar a pesquisa do tratamento do câncer. Como mostrado na figura 6.8, um computador de um hospital poderia enviar uma consulta a todo o mundo solicitando casamentos possíveis entre um tipo de tratamento de câncer e um traço genético específico. Com cada sistema exposto como um *web service* – nesse caso um *web service* que recebe os dados do genoma e do câncer e verifica a ocorrência em seu próprio banco de dados de correlações tratamento/genoma – torna-se possível encontrar casamentos genoma/tratamento a partir de qualquer banco de dados médico participante.

6.6 O GERENTE ATENTO ALERTA: VOCÊ PODE AINDA PRECISAR DE PADRÕES PROPRIETÁRIOS

Eis uma questão: há vezes em que é melhor se utilizar padrões proprietários do que padrões abertos? A resposta é um sim sonoro, em certos tipos de situações. Embora eu seja um dos maiores fãs de padrões abertos, não os advogo como uma cura para todos os problemas de TI. Por exemplo, qual seria a diferença em experiência operacional se as linhas aéreas e a companhia de aluguel de automóveis na seção anterior precisassem compartilhar um banco de dados grande de informações para reconciliar as transações mensais?

Certamente seria possível criar um *web service* que, sob solicitação, transferisse esse grande conjunto de dados do computador das linhas aéreas para o computador da companhia de aluguel de automóveis. Ele receberia a tabela na forma de um documento SOAP, faria seu *parse*, e depois a transferiria para sua aplicação de banco de dados. Esse processo funcionaria bem e os usuários economizariam dinheiro em relação a qualquer trabalho de integração sob medida que precisasse ser feito.

Entretanto, o desempenho de um *web service* como esse seria péssimo. Por causa da natureza do XML e do modo como é processado pelos computadores, a quantidade de poder de processamento necessária para se lidar com uma grande tabela de banco de dados na forma de SOAP tornaria a operação altamente ineficiente. Em vez disso, a tarefa seria mais bem realizada pela implementação de quaisquer linguagens procedurais nativas de banco de dados, e os padrões de integração seriam requeridos para compartilhar a tabela de "máquina para máquina". Em geral, é importante considerar as ramificações de desempenho de qualquer decisão de SOA. Em alguns casos, os desafios oriundos de padrões proprietários podem valer a pena se os problemas de desempenho de uma SOA forem sérios o bastante. A figura 6.9 compara essas duas abordagens.

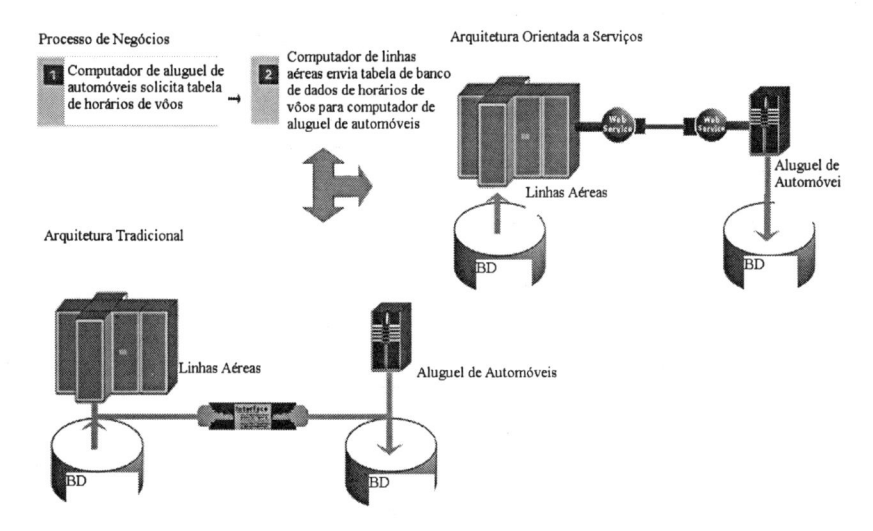

Figura 6.9 Em algumas situações, é preferível, de uma perspectiva de desempenho, utilizar padrões proprietários. Por exemplo, trocas grandes entre bancos de dados são realizadas muito mais eficientemente utilizando-se ferramentas proprietárias de bancos de dados para se trocar tabelas do que um web service.

6.7 Resumo

Web services e SOA possibilitam um comércio B2B (*business-to-business*) melhor. Simplificando o processo de conectar uma companhia a outra e tornando-o mais barato, a SOA facilita parcerias de muitos tipos diferentes.

Exemplos de comércio B2B possibilitados pela SOA incluem, entre outros, gerenciamento de cadeia de suprimentos, *hubs* corporativos, troca de informações entre parceiros e aplicações governamentais/científicas. Em gerenciamento de cadeia de suprimentos, a SOA simplifica a coordenação entre fabricantes e seus fornecedores. Um *hub* corporativo é um sistema baseado em *web services* através do qual diversos parceiros podem se conectar. Na troca de informações entre parceiros, os negócios podem melhorar seu funcionamento atualizando um ao outro com dados relevantes, por exemplo, uma companhia de linhas aéreas compartilhando horários de chegadas de vôos com uma companhia de aluguel de automóveis.

Em cada cenário B2B, há um modelo de processo de negócios correspondente. Além de simplificar o lado de TI da transação B2B, a SOA oferece maior flexibilidade em processo de negócios ao reduzir a complexidade de adaptar TI para processo de negócios em mudanças. Por exemplo, se uma companhia de aluguel de automóveis e as linhas aéreas compartilham horários de vôos, o processo de negócios é relativamente simples. Se a companhia de aluguel de automóveis quiser compartilhar esses horários de vôos com um hotel, o processo de negócios acaba tornando-se mais complexo. Porém, com a SOA, a companhia de aluguel de automóveis pode experimentar novos processos de negócios, como adicionar um hotel à sua rede de compartilhamento de dados, sem ter de se preocupar com efeitos colaterais excessivos de integração de TI.

Em alguns casos, no entanto, a SOA não é a solução perfeita. Por exemplo, quando sistemas devem trocar tabelas de bancos de dados grandes regularmente – como as linhas aéreas compartilhando uma tabela de horários de vôos com uma companhia de aluguel de automóveis – o desempenho da SOA seria muito abaixo do obtido com um conjunto de ferramentas de gerenciamento de banco de dados proprietárias.

Capítulo 7

SOA: processos de negócios aperfeiçoados

7.1. A empresa centrada em integração
7.2. A empresa "centrada em processos"
7.3. O gerente atento alerta: gerenciamento de processos é subjetivo
7.4. Resumo

Jay parecia estar inquieto. "Isso é muito legal", disse ele, "mas eu não sei como irei vender isso para minha gerência."

"Você precisa de um gestor de negócios bem definido para SOA", respondi, e Jay balançou a cabeça como se estivesse compreendendo. "Você está em boa companhia", acrescentei. "Um estudo conduzido pela *InfoWorld* no início de 2005 mostrou que 48% dos seus leitores consideraram 'falta de justificativa de negócios' seu principal inibidor na adoção de SOA em sua companhia."

"Bem, mostre-me a justificativa de negócios", disse, "e talvez possamos realizar alguma coisa disso."

"Há muitos caminhos para o sucesso com SOA", expliquei, "mas vários dos mais respeitados consultores no campo – os *players* globais – tendem a ver o retorno sobre investimento para SOA através da sua capacidade de aperfeiçoar os processos de negócios." Jay balançou a cabeça de novo como se dissesse "Eu não quero que você saiba que não sei do que você está falando". Eu prossegui.

"Boa parte do que chamamos de negócio é na verdade uma coleção de processos, como compras, fabricação, venda, cobrança e assim por diante. Conforme as companhias se tornam maiores, mais complexas e mais globais, o gerenciamento eficiente dos processos de negócios passa a ter um impacto na lucratividade. Além do gerenciamento do dia-a-dia, o gerenciamento de processos de negócios [BPM[1]] também pode ajudar a fornecer à alta gerência uma visão geral da saúde dos negócios e uma leitura do momento estratégico. Um BPM eficaz e a capacidade de modificar processos de negócios dinamicamente são um objetivo há muito sonhado pelo fato de prover agilidade de negócios. Nesse contexto, agilidade significa a capacidade de mudar e se adaptar às condições do mercado mais rapidamente do que a competição."

A Wal-Mart é um bom exemplo de uma companhia que trabalha duro em otimização de processos de negócios, especialmente em sua área de *merchandising*. A Wal-Mart estuda a quantidade de vendas de diferentes produtos em diferentes lojas e determina a quantidade ótima de mercadoria a ser estocada em cada loja, baseada na análise dos padrões de venda. Por exemplo, pode-se vender menos móveis de jardim em uma região em que há muita chuva. Uma análise das vendas de móveis de jardim nas lojas dessa região dirá à gerência exatamente qual a quantidade de móveis de jardim a ser estocada de modo a evitar estoque excessivo e espaço desperdiçado. O resultado é uma lucratividade maior e consumidores mais satisfeitos.

Em reconhecimento às eficiências que a atenção ao processo pode trazer, muitos líderes de negócios têm começado a prestar atenção mais de perto em como suas organizações gerenciam esses processos. Por sua vez, a indústria de TI tem desenvolvido diversas ferramentas para ajudar os negócios a gerenciarem seus processos. Elas são chamadas, não surpreendentemente, de pacotes de *software* de gerenciamento de processos de negócios (BPM).

Os *web services* e a SOA estão prontos para impactarem na maneira como os negócios conduzem BPM. Pacotes de *software* de BPM funcionam a partir da premissa de que a maioria dos processos de negócios envolve tanto atividades de fluxo de trabalho humanas quanto sistemas de TI subjacentes conectados. E, na maioria dos negócios modernos, isso é verdadeiro. A figura 7.1 mostra um processo de negócios simples – a venda de cartões de crédito em um provedor de serviços financeiros – e a inscrição subseqüente de novos clientes de cartões, com cada processo suportado por um sistema de TI. Pouca coisa acontece em uma grande corporação sem que um sistema de TI seja utilizado em algum estágio do processo. Uma vez que os *web services* possuem o potencial de aperfeiçoar a maneira como os sistemas de TI se comunicam e interoperam um com os outros, a SOA permite aumentar a eficácia dos esforços de BPM.

---

[1] N. T. Do termo original em inglês Bussiness Process Management

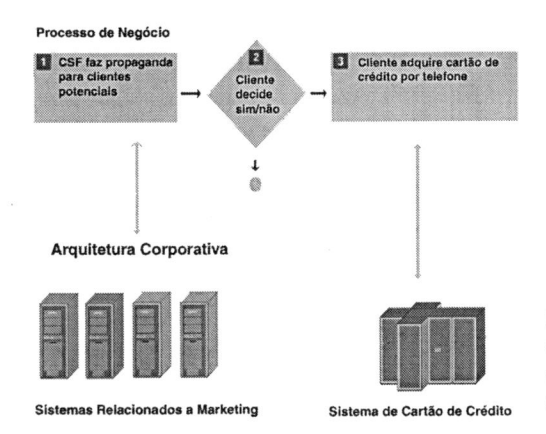

Figura 7.1 Processos de negócios e os sistemas de TI que os suportam em companhia de serviços financeiros.

7.1 A EMPRESA "CENTRADA EM INTEGRAÇÃO"

Eu chamo companhias que utilizam integração de sistemas como um veículo para análises de negócios de empresas "centradas em integração". O que quero dizer com isso? Assumindo que o conhecimento de um processo de negócios específico é capturado pelo sistema de TI subjacente que suporta esse processo, então um gerente de negócios pode investigar a natureza dessa parte de um processo de negócios examinando seu sistema de TI que o suporta. No exemplo da Wal-Mart, o sistema de ponto de venda (POS[2]) captura informações sobre o processo de negócios de "venda" que suporta. Examinando os dados capturados pelo sistema POS, a gerência da Wal-Mart pode ter uma visão sobre suas operações. Se mais de um sistema de TI suportar um processo de negócios, como geralmente é o caso, então se torna necessário integrar esses sistemas. Por *default*, virtualmente todos os negócios hoje em dia são centrados em integração, pois, até agora, não há outra alternativa para integração de sistemas, como o caminho para BPM ou análise de negócios.

Para ilustrar ainda mais o conceito de empresa centrada em integração, vamos continuar com nosso exemplo de companhia de serviços financeiros utilizando integração de sistemas para analisar a lucratividade de seu negócio de cartão de crédito. As companhias de serviços financeiros atuais gastam grandes somas adquirindo clientes para serviços como cartões de créditos, contas bancárias, previdência e seguros. Tipicamente, um cliente deve ser exposto a diversas solicitações – vindas na forma de e-mail direto, telefonemas, propagandas de televisão e revista e outras mídias – antes de tomar uma decisão de escolher um serviço. O resultado pode ser um alto custo de aquisição de clientes.

---

[2]N. T. Do termo original em inglês point-of-sale

Além de sofrer com altos custos de aquisição de clientes, a companhia pode gastar recursos desnecessários servindo a clientes que possuem reclamações, problemas, desacordo de cobranças ou cartões roubados. O fornecedor pode se esforçar em compreender quem entre seus clientes é o mais lucrativo e quem é o menos desejável de se reter. Por exemplo:

Cliente A

- O Cliente A é adquirido para uma conta de cartão de crédito depois de ser exposto a uma mídia no valor de $200.

- O Cliente A adquire seu cartão de crédito *on-line;* um processo que custa ao provedor de serviços financeiros $10, e continua comprando no seu cartão $5.000 sem uma única ligação ao serviço ao cliente, cancelamento de compra ou pagamento atrasado.

- O provedor ganha $1.000 em juros sobre o saldo do cartão do Cliente A, tendo um lucro no primeiro ano de $790 sobre o Cliente A.

Cliente B

- O Cliente B é adquirido para um cartão de crédito depois de ser exposto a uma mídia no valor de $300.

- O Cliente B se inscreve por telefone, levando meia hora fazendo perguntas e discutindo o serviço. A inscrição por telefone custa $35.

- O Cliente B compra $500 no seu cartão, mas liga para o serviço ao cliente três vezes para reclamar de erros na sua conta a um custo de $15 por chamada.

- O Cliente B cancela seu cartão após seis meses, período durante o qual o provedor de serviços financeiros ganhou $50 em juros.

- O provedor perdeu $330 com o Cliente B.

Além do desafio de descobrir se um cliente é desejável (como o Cliente A) ou indesejável (como o Cliente B), a companhia de serviços financeiros deve analisar se faz sentido vender serviços adicionais para clientes antigos. Quando e se vender serviços adicionais para um cliente antigo, deve decidir quanto gastar. Quando o cliente compra serviços adicionais, a companhia deve avaliar se a decisão de vendê-los, antes de tudo, foi uma boa idéia. Deve continuar vendendo mais serviços ou parar? A resposta para essas questões pode ser encontrada nos silos de dados que existem nos sistemas que suportam os passos do processo de negócios de cartão de crédito.

A figura 7.2 mostra o processo de negócios envolvido na venda de cartões de crédito, a inscrição de cliente e o fornecimento a eles de serviço ao cliente. Cada passo no processo está ligado a um sistema de TI subjacente. Cada sistema, portanto, contém informações valiosas sobre os resultados quantitativos do processo específico. Por exemplo, o sistema do *call center* deve dizer quanto tempo o *call center* teve de

CAPÍTULO 7 – SOA: PROCESSOS DE NEGÓCIOS APERFEIÇOADOS | 103

gastar servindo ao Sr. Smith. O *mainframe* do sistema de cartão de crédito pode dizer quanto o Sr. Smith comprou no cartão, quão pontuais foram seus pagamentos e assim por diante. O sistema relacionado a *marketing* pode dizer quanto foi gasto para recrutar o Sr. Smith como um cliente de cartão de crédito.

A questão principal, é claro, é se o Sr. Smith é um Cliente "A" ou "B". Valeu a pena o dinheiro gasto para recrutá-lo como um cliente? Se a companhia de serviços financeiros desejar vender serviços adicionais ao Sr. Smith, será um investimento sábio? (E as somas podem ser bem grandes – centenas de dólares por cliente inscrito, em muitos casos.) A questão de lucratividade de clientes se manifesta em outras áreas também, por exemplo como a companhia lida com requisições de serviços de novos clientes. O Sr. Smith deve ser posto na frente da fila de telefone ou deve esperar? Teoricamente, os melhores clientes devem esperar o menor tempo, mas como identificá-los? A resposta é: você precisa integrar os sistemas de modo a correlacionar os dados contidos neles e descobrir quanto dinheiro ganhou ou perdeu com o Sr. Smith. Na empresa centrada em integração, há um caminho provável para se realizar essa tarefa: *data warehousing*.

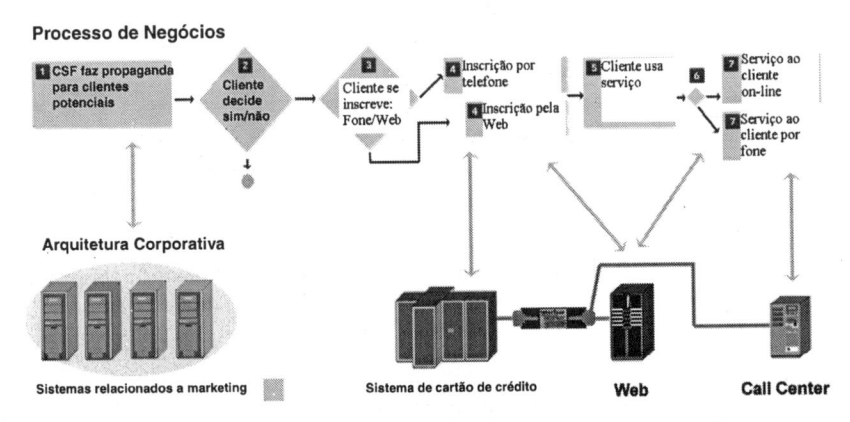

Figura 7.2 Processos de aquisição de clientes e acompanhamento, assim como sistemas de TI de suporte, em uma companhia de serviços financeiros.

7.1.1 Data warehousing

Uma maneira de se analisar o conjunto de dados oriundos de sistemas separados, como uma companhia de serviços financeiros necessita realizar para determinar a lucratividade de seus clientes de cartão de crédito, é carregar os dados desses sistemas separados em um banco de dados em comum. Esse banco de dados é conhecido como um "*data warehouse*". A figura 7.3 mostra como um *data warehouse* pode ser criado na companhia de serviços financeiros. A companhia criaria interfaces *customizadas* entre o sistema que armazena o *data warehouse* e os vários sistemas que suportam o negócio do cartão de crédito.

O resultado de uma coleção de dados no *data warehouse* é um conjunto de tabelas de banco de dados que se parecem com as da tabela 7.1. O poder do *data warehouse* é sua capacidade de relacionar informações de sistemas separados em um único banco de dados. No exemplo do Sr. Smith, podemos ver o seguinte:

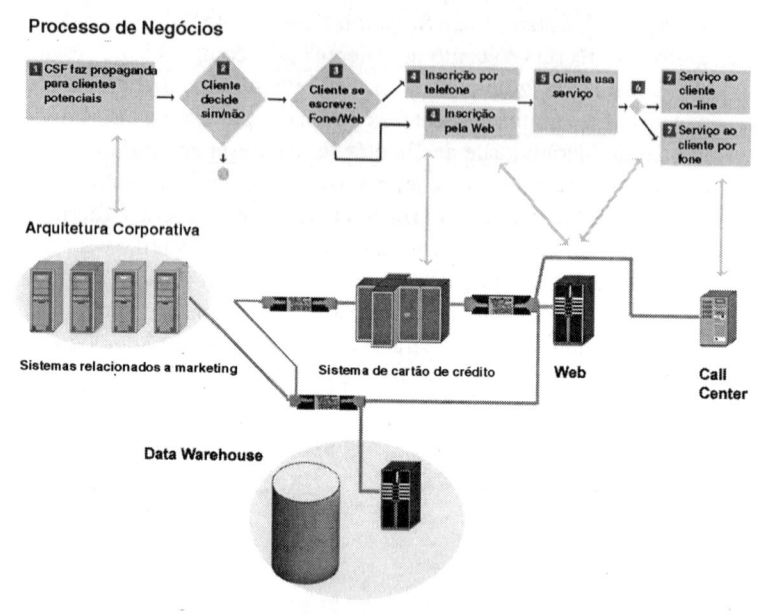

Figura 7.3 Um data warehouse coleciona dados criados por vários sistemas. Neste exemplo, o data warehouse do provedor de serviços financeiros reúne informações sobre aquisição de clientes de cartão de crédito e o uso subseqüente do cartão. Uma vez armazenados, os dados podem ser analisados.

- Custa ao provedor de serviços financeiros $250 para adquiri-lo como cliente – vemos isso nos dados vindos dos sistemas de *marketing*.
- Ele gerou ganhos de juros de $80 para o provedor – vemos isso nos dados vindos do sistema de cartão de crédito.
- Ele utilizou o serviço ao cliente três vezes, custando ao provedor $37.

O *data warehouse* torna possível ao provedor calcular o valor do Sr. Smith como um cliente. Nesse caso, ele fez o provedor lucrar $43, mas considerando o custo de $250 de aquisição, ele terá de continuar comprando no cartão por mais alguns meses antes de a companhia ter o retorno de seu investimento inicial. (Esse é o motivo pelo qual, eventualmente, quando você quer cancelar um cartão de crédito o banco tenta por todos os meios mantê-lo como cliente. Eles sabem que se pode levar um ano ou mais para recuperar o custo de tê-lo conquistado como possuidor de cartão.)

Tabela 7.1 Tabelas de *Data Warehouse* **que Correlacionam Informações sobre um Cliente Através de Três Sistemas Fontes**

Dados do Sistemas de Marketing			Dados do Sistema de Cartão de Crédito			Dados do Serviço ao Cliente		
Nome	Modo	Quantia	Data	Saldo	Juros	Nome	Modo	Custo
Joe Smith	Telemarketing		Junho			Joe Smith	Ligação	
Joe Smith	Carta direta		Julho			Joe Smith	Web	
Joe Smith	Outra mídia		Agosto			Joe Smith	Ligação	
Joe Smith	Total		Total			Joe Smith	Total	

Como você pode ver, o *data warehouse* é uma maneira altamente centrada em integração para o provedor de serviços financeiros ganhar visão sobre suas operações. O *data warehouse* se baseia na integração de sistemas separados de modo a extrair os dados necessários para examinar os resultados dos processos de negócios. No caso do Sr. Smith, o provedor deve integrar os sistemas de *marketing*, cartão de crédito e serviço ao cliente de modo a poder correlacionar os dados em cada sistema que se originam das atividades do Sr. Smith.

7.1.2 Business Activity Monitoring (BAM)

Business Activity Monitoring (BAM) é outro método de análise de processos através do exame de atividade dos sistemas de TI subjacentes que suportam esses processos. Diferentemente de um *data warehouse*, o BAM permite a análise em tempo real de quantidades menores de dados – uma característica que é mais útil para se tomar decisões em uma base diária do que para planejamento de longo prazo. Com BAM, você configura um programa de computador cujo único propósito é "estudar" uma função de TI específica, ou um conjunto de funções, que suportam um processo de negócios em particular. Das informações coletadas no processo, os gerentes de negócios podem ter uma visão melhor de suas operações e tomar decisões de acordo. Como mostra a figura 7.4, o BAM é como usar um "microscópio" em uma função de TI. A gerência também pode utilizar o BAM para realizar verificações de *status* nos processos.

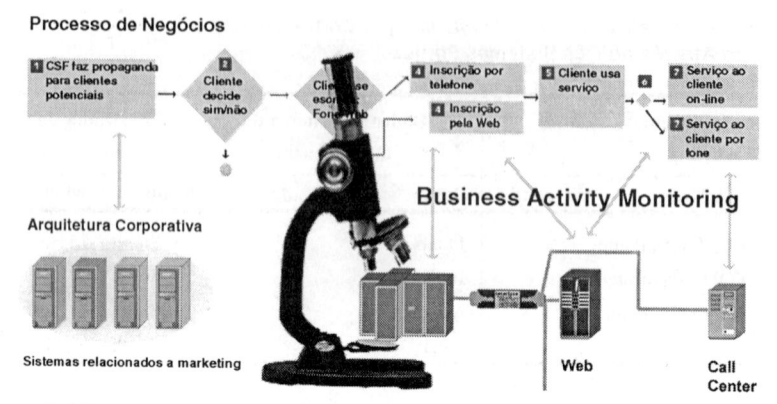

Figura 7.4 Business Activity Monitoring (BAM) é o equivalente em TI no uso de um "microscópio" em uma operação específica. Um software de BAM monitora a atividade de um sistema ou função que suporta uma atividade de negócios em particular.

No exemplo do provedor de serviços financeiros, um programa de BAM poderia ser configurado para monitorar um aspecto do processamento de cartão de crédito. Logo, por exemplo, os gerentes da companhia descobririam a partir desse programa de BAM que as pessoas estão respondendo a um programa de *marketing* em particular, talvez devido a outros eventos nos jornais. Dessa descoberta, os gerentes talvez decidissem aproveitar e aumentar o gasto na campanha ao mesmo tempo em que diminuiriam o de outras medidas menos eficientes. O resultado é a redução do desperdício no *telemarketing*.

Pode haver interseções entre o *data warehousing* e BAM, também. Um programa de BAM pode alimentar dados no *data warehouse*. Continuando com nosso exemplo, o programa de BAM que observa quando as pessoas se inscrevem nos cartões de crédito pode ser configurado para enviar essas descobertas para o *data warehouse*. O *data warehouse* poderia ser programado para correlacionar os dados de inscrições com outros dados e prover uma análise histórica das tendências. O provedor de serviços financeiros poderia então descobrir, por exemplo, que mulheres acima de 40 têm duas vezes mais probabilidades de adquirir um cartão de crédito em uma manhã de domingo do que em um domingo à noite. Novamente, essa é uma visão de negócios que a gerência pode utilizar para vender seus cartões de crédito mais eficazmente.

Porém, assim como o *data warehouse*, o BAM também é uma abordagem centrada em integração para gerenciamento de processo de negócios. Se o provedor desejar analisar atividades de negócios que ocorrem em diversos sistemas, deve integrar esses sistemas de modo a poder realizar seu programa de BAM.

7.1.3 Questões sobre empresas centradas em integração

Embora a abordagem centrada em integração para gerenciamento de processos de negócios e análise de negócios possa ser eficaz, sua dependência de integração de sistemas a torna custosa e complexa de ser implementada e mantida. Uma vez que um negócio tenha escolhido utilizar *data warehousing* ou BAM, é provável que fique presa a uma plataforma de *software* proprietária ou *customizada* que gerencia o *data warehouse* ou o programa de BAM. Os custos de licenças e manutenção são altos e o gerenciamento de mudanças se torna caro e dispendioso de tempo. Em muitos casos, o custo de gerenciamento de mudanças resulta em programas de BAM e *data warehousing* serem jogados fora por causa de algum tipo de mudança no sistema um ano mais ou menos após ter sido lançado. É muito custoso manter o *data warehouse* atualizado com as mudanças que acontecem no ambiente de TI da qual ele obtém seus dados.

O *data warehousing* em particular possui seus problemas. Geralmente se baseia em importação em lote de dados para um banco de dados central. Na maioria dos casos os dados no *warehouse* não são "tempo real", logo pode lhe dizer somente algo que aconteceu no dia anterior. Além disso, há o custo de suportar o crescimento de um *data warehouse*.

O teste final, no entanto, para a praticidade da abordagem centrada em integração para análise de negócios envolve os desafios trazidos pela necessidade de se analisar processos de negócios através de diversas linhas de negócios ou divisões. Em muitas companhias, é necessário ser capaz de analisar processos de negócios que ocorrem em linhas separadas para que se possa gerenciar eficazmente. O mesmo pode ser dito para processos de negócios que ocorrem em divisões separadas que já foram companhias diferentes, anteriormente a uma fusão. Essas situações testam severamente a capacidade da abordagem centrada em integração para se descobrir uma solução de análise de negócios adaptável e com baixo custo.

Nosso provedor hipotético de serviços financeiros necessita analisar processos de negócios que ocorrem em divisões diferentes. Como mostrado na figura 7.5, o provedor possui uma operação de cartão de crédito, uma corretagem e um banco. Para calcular o "valor da vida" de um cliente, a companhia deve ser capaz de obter dados de cada um dos três negócios. Como discutimos anteriormente, com a abordagem centrada em integração, o provedor de serviços financeiros pode criar um *data warehouse* ou implementar um programa de BAM para capturar essas informações. Teoricamente, não há problemas nisso. Na realidade, no entanto, é uma proposta bastante desafiadora.

Se o provedor de serviços financeiros criasse um *data warehouse* para capturar as informações de valor do cliente de cada uma das três linhas de negócios, teria que criar interfaces *customizadas* para nove sistemas, em vez de apenas três como no caso do processamento de cartão de crédito sozinho. Teria que se conectar aos sistemas de *marketing*, operações e serviço ao cliente de cada uma das três divisões. Isso significa que a companhia teria três vezes mais gasto com licenças e manutenção. E, assumindo que os nove sistemas são heterogêneos (o que é bem provável, especialmente se cada conjunto de sistemas vem de uma companhia anteriormente diferente da que foi adquirida), então o nível de complexidade envolvido em gerenciar a integração se torna substancialmente mais alto. O gerenciamento de mudanças é exponencialmente mais difícil com nove sistemas requerendo testes e depuração do que com três.

O resultado dos enormes desafios e custos associados a essa integração de linhas de negócios é que raramente ela é realizada. E, mais raramente ainda para o propósito de análise de negócios. A gerência de negócios pode decidir que o custo de integração não é justificado pelas vantagens obtidas pela maior visão nas operações de negócios. Isso é um resultado desastroso, pois a percepção de negócios e a visão crítica são um fator cada vez mais importante na capacidade de uma companhia sobreviver.

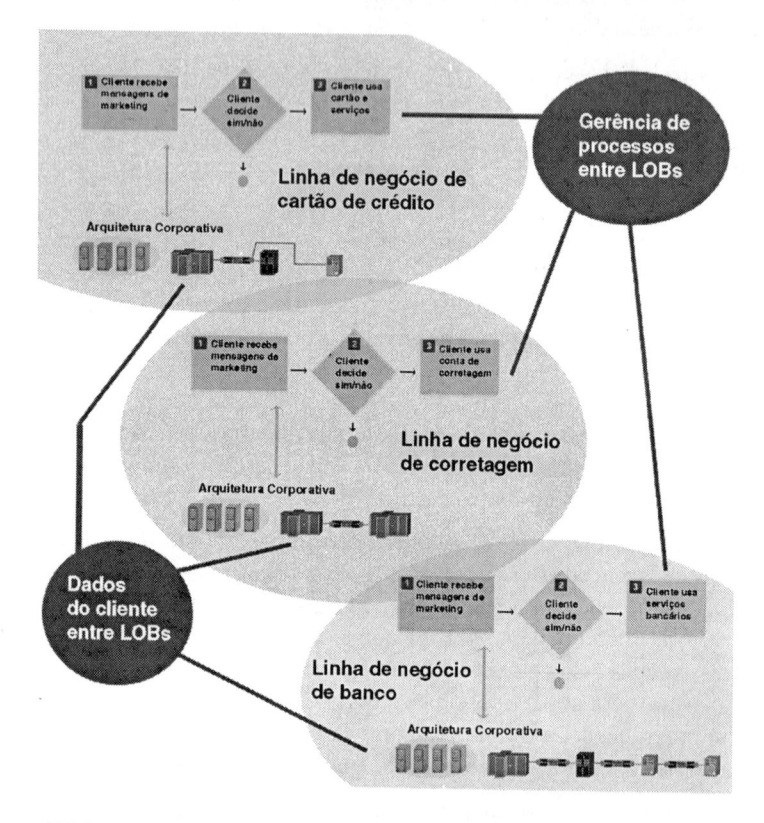

Figura 7.5 Diversas linhas de negócios (LOB[3]) criam dados de clientes que são desafiadores de se analisar porque os dados geralmente residem em conjuntos separados de sistemas. Em muitos casos, é tão custoso e complexo integrar os sistemas de LOB diferentes que isso simplesmente nunca é feito e o negócio perde a oportunidade de analisar o comportamento do cliente através de diversas LOBs, geralmente com um impacto negativo nos lucros.

---

[3]Do termo original em inglês « line of business ».

A questão final da análise de negócios centrada em integração, no entanto, é quem é o responsável. As considerações de TI governam a escolha do que a gerência de processos de negócios deve ver? Ou a gerência de negócios decide quais processos quer analisar sem contar com as considerações de TI? Idealmente, um negócio deveria ser capaz de analisar qualquer processo que considere relevante sem as questões de TI envolvidas.

7.2 A EMPRESA "CENTRADA EM PROCESSOS"

A arquitetura orientada a serviços dá aos gerentes de negócios a capacidade de melhorar suas análises de processos de negócios ao simplificar a maneira pela qual monitoram os sistemas de TI que suportam os processos de negócios. Em comparação com a empresa centrada em integração, a empresa "centrada em processos", que é baseada em uma SOA, permite à gerência focar, na análise, otimização e gerenciamento dos processos de negócios sem precisar considerar os sistemas de TI que os suportam. Uma empresa centrada em processos tira vantagens da arquitetura de TI baseada em padrões para criar visibilidade para os processos de negócios ao expor as funcionalidades dos sistemas subjacentes de uma maneira aberta e padronizada. Em uma empresa centrada em processos, cada processo de negócios solicita funcionalidades de TI dos sistemas subjacentes chamando um serviço.

A abordagem centrada em processos é inerentemente mais flexível do que a abordagem centrada em integração, pois elimina o processo rígido de integração de sistemas. A abordagem centrada em processos permite a uma empresa realizar a transição para a análise de negócios e gerenciamento de processo em tempo real com muito menos tempo e gastos do que a abordagem centrada em integração requereria. Conforme a empresa cresce e muda, a abordagem centrada em processos permite-lhe se adaptar e continuar a se beneficiar do monitoramento e gerenciamento flexíveis de processos de negócios.

Embora a arquitetura corporativa centrada em processos orientada a serviços traga diversos benefícios para quem a utiliza, incluindo baixa dependência de interfaces *customizadas* e proprietárias para integrar aplicações, uma de suas principais vantagens é a capacidade de tornar os processos de negócios transparentes. Como resultado, gerentes podem ligar e correlacionar processos de negócios que ocorrem dentro de e entre sistemas, linhas de negócios, divisões ou mesmo companhias, separadamente.

Voltando ao nosso exemplo de provedor de serviços financeiros, vamos fazer a mesma pergunta que fizemos anteriormente e vermos o quanto a resposta pode ser diferente em uma empresa centrada em processos. Se o Sr. Smith ligar para o serviço ao cliente do cartão de crédito, deve-se dar a ele alta prioridade como um cliente exemplar ou ele deverá ser relegado a uma fila de espera padrão por ser um cliente médio? Como vimos, a questão envolve calcular o valor do Sr. Smith para o provedor de serviços financeiros através de várias linhas de negócios. O Sr. Smith pode ser um bom cliente de cartão de crédito, mas pode ser também um cliente ruim de banco e corretora. Se ele tiver um número de pontos médios como um cliente de banco e corretora, não deve esperar, dado que a prioridade é para outros clientes mais lucrativos? Sim, deve, mas como vimos, a mecânica de configurar um sistema que possa fazer essas observações através de diversas linhas de negócios utilizando integração de sistemas era proibitivamente cara. Hoje, não mais.

Agora, com a empresa centrada em processos, a gerência pode utilizar a abertura e flexibilidade inerentes à SOA para medir os resultados de processos de negócios através de diversas linhas de negócios. Como mostra a figura 7.6, o provedor pode escolher quais serviços deseja monitorar. Uma vez que todos os serviços que permitem o funcionamento da companhia são baseados em padrões abertos, somente um pouco de programação sob medida é requerido para ligar e correlacionar a análise dos processos de negócios que os *web services* suportam, mesmo se ocorrem em linhas de negócios diferentes.

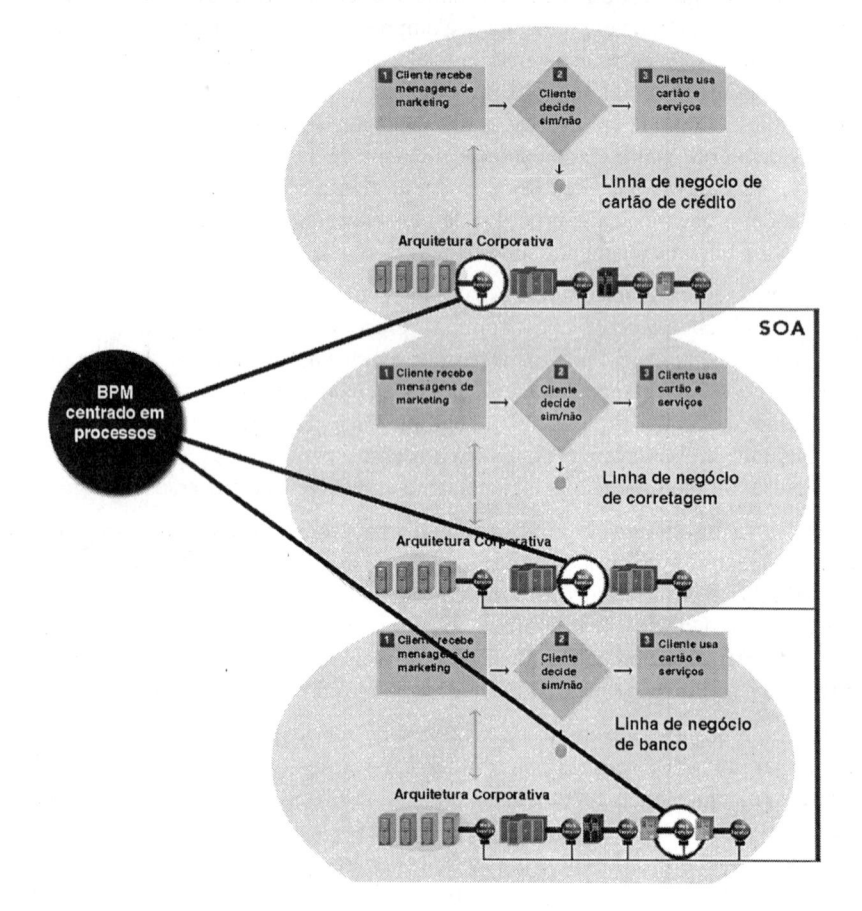

Figura 7.6 Na empresa centrada em processos, a gerência pode facilmente ligar e correlacionar processos de negócios de modo a ganhar visão sobre as operações de, mesmo se ocorrem em linhas de negócios diversas.

Correlacionar os custos de retenção de cliente e os valores de cliente entre linhas de negócios, utilizando dados obtidos dessas ligações para determinar o encaminhamento ótimo de serviço ao cliente leva à verdadeira maximização de lucros e retenção dos clientes mais lucrativos. O provedor de serviços financeiros pode descobrir rapidamente se deseja que o Sr. Smith espere, ou não, com o aperfeiçoamento resultante no desempenho de seus negócios que provêm do favorecimento dos melhores clientes. O advento da empresa centrada em processos permite às organizações mudar radicalmente seu foco e recursos da tecnologia e integração para o desenvolvimento e otimização de estratégias de negócios e processos.

A abordagem centrada em processos para a análise de negócios oferece várias vantagens claras sobre sua predecessora, a abordagem centrada em integração:

- É mais flexível e econômica do que a abordagem centrada em integração.

- Permite a otimização de processos de negócios através da modelagem de processos lógicos.

- A empresa não é dependente de interfaces proprietárias que são custosas de se manter.

- Evita a necessidade de um barramento de mensagens proprietário caro e pesado.

- O tempo para implementar a solução centrada em processos é significantemente menor do que o requerido pelo método de integração.

7.3 O GERENTE ATENTO ALERTA: GERENCIAMENTO DE PROCESSOS É SUBJETIVO

O problema em utilizar gerenciamento de processos de negócios para justificar o investimento em uma SOA é que o BPM pode ser bastante político e subjetivo. Além disso, pode ser propenso a mudanças rápidas. Nada trará mais nexo político - tecnológico ao foco do que palestras sobre otimização de processos. Tudo parece simples no quadro branco. Pedir a um dos muitos "amigos prestativos" do departamento de contabilidade para descrever o processo de um modo que permita melhorias lógicas é outra maneira. Ofereça terceirização de processos de graça e tomará aspirinas como um louco.

Para mitigar alguns dos riscos inerentes ao BPM, vale a pena escolher seu parceiro cuidadosamente. BPM é outra área onde faz sentido investir um relacionamento com uma consultoria de classe mundial. Se você estiver com uma grande organização, precisará ter um consultor de BPM e SOA que possa investigar, revisar e analisar tanto os objetivos globais da sua companhia quanto os pequenos detalhes, que direcionarão ao sucesso ou ao fracasso de um projeto de SOA orientado a BPM. Por fim, um grande *player* também pode facilitar a transição complexa da análise e planejamento à implementação de fato, um processo que geralmente envolve uma grande necessidade de um gerenciamento de mudanças ágil ao longo do caminho.

7.4 Resumo

Conforme as companhias se esforçam para competir na economia global, muitos dos melhores times de gerência estão reforçando a importância da análise e gerenciamento de processos de negócios. A análise contínua e a otimização de processos de negócios provêem vantagens de agilidade de negócios a seus praticantes. A agilidade dá à gerência o poder de implementar estratégias de corte de custos e oportunidades de geração de receita dentro de um intervalo de tempo que traz os resultados desejados.

Até agora a maioria das companhias só podia analisar processos de negócios por meio de métodos que requeriam integrações de sistemas caras. Uma vez que a análise de processos de negócios necessitava do exame dos sistemas de TI subjacentes que suportavam esses processos, era necessária integração *customizada* para efetuar esse exame. Eu chamo essas companhias de empresas "centradas em integração".

O uso da arquitetura orientada a serviços permite a capacidade de focar no gerenciamento de processos de negócios sem depender de especificidades dos sistemas de TI subjacentes. Quando processos de negócios são suportados por *web services* baseados em padrões abertos, então é radicalmente mais simples monitorar esses *web services* do que seria monitorar seus análogos proprietários. Eu me refiro a companhias que utilizam uma SOA para implementar análises de negócios como empresas "centradas em processos".

A empresa centrada em processos permite aos gerentes de negócios usufruírem um alto grau de flexibilidade no gerenciamento e análise de processos de negócios. Eles podem se concentrar nos processos de negócios sem preocupação exagerada com as considerações de TI de condução e análise de processos de negócios. Os objetivos da gerência de negócios, e não as questões de TI, orientam o BPM. A empresa centrada em processos torna possível um alto nível de visão de negócios e conseqüentemente agilidade no gerenciamento de operações de negócios – um objetivo desejável no mundo de negócios dos dias atuais.

Capítulo 8

Operações em tempo real

8.1 Qual é o time frame da sua companhia?
8.2 O objetivo da empresa em tempo real
8.3 Realizando o tempo real com SOA
8.4 Tornando-se ágil com SOA
8.5 O *Data Warehouse* virtual em tempo real
8.6 Criando acordos de nível de negócios
8.7 O gerente atento alerta: Tempo real é um termo desgastado
8.8 Resumo

Jay precisava de uma parada para um café. Fizemos um intervalo para uma xícara e depois segui em frente com nossa discussão. Há muito pela frente. "Você já experimentou fazer um depósito bancário e então, alguns minutos depois, verificar seu saldo no *site web* do banco?", comecei. "Você não vê o seu depósito, não é?"

"Eu já passei por isso", ele respondeu. "Isso sempre me frustra."

"Onde estão esses dados?", perguntei. "Digamos que você ligue para o sistema de atendimento telefônico do banco para confirmar o depósito, mas ele não está visível no *site web*. Está no computador do banco, com certeza. Apenas ainda não seguiu o caminho para o banco de dados que suporta o *site web*. Provavelmente irá aparecer lá mais tarde no mesmo dia ou talvez no próximo dia útil. Seria ótimo se seu depósito pudesse aparecer instantaneamente no *site web*. Isso significaria que os sistemas de informação do banco estariam operando em tempo real, ao contrário do modo demorado como trabalham hoje."

Continuei: "Em alguns círculos de computação, o termo 'tempo real' refere-se a um tempo de reação do sistema a uma entrada específica. Para nossos propósitos, no entanto, usamos esse termo para descrever o quão prontamente sistemas distribuídos interoperam. Para mim, tempo real tem a ver com a sincronização de dados em sistemas distribuídos. Se dados em dois sistemas devem estar casados, mas não estão por causa de uma demora na troca de dados, então esses sistemas não estão operando em tempo real.

8.1 QUAL É O TIME FRAME DA SUA COMPANHIA?

Perguntei ao Jay se ele se envolvia com os aspectos de TI do *time frame* da Titan."

Ele respondeu: "Temos milhares de transações ocorrendo a cada hora. Eventos de tecnologia da informação ocorrem a cada fração de segundo e muitos desses eventos são correlacionados. Gostaria que lidássemos melhor com o que acontece instantaneamente."

"Bem", disse, "vamos ver o que podemos aprender com o exemplo do banco. Quando você faz um depósito em um banco, o caixa empreende a transação no terminal de computador na rede. Na maioria dos casos, os dados da transação são transmitidos quase instantaneamente para algum computador central na sede do banco. Mais tarde no mesmo dia, você transfere fundos de sua conta de corretagem na mesma instituição para sua conta comum. Na maioria dos casos, você não verá os resultados dessas transações *on-line* no *site web* do banco (se pode realmente vê-los) até mais tarde ou até mesmo no próximo dia."

A figura 8.1 mostra o processo de transferência de dados demorado que ocorre na maioria das empresas. O depósito vai para o computador central do banco às 14h30 , logo depois de o cliente fazer o depósito. A transferência da corretora ocorre às 16h40. Porém, nenhuma transação é enviada ao servidor *web*/banco de dados de contas combinadas antes das 22h00 . Se você verificar o *site web* às 21h30, não verá nenhuma das transações, mesmo que tenham ocorrido horas antes. Logo, embora as atividades do *site web* e dos sistemas do banco sejam correlacionadas, não operam em tempo real.

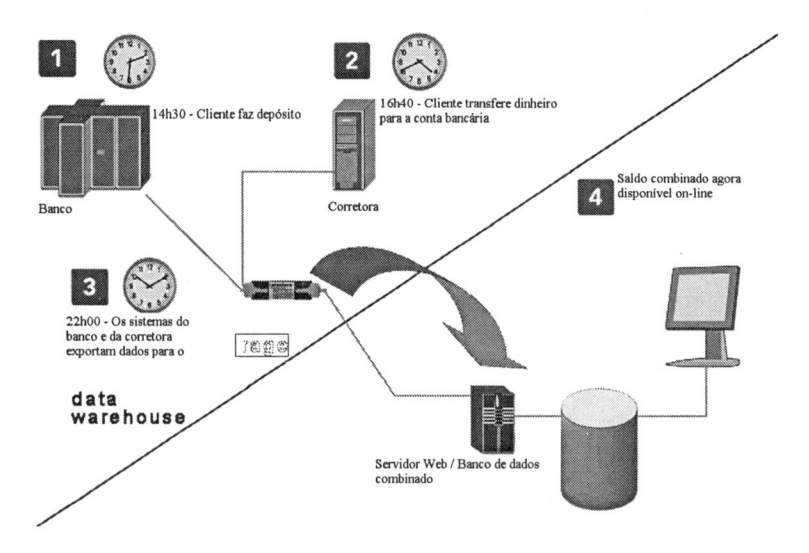

Figura 8.1 – Bancos são um exemplo de transações que não acontecem em tempo real. Na maioria dos casos, quando você faz um depósito em um banco, os dados desse depósito são transferidos para o banco de dados online que suporta o site web em um processo que ocorre em intervalos regulares durante o dia. Seu depósito não aparecerá no banco de dados durante um certo período de tempo. Você não

8.2 O OBJETIVO DA EMPRESA EM TEMPO REAL

Uma pequena consideração é necessária aqui. Na realidade, não existe algo como uma verdadeira computação em "tempo real". Sempre há atrasos de algum tipo em interoperações de computadores, mesmo em circunstâncias ótimas. Por essa razão, há quem use o termo "quase tempo real", mas eu espero que você seja indulgente comigo no uso de uma visão mais idealística de "tempo real". Além disso, uma coisa poder acontecer em tempo real não significa que tenha de acontecer dessa forma, e portanto o termo "tempo certo" também é utilizado para descrever um processo que pode ocorrer de acordo com as necessidades do negócio e não mais lentamente. Para nossos propósitos, utilizarei "tempo real" por simplicidade, e para chegar ao cerne da questão de como novas oportunidades de SOA permitem um modelo de operação de negócios diferente do que existia no passado.

Em uma empresa em "tempo real", os dados são transferidos do seu lugar de origem para onde quer que seja necessário tão logo sejam criados. Em nosso exemplo, os dados do depósito bancário são transmitidos do computador central do banco para o web server às 14h30 para estarem disponíveis às 14h30. A transferência da corretora é transmitida às 16h40 para estar disponível online às 16h40. A figura 8.2 mostra como isso acontece. Em vez de uma transferência em lote de dados em horas preestabelecidas do dia, a atualização do servidor web ocorre constantemente. O resultado é a disponibilidade virtualmente instantânea dos dados do cliente on-line.

Adicionalmente, os dados do cliente podem se tornar disponíveis para quaisquer sistemas que possam requerê-lo. Isso é importante porque a troca de dados é mais uma conveniência para o cliente. Embora seja inconveniente para o cliente ser negado o acesso a informações instantâneas e acuradas de sua conta combinada, isso pode ser ruim também para o negócio do banco como um todo. Os bancos são regulamentados pelo governo, e a lei os obriga a manter certas "reservas" em depósito. Se um cliente sacar uma quantia substancial de dinheiro, mas o banco não souber disso até o próximo dia, há o risco de o banco violar acidentalmente a regulamentação de reserva. Existe o potencial de erros custosos e até mesmo fraudes quando informações acuradas não estão disponíveis por causa de demoras.

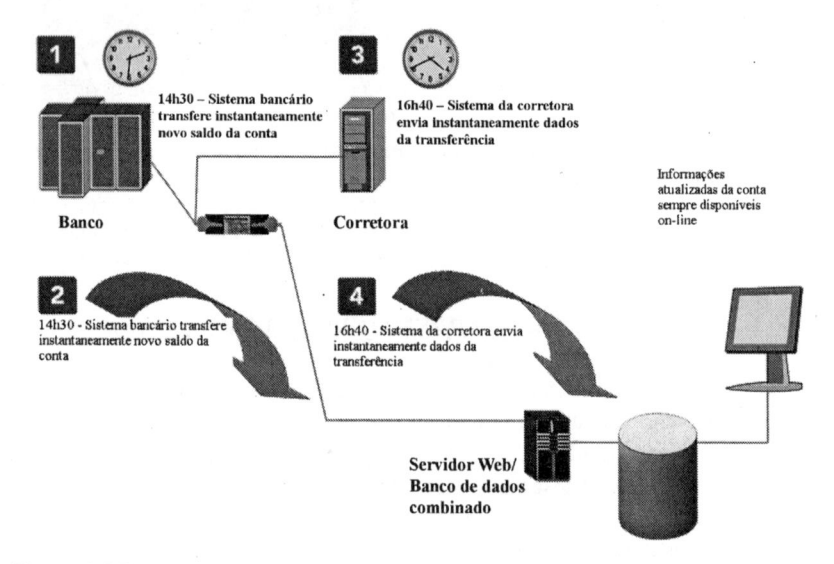

Figura 8.2 Para um banco informar dados de depósito em tempo real, deve criar uma interface que permita que os dados do depósito sejam levados imediatamente para um banco de dados on line.

Neste exato momento, você provavelmente estará imaginando por que as empresas não mudam para operações em tempo real imediatamente. Parece muito óbvio que tempo real é preferível a ações demoradas. Bem, isso não tão fácil! Assim como em muitas tarefas de TI, fazer com os dados fluam em tempo real é muito mais fácil de ser dito do que feito, especialmente em ambientes de mensagens legados e proprietários.

Muitos dos computadores e programas de *software* antigos que são executados em grandes empresas não são bem projetados para troca de dados em tempo real. Quando muitos desses sistemas legados foram criados, haviam sido programados para atualização em lote de dados. Uma vez criados dessa forma, modificar esse processo é complexo e custoso. Como vimos anteriormente neste livro, a decisão de se implementar uma solução sob medida ou proprietária – nesse caso para possibilitar troca de dados em tempo real – traz consigo um custo de manutenção e uma dor de cabeça constante de gerenciamento de mudanças. Além disso, utilizar soluções sob medida ou proprietárias para realizar trocas de dados em tempo real coloca a empresa em risco pela incerteza de resultados enquanto o novo *software* é testado. Por exemplo, um simples erro de programação poderia converter pontos decimais de modo que o número 10.000.000 se tornasse 10.000. Se não fosse detectado, mesmo durante poucas horas, um *bug* como esse poderia ser desastroso.

Transferências de dados demoradas e outras formas de interoperação que não são em tempo real também existem por motivos de infra-estrutura. Grandes "cargas de dados", como transferir as transações de um dia inteiro para um servidor *web* geralmente ocorrem à noite porque exaurem os recursos do sistema e atrapalham o desempenho se forem conduzidos durante um dia útil. Na maioria das vezes, no entanto, interoperações demoradas são conseqüência do custo e complexidade da programação *customizada* necessária para fazê-las funcionar. A interoperação demorada é mais simples e menos cara de se gerenciar em ambientes tradicionais e codificados sob medida.

8.3 REALIZANDO O TEMPO REAL COM SOA

A SOA possibilita interoperações e trocas de dados em tempo real mais simples e baratas. Em comparação com a maioria dos modelos de transferências em lotes, que tipicamente dependem da criação e transferência de um arquivo simples que contém uma massa de dados em um formato projetado especificamente para o computador que o recebe, os *web services* funcionam enviando e recebendo mensagens SOAP XML discretas e entendidas universalmente. A mensagem SOAP pode ser interceptada facilmente em tempo real e redirecionada para qualquer sistema que também possa precisar dos mesmos dados que ela contém.

A interceptação de SOAP, um processo de caminhos e filtros eletrônicos sobre o qual você ouvirá bastante nos próximos capítulos, envolve pôr um item especial de *software* chamado "interceptador de SOAP" no caminho das mensagens SOAP que trafegam entre um consumidor de *web services* e um *web service*. Por causa de sua capacidade de compreender, monitorar, copiar e transferir as mensagens SOAP, essas interceptações se mostram muito proeminentes em empresas em tempo real e gerenciamento e segurança de SOA.

Em um exemplo de interceptação SOAP permitindo operações em tempo real, o banco poderia expor a função de "atualizar saldo de conta" em seu computador central como um *web service*. Se o cliente fizesse seu depósito às 14h30 o computador periférico atualizaria instantaneamente o saldo do cliente no computador central invocando o *web service* "atualizar saldo de conta" às 14h30. Enquanto a mensagem SOAP trafega na rede do banco do computador periférico para o computador central, um *software* interceptador de SOAP que estivesse monitorando essa rede pegaria os dados da transação do depósito e os copiaria. O interceptador de SOAP depois enviaria a cópia da mensagem SOAP que contém os dados do depósito para o servidor *web* do banco (ou qualquer outro sistema que precisasse dessas informações). Isso também ocorreria às 14h30. O servidor *web* ou outro sistema de destino receberia o depósito às 14h30 em vez de esperar até às 22 horas pela carga em lote de todos os dados de depósitos. A figura 8.3 ilustra esse processo. Por hora, por questões de simplicidade na ilustração de nossa questão básica, vamos fingir que segurança não é uma preocupação. Discutimos como tornar seguro esse fluxo de mensagens SOAP em mais detalhes em capítulos adiante.

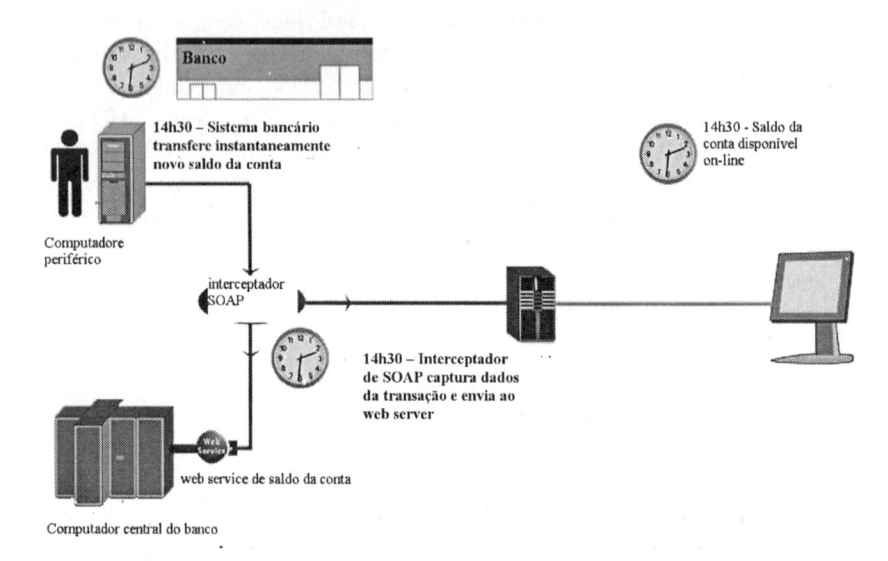

Figura 8.3 Quando a função TI de depósito é exposta como um web service, ela torna possível interceptar a mensagem SOAP e enviar em tempo real os dados da transação de depósito ao banco de dados online.

Vamos ver um exemplo mais detalhado para mostrar como a flexibilidade e universalidade de *web services* permitem uma SOA corporativa em tempo real em escala maior do que o nosso cenário simples de depósito bancário. Em uma companhia manufatureira global como a descrita na figura 8.4, a gerência pode precisar coordenar a compra de peças de modo *just-in-time* em diversas fábricas localizadas ao redor do mundo. Para melhorar o gerenciamento do processo de compra de peças, a indústria coloca interceptadores de SOAP em lugares da rede onde podem relatar atividades em alguma fábrica específica à empresa. Por exemplo, digamos que a empresa tem tido dificuldade para solicitar peças que cheguem a tempo nas fábricas A e F. Monitorando seus tráfegos de mensagens SOAP e relatando seus resultados em tempo real para um *dashboard* de gerenciamento corporativo, os gerentes da empresa podem melhorar o desempenho na compra e entrega de peças para essas duas fábricas. Para os nossos propósitos, um *dashboard* é uma apresentação visual dos dados operacionais de alto nível para uso dos gerentes.

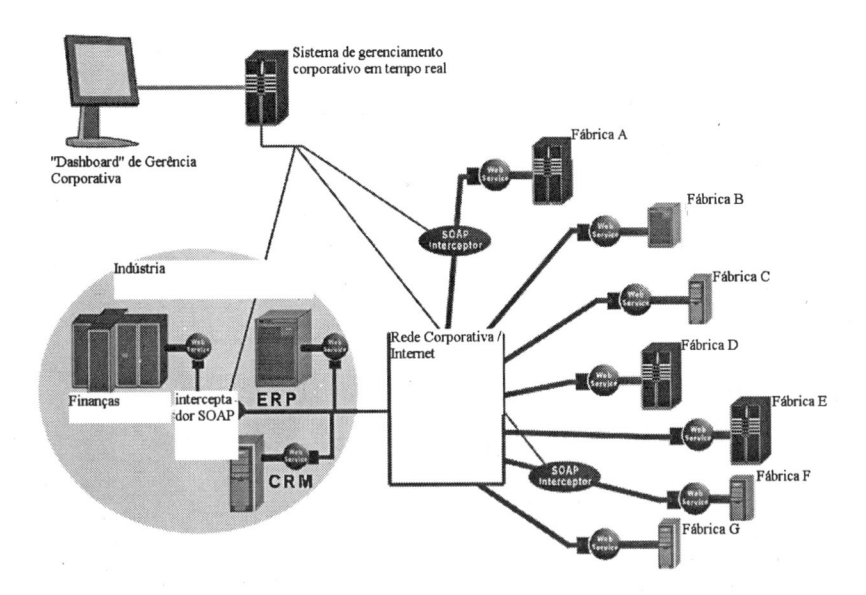

Figura 8.4 Uma companhia manufatureira global pode operar em tempo real utilizando uma SOA. Colocando interceptadores de SOAP em locais onde mensagens críticas de negócios trafegam, a companhia pode monitorar transações importantes na mesma hora em que ocorrem.

8.4 Tornando-se ágil com SOA

Recentemente, a empresa em tempo real baseada em SOA tem se beneficiado da agilidade de negócios. Agilidade é a capacidade de adaptar operações de negócios rapidamente e de maneira acurada em resposta a mudanças no ambiente de negócios. Agilidade é um princípio que possui relevância tanto por questões táticas do dia-a-dia, como estoques de peças, quanto por questões estratégicas mais amplas como expansão e investimento de capital.

A SOA cria as condições necessárias para que gerentes ajam de uma maneira ágil por lhes dar uma ferramenta poderosa e flexível para monitorar e agilizar suas operações e processos em tempo real. O interceptador de SOAP, o ingrediente principal da empresa em tempo real baseada em SOA, pode ser colocado virtualmente em qualquer lugar na rede de uma SOA. Como a figura 8.5 mostra, há varias configurações potenciais para a interceptação de SOAP e a análise de operações de negócios em tempo real. A indústria pode monitorar duas fábricas, como faz no quadro superior esquerdo. Alternativamente, possui a flexibilidade de monitorar e analisar suas operações computacionais internas na sede, como mostrado no quadro superior direito. Ou pode colocar interceptadores de SOAP em uma dada fábrica e obter dados operacionais acurados dessas fábricas em tempo real, como o quadro inferior esquerdo apresenta.

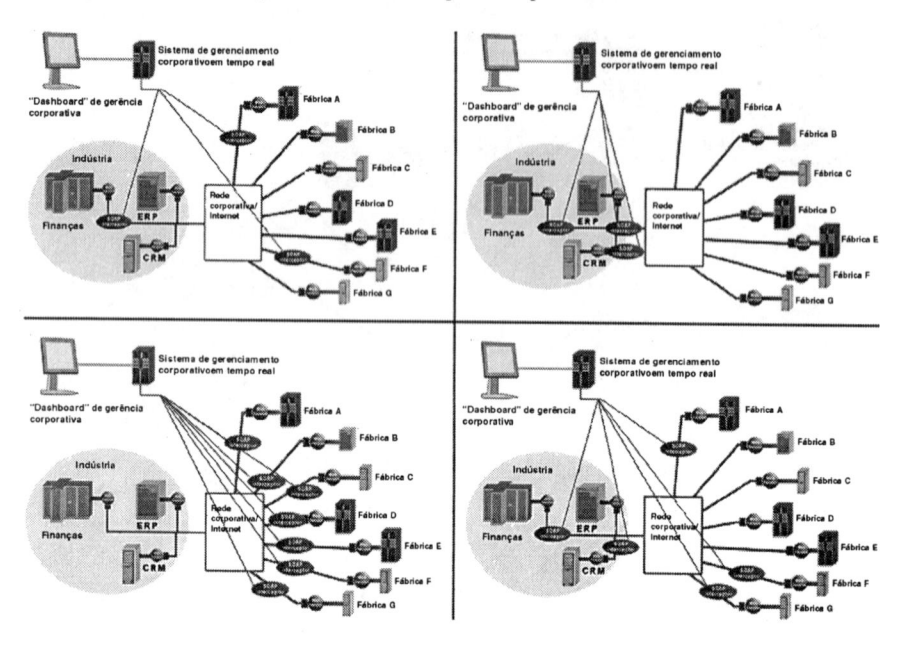

Figura 8.5 Esse quadro mostra diversos cenários de posicionamento do interceptador de SOAP para uma indústria. Essas imagens revelam a grande flexibilidade no monitoramento de mensagens SOAP possibilitada por uma SOA baseada em padrões.

Análises de operações de negócios em tempo real baseadas em interceptação de mensagens SOAP são potencialmente um processo extremamente flexível em comparação com a abordagem *customizada*/proprietária mostrada anteriormente. Com uma SOA, você pode analisar o que desejar, quando desejar. Alterar padrões de análise é relativamente fácil, pois você não tem que mexer com nenhum código *customizado*. Você não corre o risco de interromper o funcionamento de aplicações, pois não está interferindo em seus processos críticos. Você está apenas "bisbilhotando" o tráfego de mensagens.

Voltando ao exemplo de cliente de cartão de crédito que utilizamos no capítulo 7, a figura 8.6 mostra como uma empresa em tempo real baseada em SOA pode ajudar a realizar o objetivo de determinar o valor de um cliente de cartão de crédito através de diversas linhas de negócios. Relacionando sistemas separados e correlacionando os dados pertencentes a um cliente específico, a empresa baseada em SOA pode lhe dizer, em tempo real, qual é o valor do cliente em um momento específico.

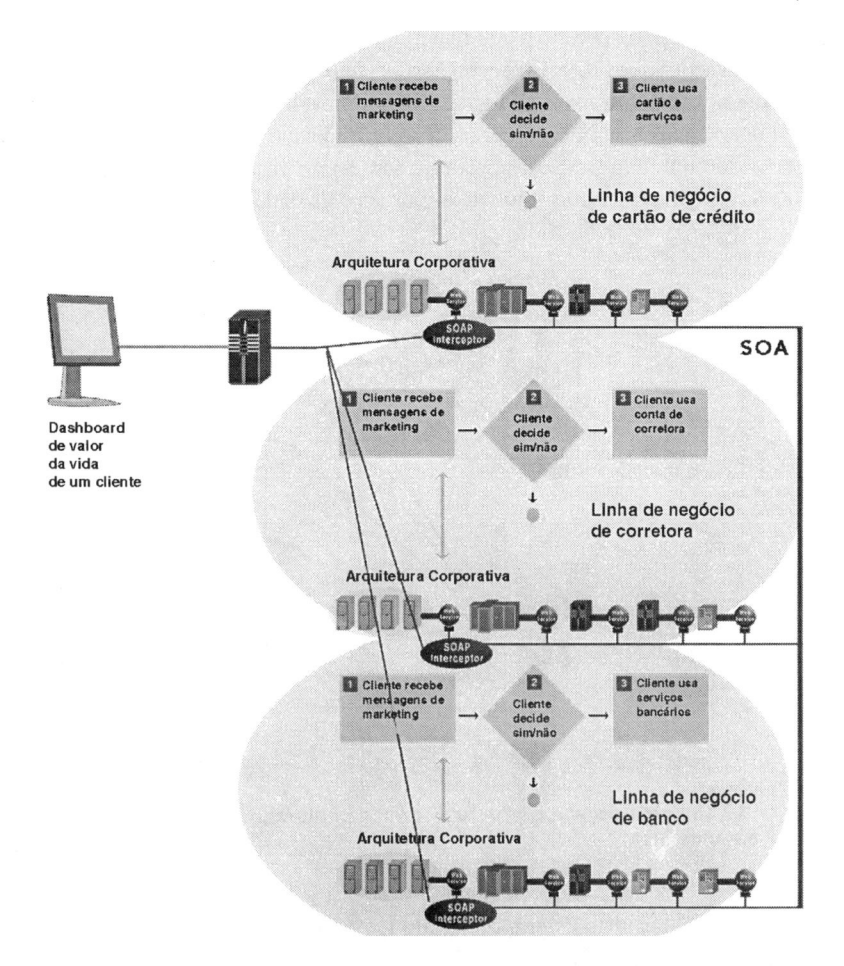

Figura 8.6 Essa empresa baseada em SOA permite ao provedor de serviços financeiros determinar o verdadeiro valor de um cliente em tempo real trilhando o comportamento do cliente ao longo de várias linhas de negócios simultaneamente.

8.5 O DATA WAREHOUSE VIRTUAL EM TEMPO REAL

Ao interceptar e correlacionar o tráfego de mensagens SOAP que contém dados, você pode usar uma empresa em tempo real baseada em SOA para construir um *data warehouse* virtual. Um *data warehouse* virtual provê todo o poder analítico de uma *data warehouse* tradicional sem as dificuldades relacionadas a construir e mantê-lo. A empresa pode "apanhar" dados críticos do fluxo de mensagens SOAP e armazená-los para análise. No caso do provedor de serviços financeiros mostrado na figura 8.6, o *data warehouse* virtual pode compilar um banco de dados de valor de cliente utilizando os dados de transações que coleta interceptando as mensagens SOAP. No exemplo de linhas aéreas e aluguel de automóveis na figura 8.7, a companhia de linhas aéreas pode coletar dados de desempenho de seus parceiros de aluguel de automóveis. Em ambos os casos, pode ser criado um *data warehouse* robusto sem ter de projetar um conjunto grande de programas de *software* customizado de importação de dados.

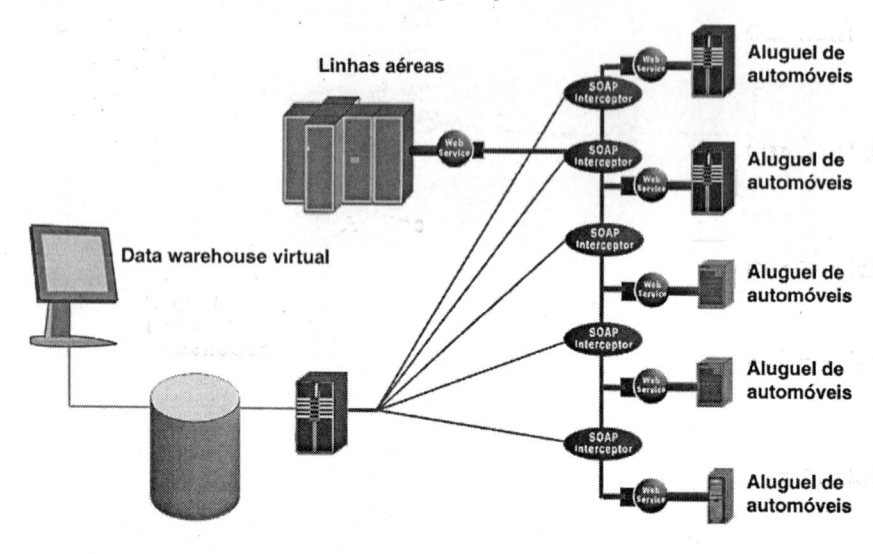

Figura 8.7 Um *data warehouse* **"virtual" criado capturando dados em mensagens SOAP em uma SOA.**

*Data warehouse*s virtuais proporcionam maior agilidade nos negócios também. A mesma flexibilidade que permite a você monitorar seletivamente processos e operações de negócios lhe oferece a possibilidade de coletar dados operacionais seletivamente. Em contraste com os *data warehouses* tradicionais, que normalmente provocam impasses quando precisam ser modificados, os *data warehouses* virtuais podem ser adaptados para modificar as circunstâncias com relativa facilidade. Quando precisar analisar seu *data warehouse* virtual, entretanto, você provavelmente ainda necessitará recorrer a um pacote analítico de *data warehouse* confiável, tal como Cognos ou Business Objects. O *data warehouse* virtual ira cuidar ele próprio de analíticos em tempo real e de preencher um *data warehouse* virtual tradicional para propósitos de arquivamento e análise histórica.

8.6 CRIANDO ACORDOS DE NÍVEL DE NEGÓCIOS

Outro potencial interessante de uma empresa em tempo real baseada em SOA é a oportunidade de criar e gerenciar acordos de nível de negócios (BLAs[1]) entre os vários componentes do seu negócio. Da mesma maneira que um acordo de nível de serviço (SLA[2]) estabelece uma regra para o desempenho de um sistema ou rede (e.g., uma rede deve estar disponível 99,9% do tempo ou o SLA foi quebrado e, portanto, haverá repercussões), o BLA é um acordo que estabelece padrões para processos de negócios. O CEO de uma companhia não deseja receber ligações às 3 horas para ser avisado de que "o Servidor 643 está lento" – isso é uma violação de SLA; porém, se o resultado de algum problema na rede está fazendo com que o estoque esteja formando pilhas ao custo de $100.000/minuto, ele ficará feliz em atender o telefonema. Esse exemplo é uma violação de BLA; uma métrica de negócios foi atingida e afeta a saúde da operação. O BLA é garantido pelo monitoramento do tráfego de mensagens SOAP que suporta o processo que é o assunto do BLA.

No nosso exemplo de banco, o monitoramento em tempo real de mensagens SOAP que suporta a transação de depósito pode ser utilizado para criar e garantir um BLA. Como mostrado na figura 8.8, o interceptador de SOAP pode rastrear o tempo do depósito bancário. O interceptador de SOAP e seus sistemas relacionados podem rastrear se um BLA foi ou não honrado. Nesse exemplo, um BLA estabelece que dados de depósitos devem ser enviados do computador periférico para o computador central em um segundo. O segundo BLA estabelece que o computador central deve enviar de volta uma mensagem de confirmação de depósito em um segundo também. Se uma das duas mensagens demorar mais de um segundo, o interceptador de SOAP descobrirá. Dependendo de como o interceptador de SOAP e os sistemas relacionados são programados, uma violação de BLA pode disparar um alerta de algum tipo ou estimular a ativação de um sistema de backup secundário que ajudará a gerenciar a carga da mensagem SOAP.

---

[1] N. T. Do termo original em inglês business-level agreement

[2] N. T. Do termo original em inglês service-leve agreement

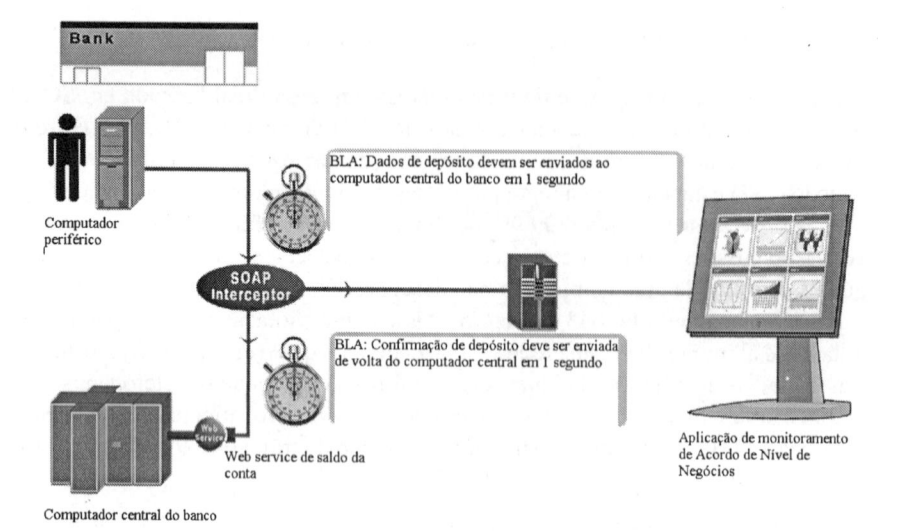

Figura 8.8 Monitorando o tempo gasto entre as mensagens SOAP relacionadas a transações de depósitos, o interceptador de SOAP pode gerenciar um BLA criado para garantir que transações de depósitos sejam realizadas dentro de um período de tempo predefinido.

8.7 O GERENTE ATENTO ALERTA: TEMPO REAL É UM TERMO DESGASTADO

"Tempo real" é uma das piores ofensas no léxico de *buzzwords* de TI. O tempo de transações de TI é o resultado de muitos fatores interdependentes. Dessa forma, questões de tempo, assim como coordenar processo de negócios com recursos de TI para propósitos de medição de tempo podem ser a fonte de muitos desafios políticos e tecnológicos. Mais uma vez, terceirizar pode gerar dores de cabeça, especialmente se você estiver tentando sincronizar operações e transações de TI entre uma lista que está sempre mudando de fornecedores terceirizados. Meu conselho para você é mesmo do capítulo anterior: seja seletivo em relação aos parceiros que escolhe e pense cuidadosamente sobre onde deseja ou precisa investir em operações em tempo real. Finalmente, tenha certeza de que determinou firmemente os objetivos de processos de negócios antes de entrar em uma discussão de tecnologia. Muitos fornecedores de TI usam o termo "tempo real" como se fosse um componente de funcionalidade *plug-and-play* em seus produtos. Confie em mim, não são. A SOA possui o potencial de agilizar a adoção de operações em tempo real, mas os fundamentos de processos de negócios e tecnologia envolvidos não mudam.

8.8 RESUMO

A maioria das empresas hoje em dia não funciona em tempo real. Por restrições de infra-estrutura e *software*, é muito mais simples para os sistemas, na maioria dos casos, compartilhar informações utilizando um processo de atualização em lote que transmite conjuntos de dados de um sistema para outro em intervalos periódicos. O resultado é uma demora para ver dados integrados de sistemas distribuídos.

Em muitas situações de negócios, no entanto, é altamente desejável estar apto para ver dados integrados de sistemas distribuídos em tempo real. Porém, implementar soluções sob medida ou proprietárias para realizar essa mudança é custoso e complexo. Além disso, essas soluções geralmente são caras de ser mantidas e difíceis de ser alteradas.

A SOA permite a interoperação em tempo real de computadores muito mais facilmente e com menos custo do que a abordagem tradicional. Uma vez que web services e SOA dependem de mensagens SOAP discretas viajando entre computadores para realizar suas tarefas, é relativamente simples interceptar essas mensagens SOAP e monitorar as transações que suportam em tempo real. Um *software* interceptador de SOAP, e seus sistemas relacionados, podem enviar cópias das mensagens SOAP interceptadas para uma aplicação de *software* de análise de negócios, um "dashboard" de gerenciamento ou um *data warehouse* virtual que a gerência pode visualizar em tempo real.

A empresa em tempo real baseada em SOA também pode facilitar a criação de acordos de nível de negócios que estabelecem parâmetros operacionais para sistemas que suportam processos de negócios específicos. Os interceptadores de SOAP e seus sistemas relacionados podem medir o intervalo de tempo e outras características de transações que suportam os processos de negócios e alertar a gerência quando um sistema não está compatível com os parâmetros de desempenho acordados.

Capítulo 9

Segurança em um Ambiente Fracamente Acoplado

9.1 Riscos do acoplamento fraco
9.2 Camadas de segurança de SOA
9.3 Soluções para segurança de SOA
9.4 O gerente atento alerta: não deixe a segurança paralisá-lo
9.5 Resumo

Eu perguntei a Jay se ele lembrava de um comercial de loção pós-barba de alguns anos atrás em que um homem levava um tapa forte no rosto e dizia: "Obrigado, eu precisava disso!" Disse a ele que é assim que me sinto sempre que o assunto de segurança de SOA aparece. Um tapa de fria e dura realidade que nos desperta para os tipos de sérios desafios que devemos vencer para realizar a visão de SOA. De fato, deste ponto em diante o livro tratará das considerações pragmáticas, porém cruciais, inerentes ao desenvolvimento e implementação de uma SOA na vida real. Por isso, devemos agradecer o tapa na cara. Precisamos conhecer o que está em nosso caminho. Portanto, agora que passamos oito capítulos definindo a SOA, devemos olhar para uma questão muito real e problemática que possui o potencial de ser um "estraga prazer": a segurança.

Embora a comunidade de TI esteja abraçando a arquitetura orientada a serviços por causa da sua promessa de gerenciamento de TI eficiente e avançada, problemas de segurança estão fazendo com que muitos avancem devagar, ou nada, com implementações de SOA. Segurança sempre foi uma preocupação de gerentes de TI em grandes companhias. Grandes sistemas geralmente são projetados para serem protegidos contra uso não autorizado, intrusão e vírus. Hoje, porém, a questão tem se tornado ainda mais séria por causa dos ataques terroristas e vírus globais.

Enquanto as questões de segurança de SOA abundam, virtualmente todos os gerentes de TI percebem que devem logo identificar e implementar soluções de segurança para

SOAs, pois seus desenvolvedores estão expondo aplicações como *web services* utilizando a nova geração de ferramentas de desenvolvimento. Uma pressão de necessidade existe, portanto, para resolver os riscos de segurança em SOA.

9.1 RISCOS DO ACOPLAMENTO FRACO

Os problemas de segurança inerentes à SOA são derivados das maneiras pelas quais a SOA substitui os parâmetros de segurança tradicionais com novos padrões abertos. O problema de segurança possui dois lados, pois não apenas os novos padrões são completamente abertos – não pertencem a ninguém – ,mas também foram desenvolvidos sem segurança em mente. Os *web services* foram desenvolvidos durante um período de anos por consenso da indústria como uma forma de, entre outras coisas, permitir a criação de código reutilizável, simplificar o desenvolvimento e facilitar a integração de sistemas. Embora esses objetivos tenham sido alcançados, os padrões abertos que surgiram não trataram completamente a segurança. Especificamente, XML, SOAP, WSDL e UDDI são padrões abertos que permitem a transmissão e descrição de dados, chamadas de procedimentos entre sistemas. No entanto, nenhum desses padrões abertos contém qualquer aspecto inerente de segurança por si só. Sozinhos, são completamente inseguros. Na verdade, os *web services* foram projetados para poderem passar eficientemente por *firewalls*. Esse acoplamento bastante fraco na verdade diminui sua usabilidade nesse aspecto. Antigamente, os empregados de uma companhia dificilmente poderiam acessar dados confidenciais , muito menos "pessoas mal intencionadas". Hoje, com padrões abertos, qualquer criança de 12 anos com uma conexão de Internet pode acessar transações expostas abertamente tão prontamente quanto seu pessoal autorizado.

Para ilustrar os problemas de segurança inerentes a SOAs, vamos ver o exemplo de um processo de gerenciamento de cadeia de suprimentos que envolve uma indústria e três fornecedores. A figura 9.1 representa o ambiente de segurança tradicional em B2B. Cada parceiro se comunica com a indústria utilizando uma rede privada. A criptografia pode ser utilizada, mas a indústria e o fornecedor podem estar bastante confiantes de que a comunicação é privativa. A autenticação (o usuário é quem ele diz que é) é codificada na aplicação, de modo que a indústria pode ter relativa confiança de que o Fornecedor A realmente é o Fornecedor A. A autorização (o usuário pode utilizar o sistema) é codificada nas mesmas aplicações com as quais são tratadas pela segurança de infra-estrutura da entidade que origina a transmissão.

Embora segura, essa configuração tradicional é custosa e complexa de ser mantida. Modificações na aplicação da indústria necessitarão automaticamente de revisões customizadas na aplicação do fornecedor ou não será possível a comunicação. A flexibilidade para estender a funcionalidade dessas aplicações conectadas é limitada à quantidade de desenvolvimento de interfaces customizadas que cada parceiro deseja financiar.

Se a indústria e seus fornecedores decidirem expor suas aplicações como *web services* em uma SOA, mostrada na figura 9.2, beneficiar-se-ão de uma flexibilidade muito maior,

Capítulo 9 – Segurança em um ambiente fracamente acoplado | 129

mas enfrentarão riscos de segurança. Aplicações desenvolvidas nesse ambiente possuem numerosas vantagens funcionais em potencial em relação ao modelo tradicional, incluindo "puxar" dados de pedidos do sistema antecipadamente. Infelizmente, contudo, a SOA mostrada na figura 9.2 também contém uma variedade de riscos de segurança. Vamos ver cada um desses riscos.

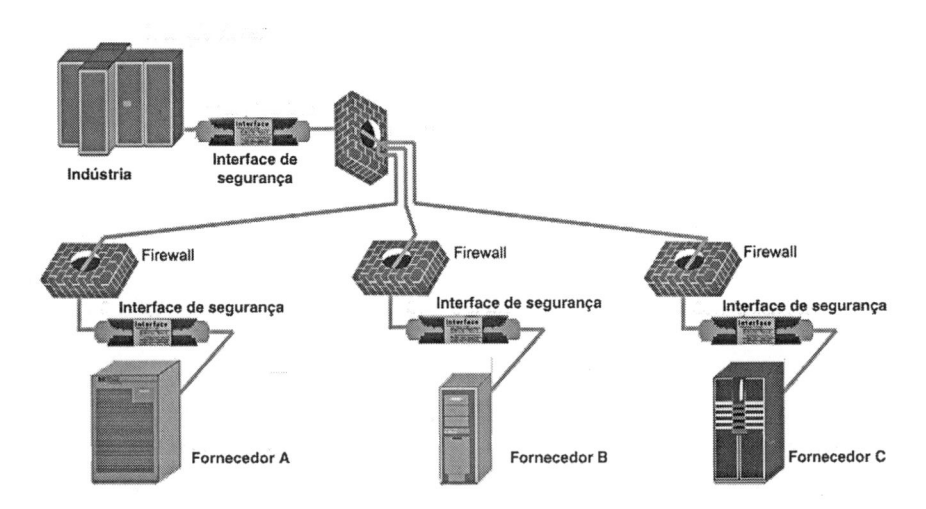

Figura 9.1 Arranjos tradicionais de segurança em uma arquitetura que conecta uma indústria e seus fornecedores podem envolver um *firewall* separado e uma interface de segurança proprietária para cada sistema.

9.1.1 Máquina para máquina

Para se ter uma boa idéia das questões de segurança de SOA, é importante compreender que a maioria das infra-estruturas de segurança é gerada para interações homem-máquina, enquanto *web services* envolvem interação máquina-máquina. Até recentemente, a maior parte da atenção e do desenvolvimento de produtos se dava para o bem compreendido espaço de acesso homem-máquina. Isso inclui produtos que fornecem gerenciamento de identidade e soluções de *single-sign-on* (SSO) para usuários que acessam sistemas via navegadores *web*. As interações máquina-máquina têm recebido menos atenção, relegadas a sua obscuridade essencial, um aparato de segurança de rede, ou um mecanismo de segurança binário como um acesso de superusuário ou troca de chaves, ambos tipicamente embutidos nas mesmas aplicações.

Compreendendo SOA corporativa

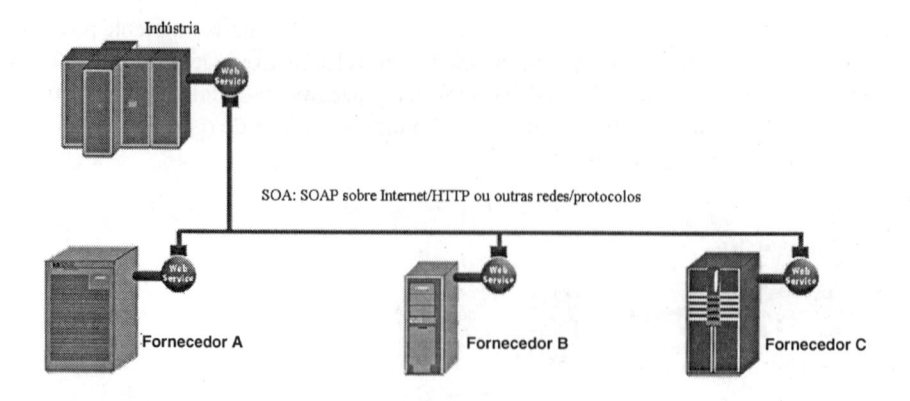

Figura 9.2 Essa é uma versão de SOA não-segura da arquitetura corporativa mostrada na figura 9.1. É completamente aberta, e como resultado, é vulnerável a problemas de segurança relacionados à autorização, autenticação, privacidade, integridade e auditoria.

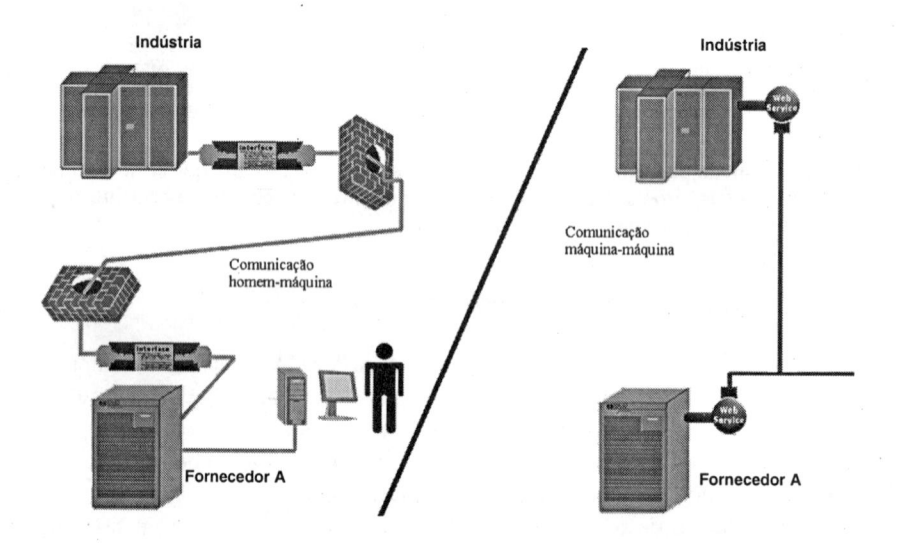

Figura 9.3 Comparação entre comunicação homem-máquina e máquina-máquina. Na maioria dos cenários máquina-máquina, a segurança é mais grosseira do que em interações homem-máquina. O resultado é uma infra-estrutura menos segura.

A razão para isso é simples – a maioria das aplicações era monolítica, portanto minimizando o número e complexidade de interações máquina-máquina. Se as organizações começassem a instalar uma SOA sem dar a devida consideração a mecanismos de segurança alternativos, usuários não autorizados poderiam achar simples penetrar

CAPÍTULO 9 – SEGURANÇA EM UM AMBIENTE FRACAMENTE ACOPLADO | 131

e burlar a detecção, pois os sistemas agora são expostos diretamente de uma maneira baseada em padrões, e os mecanismos de segurança utilizados ou são inexistentes ou muito simples e "grosseiros demais". Quando nos referimos a um sistema como *grosseiro*, queremos dizer que sua capacidade de discernir entre diferenças sutis em situações de segurança é limitada. A figura 9.3 ilustra a comparação entre a comunicação homem-máquina em um ambiente de segurança tradicional e a, cada vez mais comum, comunicação máquina-máquina na SOA que causa tantos problemas de segurança.

9.1.2 Autorização e autenticação

No modelo de segurança tradicional, o aparato de segurança do sistema, como um *firewall* ou uma rede privada virtual (VPN[1]), evita usuários (pessoas) não autorizados. Porém, uma SOA demanda que a arquitetura seja mais flexível e aberta para ser acessada por diversos sistemas para facilitar a reutilização e a composição de novas aplicações. Se os sistemas são expostos como serviços, mas um novo mecanismo de segurança não é imposto, um *hacker* pode configurar uma máquina para se passar pelo sistema de um fornecedor e realizar chamadas de serviços errôneas ou fraudulentas. Por causa da natureza grosseira do mecanismo de segurança, a indústria não tem como saber se a máquina que está requisitando o usuário do *web service* está autorizada ou autenticada. A figura 9.4 ilustra a estrutura do risco. Obviamente, o uso não autorizado de um computador *mainframe* é um furo de segurança sério.

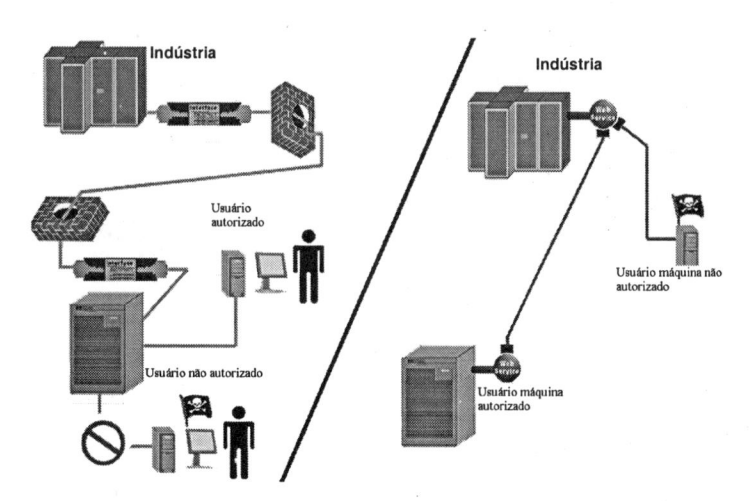

Figura 9.4 Na SOA não-segura, os mecanismos de segurança geralmente grosseiros de interação máquina-máquina levantam o risco de uso não autorizado de *web services*.

---

[1] N. T. Do termo original em inglês Virtual Private Network.

A autenticação, o processo que verifica a identidade, é uma questão distinta, mas relacionada à autorização. Na autorização, você estabelece se um dado usuário possui a permissão de realizar a tarefa que está requisitando. Na autenticação, você prova que o usuário é realmente o usuário que diz ser. Na SOA não-segura, realizar uma autenticação confiável é difícil. No exemplo mostrado na figura 9.4, a máquina não autorizada poderia falsificar sua identidade.

9.1.3 Privacidade e integridade

A privacidade, a capacidade de conduzir um negócio sem espionagem indesejada, e a integridade, a capacidade de ter confiança de que as mensagens não são modificadas no caminho, são fatores importantes em segurança de TI. Como vimos em numerosos incidentes, *hackers* e outros geralmente escutam um tráfego de mensagens e as modificam para propósitos de crime. Uma infra-estrutura que não pode garantir um alto nível de privacidade e integridade não é adequadamente segura.

Em uma SOA não-segura, como a mostrada na figura 9.5, uma máquina não autorizada pode interceptar e "espionar". Essa máquina não autorizada interceptadora de SOAP pode passar as mensagens para outros usuários não autorizados para o propósito de fraude ou comportamento malicioso. Por exemplo, se a indústria estivesse fazendo algo relacionado a segurança nacional, então seria preocupante que informações sobre estoques, datas de entrega, materiais e assim por diante caíssem em mãos erradas. A máquina não autorizada interceptadora de SOAP também poderia modificar a mensagem SOAP em trânsito e entregar uma mensagem falsa para uma máquina solicitante. Portanto, o potencial para fraude e mau uso nesse cenário é grande.

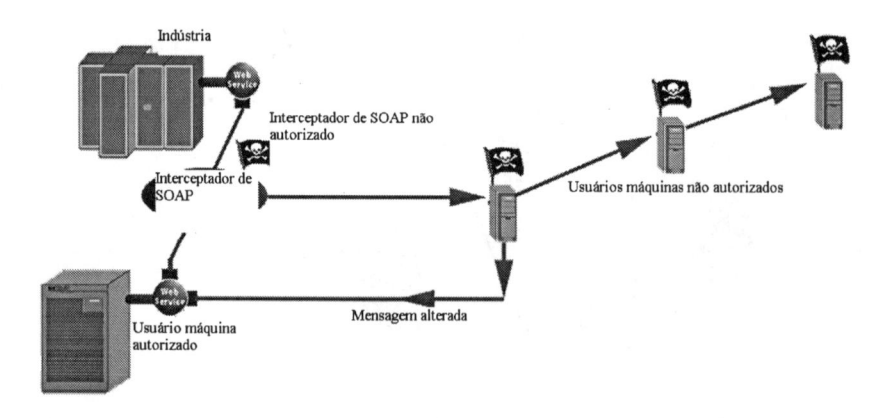

Figura 9.5 Interceptação, roteamento e modificação não autorizadas de mensagens SOAP em uma SOA não-segura.

Esse cenário enfatiza a necessidade de criptografar as mensagens SOAP entre os sistemas. Antigamente, isso geralmente era tratado pelo aparato de segurança de rede, como uma VPN. Porém, devido à natureza aberta e distribuída de uma SOA, rapidamente se tornou impossível tornar segura cada interação máquina-máquina. Na falta de criptografia de SOAP, uma mensagem SOAP pode ser lida, literalmente, por qualquer um. A SOAP foi projetada para ser entendida universalmente, logo uma mensagem SOAP pode ser recebida por um usuário legítimo ou um *hacker* sem distinção.

9.1.4 Inundação

Com uma SOA não-segura aberta para todos, usuários maliciosos e não autorizados podem "inundá-la" com requisições de serviços e deixá-la inoperável. Do mesmo modo que *hackers* derrubaram *sites web* como o Amazon.com com requisições falsas, um usuário malicioso e não autorizado pode causar um ataque de *denial of service* (DoS) em uma SOA não-segura. A figura 9.6 ilustra esse risco. Um fator que torna o risco de DoS muito sério é a falta de capacidade da SOA de monitorar ou garantir os níveis de serviço de seus *web services*. (um nível de serviço de um *web service* é uma medida definida do desempenho do *web service*). Se *hackers* atacarem, a SOA não-segura não possui uma maneira inerente de dizer se está sendo sobrecarregada. A SOA não-segura não permite aos administradores do sistema identificar e responder a problemas de segurança rapidamente.

9.1.5 Auditoria

Um *log* de auditoria é uma ferramenta fundamental de segurança de TI. Para examinar o desempenho de segurança e diagnosticar problemas de segurança, os profissionais de devem ter acesso a *logs* acurados de comportamento do sistema. A SOA não-segura não possui mecanismo de *logging* de mensagens e transações. Depois que um serviço foi invocado, não há forma de determinar quem usou o serviço e de onde a requisição se originou. Como resultado, não existe trilha de auditoria que possa ser utilizada posteriormente para investigar possíveis falhas de segurança; não há maneira de determinar quem fez o que e quando.

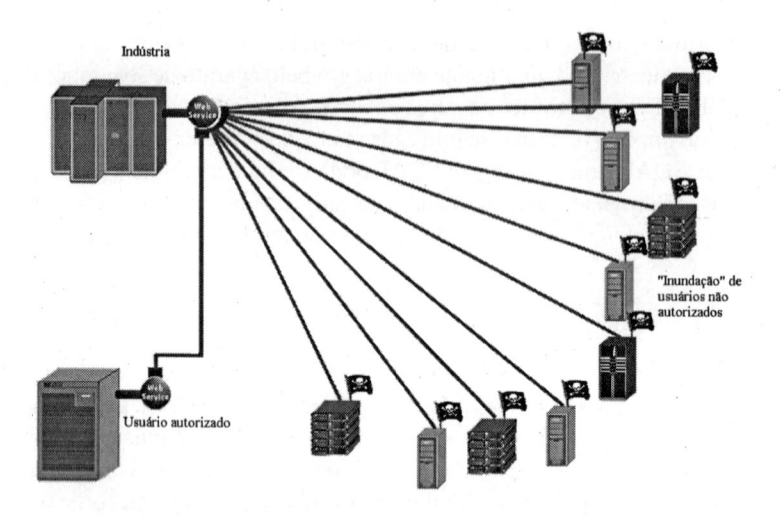

Figura 9.6 "Inundação" não autorizada de requisições de *web services* em uma SOA não-segura.

9.2 CAMADAS DE SEGURANÇA DE SOA

De outra perspectiva, cada aspecto de segurança de SOA delineado acima deve ser tratado como uma camada separada de segurança. Nas minhas discussões com clientes, descobri que as seguintes três categorias podem ser bastante úteis para separar os desafios importantes na segurança de uma SOA. Se você discutir segurança com um fornecedor, parceiro ou colega, pode ouvir questões referidas nesse framework. Antes de vermos as soluções reais de segurança de SOA, vamos estudar o que são política de segurança, segurança no nível de mensagens e governança.

9.2.1 Política de segurança e provisionamento

Política de segurança se refere a questões que surgem em torno de autenticação e autorização. Em termos gerais, uma discussão de segurança de SOA sempre tem um componente de política de segurança. Quem pode utilizar o *web service*, e quem não pode? Como você pode determinar a identidade do usuário (ou uma máquina que funciona como um usuário)? Como você pode gerenciar sistematicamente as políticas que criou para segurança? Por exemplo, você pode criar uma política que diz que todos os usuários com o papel de VP podem utilizar um *web service* específico. Como você garante essa política? Talvez você ouça essa discussão em termos de "provisionamento" – isto é, quem será provisionado com um *web service* específico? Muitos fornecedores e analistas falam sobre questões de provisionamento e capacidades sistêmicas de provisionamento.

9.2.2 Segurança no nível de mensagens

Segurança no nível de mensagens é um grupo de questões de tecnologia relacionadas com a integridade do *web service* verdadeiro que está trafegando pela rede. Segurança no nível de mensagens é a outra metade necessária de política de segurança. Pense nisso: É bom assegurar que somente usuários autorizados e autenticados estarão acessando *web services*. Porém, você também deseja garantir que os *web services* que estão sendo utilizados provêem informações acuradas que não foram nem adulteradas nem espionadas sem autorização. Isso não é apenas bom negócio, é também parte da lei em áreas como conformidade com a privacidade e a regulamentação. A segurança no nível de mensagens, que envolve funções tecnológicas como criptografia, chaves, certificados e assinaturas (mais sobre isso na seção 9.3.5), trata dos desafios de tornar segura uma interação específica de *web service* e evitar adulteração e espionagem.

9.2.3 Governança

Em um alto nível, temos a governança. A governança trata de como os sistemas de TI corporativos são executados por pessoas que se reportam a conselhos corporativos e respondem a auditores. A governança se refere a ampla combinação de política de segurança, provisionamento, segurança no nível de mensagens, políticas de TI corporativa, políticas de recursos humanos, conformidade e outros aspectos administrativos de gerenciamento de TI corporativa. A governança afeta muitas áreas de TI e com uma SOA tem uma relevância particular para segurança. Na era de *Sarbanes-Oxley*, conselhos executivos e auditores estão bastante interessados em saber que a informação que utilizam para dirigir a companhia é extraída de sistemas de TI com alta integridade. O objetivo da segurança de SOA no contento de governança é prover garantia de que a SOA possa entregar dados confiáveis que passarão nos testes de uma auditoria.

9.3 SOLUÇÕES PARA SEGURANÇA DE SOA

Agora que levamos um "tapa na cara" pelas preocupações de segurança em SOA, e dissemos "Obrigado, eu precisava disso!", é hora de ver algumas soluções possíveis para esses desafios. A resposta curta para problemas de segurança de SOA é que você precisa comprar ou desenvolver uma solução de segurança para sua SOA. A resposta longa, que segue, é bem subjetiva e complexa. A boa notícia, porém, é que a maioria das questões de segurança na SOA podem ser resolvidas por uma solução de segurança de SOA corretamente projetada. A solução em si mesma pode ser composta de diversas subsoluções, cada uma lidando com um certo aspecto de segurança de SOA. Dependendo das suas necessidades, e da infra-estrutura de segurança existente, você provavelmente irá precisar de um conjunto específico de soluções que podem diferir das de outra entidade.

Deixe-me repetir minha declaração anterior: é meu objetivo aqui mostrar uma maneira de avaliar o quanto a segurança afeta seu planejamento de SOA. E sou um fornecedor de produtos de segurança para SOA. Você pode notar uma certa tendência de minha parte para uma abordagem de solução em relação a outra ao mesmo tempo, deve saber que eu concorro com outras companhias que também abordam segurança de SOA da mesma maneira que eu. De fato, o mercado tem validado algumas abordagens para segurança de SOA mais do que outras.

9.3.1 Monitoração de mensagens SOAP

Monitoração de mensagens SOAP baseada em interceptação de SOAP é uma maneira de construir a fundação de uma solução de segurança de SOA eficaz. A interceptação de SOAP envolve pôr um componente de *software* chamado "interceptador de SOAP" no caminho das mensagens SOAP que viajam entre um consumidor de *web services* e um *web service*. Por causa da sua capacidade de consumir, monitorar, copiar e encaminhar as mensagens ricas em dados SOAP, os interceptadores de SOAP se mostram muito proeminentes na segurança de SOA. Como mostrado na figura 9.7, uma solução de segurança de SOA "assiste" à invocação de mensagens SOAP abordando o *web service* assim como as respostas a essas chamadas de serviços. Quando "vê" uma mensagem, a solução de segurança de SOA faz uma verificação para ter certeza de que a entidade requisitante está autenticada e autorizada para utilizar o *web service*. A solução de segurança de SOA realiza isso verificando os dados do usuário contidos no cabeçalho da mensagem SOAP.

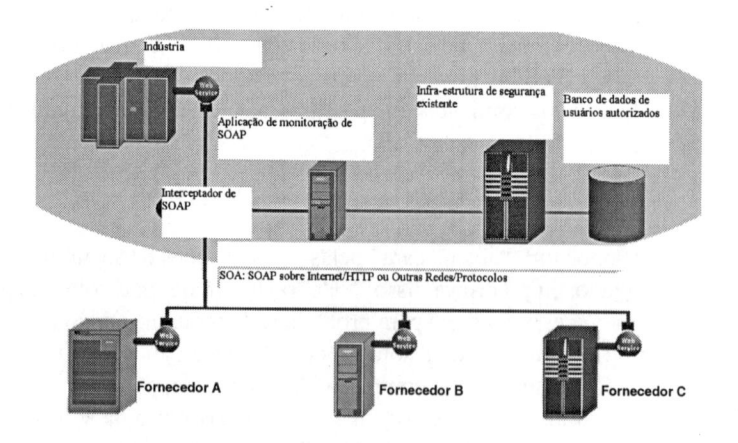

Figura 9.7 Um interceptador de SOAP monitorando mensagens SOAP funciona como uma fundação para segurança nessa SOA. O interceptador de SOAP analisa as identidades dos usuários contidas nos cabeçalhos das mensagens SOAP que monitora e as compara com os nomes armazenados na infra-estrutura de segurança existente. O resultado é a autenticação e autorização de remetentes e destinatários de mensagens SOAP.

Na maioria dos casos sua solução de segurança de SOA estenderá uma solução de segurança existente que você instalou para tornar segura sua empresa inteira antes de iniciar a transição para uma SOA. Provavelmente, como resultado, sua solução de segurança de SOA terá de se conectar e se comunicar com a infra-estrutura de segurança existente. Como mostrado na figura 9.7, a autenticação e a autorização de usuários em uma SOA ocorrem quando suas credenciais são verificadas em relação ao banco de dados da empresa de usuários autorizados. A autenticação e a autorização são alcançadas interceptando as mensagens SOAP e comparando os usuários listados no cabeçalho da mensagem com esses usuários armazenados na infra-estrutura de segurança existente.

9.3.2 SAML e autenticação federada

O que acontece quando você precisa autenticar e autorizar usuários da SOA que vêm de fora de sua empresa? A abertura da SOA torna esse cenário mais provável do que era no passado. Você precisa enfrentar o desafio de descobrir quem é quem, entre um grupo de usuários de quem você não tem nenhum registro na sua infra-estrutura de segurança existente. Para lidar com os desafios de segurança inerentes a garantir a segurança de parceiros externos, uma solução de segurança de SOA pode utilizar *autenticação federada*. Autenticação federada é um processo no qual diversos parceiros concordam que um certo conjunto de usuários pode ser autenticado por um dado conjunto de critérios. Os usuários da abordagem de autenticação federada podem criar um Sistema de Gerenciamento de Identidade Federada. Em outras palavras, uma "federação" de sistemas, uns se comunicando com os outros, pode concordar que certos indivíduos são confiáveis.

Em alguns casos, o processo de autenticação resultará em uma solução de segurança de SOA criando uma asserção Security Assertion Markup Language (SAML) que expressa a autenticidade do usuário de uma maneira que será aceita pelo *web service* que o usuário está invocando. SAML é um padrão baseado em XML que provê um *framework* para descrever informações de segurança sobre um usuário de uma maneira padronizada. WS-*Security* é o nome dado ao conjunto de padrões de segurança que foram ratificados até agora. Muitas soluções de segurança de SOA podem interceptar a mensagem SOAP, e então roteá-la através de um processo de autenticação onde o usuário é autenticado. Depois, a solução de segurança de SOA passa a mensagem SOAP adiante para os *web services* de destino, mas com uma asserção SAML anexada. Observe-se que asserções SAML não se baseiam em processos de autenticação federada.

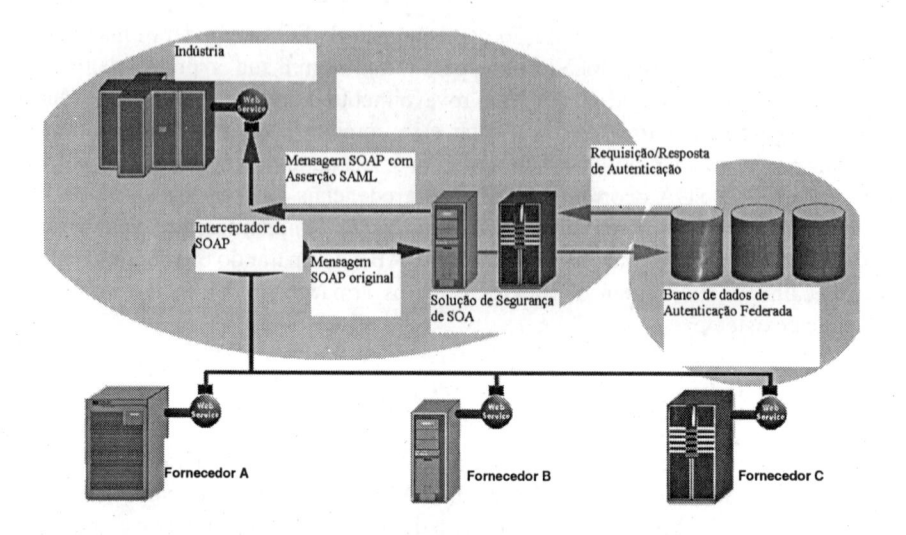

Figura 9.8 Para se utilizar uma autenticação federada em uma segurança de SOA, o interceptador de SOAP deve encaminhar uma mensagem SOAP que chega para uma solução de segurança, que compara a identidade do usuário contida no cabeçalho da mensagem SOAP com os usuários listados no banco de dados de autenticação federada. Uma vez aprovada, a solução de segurança de SOA cria uma "asserção" de segurança, informando que o usuário foi autenticado, no documento de Security Assertion Markup Language que é adicionado à mensagem SOAP conforme trafega para o *web service* ao qual se pretendia invocar.

9.3.3 *Proxy* de aplicação

Uma maneira altamente eficaz de proteger a segurança de sistemas centrais é evitar deixar qualquer um alcançar a plataforma que hospeda o serviço. Isso só pode ser feito instalando um *proxy* para os *web services* dentro da sua SOA. Como mostrado na figura 9.9, um *proxy* seguro pode receber e responder a todas as requisições de *web services* no lugar dos verdadeiros *web services*, e, portanto, é protegido de intenções maliciosas. Uma vantagem adicional da abordagem de *proxy* é a sua capacidade de reduzir a carga na infra-estrutura de segurança da empresa. Em vez de gerar bastante tráfego de mensagens na rede para autenticar e autorizar cada usuário, toda vez que desejar invocar um *web service*, o *proxy* reduz o tráfego ao gerenciar e armazenar centralmente a autenticação e autorização das requisições de *web services*. O *proxy* também insere as asserções SAML de autenticação e autorização na mensagem, eliminando a necessidade da verdadeira instância do *web service* de consultar o sistema de segurança diretamente.

9.3.4 Gerenciamento de contrato

Passaremos muito mais tempo neste assunto no próximo capítulo, mas gerenciamento de contrato, que é primariamente uma questão de gerenciamento de SOA, também desempenha um papel significante na segurança de SOA. Um *contrato* é um conjunto de regras que governa o uso de um *web service*. Por exemplo, um contrato pode estipular que um determinado usuário possui o direito de invocar um *web service* específico dez vezes por dia. E, na invocação, o nível de serviço deve obedecer a certos parâmetros, como um tempo de resposta de um segundo.

Em segurança, contratos são úteis para determinar se a SOA está funcionando apropriadamente ou se está sendo mal utilizada devido às falhas de segurança. Como mostrado na figura 9.10, o interceptador de SOAP envia os dados de requisição e resposta de um *web service* para a solução de segurança de SOA que, então, calcula se o contrato foi respeitado ou quebrado. Se um problema de segurança, como um ataque DoS, tornou um *web service* mais lento a ponto de não obedecer a seus níveis de serviço acordados, a solução de segurança de SOA pode alertar a gerência de que há um possível problema. Certamente, um ataque severo o suficiente poderia paralisar toda a rede, mas a solução de segurança ao menos tem a capacidade de enviar uma notificação de que algo está errado.

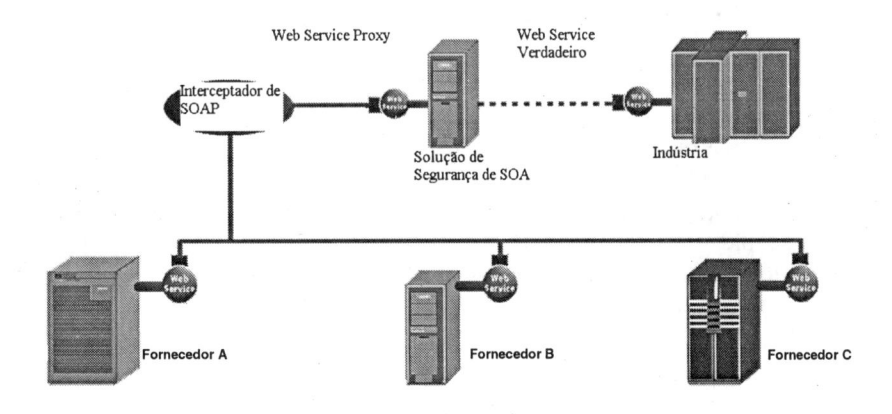

Figura 9.9 O *proxy* de *web service* auxilia a tornar segura uma SOA, tratando do tráfego de mensagens SOAP, reduzindo a carga da infra-estrutura de segurança da empresa e protegendo o *web service* de uso malicioso.

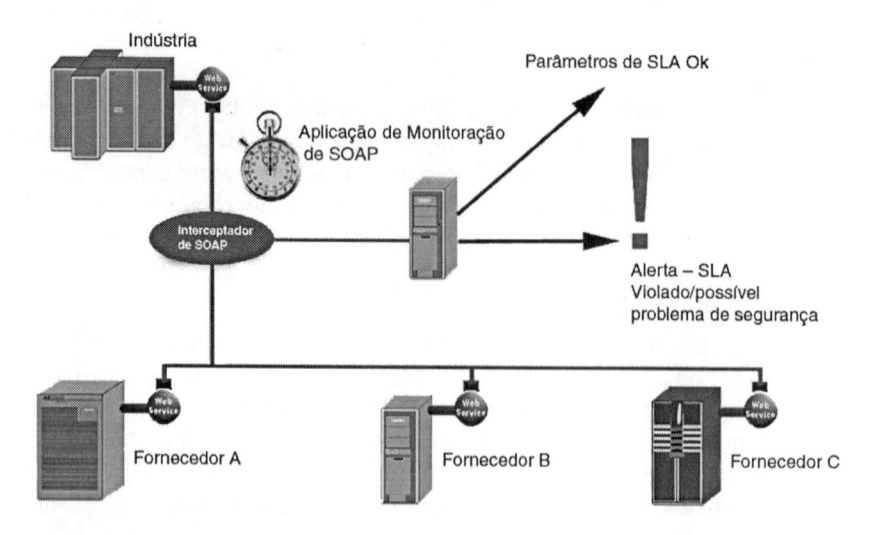

Figura 9.10 A solução de segurança de SOA monitora níveis de serviço e envia um alerta quando um problema de segurança faz com que um *web service* não alcance seu nível de serviço determinado contratualmente.

9.3.5 Certificados, chaves e criptografia

Ao longo dos anos, o mundo de TI abraçou diversas técnicas de segurança no nível de mensagens envolvendo criptografia. Agora, você pode aplicar essas mesmas técnicas em sua SOA. Esses processos, envolvendo assinaturas digitais, certificados, chaves e criptografia, podem desempenhar um papel importante em tornar segura uma SOA. Uma rápida consideração aqui: alguém poderia facilmente escrever um livro ou mesmo vários livros sobre cada uma dessas quatro técnicas de segurança. Por favor, veja esta seção como uma rápida visão geral de segurança baseada em criptografia relacionada a SOA.

Se você deseja que sua SOA tenha uma segurança robusta, em que você tenha confiança de que os usuários de *web services* sejam apropriadamente autenticados e que as informações trafegando entre *web services* e as aplicações que os invocam não são lidas por pessoas não autorizadas, então certamente precisará aplicar a ferramenta poderosa de criptografia de chave pública/privada na sua solução de segurança de SOA. Uma chave é um número grande (extremamente grande, na verdade– centenas de dígitos) que possua certas propriedades matemáticas. Embora venha em diferentes formas e tamanhos, a propriedade essencial de uma chave é que pode ser unicamente conectada com outra chave. Isto é, quando uma chave encontra sua contraparte única, ambas dizem, "Oh, é você, minha contraparte única... ou ninguém mais."

Os pares de chaves únicas servem a duas funções básicas:
- Por serem únicas, são um mecanismo poderoso de autenticação.
- Por causa de suas propriedades matemáticas, podem ser utilizadas para criar mensagens únicas e impenetravelmente criptografadas que só podem ser "lidas" por um usuário que possua ambas as chaves do par.

Eis como funciona quando dois usuários desejam trocar informações criptografadas: o usuário A cria um par único de chaves. Ele então mantém uma escondida dentro do seu próprio sistema (a chave "privada"), mas posta a outra chave (a "chave pública") em um lugar da rede onde o usuário B pode acessá-la. O usuário B então obtém a chave pública e a utiliza para criptografar as informações que deseja enviar ao usuário A. Como isso é feito de verdade envolve tanta matemática que me dá dor de cabeça só de pensar, mas basicamente a chave pública e os dados da mensagem são passados por um algoritmo de criptografia que produz um arquivo criptografado que é impossível de se abrir sem a chave privada. O usuário B então envia sua mensagem criptografada para o usuário A, que utiliza a chave privada que guardou no início do processo para "destravar" os dados criptografados. O usuário A é a única pessoa no mundo que pode destravar os dados criptografados, pois possui a chave que casa unicamente com a chave pública do usuário B.

Agora, se você for paranóico como eu, pode estar pensando: grande, mas como o usuário A sabe que o usuário B é realmente o usuário B? E se alguém invadisse o sistema e encontrasse a chave pública que o usuário B deveria usar? Para responder a essa pergunta válida, diversas entidades surgiram para assegurar a autenticidade de usuários específicos e garantir a eles certificados que atestam sua autenticidade. Essas entidades são conhecidas como autoridades certificadoras (CAs[2]). Um exemplo bem conhecido de uma CA é a VeriSign, que emite certificados para uso em transações de *e-commerce*.

Logo, uma solução de segurança de SOA que utiliza chaves, criptografia e certificados para garantir a privacidade e a autenticação pode se parecer com a mostrada na figura 9.11. No nosso exemplo da indústria, o sistema do fornecedor deseja enviar uma mensagem SOAP para o *web service* da indústria. Para tornar isso possível, a indústria primeiro tem que enviar uma chave pública à CA. O sistema do fornecedor então requisita um certificado da CA. O certificado que o fornecedor recebe contém a chave pública que casa com a chave privada que reside no sistema da indústria. O fornecedor então utiliza o certificado da chave pública para criptografar sua mensagem e transmiti-la à indústria. No entanto, como nos exemplos anteriores, a solução de segurança de SOA intercepta a mensagem e verifica a validade do certificado com a CA. Isso serve para autenticar a identidade do fornecedor. Somente após essa autenticação ter sido

---

[2] N. T. Do termo original em inglês certificate authority

completada é que a mensagem SOAP criptografada chega à indústria. Uma vez lá, ela usa sua chave privada para descriptografar a mensagem e processá-la.

Se você acha que isso soa como muito trabalho simplesmente para enviar uma mensagem, você está certo. A segurança em SOA, como em outras áreas de TI, cria bastante *overhead*. Cada mensagem tem de viajar para vários lugares antes de chegar ao seu destino. Arquivos de certificado podem ser grandes e custosos para a infra-estrutura de rede, e o processo como um todo tende a diminuir o desempenho. Porém, infelizmente é uma necessidade.

9.3.6 Criptografia de XML

Para preservar a abertura de sua SOA ao mesmo tempo em que institui padrões firmes de segurança no nível de mensagens, você provavelmente desejará usar XML para sua criptografia. Quando a solução de segurança de SOA utiliza uma chave para criptografar uma mensagem, ela transforma a mensagem em XML, que é então criptografado. A mensagem está em formato XML, mas o conteúdo não é aparente por estar escondido através do uso do algoritmo de criptografia. O benefício disso é que o sistema que recebe a mensagem pode aceitá-la, descriptografá-la e processá-la como um XML sem se basear em padrões proprietários ou sob medida de mensagens. Você obtém segurança, mas seu sistema permanece baseado em padrões abertos.

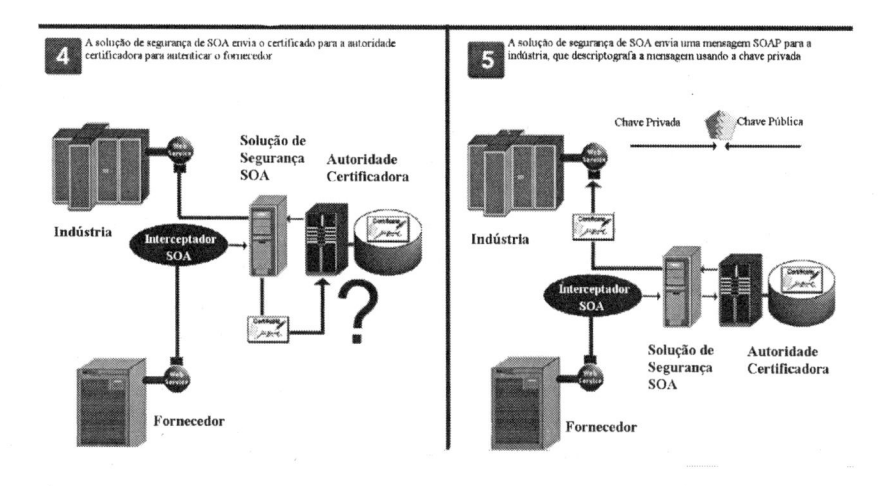

CAPÍTULO 9 – SEGURANÇA EM UM AMBIENTE FRACAMENTE ACOPLADO | 143

Figura 9.11 O processo passo a passo de como usar criptografia de chave pública/privada e certificados em uma SOA segura.

9.3.7 Assinaturas digitais

Assinaturas digitais, outra forma de segurança no nível de mensagens, são uma variação da abordagem de certificado, chave e criptografia para segurança. Uma *assinatura digital* é uma declaração matemática que você anexa a uma mensagem SOAP. Baseada em chaves, a assinatura digital é um número (novamente, um número muito grande) que captura unicamente sua identidade e o conteúdo da mensagem, passando os dois conjuntos de dados (a chave e a mensagem) por um algoritmo especial. Logo, para se ter um exemplo simplificado, se sua mensagem é "olá" e sua chave é 12345, o algoritmo processará essas duas entradas – o valor digital de "olá" e o número da chave 12345 – produzirão um terceiro número, que é sua assinatura digital única. Quando o sistema receptor obtém a mensagem e a assinatura digital anexada, pode usar a chave para verificar que:

- Você é o verdadeiro autor da mensagem (autenticação).
- A mensagem SOAP não foi alterada em trânsito.

Se foi alterada, então o número único da assinatura não casará com a chave e a mensagem original usada para criar a chave.

A diferença entre assinaturas digitais e o processo de criptografia completo descrito anteriormente é que no caso da assinatura digital, você não tem que criptografar a mensagem inteira. Como resultado, o desempenho do sistema melhora. Se você não se incomodar de alguém ver sua mensagem em texto puro, então as considerações de desempenho da assinatura digital provêem um alto grau de segurança e integridade de dados na sua SOA.

Assinaturas podem ser um componente de não repudiação, um aspecto importante de segurança que precisa ser tratado em um contexto de SOA. A não repudiação se refere à capacidade de uma organização de autenticar que uma transação em particular ocorreu, e portanto negar ao remetente a oportunidade de repudiar (uma palavra elegante para "negar") que a transação foi concluída. Por exemplo, se você realizar um pedido eletrônico de mercadoria e o pedido não for autenticado de alguma forma, como com uma assinatura digital, então será possível repudiar o pedido. Se o sistema do fornecedor prover a não repudiação, então o fornecedor poderá afirmar que o pedido foi realmente realizado.

9.3.8 Proteção de ataque duplicado e auditoria

Finalmente, sua solução de segurança de SOA deveria prover uma facilidade para rastrear requisições SOAP de modo a limitar o potencial de danos em ataques de DoS. Geralmente, uma funcionalidade de rastreamento irá monitorar o remetente da mensagem SOAP e a hora em que ela se originou. Em alguns casos, a solução de segurança de SOA irá "selar" a mensagem SOAP com um número identificador único. Se a solução está configurada para bloquear mensagens duplicadas, torna-se impossível que a mesma mensagem seja enviada duas vezes. Eliminar essa potencialidade ajuda a reduzir a chance de *hackers* inundarem a SOA com requisições duplicadas – uma das técnicas favoritas utilizadas em ataques de DoS.

A auditoria é um uso avançado das funcionalidades de rastreamento de mensagens SOAP. Se a solução de segurança de SOA está configurada para rastrear mensagens, então deve ser capaz de gerar *logs* de uso e relatórios de auditoria para o tráfego de mensagens SOAP durante períodos de tempo específicos. A auditoria possui muitos usos, mas em segurança funciona como um registro importante do que aconteceu e que pode ser utilizado para investigação de problemas de segurança e diagnóstico de fraquezas potenciais de segurança. Esse tipo de *log* se tornou essencial para se atingir objetivos de regulamentação como a conformidade com a Sarbanes-Oxley.

9.4 O GERENTE ATENTO ALERTA: NÃO DEIXE A SEGURANÇA PARALISÁ-LO

A segurança de SOA é um assunto vasto. Eu poderia escrever um livro inteiro sobre ela. De fato, não é uma má idéia... Minha intenção neste capítulo é dar uma visão geral que fornece um ferramental básico para a avaliação de informações apresentadas sobre esse assunto. Se você é um executivo de negócios, minha sugestão é evitar ficar sobrecarregado pelas questões de segurança. É fácil ficar paralisado pela segurança – profissionais de segurança também podem fazer isso por você – e deixar de fazer praticamente tudo por medo de questões de segurança.

Em vez disso, recomendo que procure consultorias de alto nível sobre segurança e explore o que a sua empresa já possui. Há chances de que sua companhia provavelmente já possua um sistema de segurança bastante robusto (ou sistemas). O desafio com SOA é descobrir como estender essas medidas de segurança existentes para os *web services* que fazem parte da SOA. Muitas soluções de segurança de SOA são projetadas para se interconectarem eficazmente com funcionalidades de segurança existentes. Nesse ponto, os riscos de segurança podem começar a parecer um pouco mais gerenciáveis e você pode prosseguir com seus planos.

9.5 Resumo

A segurança é uma questão forte em SOAs, pois a SOA expressa a interação máquina-máquina, enquanto a maioria da segurança de TI é baseada em interações homem-máquina. A autenticação e a autorização se tornam mais desafiadoras nesse ambiente. É praticamente impossível bloquear o uso não autorizado de *web services* em uma SOA não-segura; é bem simples um usuário não autorizado acessar *web services*. Os *web services* não possuem capacidade inata de rastrear quem os está utilizando ou a quem é permitido usá-los. E você não pode impedir a escuta indesejada e a interceptação de mensagens. A SOA não-segura apresenta aos *hackers* a capacidade de espionar o tráfego de mensagens SOAP e ver informações que deveriam ser privadas. Além disso, é relativamente fácil interceptar uma mensagem SOAP em uma SOA não-segura e roteá-la ou transformar seu conteúdo para propósitos maliciosos ou fraudulentos.

Você não pode tornar seguros parceiros desconhecidos em uma SOA por causa da sua natureza aberta. É possível que usuários secundários ou terciários – os parceiros dos seus parceiros, por exemplo – acessem uma SOA não-segura. Como resultado, a SOA não-segura é vulnerável a sobrecargas. Sem controles de acesso, uma SOA não-segura é aberta para sofrer "inundações" com tráfegos de mensagens excessivas de *hackers*. O resultado pode ser um ataque de DoS que prejudica a capacidade de seus sistemas funcionarem. Finalmente, você não tem *logging* de ações. A SOA não-segura não consegue rastrear seus usuários e suas mensagens. Portanto, não há registro auditável de uso que possa ser usado para investigar problemas de segurança ou diagnosticar suas fraquezas.

Há tanto soluções pré-empacotadas quanto sob medida para segurança de SOA que podem tratar potencialmente de todas essas questões. Ao examinar suas necessidades de segurança de SOA, considere implementar soluções de segurança de SOA que permitam o monitoramento de mensagens SOAP; autenticação federada; *proxy* de aplicação; gerenciamento de contrato; certificados, chaves e criptografia; e *logging* de auditoria. Parece uma lista longa, mas a verdade é que sem qualquer um desses itens, todas as vantagens da sua SOA irão evaporar.

O monitoramento de mensagens SOAP utiliza um modelo de interceptador de SOAP e monitora mensagens SOAP conforme elas viajam dos sistemas chamadores para os *web services*. O monitoramento de mensagens SOAP é a fundação da segurança de

SOA, pois dá à sua solução de segurança a capacidade de parar e examinar cada mensagem para autenticação e autorização de usuário. Para tornar seguros os parceiros, sua solução de segurança pode tirar vantagem da autenticação federada. Você deve oferecer a capacidade de autenticar usuários no sistema através de um processo de autenticação federada. O resultado final é uma asserção SAML que provê autenticação confiável do usuário para o *web service*.

Um *proxy* de aplicação de *web service* ajuda a segurança ao receber e processar requisições SOAP no lugar do *web service* verdadeiro. Ele pode manter todos os usuários longe do serviço verdadeiro. Além da moderação da carga na rede, o *proxy* provê uma camada adicional de segurança para a SOA.

O gerenciamento de contratos é uma característica de gerenciamento de SOAs que também contribui para a segurança. Os contratos estabelecem quem tem o direito de usar um *web service* e quando usá-lo. Eliminando o uso de partes não contratadas, o contrato adiciona segurança à SOA.

Certificados, chaves e criptografia são essenciais também para uma SOA verdadeiramente segura. A segurança de SOA mais robusta resulta da implementação de mensagens criptografadas autenticadas por pares de chaves pública/privada de uma autoridade certificadora. A criptografia de XML permite a um usuário de *web service* enviar uma mensagem SOAP criptografada que mantenha seu formato XML. Como resultado, o sistema é seguro e ainda se mantém baseado em padrões. Assinaturas digitais, uma variação do modelo de criptografia, oferecem ao usuário de *web services* a capacidade de criar uma "assinatura" digital única e autenticada que serve ao duplo propósito de verificar a identidade do usuário e assegurar a integridade dos dados da mensagem.

Finalmente, de modo a rastrear o uso de uma SOA, é necessário empregar uma solução de segurança de SOA que mantenha um *log* de auditoria de todas as requisições e respostas de mensagens SOAP. O *log* de auditoria é necessário para a investigação de problemas de segurança, diagnóstico de fraquezas na SOA e para a conformidade com regulamentações governamentais.

CAPÍTULO 10

CONDUZINDO UMA SOA

10.1 Problemas da SOA não gerenciada
10.2 Soluções de gerenciamento de carga
10.3 O gerente atento alerta: Escolhendo uma solução de gerenciamento de SOA
10.4 Resumo

"Arquiteturas orientadas a serviços são ambientes caóticos", alertei Jay. "Sozinhos, os *web services* não possuem gerenciabilidade intrínseca. O tipo de ferramental de gerenciamento que você possui para sua infra-estrutura de TI geralmente não consegue lidar com os serviços distribuídos e heterogêneos que você tem em uma SOA. E se seus *web services* estão operando como processos pela sua empresa e a de seus parceiros, será ainda mais complexo de se controlar. Gerenciar uma SOA – isto é, a capacidade de operar uma SOA de modo que tenha um desempenho confiável e funcione consistentemente em diversos níveis – é um desafio significante para profissionais de TI de hoje. Você com certeza irá enfrentar isso na Titan. Os problemas são comparáveis aos que acabamos de discutir em relação à segurança de *web services*. De fato, a SOA não gerenciada é um tipo de irmão diabólico da SOA não-segura. As duas situações compartilham problemas similares, assim como soluções similares."

10.1 Problemas da SOA não-gerenciada

Quando uma organização expõe a funcionalidade de suas aplicações como *web services*, mas não provê mecanismos de gerenciamento para esses serviços, cria uma SOA não gerenciada. No início, pode não apresentar muitos problemas. Porém, conforme expõe mais e mais sistemas, incluindo aplicações de negócios de missão crítica, a organização começa a enfrentar diversos problemas que afetarão dramaticamente seu desempenho operacional.

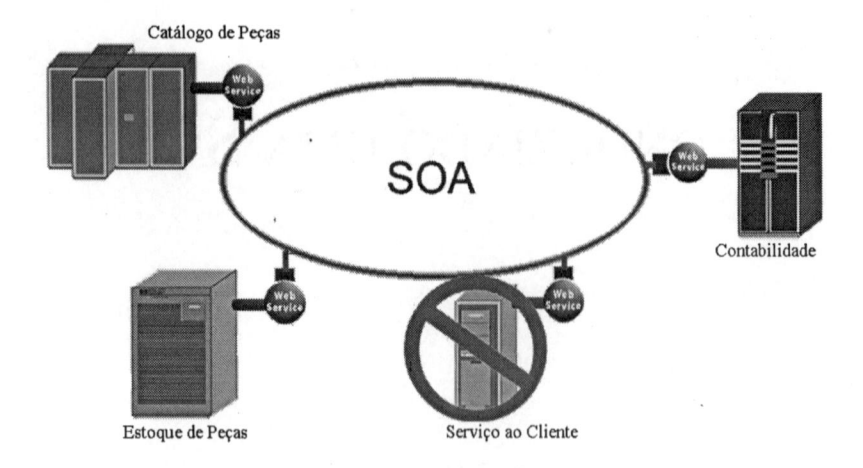

Figura 10.1 Se um *web service* fica indisponível em uma SOA não-gerenciada, não há maneira confiável de alertar os usuários sobre esse fato.

10.1.1 Qualidade de serviço

A Qualidade de Serviço (QoS[1]) é talvez a questão mais básica em gerenciamento de *web services*. A QoS se refere à disponibilidade de um *web service* para responder a invocações e seu desempenho em prover essas respostas. Na figura 10.1, que mostra uma SOA para um negócio de distribuição de peças, o *web service* de serviço ao cliente está indisponível. Vamos assumir que os outros *web services* na SOA precisam da funcionalidade do serviço ao cliente para ajudar o negócio a completar suas transações. Se o *web service* está indisponível, não podem realizar seu negócio. Contudo, como saber se o serviço está indisponível?

Em uma SOA não-gerenciada, não há maneira de saber. O *web service* de serviço ao cliente está simplesmente indisponível, uma situação que terá um impacto negativo em todos os outros *web services* que precisam dele. Compondo o problema, também não há como de saber o quão bem um *web service* deve funcionar nessa SOA não-gerenciada. Se o serviço ao cliente geralmente está lento, então os sistemas que o invocam podem nem mesmo perceber que está indisponível.

Resumindo, não há níveis de acordo de serviço (SLAs) em uma SOA não-gerenciada. Cada *web service* opera independentemente sem controles ou métodos para se estabelecer como, quando e se o *web service* irá responder a uma invocação. Se responder, não existem parâmetros para se determinar se o tempo de resposta é aceitável. Se não responder, nenhum sistema de rastreamento alertará o sistema chamador de que ele

---

[1] N. T. Do termo original em inglês Quality of Service

nunca irá obter uma resposta. Essa é uma situação que é inevitavelmente perigosa para a organização que usa a SOA.

10.1.2 Monitoração de transações e orquestração de web services

Até agora discutimos na maior parte do tempo cenários extremamente simples em que a transação inteira envolve um único computador invocando um único *web service*. Em um negócio real, porém, transações tendem a ser mais complexas. Em muitas situações, os *web services* devem realizar suas tarefas em uma seqüência orquestrada para completar uma transação específica. O processo de configurar diversos *web services* para agir em uma seqüência predefinida é conhecido como "orquestração".

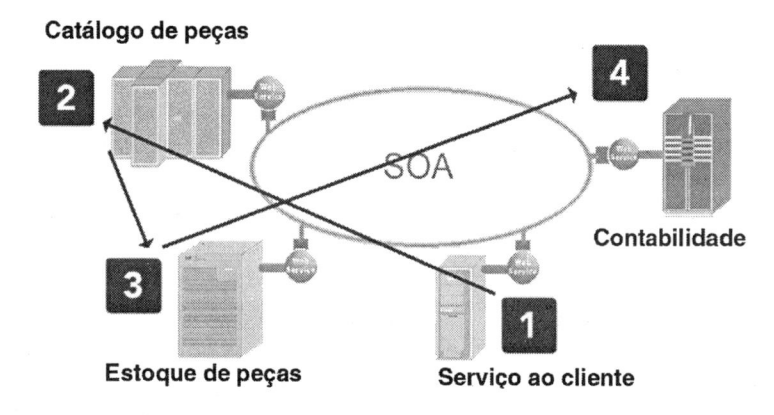

Figura 10.2 Orquestração de *web services* para obter e realizar um pedido

Como mostrado na figura 10.2, a transação de realização de pedido de peças requer que todos os quatro *web services* na SOA sejam orquestrados em uma ordem específica. Primeiro, o serviço ao cliente recebe o pedido e invoca o serviço de catálogo de peças para determinar se a peça que foi pedida ainda é oficialmente oferecida à venda. O serviço de estoque de peças é invocado para descobrir se a peça está em estoque. Se a parte está em estoque (ou não), o pedido então vai para o *web service* de contabilidade que, ou cria uma fatura ou um formulário de devolução, dependendo do *status* da peça.

Na SOA não-gerenciada, é impossível realizar uma orquestração confiável. Embora você possa estabelecer uma seqüência de orquestração de *web services* em uma SOA não-gerenciada utilizando várias ferramentas de autoria de *web services*, não pode gerenciar a orquestração para garantir sua confiabilidade. Uma vez que a tenha criado, não terá como saber se está tendo um desempenho adequado. Em nosso exemplo, se o *web service* de estoque leva 20 minutos para responder a uma invocação em vez de minutos, a SOA não tem como detectar automaticamente esse problema. Ou se as transações não estão sendo completadas – por exemplo, se os pedidos são realizados mas nunca completados ou faturados – não há modo confiável de diagnosticar o problema.

10.1.3 Sensibilidade a contexto

Os processos invocam *web services* em um contexto específico de negócios, de modo que seu gerenciamento deve levar esse contexto em consideração. Por exemplo, em um hospital, um processo pode ser responsável por ligar as luzes no estacionamento quando escurece. Outro processo pode ser responsável por garantir um fluxo suave e contínuo de oxigênio para pacientes que precisam dele. O que é mais importante? O processo de oxigênio é crítico para a vida ou morte. As luzes do estacionamento podem permanecer desligadas e ninguém vai morrer. Portanto, em termos de gerenciamento de SOA, você provavelmente desejaria ser capaz de diferenciar entre um problema de *web service* altamente urgente e outro de baixa prioridade. Se o *web service* que gerencia o oxigênio estivesse indisponível, você desejaria que alguém fosse avisado imediatamente. Se as luzes do estacionamento se apagassem, isso poderia ser tratado pelo curso normal de atividades. Sem gerenciamento, todos os serviços se parecem iguais e os erros que podem ser detectados não podem ser priorizados para serem atendidos.

10.1.4 Gerenciamento de mudanças e controle de versão

Ao longo deste livro, mencionei o gerenciamento de mudanças como uma área problemática para arquiteturas distribuídas. Advinhe por quê? Se não for tratada corretamente em uma SOA, pode ser tão problemática quanto em antigas arquiteturas. Mudanças são um fator constante em gerenciamento de TI, e a SOA não é exceção. Conforme os requisitos e os processo de negócios mudam, também mudam os sistemas que os suportam. Embora a SOA alivie muitos dos estresses dolorosos que acompanham o gerenciamento de mudanças no modelo tradicional, é ainda uma área que requer atenção de perto e gerenciamento adequado para funcionar eficazmente.

O gerenciamento de mudanças na SOA traz desafios similares àqueles do modelo tradicional. Quando um *web service* muda, tanto os aspectos da invocação quanto da resposta do novo *web service* devem ter um desempenho conforme prometido ou haverá um problema. Como mostrado na figura 10.3, se a companhia substituir o *web service* de contabilidade por um novo,, o administrador da SOA deve ser capaz de garantir aos usuários que cada sistema que invoca o novo *web service* obterá os resultados de que precisa.

Em termos práticos, isso significa que cada sistema chamador (nesse caso há três) precisa da URL do novo *web service* de modo a saber para onde enviar a chamada de mensagens SOAP. O novo *web service*, por sua vez, deve ser capaz de processar essas invocações e responder a elas corretamente. Isso pode requerer que cada sistema chamador receba instruções sobre como formular uma requisição SOAP a partir do documento WSDL do novo *web service*.

Se a SOA não é gerenciada, não há maneira automatizada de atualizar as informações de que os sistemas chamadores precisam para utilizar o novo *web service*. É bem possível que um ou mais sistemas na companhia continuem a "chegar" no *web service* antigo. Porém, na SOA não-gerenciada, essas requisições SOAP não completadas não causarão nenhum alerta ao serem realizadas.

Você pode estar pensando: "Qual é a grande questão?" Você possui três sistemas chamadores e um novo *web service*. O quão difícil seria verificar se todos eles estão funcionando? Nesse exemplo simples, você pode estar correto. Contudo, tenha em mente que conforme os *web services* crescem em popularidade, sua organização e as de seus parceiros podem conter milhares de *web services*. O gerenciamento nesse ponto é vital. Mesmo se você tivesse somente uma dúzia de *web services* distribuídos pela sua SOA e as de seus parceiros, o gerenciamento de mudanças e o controle de versão podem ser um grande problema sem um gerenciamento de SOA apropriado.

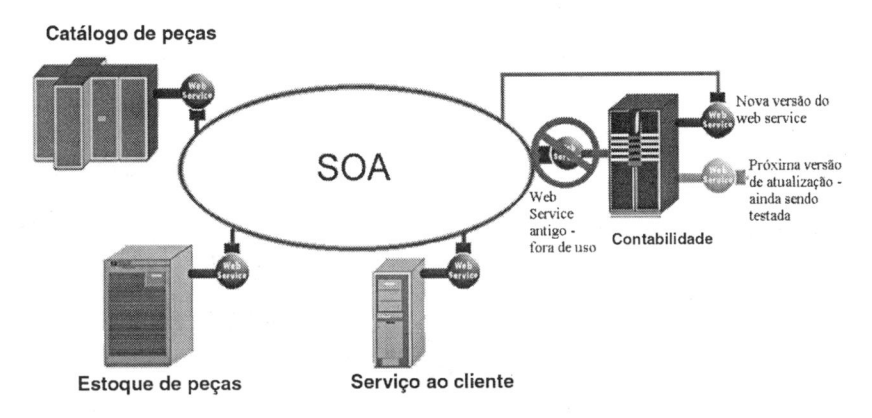

Figura 10.3 Quando um *web service* é substituído por uma nova versão em uma SOA não-gerenciada, os usuários não possuem um modo confiável de saber como acessar a nova versão.

10.1.5 Balanceamento de carga e failover

Conforme sua SOA cresce, provavelmente enfrentará os desafios de balanceamento de carga e *failover* que você encontra em uma infra-estrutura de TI tradicional. Um *web service*, afinal de contas, é um *software*, e deve ser tratado como tal. Para alcançar um alto nível de serviço, você deve ser capaz de controlar a carga de requisições SOAP atingindo cada *web service* e também prover um *backup* de *failover* para a eventualidade de uma falha.

Em nosso exemplo, vamos assumir que a carga de requisições SOAP chegando a cada *web service* de contabilidade seja altamente variável. Em um dia, há 10 requisições por minuto; no dia seguinte, há 500. Se o *web service* pode permanecer dentro dos parâmetros de nível de serviço definidos somente se processar menos de 300 requisições por minuto, então você terá que criar uma segunda instância do *web service* – idealmente em uma outra máquina – para lidar com a carga maior nos dias mais movimentados. Se você fizer isso, sua SOA começará a se parecer com a da figura 10.4. Se a carga no *web service* primário exceder 300 invocações, a SOA precisará saber como rotear o excesso de requisições SOAP para o segundo *web service*. Se o computador que contém os *web services* primário e secundário falhar, a SOA deve ser capaz de rotear as requisições SOAP para um outro computador totalmente diferente que foi estabelecido como um *backup*. Essa condição é conhecida como *failover*.

A SOA não-gerenciada não possui nenhuma maneira de facilitar esse balanceamento de carga e essas circunstâncias de failover. Os padrões de web services não contêm provisões para balanceamento de carga e failover. Se deixados sozinhos, um web service que falhou ou está sobrecarregado não será capaz de rotear requisições SOAP para web services alternativos. Imagine o desafio de coordenar o gerenciamento de mudanças e o controle de versão quando você possui diversas instâncias do web service para propósitos de balanceamento de carga!

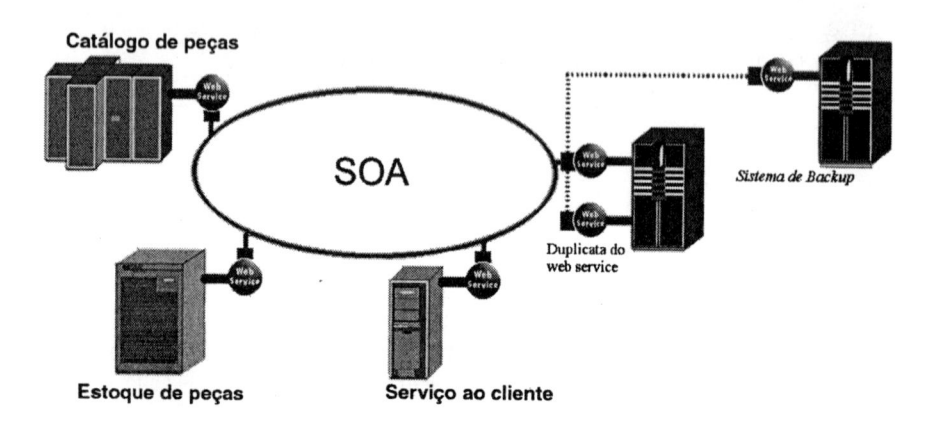

Figura 10.4 Pode ser necessário criar duplicatas e *backups* de *web services* utilizados pesadamente em uma SOA movimentada. Logo, você precisará gerenciar o balanceamento de carga e o *failover* para garantir uma qualidade consistente do serviço.

10.2 Soluções de gerenciamento de carga

Você pode escolher entre diversos produtos e soluções de gerenciamento de SOA. Algumas das maiores companhias de servidores de aplicações estão começando a oferecer funcionalidades de gerenciamento de SOA em seus produtos. Isso desencadeou naturalmente um debate na comunidade de tecnologia sobre a adequação de servidores de aplicações como uma base para hospedar intermediários distribuídos para segurança de *web services*. Diversas companhias, incluindo a minha, estão lançando soluções de gerenciamento de SOA e *web services* para tratar de algumas ou todas as questões de gerenciamento de SOA que discutimos até aqui neste capítulo. Você pode estudar as ofertas de hoje em dia e concluir que alguma combinação de soluções pode funcionar melhor para as suas necessidades de gerenciamento de SOA. Para clarear meu ponto de vista, deixe-me reiterar uma declaração anterior: sou um fornecedor de soluções de gerenciamento de SOA. Porém, creio que você achará que abordei essas questões relacionadas à condução de uma SOA em termos amplos o suficiente para permitir-lhe tomar uma decisão não tendenciosa do que é adequado para sua empresa.

10.2.1 Monitoração de SOA

A maioria das soluções de gerenciamento de SOA de credibilidade no mercado funciona baseada no mesmo tipo de interceptador de mensagens SOAP utilizadas nas soluções de segurança de SOA, discutidas anteriormente neste livro. Isso não é surpreendente, pois muitas dessas soluções tratam tanto do gerenciamento quanto da segurança de SOA. A segurança e a gerenciabilidade parecem estar lado a lado em uma SOA. Embora sejam questões diferentes, são tão relacionadas que você não pode ter de fato a segurança sem a gerenciabilidade e vice-versa. Afinal de contas, uma SOA segura que está sujeita a problemas caóticos e não gerenciados não seria muito útil para ninguém. Uma SOA bem gerenciada, porém não segura ficaria vulnerável a uso impróprio e falta de privacidade.

A monitoração de mensagens SOAP é a base do gerenciamento de SOA. Para compreender a necessidade da monitoração de SOA em seu gerenciamento, pense no comportamento da TI na velha confusão como as árvores caindo na floresta: Se uma mensagem SOAP cruza uma rede, e nenhum interceptador é capaz de monitorá-la, ela realmente tem sucesso? A resposta é, certamente: não há como saber! A funcionalidade vital das soluções de gerenciamento de SOA é a monitoração de mensagens SOAP, um processo que geralmente inclui "ouvir" o que a mensagem diz e registrar suas idas e vindas.

A figura 10.5 ilustra como as soluções de gerenciamento de SOA funcionam. Os interceptadores de SOAP posicionados entre cada sistema chamador potencial e o web service monitora o tráfego de mensagens SOAP. Os interceptadores alimentam as informações de monitoração para um sistema central de algum tipo, geralmente uma combinação de software e banco de dados. A solução de gerenciamento de SOA geralmente requer um banco de dados, pois precisa manter um log do tráfego de mensagens SOAP.

No final das contas se gravada em um banco de dados, a monitoração de SOAP provê uma trilha de auditoria para a SOA. Uma auditoria de uma solução de gerenciamento de SOA geralmente fornece informações ricas para os administradores em relação ao desempenho dos web services na SOA.

Além de questões de segurança, que discutimos anteriormente, a auditoria é essencial para completar o gerenciamento de SOA. O *log* de auditoria é um registro de tudo o que acontece na SOA. Assim, provê os dados necessários para a avaliação de demandas de carga e infra-estrutura, a investigação de problemas que ocorreram e a verificação do desempenho de *web services* em comparação com níveis de serviços e contratos estabelecidos.

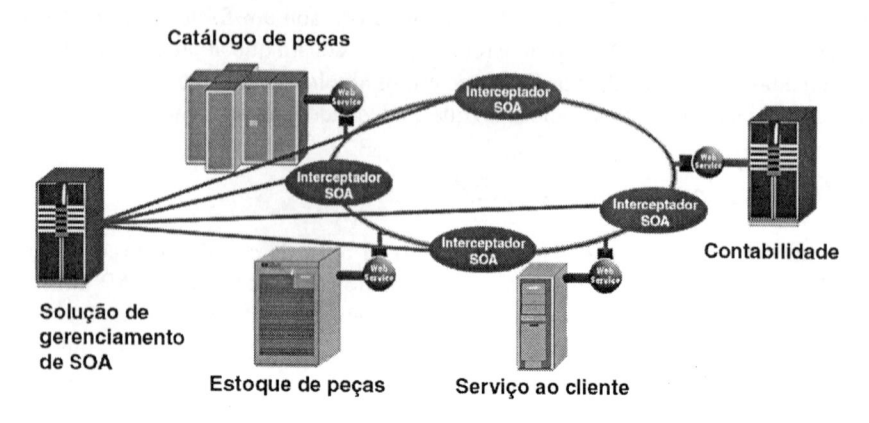

Figura 10.5 Solução de gerenciamento de SOA usando interceptadores de SOAP

10.2.2 Qualidade de serviço e SLAs

Uma vez que a monitoração de SOA esteja estabelecida, a solução de gerenciamento de SOA pode rastrear a QoS de *web services* na SOA. Para fazer isso funcionar, o interceptador de SOAP envia dados com informações de horário para a solução de gerenciamento de SOA que mede o quão rápido um *web service* responde a uma invocação. Depois, a solução de gerenciamento de SOA compara o tempo de resposta com o que foi estabelecido para aquele *web service* específico, ou todos os *web services* na SOA. (A maioria das soluções de gerenciamento de SOA possui uma interface onde um administrador pode informar os parâmetros de QoS para cada *web service* na SOA.) Por exemplo, o *web service* de contabilidade pode configurar um tempo de resposta-padrão como um segundo. Se levar dois segundos para responder a uma invocação, a aplicação de gerenciamento de SOA notificará que a QoS está sofrendo e enviará um alerta para o administrador.

Além de monitorar a QoS e alertar os administradores sobre problemas, a maioria das soluções de gerenciamento de SOA oferece aos administradores a capacidade de estabelecer SLAs. Sob uma SLA, o fornecedor do *web service* garante que o *web service* terá um desempenho de acordo com certos parâmetros. Em nosso exemplo, vamos assumir que o *web service* de contabilidade é executado pela equipe de TI do departamento de contabilidade em um computador no seu *data center*. As divisões da departamento de contabilidade em um computador no seu *data center*. As divisões da companhia que invocam esse *web service* requerem um nível de serviço específico, como um tempo de resposta de um segundo e disponibilidade garantida. A solução de gerenciamento de SOA permite à equipe de TI de contabilidade informar uma SLA aos usuários de seu *web service*. Se violam o SLA, pode haver repercussões para a equipe de TI. É seu trabalho assegurar aos usuários que o *web service* sempre terá um desempenho compatível com os termos do SLA. A solução de gerenciamento de SOA mede se a equipe de TI está honrando o SLA. Lembre-se de que o objetivo-chave de uma SOA é encorajar a "reutilização" na empresa.

Se os desenvolvedores de novas aplicações não estão convencidos de que um serviço irá funcionar com qualidade, é mais provável que irão "recodificar" a funcionalidade do início do que arriscar se basear no serviço.

10.2.3 Contratos

A maioria das soluções de gerenciamento de SOA permite aos administradores estabelecer contratos de uso de *web services* entre as várias partes que utilizam a SOA e o provedor dos *web services*. Esses contratos podem ter componentes diferentes. Os SLAs que discutimos anteriormente são um tipo de contrato. Adicionalmente, a solução de gerenciamento de SOA pode permitir aos provedores de *web services* ditar quem pode utilizar o serviço, por quanto tempo e com qual freqüência. Por exemplo, o departamento de contabilidade pode permitir ao sistema de serviço ao cliente utilizar seu *web service* mil vezes por dia. Se o limite de mil vezes por dia for atingido, o *web service* de contabilidade não responderá a invocações subseqüentes.

Os contratos são um ingrediente importante do gerenciamento de SOA, pois erguem barreiras ao mau uso e ao abuso. Além disso, os contratos permitem aos consumidores de serviços "obterem o que pagam", pois serviços também podem ser oferecidos por terceiros em termos particulares de negócios. Em um processo que possui interseção com segurança, os contratos protegem contra a sobrecarga de sistema, inundação e ataques maliciosos. Além do mais, permitem aos administradores planejar o uso do *web service*. Se os administradores sabem, por exemplo, que um *web service* específico possui dez usuários com contratos de um milhão de usos por dia, então sabem que deverão ter um computador e uma rede capazes de lidar com essa carga.

Os contratos também podem quantificar o uso de *web services* para os propósitos de pagamento e devoluções. Em muitas companhias, uma divisão cobra de outras divisões por serviços que presta. Embora façam parte da mesma companhia, cada divisão possui seu próprio orçamento e faturamento. Como resultado, uma divisão pode querer recuperar os gastos que teve criando o *web service* cobrando pelo seu uso. Por exemplo, o departamento de contabilidade pode decidir que quer cobrar um centavo ao serviço ao cliente toda vez que ele invocar o seu *web service*, ou a contabilidade pode decidir cobrar um centavo depois de um certo limite de invocações "grátis" ter sido atingido.

10.2.4 Caching

Quando um *web service* provê uma resposta idêntica para uma requisição repetida freqüentemente pode fazer sentido armazenar a resposta. Por exemplo, se o sistema de contabilidade tem de verificar os códigos de produtos para os dez itens mais populares que a companhia vende, é um desperdício de recursos computacionais e de rede fazer com que o *web service* de catálogo de peças responda a mesma questão repetidamente. Esses códigos de produtos podem ser armazenados em *cache* no interceptador de SOAP como uma resposta automática à mensagem SOAP que os solicita. As respostas armazenadas evitam a carga no *web service* de catálogo de peças, melhorando a gerenciabilidade da SOA. A figura 10.6 mostra como isso funciona.

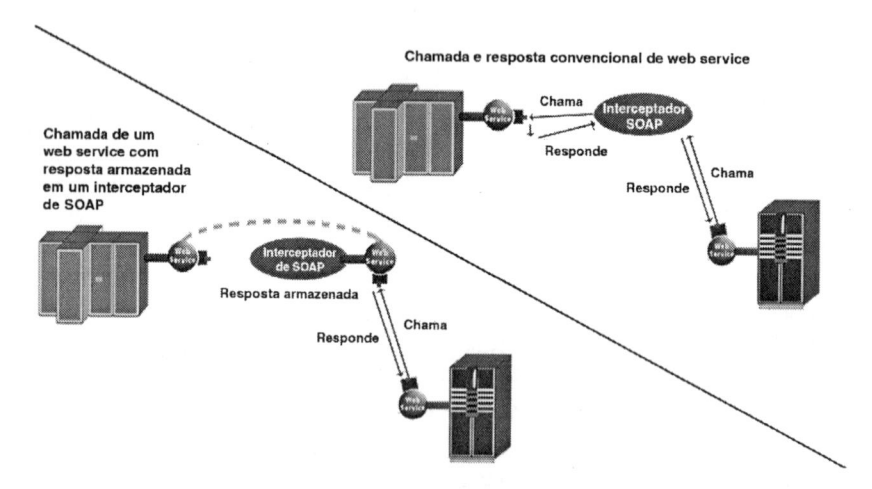

Figura 10.6 Resposta em *cache* para requisições de SOAP idênticas e freqüentes utilizando um interceptador de SOAP.

10.2.5 Orquestração

Na SOA não-gerenciada, vimos que não havia maneira de se ter certeza se uma seqüência orquestrada de web services estava funcionando de acordo com as instruções determinadas para eles pelos desenvolvedores de software que criaram a orquestração. Com uma solução de gerenciamento de SOA, você pode estabelecer a seqüência correta de ações que precisam ocorrer para que a orquestração produza o resultado desejado. A solução de gerenciamento de SOA pode monitorar a atividade de web services e verificar se a orquestração está funcionando corretamente.

Como ilustrado na figura 10.7, a solução de gerenciamento de SOA verifica a invocação e a resposta de cada web service em comparação com as instruções de orquestração. Se a chamada de instruções de orquestração do serviço de catálogo de peças responde a uma invocação do serviço ao cliente invocando o serviço de estoque de peças, a solução de gerenciamento de SOA verificará se essa seqüência de ações ocorreu ou não. Se não ocorreu, a solução de gerenciamento de SOA pode enviar um alerta para os administradores avisando-os de que a orquestração não está funcionando adequadamente.

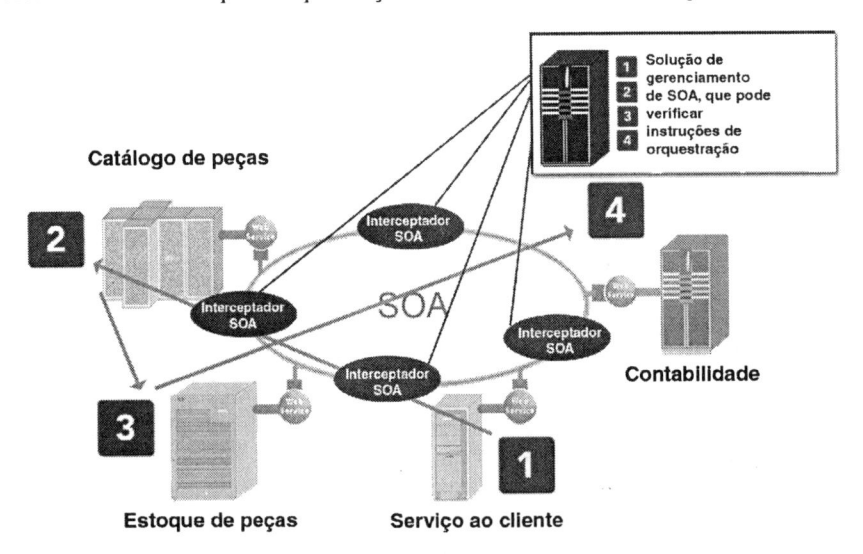

Figura 10.7 Uma solução de gerenciamento de SOA pode verificar as instruções de orquestração interceptando as mensagens SOAP que trafegam entre cada *web service* orquestrado e comparando-as com um conjunto de instruções estabelecido.

10.2.6 Contexto e prioridade

Como discutimos anteriormente, alguns *web services* são mais importantes do que outros. Um pode ligar os aspersores de água. Outro pode detonar uma guerra nuclear. Para ter certeza de que sua SOA mantém os *web services* de alta prioridade rodando, e alertá-lo quando não estiverem, a solução de gerenciamento de SOA precisa determinar a prioridade relativa e o contexto dos *web services* que a compõem. Para fazer isso, a solução de gerenciamento de SOA provê uma interface onde o administrador pode informar dados relacionados à prioridade relativa de cada *web service*. A solução de gerenciamento de SOA, então, monitora o desempenho de cada *web service* e responde a problemas baseados nas prioridades. Por exemplo, se um *web service* de baixa prioridade fica indisponível, o sistema pode enviar um alerta por e-mail para o administrador. Se um *web service* de alta prioridade fica indisponível, a solução de gerenciamento de SOA pode ser programada para alertar dez pessoas diferentes ao mesmo tempo. Além disso, o mesmo *web service*, invocado por processos diferentes, pode ter contextos completamente diferentes. Por exemplo, um serviço de previsão do tempo pode ser utilizado por um processo para planejar um casamento e por outro para monitorar a cobertura de nuvens para um bombardeio. Um sistema de gerenciamento de *web services* eficaz pode ajudar a monitorar não apenas os *web services* em si para priorização, mas o processo que os invoca também.

10.2.7 Gerenciamento de mudanças

Uma vez que a sua SOA inevitavelmente mudará ao longo do tempo, você desejará que suas soluções de gerenciamento de SOA abstraiam seus desenvolvedores e seus serviços dos desafios que as mudanças trazem. Como mostrado na figura 10.8, uma boa solução de gerenciamento de SOA rastreia se a versão de um *web service* é a correta para uso, e oferece retrocompatibilidade em tempo real de modo que nenhum consumidor fique sem o serviço durante uma atualização. No exemplo mostrado na figura, um administrador pode instruir a solução de gerenciamento de SOA sobre qual versão invocar. Quando o interceptador de SOAP recebe a invocação do *web service*, ele automaticamente solicita à solução de gerenciamento de SOA informações de versionamento. Nesse caso, a solução de gerenciamento de SOA diz ao interceptador de SOAP para rotear a requisição SOAP para a nova versão do *web service*. Isso parece não ser tão profundo em um exemplo tão simples, mas para se compreender as vantagens desse tipo de solução, você precisa imaginar que a dor de cabeça de gerenciamento de mudanças ocorrerá se essa SOA possuir 10 mil *web services*, todos mudando ao mesmo tempo. De modo similar, esse desafio seria enorme se um único serviço fosse usado por milhares de consumidores. Quando uma mudança é realizada, você não quer que os milhares de desenvolvedores que mantêm as aplicações batam na sua porta querendo sua cabeça.

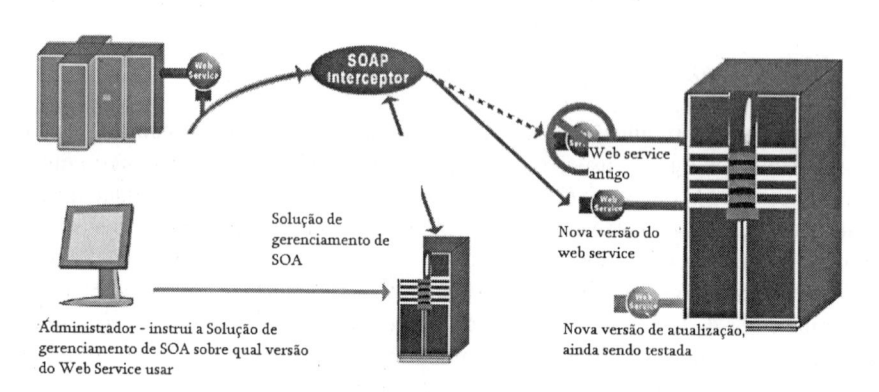

Figura 10. 8 A solução de gerenciamento de SOA direciona uma requisição SOAP para a versão correta de um *web service*.

10.2.8 Alta disponibilidade

Dependendo do nível de prioridade de um *web service* em uma SOA, você pode configurar diferentes opções para lidar com aumentos na carga ou *failover*. Para um *web service* crítico, como a ativação de uma bomba nuclear, você provavelmente desejaria um sistema de *backup* disponível como uma opção de *failover*. Ou, no mínimo, você configuraria uma segunda instância do *web service* para lidar com o excesso de carga. Para direcionar as requisições SOAP para o lugar correto, você precisa fazer com que sua solução de gerenciamento de SOA "saiba" como lidar com uma situação de alta carga ou *failover*. O resultado que você deseja é uma circunstância conhecida como "alta disponibilidade". "*Alta disponibilidade*" é um termo que descreve algum nível distinto de desempenho de disponibilidade para um componente de *software* ou *hardware*. Você pode insistir, por exemplo, que um *web service* esteja disponível 99,999999% do tempo. Nesse caso, você iria requerer com toda certeza um computador de *backup* para *failover*. Idealmente, esse computador estaria em outra matriz de energia e talvez em outro estado. (Eu vivo em um país com terremotos, portanto isso é constante em minha mente.)

Para criar uma situação de alta disponibilidade, a solução de gerenciamento de SOA precisa saber como medir a carga em um *web service*. Para realizar esse objetivo, o administrador informa um parâmetro de carga na solução de gerenciamento de SOA que pode ser medido em comparação com a atividade real. Portanto, por exemplo, se o administrador estabelecer que um *web service* precisa dividir sua carga ao se chegar a cem invocações por minuto, a solução de gerenciamento de SOA instrui o interceptador de SOAP para rotear o excesso de fluxo de invocações para uma segunda instância do *web service*. Essa configuração é mostrada na figura 10.9. Nesse caso, a SOA pode conter um computador de *backup* com outra instância do *web service* para funcionar em caso de falha.

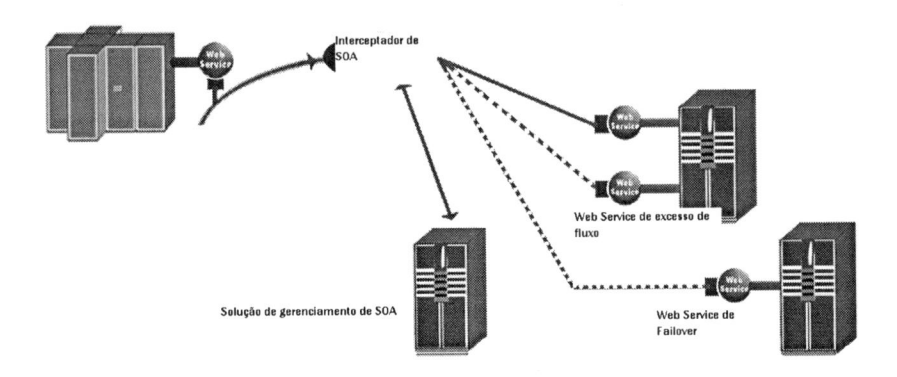

Figura 10.9 Uma solução de gerenciamento de SOA pode permitir uma alta disponibilidade roteando mensagens SOAP para versões menos ocupadas de "excesso de fluxo" do mesmo *web service*.

10.3 O GERENTE ATENTO ALERTA: ESCOLHENDO UMA SOLUÇÃO DE GERENCIAMENTO DE SOA

Se você está pensando que todos esses desafios de gerenciamento são demais para se lidar, você está certo. Assim como a segurança, o gerenciamento de SOA pode ser difícil para administradores de TI e arquitetos de sistemas. Por essa razão, a solução que você escolher ou criar para gerenciamento de SOA pode ser uma das decisões mais críticas que você irá tomar quando criar uma SOA. Felizmente, você possui diversas boas opções. Porém, você realmente terá que fazer seu dever de casa e a devida diligência sobre propostas de soluções. Assim como em outras áreas de TI, especialmente no caso de um conjunto de padrões emergente e pobremente compreendidos como SOAP XML, *vaporware* abundam. Cuidado com os excessos. (**Mea culpa**, embora eu não vá confessar nada específico...) Ao escolher uma solução, é vital considerar não apenas as capacidades do pacote de *software* que você está escolhendo, mas o quão bem irá se integrar com sua infra-estrutura existente. Lembre-se: uma SOA não é uma substituição da sua infra-estrutura é simplesmente uma maneira eficiente de organizar e interoperar com seus investimentos existentes. Para esse fim, parcerias e alianças com seus fornecedores atuais serão críticas.

10.4 RESUMO

O gerenciamento de SOA é um desafio sério. Contudo, para cada problema existe uma solução. Diversas soluções de gerenciamento de SOA estão começando a amadurecer conforme o mercado avança. Esses programas de *software* especializados resolvem muitos dos seguintes problemas:

- É impossível se medir a Qualidade de serviço (QoS) eficazmente em uma SOA não gerenciada. Se um *web service* leva um segundo ou cinco minutos para responder a uma invocação, você não tem como controlar centralmente. Se você possui uma pequena SOA com alguns poucos *web services*, esse problema não parece tão sério. Porém, conforme seu uso de *web services* se torna mais sofisticado, a QoS se torna uma das maiores preocupações.
- Não há como monitorar ou controlar transações SOAP e orquestração de *web services* em uma SOA não-gerenciada. Conforme você começa a replicar funcionalidades de sistemas tradicionais por *web services*, provavelmente as programará para funcionar em seqüências orquestradas para realizar tarefas específicas. Tais orquestrações serão provavelmente o propósito principal da sua SOA. Assim, precisarão ser gerenciadas.
- SOAs não gerenciadas não conhecem o contexto de um *web service*. Você não pode diferenciar em termos de prioridade um *web service* que acende as luzes de outro que opera o alarme de incêndio. Se a sua SOA requer diferenciação de

questões de serviço baseadas em contexto, então você precisará de uma solução de gerenciamento de SOA que trate desse problema.

• O gerenciamento de mudanças e o controle de versão podem causar problemas em um ambiente de uma SOA não-gerenciada. Em SOAs pequenas isso não é um grande problema, mas em uma SOA de grande escala, os administradores de TI podem ter de gerenciar milhares de web services sendo alterados de uma só vez. Sem gerenciamento, essa é uma tarefa praticamente impossível.

• O balanceamento de carga e o failover também são problemáticos em uma SOA não gerenciada. Dependendo da prioridade, você pode precisar desenvolver diversas instâncias de web services para servir cargas maiores ou prover backup em caso de uma falha. Se não há gerenciamento em uma SOA, não há como gerenciar a carga.

Soluções de gerenciamento de SOA, compostas de pacotes de *software*, combinações de programas de *software* de fornecedores diferentes e soluções sob medida oferecem algumas ou todas as respostas para esses desafios. A maioria das soluções de gerenciamento de SOA utilizam o mesmo modelo de interceptador de SOAP das soluções de segurança de SOA discutidas no capítulo anterior.

A solução de gerenciamento de SOA centralizada e baseada em interceptadores de SOAP torna possível aos administradores informar instruções sobre como gerenciar a SOA. As mensagens SOAP são interceptadas quando trafegam para *web services*. Com a interceptação, a solução de gerenciamento de SOA pode medir tempos de resposta, alertar administradores sobre problemas de QoS, verificar instruções de orquestração, rotear invocações para versões corretas de *web services* e gerenciar a carga e *failover*.

Os interceptadores distribuídos (ou "pontos de reforço de políticas" como são chamados às vezes) são combinados para oferecer uma "camada de abstração" que separa os serviços das aplicações consumidoras. Essa camada de abstração é o que se chama comumente de "estrutura de serviços" – é o lugar na rede onde as complexidades de gerenciamento e segurança são postos de modo que os serviços possam ser invocados facilmente, com agilidade e flexibilidade. Uma "estrutura" bem gerenciada e segura é a chave para se explorar as vantagens de uma arquitetura orientada a serviços.

CAPÍTULO 11

MONTANDO REDES DE SOAs

11.1 A rede de SOAs potencial da Titan
11.2 Gerenciando a rede de SOAs
11.3 Tornando segura a rede de SOAs
11.4 Descobrindo a solução certa
11.5 Utilizando interceptação de SOAP para gerenciamento de rede de SOAs
11.6 VPNs XML
11.7 O gerente atento alerta: de quem é a responsabilidade?
11.8 Resumo

"Não deveríamos criar *web services*, aprendermos a lidar com eles em uma pequena escala e só depois nos preocuparmos com toda a complexidade envolvida?", perguntou Jay. "Precisamos engatinhar antes de andar."

"É verdade", respondi. "Você provavelmente fará um piloto, e veremos isso. Porém, você precisa examinar as eventualidades de uma SOA. Hoje, a maioria das organizações já começou a criar pequenos números de *web services* de modo a realizarem pequenas tarefas. Porém, é mais provável que o número de *web services* na maioria das companhias cresça conforme a tecnologia amadurece. Eu gosto de chamar esse processo de rede de SOAs – diversos *web services* em uso simultâneo por meio de vários domínios de rede. Eu percebo, é claro, que quando falo sobre redes de SOAs, estou fazendo uma predição do futuro. Mas não acho que seja uma aposta arriscada ou mesmo controversa. Há tanto *momentum* por trás desses padrões como blocos-chave de construção corporativa que pronunciar o advento de redes de SOAs seria como adivinhar que, no ano de 1900, o telefone iria dar certo. Quanto mais pessoas a utilizarem, outras mais necessitarão acompanhar, e assim por diante, em um ciclo virtuoso e acelerado de adoção."

11.1 A REDE DE SOAs POTENCIAL DA TITAN

Uma rede de SOAs é um conjunto em rede de ambientes de SOA, incluindo os seus respectivos *web services* funcionando independentemente. As redes de SOAs podem ser criadas entre organizações, dentro delas ou em ambos os casos. Eu encorajei o Jay a imaginar o que aconteceria se a SOA da Titan tivesse de se conectar com as de outras companhias e agências governamentais – uma situação comum na indústria de seguros. A figura 11.1 mostra um exemplo simples de como a rede de SOAs da Titan se pareceria. Ela conecta quatro SOAs separadas. Cada SOA roda um conjunto diferente de padrões de comunicações e plataformas operacionais. Indo no sentido anti-horário, você possui uma plataforma heterogênea de SOA rodando sobre HTTP para mensagens, uma SOA heterogênea rodando um MQ para mensagens e uma SOA Microsoft .NET utilizando FTP para transmitir mensagens SOAP.

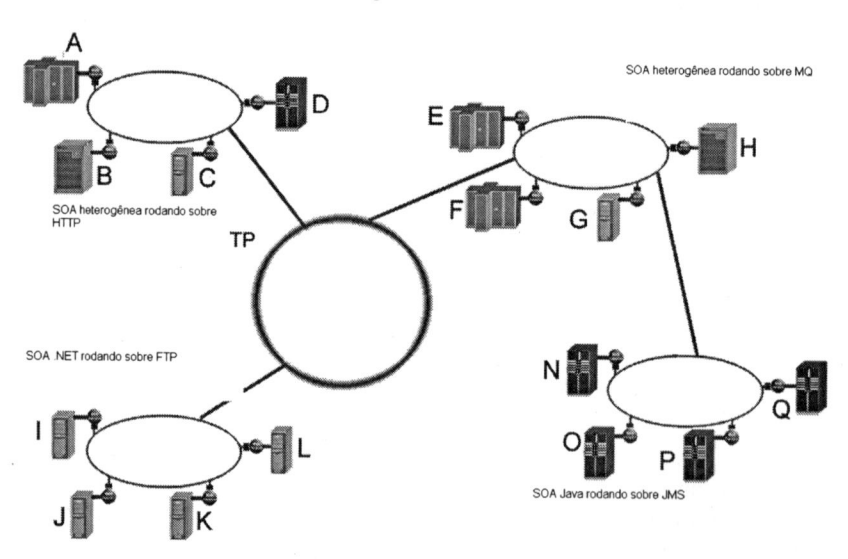

Figura 11.1 Uma rede de SOAs simples é composta de diversas SOAs conectadas por uma infra-estrutura de rede comum como a Internet ou redes privadas.

O que quero que o Jay veja nesse exemplo é como os *web services* podem interagir com consumidores de *web services* que utilizam diferentes protocolos de comunicações, sistemas de segurança e configurações de roteamento de rede. Alguns grupos estarem usando "padrões" em algumas áreas é dificilmente uma receita para compatibilidade

– do mesmo modo que, por exemplo, se você tem um homem e uma mulher que falam espanhol, isso certamente os ajudaria a se comunicar, mas dificilmente é o suficiente para se relacionarem. Mesmo usando diferentes plataformas, protocolos e assim por diante, as expectativas dos consumidores e provedores de *web services* precisam ser tratadas independentemente dos participantes em si.

11.2 GERENCIANDO A REDE DE SOAs

Se é difícil gerenciar uma SOA, então imagine o quão complexo pode ser você possuir diversas SOAs para acompanhar, algumas das quais podendo estar em outras companhias ou mesmo em outros países. O gerenciamento, transporte, roteamento e segurança de mensagens são algumas das muitas questões de gerenciamento que surgem quando se tenta gerenciar uma rede de SOAs confiável. Mesmo que cada SOA individual na rede seja bem gerenciada, a rede como um todo pode ser não-gerenciada.

11.2.1 Passando mensagens através da rede

O que acontece quando mensagens SOAP têm de trafegar por uma rede? Como uma mensagem sabe aonde ir? Embora muitas pessoas assumam que o SOAP sempre trafega através de HTTP na Internet, mesmo pequenas espiadas em SOAs do mundo real mostram que isso raramente é verdade. Na vida real, as mensagens de SOAP trafegam por uma diversidade de redes, cada uma podendo ter convenções de transporte e roteamento diferentes.

No exemplo mostrado na figura 11.2 (no qual troquei a Titan por uma SOA baseada em Java e JMS por questões de simplicidade e aprendizado), para que o computador D invoque um *web service* no computador E, sua requisição SOAP deve trafegar de uma rede rodando HTTP para uma rede rodando MQ. Duas questões de gerenciamento surgem dessa transação. Primeiro, a mensagem SOAP deve se adaptar para transporte sobre HTTP e depois MQ. Em uma rede de SOAs não-gerenciada, o SOAP, como ele é, não possui nenhuma capacidade inata de se transformar para ser transportado corretamente sobre protocolos de transporte diferentes. Segundo, há a questão de roteamento. Como você pode ter certeza de que a mensagem sabe como ir do ponto D para o ponto E?

A figura 11.3 mostra um cenário de roteamento típico em uma rede de SOAs. Quando as requisições SOAP vêm do computador chamador, mostrado na esquerda, pode seguir um ou dois caminhos para o *web service* chamado. Pode trafegar por um caminho que é rápido, ou pode pegar um caminho que é conhecido por ser mais confiável, embora um pouco mais lento. Lembra-se do *web service* que controla a ogiva nuclear? Obviamente, você desejaria que sua mensagem trafegasse por um caminho confiável. O problema é que o SOAP, em sua forma nativa, não possui nenhum mecanismo para lidar com decisões de roteamento. Na rede de SOAs não-gerenciada, o roteamento é problemático.

E não nos esqueçamos das questões básicas de gerenciamento de mensagens SOAP. Como o computador D sabe que o computador E recebeu a mensagem? O quão rápida é a resposta? Há garantias de SLA e QoS e contratos e reembolsos? Todas essas questões ainda precisam ser respondidas – embora em uma rede de SOAs, as respostas sejam tipicamente muito mais complexas do que em uma SOA-padrão.

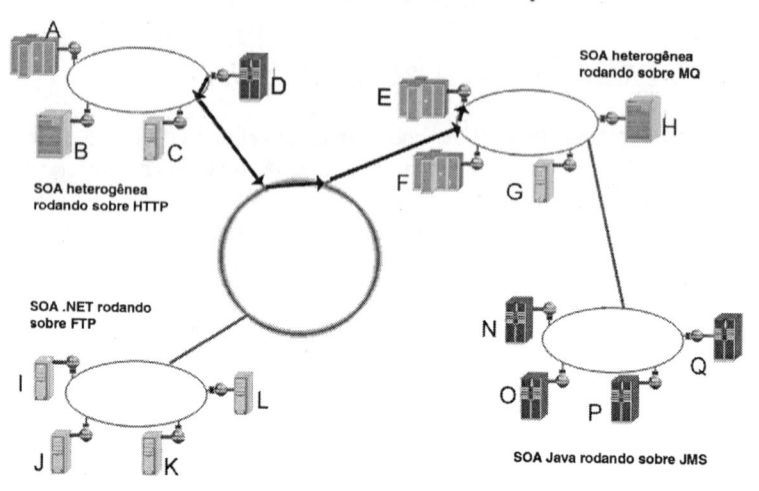

Figura 11.2 Quando uma mensagem SOAP tem de trafegar por uma rede de SOAs, pode ter ser que se decidir por um caminho bem-sucedido entre diversos nós de uma rede.

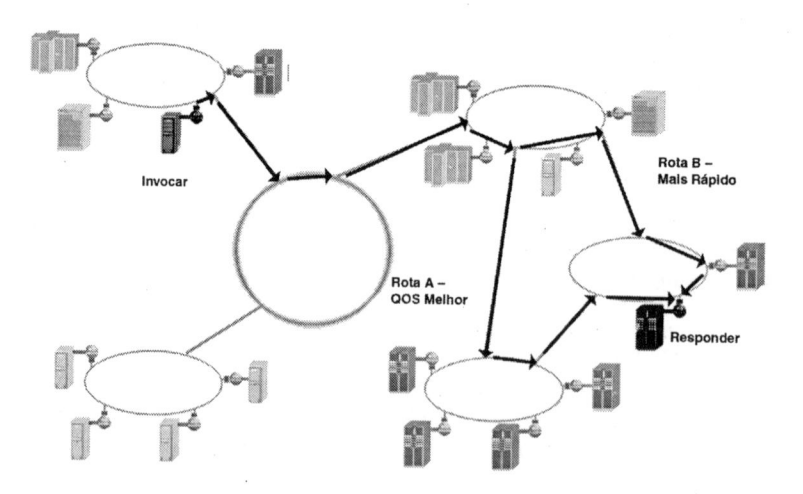

Figura 11.3 Pode haver mais de um caminho para uma mensagem SOAP alcançar seu *web service* de destino. Pode ser que um caminho seja mais rápido e outro mais confiável. Dependendo das suas prioridades, você pode escolher uma ou outra rota.

CAPÍTULO 11 – MONTANDO REDES DE SOAS | 167

Em um processo orquestrado, como o mostrado na figura 11.4, as questões de gerenciamento são diversas. Nesse processo orquestrado de quatro passos, as mensagens SOAP devem trafegar várias vezes por quatro redes diferentes, cada uma utilizando um protocolo de transporte diferente. As mensagens SOAP podem ser transformadas várias vezes conforme trafegam de um ponto para outro. Levando em conta os desafios de roteamento, gerenciamento de mudanças e segurança, é provável que o processo orquestrado não funcione em uma rede de SOAs não-gerenciada.

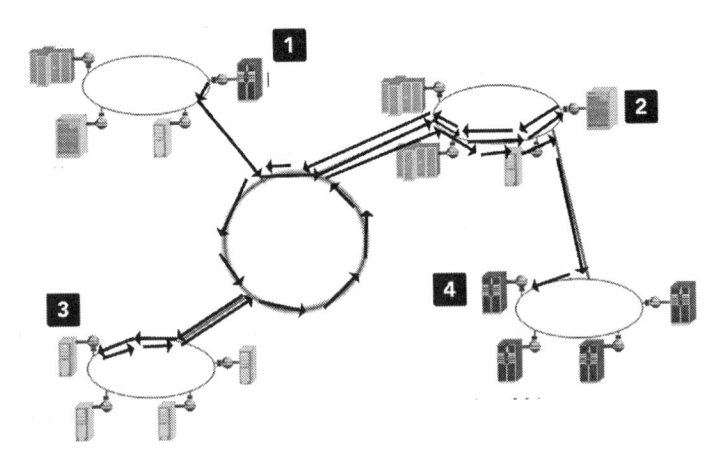

Figura 11.4 Um processo orquestrado de *web services* com quatro passos em uma rede de SOAs.

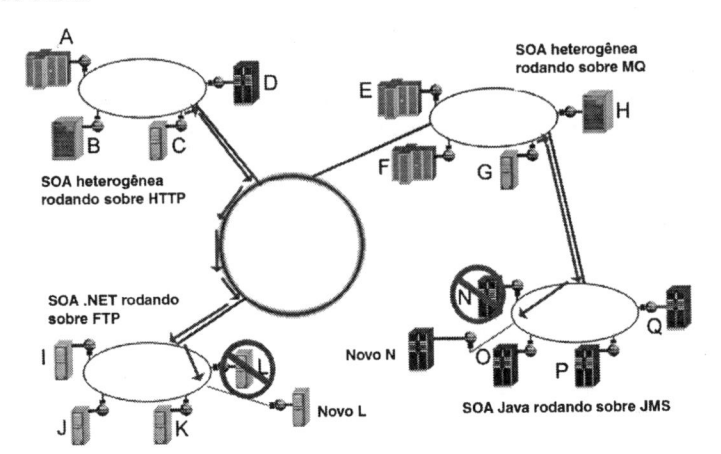

Figura 11.5 Acompanhar o gerenciamento de mudanças em uma rede de SOAs é um grande desafio. Conforme os web services são alterados, mudados de lugar, ou atualizados, você precisa atualizar qualquer consumidor potencial desse web service. Se não fizer isso, esses consumidores continuarão a invocar web services que não existem mais e experimentarão uma qualidade mais baixa de serviços.

11.2.2 Gerenciando mudanças em uma rede de SOAs

Como sempre, o gerenciamento de mudanças é um grande problema em uma rede de SOAs. Do mesmo modo que versões diferentes ou atualizadas de *web services* podem causar confusão, em uma rede de SOAs essas questões podem levar a falhas de desempenho. A figura 11.5 mostra duas instâncias de *web services* que foram alteradas. Se o computador C quiser invocar o *Web Service* L, que está em outra SOA, como saberá que ele foi substituído pelo Novo *Web Service* L? O computador G e o *Web Service* N apresentam o mesmo problema. Uma vez que o *software* é constantemente modificado, os *web services* que compõem cada SOA na rede provavelmente mudarão no decorrer do tempo. Como os serviços estão em organizações completamente diferentes, se as mudanças não forem reportadas confiavelmente para todos os computadores chamadores potenciais na rede, então a rede não funcionará corretamente.

11.3 TORNANDO SEGURA A REDE DE SOAs

A segurança é também um grande desafio que se enfrenta quando se monta uma rede de SOAs. Assim como o gerenciamento, a segurança na rede de SOAs confronta todas as mesmas questões que você encontra em uma SOA-padrão, apenas em maior número. A rede de SOAs engloba todos os desafios de autenticação, autorização, privacidade e integridade de mensagens inerentes da SOA.

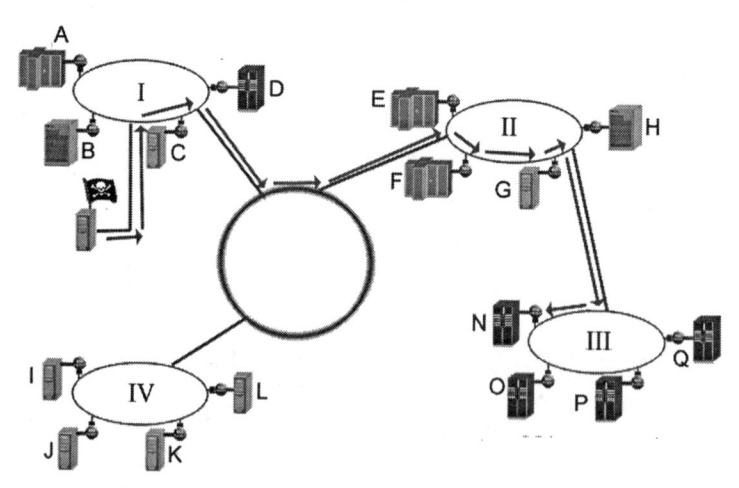

Figura 11.6 As redes de SOAs apresentam diversos desafios na segurança de parceiros externos. Neste exemplo, o *Web Service* N na Rede de SOAs III precisará autenticar um usuário da Rede I se quiser operar seguramente. Se um usuário não autorizado consegue simular ser um usuário da Rede I, então o *Web Service* N estará vulnerável ao uso não autorizado.

A figura 11.6 apresenta um cenário de segurança de rede de SOAs que mostra como cada SOA em uma rede não-segura é vulnerável. Se a Rede de SOAs III é montada de modo a permitir qualquer requisição vinda da Rede I, então qualquer usuário na Rede I pode acessar a Rede III, mesmo que não possua as credenciais de segurança apropriadas. Na melhor das hipóteses, há o potencial de mau uso não intencional de *web services* por usuários da Rede I. Na pior, a intrusão direta pode acontecer sem detecção ou conseqüências.

Mesmo que cada SOA possua seu próprio mecanismo de segurança, a rede como um todo é vulnerável, pois não há nada para tornar seguras as interações entre as SOAs componentes. Assumindo que os respectivos mecanismos de segurança não estão correlacionados, se um usuário não autorizado na Rede I quiser acessar o *Web Service* N na Rede III, o *Web Service* N não tem como autenticar o usuário e descobrir se o usuário está autorizado para uso do serviço. A privacidade e a integridade de mensagens também estão em risco em uma rede de SOAs não-segura. Conforme as mensagens SOAP trafegam entre os "nós" da rede, podem ser interceptadas, copiadas, roteadas ou modificadas antes de chegarem aos seus verdadeiros destinos.

11.4 DESCOBRINDO A SOLUÇÃO CERTA

Agora, nesse ponto, uma pessoa razoável poderia estar pensando se uma rede de SOAs vale as dificuldades. É justo o suficiente estabelecer o gerenciamento e a segurança em uma única SOA. Quando você combina SOAs em uma rede, como você viu, os desafios se tornam muito mais complexos. E lembre-se, a solução de gerenciamento de SOA deve lidar com todas essas questões que levantamos de uma só vez. Tem de lidar com roteamento, transporte, gerenciamento de mensagens, gerenciamento de mudanças e segurança simultaneamente – e fazer isso não apenas dentro do ambiente de SOA mas também entre ambientes diferentes.

Acredite em mim, vale a pena o esforço para vencer os desafios para tornar segura e gerenciar sua(s) rede(s) de SOA. Se você restringe o alcance da sua SOA para aqueles serviços disponíveis somente dentro do seu domínio, então limita a capacidade da sua SOA de interoperar com sistemas em outras organizações ou ramos da sua organização. Essa limitação começará a invalidar as vantagens da sua SOA e finalmente irá deixá-lo não melhor do que se jamais tivesse adotado os padrões.

Felizmente, várias soluções estão disponíveis para gerenciar e tornar segura uma rede de SOAs. De fato, muitas das soluções de gerenciamento e segurança de SOA também possuem funcionalidades de gerenciamento e segurança de redes de SOAs. Ao avaliar esses produtos e soluções, você deve ter essas características de rede em mente.

11.5 UTILIZANDO INTERCEPTAÇÃO DE SOAP PARA GERENCIAMENTO DE REDE DE SOAs

Embora existam diversas abordagens para o gerenciamento de redes de SOAs, os mais eficazes parecem ser aqueles baseados em interceptadores de SOAP que se reportam a uma solução centralizada. Afinal, a mensagem SOAP – seu cabeçalho, para ser mais específico – é a unidade que orienta o funcionamento da rede. A mensagem é a pequena parte de XML que deve atravessar a rede com todos os seus nós, decisões de roteamento e protocolos de transporte. É a mensagem SOAP que deve passar bem-sucedidamente através dos *checkpoints* de política de segurança. Uma maneira distribuída de reforçar essas políticas da SOA portanto parece ser lógica e necessária.

A figura 11.7 mostra uma solução de gerenciamento de SOA baseada em interceptação de mensagens SOAP. Em cada ponto da rede, um interceptador de mensagens SOAP processa mensagens SOAP que chegam e saem. O interceptador de SOAP comunica-se com cada *web service* em sua respectiva rede de SOAs. O interceptador de SOAP, portanto, pode transmitir informações acuradas sobre cada *web service* em sua rede para a solução de gerenciamento de rede de SOAs central. A solução de gerenciamento de rede de SOAs, como resultado, "sabe" tudo que precisa saber sobre cada *web service* na rede de SOAs toda.

Onde a solução de gerenciamento de rede de SOAs armazena todo esse conhecimento sobre os *web services* da rede? Há várias opções, mas uma das mais eficazes soluções envolve um armazenamento robusto de metadados que pode tornar as informações sobre os serviços prontamente disponíveis. Além disso, tirando-se vantagem de um padrão existente, você pode começar com um UDDI básico (*web services registry*) e expandi-lo para funcionar como um papel de gerenciamento de rede de SOAs completo. Um UDDI, que contém informações básicas sobre um *web service* com o objetivo de tornar esse serviço mais fácil de ser localizado e utilizado, pode ser aperfeiçoado e *plugado* em um sistema gerenciador de banco de dados (SGBD) poderoso como o Oracle ou IBM DB2. O resultado é um repositório completo de informações sobre os web services na rede de SOAs. A solução de gerenciamento de rede de SOAs utiliza essas informações para gerenciar a rede.

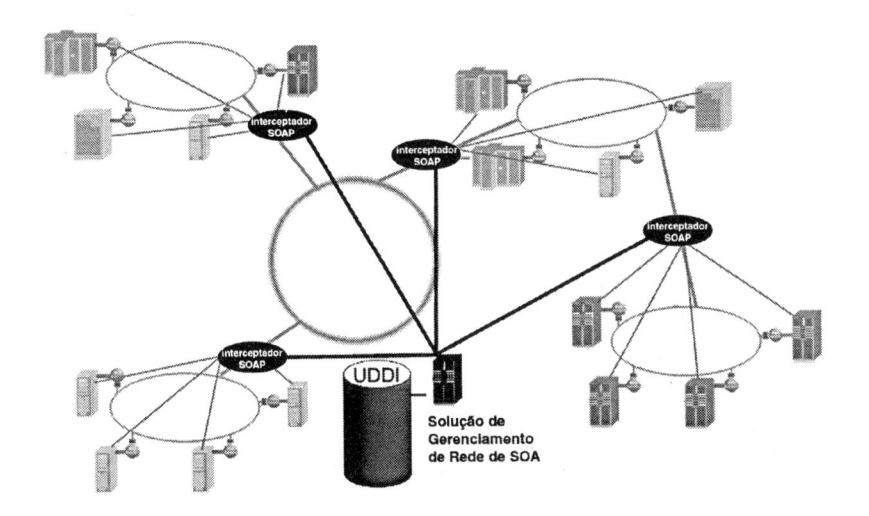

Figura 11.7 Os interceptadores de SOAP podem funcionar como base para uma solução de gerenciamento de rede de SOAs.

O repositório aperfeiçoado da solução de gerenciamento de SOA armazena metadados sobre cada *web service*, incluindo

- Regras de protocolos de transporte
- Regras de roteamento de rede
- Informação sobre a política de segurança
- Regras de QoS e SLA
- *Status* de gerenciamento de mudanças

Quando uma invocação de um *web service* vem de um computador na rede, o interceptador de SOAP o captura e adiciona as informações de que precisará para chegar ao *web service* de destino e receber uma resposta.

Como exemplo, a figura 11.8 mostra uma requisição SOAP vinda do computador na esquerda. Antes de chegar ao *web service* que está tentando invocar, é parada pelo interceptador de SOAP. Ele então "consulta" a solução de gerenciamento de rede de SOAs para verificar a informação no cabeçalho da requisição SOAP. Assegura-seEle se assegura de que a requisição não está indo para um *web service* morto que foi substituído por uma versão atualizada. Garante que as políticas de segurança são obedecidas e depois examina o plano de roteamento da mensagem, verificando se a mensagem deve ser roteada de acordo com o que o QoS dita ou com a velocidade. Depois transforma a mensagem SOAP em qualquer que seja o protocolo de transporte requerido na outra ponta. Depois desse processo ser completado, a requisição SOAP verificada é encaminhada para seu destino. As informações necessárias para realizar essa verificação são armazenadas no repositório de metadados da solução de gerenciamento de rede de SOAs.

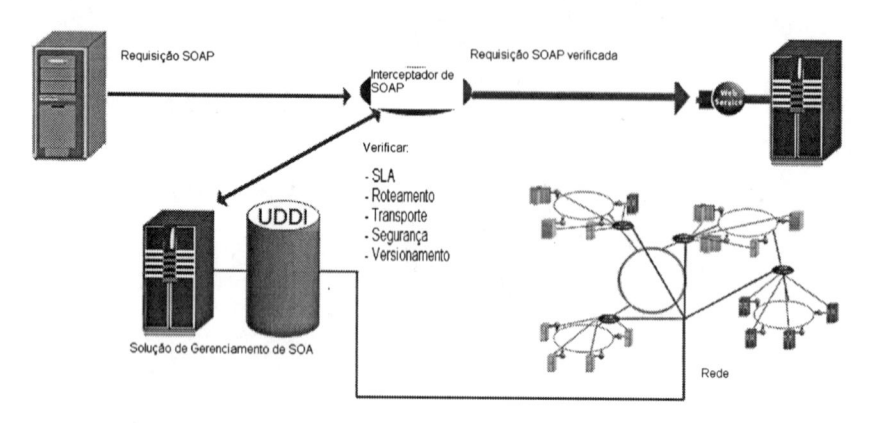

Figura 11.8 Quando uma mensagem SOAP atravessa a rede de SOAs, o interceptador de SOAP o pára, verifica e possivelmente o modifica para estar de acordo com o desempenho no nível de serviço, instruções de roteamento, transformação de protocolo de transporte, segurança e versionamento.

11.6 VPNs XML

Uma das grandes vantagens de uma rede de SOAs é sua capacidade de permiti-lo estender as capacidades programáticas e de integração de seus parceiros de negócios. Indo além do simples compartilhamento de dados com parceiros, a rede de SOAs permite a verdadeira integração de aplicações B2B. Ao mesmo tempo, essa capacidade cria um dilema de adoção de política de segurança verdadeiramente problemático. Como você pode ter certeza de que um usuário de uma organização parceira está autorizado para se integrar com suas aplicações? Como você pode autenticar esse usuário? Você deseja mesmo essa dor de cabeça?

Há uma abordagem de solução que elimina muitos dos problemas de administração de propriedade da equação. A rede privada virtual XML, ou XML VPN, permite que diversas empresas interoperem sem a necessidade de ter de conhecer muito uma sobre a outra. Como uma VPN SSL tradicional, que cria um "túnel" de criptografia através de redes públicas de modo que duas máquinas possam interoperar seguramente, a VPN XML permite conexões seguras entre *web services* e seus consumidores na rede. Uma VPN XML mitiga certas questões de política de segurança em implementações de SOA B2B.

Por exemplo, digamos que você tenha uma companhia de serviços financeiros que permita que vários parceiros participem de um programa de "Recompensa de Pontos" de cartão de crédito que permite a possuidores de cartão de crédito ganharem pontos

CAPÍTULO 11 – MONTANDO REDES DE SOAS | 173

de recompensa por comprarem em parceiros participantes. Um varejista pode permitir que seus clientes usem seus pontos em compras. Para tornar isso possível, sua companhia cria *web services* que provêem saldos de pontos de recompensa para parceiros participantes. Cada um dos parceiros desenvolve aplicações consumidoras de *web services* que chamam seus *web services* de pontos de recompensa. A figura 11.9 ilustra os relacionamentos de consumidores e *web services* que devem ser mantidos para que seus parceiros possam ter acesso aos dados de pontos de recompensa expostos como *web services* na sua companhia de serviços financeiros.

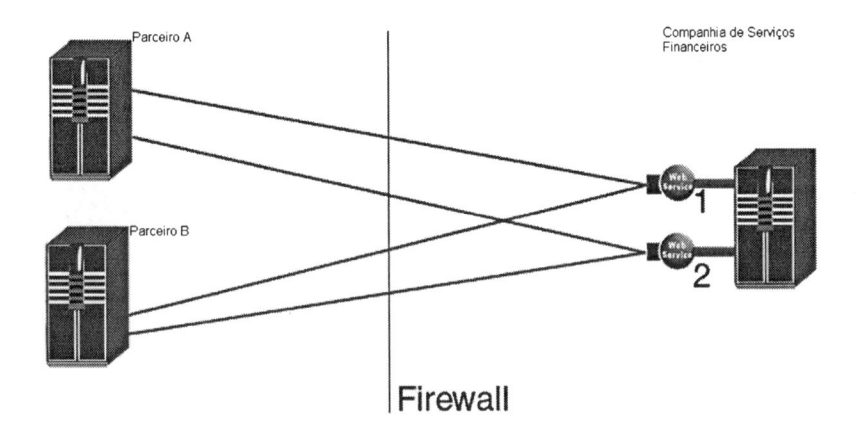

Figura 11.9 – Uma companhia de serviços financeiros cria um programa de recompensa de usuários de cartão de crédito que permite aos seus proprietários utilizar os pontos em parceiros participantes do programa. Os *web services* provêem saldos de pontos para os parceiros, que devem desenvolver aplicações consumidoras de *web services* para descobrirem quantos pontos cada usuário tem. Isso apresenta um desafio de segurança. A companhia de serviços financeiros deve autorizar e autenticar os desenvolvedores de cada parceiro sem conhecê-los.

O programa de recompensa cria um desafio de segurança para sua companhia. Primeiramente, para que o programa funcione, você deve oferecer acesso programático aos seus *web services* para os desenvolvedores de *software* das suas firmas parceiras. Isso acontece porque cada parceiro precisa desenvolver uma aplicação consumidora de *web services* para poder participar do programa de recompensa. Eis o problema: Como sua companhia sabe quem é cada desenvolvedor? Para garantir a segurança dos seus sistemas, você deve autorizar e autenticar qualquer desenvolvedor que queira acessar o *web service* para propósitos de desenvolvimento. Mesmo nesse exemplo extremamente simples, sua companhia deve manter informações atualizadas de autorização e autenticação para dois parceiros e dois *web services*. O que acontece se um desenvolvedor parceiro sai? Como sua companhia acompanha isso? Ainda mais importante: você deseja essa responsabilidade? Você não pode imaginar o quão complexo e custoso isso pode ser.

Instalando uma VPN XML, sua companhia de serviços financeiros pode reduzir muitas das dores de cabeça de segurança associadas com a manutenção das interações de parceiros no programa de recompensa. Como a figura 11.10 mostra, cada parceiro encaminha suas requisições de *web services* para um *proxy* seguro. Todas as regras de acesso e identidades de usuários são mantidas em um controlador de VPN XML, que aceita ou rejeita as requisições de *web services*. Os *web services*, também, são representados em um *proxy*, que interage com o controlador. Desse modo, a VPN XML reduz a segurança ao nível do *proxy*. Nenhuma administração especializada ou desenvolvimento de *software* é necessário para acompanhar usuários específicos em cada firma parceira.

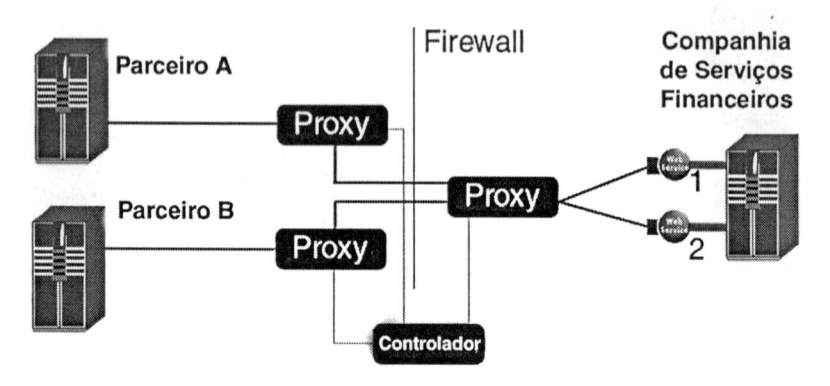

Figura 11.10 Uma VPN XML cria *proxies* seguros para ambos os consumidores de *web services* e os *web services* em si. A segurança é mantida no nível do *proxy*, com qualquer requisição de *web service* ou *login* programático de usuário de um parceiro confiável que obedece às regras armazenadas no controlador e sendo aprovada automaticamente.

11.7 O GERENTE ATENTO ALERTA: DE QUEM É A RESPONSABILIDADE?

Uma grande questão que certamente surge do desenvolvimento de grandes redes de SOAs é a da propriedade. De quem é a responsabilidade? De quem são os dados relacionados ao gerenciamento da rede? Isso pode se tornar uma questão problemática. Para que as redes de SOAs possam existir, deve haver algum nível de cooperação entre as entidades que compõem a rede. Isso não é uma questão simples. De certo modo, os aspectos tecnológicos de se construir uma rede de SOAs são a parte fácil – fazer com que diversas organizações concordem em participar de uma rede de SOAs pode ser desafiador.

Independentemente de como você o faz, deve pôr inteligência na sua rede de SOAs, ou rapidamente ela parará de funcionar. Há simplesmente muitas partes que mudam para que ela funcione sozinha. Essa noção de "abstrair" a complexidade das pontas de uma SOA e na rede é a base das soluções de gerenciamento de "estrutura de serviços" que recentemente surgiram no mercado. Conforme essas redes crescem – e eu acredito que elas se tornarão imensas – não haverá como cada computador na rede de SOAs saber o *status* de todos os *web services* da rede e como melhor alcançá-los. A solução de gerenciamento deve ser conseguir absorver um conjunto abrangente de informações sobre a rede de SOAs inteira. A solução de gerenciamento deve possuir a inteligência para ajudar os componentes da SOA e os *web services* a funcionarem como esperado.

Diversas soluções possíveis estão surgindo conforme essas questões se tornam mais bem definidas. Uma opção é fazer com que os parceiros externos lidem com essas tarefas de cooperação. Algumas das grandes operadoras de telecom já estão explorando isso como uma linha de negócios com a qual aumentam seus serviços corporativos. Essas entidades irão operar *hubs* de *web services* e gerenciar as questões de segurança e auditoria que normalmente dificultam o comércio entre as partes. Outro cenário provável para grandes companhias é que se tornarão as forças motrizes em relação a seus fornecedores e parceiros, obrigando uma ampla participação e aderência. Por último, as soluções de gerenciamento de SOA trazem a noção de "segurança e gerenciamento federados" à mesa. Isso significa que cada SOA na rede pode gerenciar seus próprios ambientes, mas interoperar através de uma federação, ou compartilhamento, de metadados-chave entre eles.

11.8 Resumo

Uma rede de SOAs é um agrupamento de SOAs que conectam organizações diferentes e divisões da mesma organização ou ambos. Assim, é provável que contenham protocolos de mensagens e políticas de segurança distintos. As redes de SOAs apresentam diversos desafios de gerenciamento significantes que ultrapassam os envolvidos em gerenciamento de uma SOA padrão em complexidade. Esses desafios incluem o monitoramento de SLA e QoS através de diversos domínios, assegurando um roteamento eficaz de mensagens SOAP, transformando mensagens SOAP para trafegarem com sucesso entre os diversos protocolos de transporte como JMS e HTTP, e o gerenciamento de controle de versão. A segurança também é um grande fator em redes de SOAs, pois cada rede pode ter suas próprias políticas de segurança.

Há soluções disponíveis, e podem ser avaliadas pela sua capacidade de oferecer uma abordagem abrangente e escalável. Várias soluções de gerenciamento de SOA se baseiam em UDDI aperfeiçoado para funcionarem como um repositório de informações sobre cada *web service* na rede de SOAs. Com um repositório de metadados ou UDDI "esperto", a solução de gerenciamento de rede de SOAs pode garantir a confiabilidade das mensagens SOAP que trafegam pela rede, e abstrair eficazmente os consumidores e serviços das complexidades de interagir uns com os outros. Além disso, a tecnologia emergente de VPN XML promete adicionar outra solução de segurança para o gerenciamento de redes de consumidores e *web services* independentes e interdependentes.

CAPÍTULO 12

UTILITY COMPUTING

12.1 O que a Titan ganharia com a utility computing

12.2 Como os padrões abertos possibilitam a utility computing

12.3 Utility Computing na SOA

12.4 O gerente atento alerta: Torne segura a sua utility computing

12.5 Resumo

Utility computing, também conhecido como computação *"on-demand"*, é um novo paradigma de infra-estrutura de computação que organiza os recursos de TI de modo que possam ser acessados – e pagos – conforme sejam necessários, exatamente como serviços tradicionais como gás, água ou eletricidade. Modelos de *utility computing* estão agora sendo evoluídos por todos os grandes *players* no campo de TI. Embora os esforços sejam bem recentes em sua maturidade, a *utility computing* é mais do que uma simples moda vazia. Ela possui implicações potenciais no modo como as organizações compram e utilizam recursos computacionais. Também terá um grande impacto no *software*, com *web services* e a SOA desempenhando um papel central na sua adoção.

12.1 O QUE A TITAN GANHARIA COM A UTILITY COMPUTING

A idéia básica por trás da *utility computing* é permitir aos sistemas atuarem somente quando são necessários, e modelos de custos subirem e decaírem de acordo com o uso também. Eu pergunto ao Jay:: "você alguma vez já possuiu um conjunto de servidores que ficava praticamente parado enquanto outro *rack* estava trabalhando tanto que havia fumaça saindo dele?" Ele balançou a cabeça concordando. "Sim", disse, "isso é um problema comum na Titan. O orçamento de TI sempre contém pedidos por mais *hardware* para aliviar sistemas sobrecarregados enquanto outros permanecem subtilizados."

Eu expus para ele que para compreender o valor da *utility computing*, temos que ver o modo como a infra-estrutura de TI é criada hoje. Como mostrado na figura 12.1, a demanda das aplicações tende a ser variável. Em qualquer ponto no tempo, quase sempre a infra-estrutura que foi criada para atender ao pico de demanda fica sem uso. Em termos técnicos, a capacidade do servidor tem uma taxa baixa de utilização. Em termos financeiros, a taxa baixa de uso dos recursos resulta em ROI menor para a infra-estrutura de TI, uma área que é um alvo favorito para os cortadores de custos corporativos.

Portanto, o apelo da *utility computing* possui dois lados. Para clientes de infra-estrutura de TI (os usuários da aplicação), a *utility computing* oferece a possibilidade de se pagar pelo uso da aplicação somente quando uma aplicação em particular é realmente usada. É como no consumo de serviços em casa, em que esperamos pagar pela eletricidade, quando a utilizamos, por exemplo, se acendermos as lâmpadas, e esperamos não pagar quando as apagamos. O usuário da *utility computing* paga pelo uso de fato e não pelo tempo não utilizado. Do ponto de vista dos fornecedores de infra-estrutura de TI, sejam eles serviços terceirizados ou departamentos internos de TI que funcionam em uma base de cobrança, a base da *utility computing* é a capacidade de maximizar a utilização dos recursos de infra-estrutura de TI.

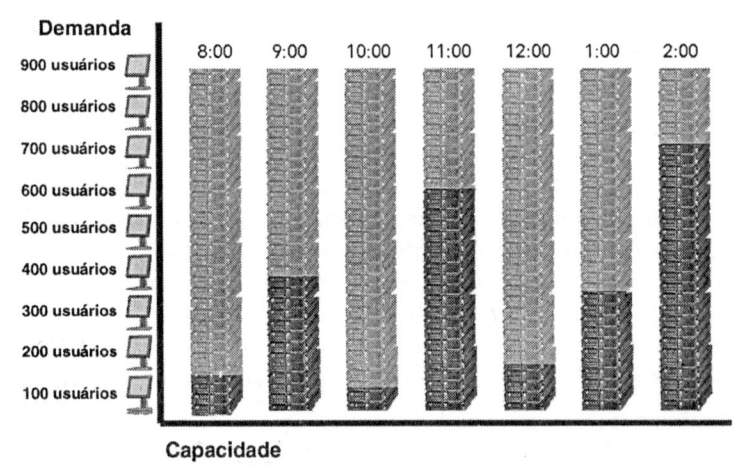

Figura 12.1 A demanda das aplicações tende a ser variável, aumentando e diminuindo ao longo do dia. Porém, a maioria das infra-estruturas de TI são projetadas para atender à demanda máxima. O resultado é uma baixa utilização dos recursos de TI, o que se traduz em gastos altos de infra-estrutura que é raramente utilizada, exceto em períodos de grande demanda.

Para que a utility computing faça sentido financeiramente, ela deve beneficiar tanto o usuário quanto o fornecedor da infra-estrutura de TI. O ônus de tornar a utility computing viável, entretanto, recai sobre o fornecedor da infra-estrutura de TI, pois os usuários presumem que pagarão menos por uma solução de utility computing do que pagam atualmente por infra-estrutura de IT fixa que suporta a demanda de forma ineficiente. De fato, se os custos da utility computing para os usuários da infra-estrutura fosse o mesmo ou mais alto do que aqueles estabelecidos atualmente, então poucos se importariam com isto. Portanto, o fornecedor da infra-estrutura deve poder justificar a utility computing em termos financeiros. Isto significa, em sentido prático, que o fornecedor da infra-estrutura deve usar a utility computing para expandir a utilização dos recursos da infra-estrutura.

O objetivo da *utility computing* é maximizar a carga de infra-estrutura ao gerenciar a capacidade disponível em resposta à demanda. Como a figura 12.2 ilustra, uma infra-estrutura de *utility computing* coloca várias aplicações na mesma infra-estrutura. Conforme a demanda de uma aplicação aumenta (ou diminui), a infra-estrutura de *utility computing* aumenta (ou diminui) o uso dessa aplicação nos conjuntos de servidores disponíveis. No exemplo simplificado mostrado na figura 12.2, a infra-estrutura que foi usada ineficientemente para atender a apenas uma aplicação na figura 12.1 é agora configurada para *utility computing* e possui a capacidade de atender a duas aplicações, A e B, com a mesma quantidade de recursos de infra-estrutura. A utilização geral de recursos de TI é mais alta, o que significa que o retorno financeiro sobre os recursos é mais alto e a aplicação se torna menos cara para ser oferecida aos usuários.

Idealmente, a *utility computing* ocorre em uma infra-estrutura em que computadores podem trocar tarefas entre si e automaticamente transferir a demanda de funcionalidades de uma máquina para a outra conforme a demanda aumenta ou diminui. A palavra *"utility"* tem o sentido da disponibilidade universal e (quase) inquestionável dos serviços utilitários em nossas vidas como eletricidade, água e telefone. A idéia é que a infra-estrutura computacional possa reproduzir a resposta de capacidade automática da rede elétrica. Quando você acende uma lâmpada, não sabe que seu ato de aumentar a demanda de eletricidade pode impelir a companhia local de energia a comprar alguns megawatts de um gerador em outra cidade. Isso é você não prever. Na *utility computing*, idealmente, você pode solicitar funcionalidade computacional sem a preocupação de saber a capacidade computacional requerida para realizar sua necessidade vem. Ainda mais importante, em vez de prever as necessidades adiantadamente e comprar em excesso, você simplesmente paga pelo que consome assumindo que uma vasta capacidade – essencialmente uma quantidade infinita de recursos – estará à sua disposição para você a qualquer instante.

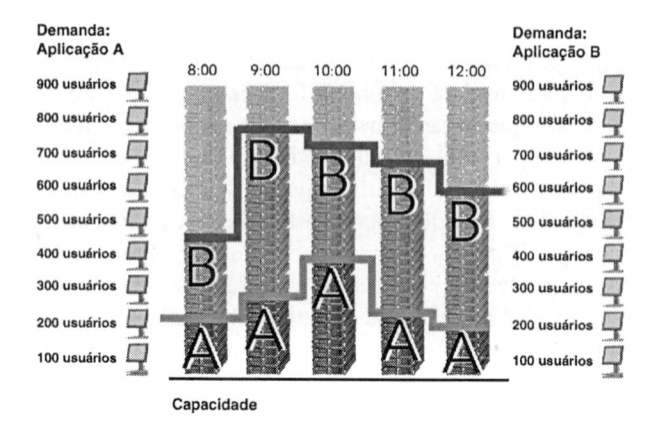

Figura 12.2 A utility computing requer a capacidade de gerenciar a demanda das aplicações entre servidores intercambiáveis. Neste exemplo, as aplicações A e B compartilham o mesmo conjunto de servidores. Conforme a demanda aumenta e diminui para cada aplicação, o sistema de utility computing aloca a capacidade do servidor dentro da infra-estrutura de uma maneira dinâmica. O resultado é uma utilização maior dos recursos de infra-estrutura, ROI mais alto e custos menores para os usuários.

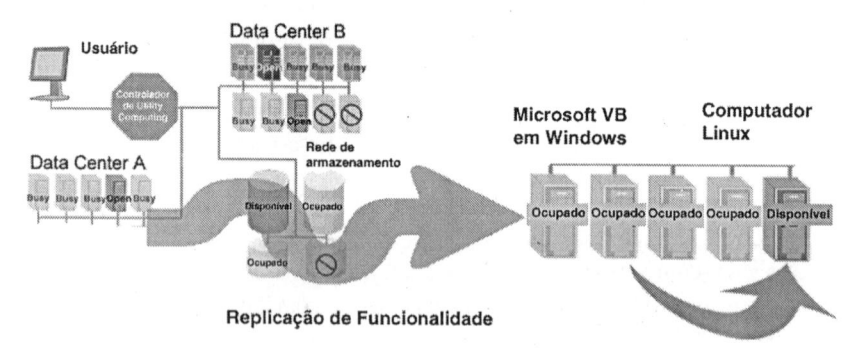

Figura 12.3 Replicar a funcionalidade entre computadores é uma proposta desafiadora em um ambiente heterogêneo. Neste exemplo, seria necessário replicar um programa em Microsoft VB para um computador Linux para realizar um resultado de utility computing viável. O problema é que isso é praticamente impossível, especialmente em um processo não assistido e automatizado.

Além da alocação flexível de infra-estrutura, o outro fator-chave que possibilita a *utility computing* é a capacidade de algum tipo de aplicação controladora obter uma visão geral de todos os recursos de infra-estrutura disponíveis e alocar a demanda entre eles de uma maneira sensível. Como mostrado na figura 12.3, uma requisição de um único usuário por funcionalidade pode ser roteado para recursos de infra-estrutura disponíveis em dois *data centers*.

12.2 COMO OS PADRÕES ABERTOS POSSIBILITAM A UTILITY COMPUTING

Se você tem prestado atenção nas últimas centenas de páginas, provavelmente está pensando: "Ok, qual é a pegadinha?" E você está certo em perguntar; Como acontece com todas as visões utópicas, a realidade é um pouco diferente: a *utility computing* é muito mais fácil de ser dita do que de ser feita. A razão? Embora a *utility computing* seja uma solução de hardware/infra-estrutura, é principalmente um problema de software e centenas de fornecedores estão introduzindo agora abordagens competitivas, embora nenhuma preencha todas as lacunas.

Os dois fatores-chave que possibilitam a *utility computing*–a capacidade dos recursos de replicarem suas funcionalidades para outros recursos e a capacidade de um controlador central de alocar a demanda entre os diferentes recursos para *data centers* distintos – dependem de algum tipo de interoperabilidade aberta dos sistemas. Se os recursos nos seus *data centers* são heterogêneos em termos de sistemas operacionais, linguagens de programação, plataforma, protocolos de rede e integração de aplicações (e vamos encarar, eles o são), você vai levar muito tempo para fazer com que sua *utility computing* funcione.

Certamente, você poderia trocar tudo por um único padrão proprietário unificado. Mas se não está pronto para essa realidade e gasto, então uma arquitetura de *utility computing* baseada em padrões abertos começa a fazer bastante sentido. De fato, eu acredito que será impossível para os grandes *players* de TI realizar seus objetivos de *utility computing* sem utilizar um conjunto comum de padrões abertos. Por essa razão, a *utility computing* será bem-sucedida em parte graças aos *web services* e à abordagem de SOA.

A figura 12.3 ilustra esse problema. Se há uma aplicação em Microsoft Visual Basic (VB) sobrecarregada rodando em uma máquina com Windows e o computador disponível que a *utility computing* pode replicá-la é uma máquina Linux, será complexo, se não impossível, realizar essa transição. A questão se torna ainda pior se as outras máquinas disponíveis estiverem rodando outros sistemas operacionais. Se você não utilizar padrões abertos para resolver esse problema, terá diversas alternativas desagradáveis. Você pode integrar com tecnologia proprietária, reescrever sua aplicação em uma linguagem aberta como Java (que se replica facilmente em diversas plataformas) ou reescrever tudo em um único padrão proprietário e se prender a esse fornecedor para todas as suas necessidades de TI. Porém, além de prender a sua companhia até a morte com custos altos, a última opção requer passar por uma tortura lenta de diversos projetos de migração de aplicações e dados.

Como mostrado na figura 12.4, se a funcionalidade da aplicação foi exposta como um web service usando SOAP XML, então é possível replicar esse web service para máquinas alternativas sem se preocupar com o sistema operacional do computador suplementar ou a linguagem de programação original da aplicação em si. Não é uma solução perfeita, no entanto. Em um ambiente legado de mainframe, por exemplo, a carga provavelmente terá de fluir para o mainframe independentemente de ter sido exposto como um *web service*.

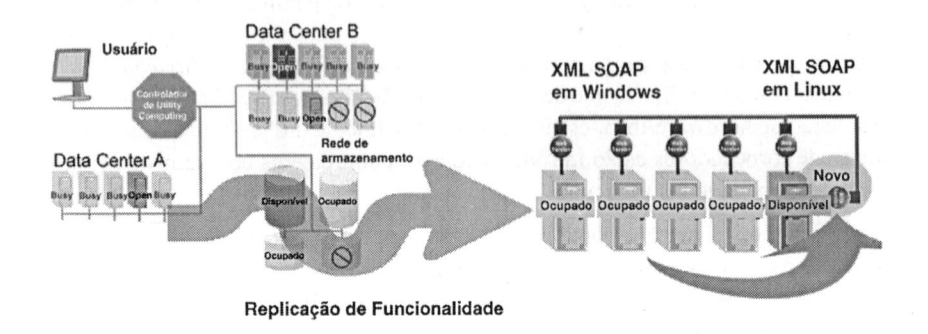

Figura 12.4 O SOAP permite a replicação de funcionalidade entre diversos sistemas operacionais e linguagens.

12.3 UTILITY COMPUTING NA SOA

O conceito de *utility computing* não precisa ser limitado à infra-estrutura. Em uma SOA, como vimos, há muitas questões de balanceamento de carga e QoS que podem ser gerenciadas ao se utilizar a capacidade de replicar *web services* em diversos computadores sob demanda. Assim como a idéia de *utility computing* está presente nos maiores fornecedores de infra-estrutura de TI, o conceito de SOA utilitária *on-demand* também está ganhando momento. A visão que está sendo articulada é a de uma SOA autogerenciada que pode automaticamente otimizar seu desempenho ao replicar *web services* conforme for necessário em diversas máquinas.

A figura 12.5 mostra uma SOA onde um *web service* está sobrecarregado com demanda. Se essa SOA foi projetada com uma abordagem de *utility computing*, então será capaz de replicar o *web service* sobrecarregado para a máquina disponível mais apropriada. O resultado seria uma carga balanceada e um QoS geral melhor. No entanto, como você pode ter previsto, criar uma SOA de *utility computing* no mundo real é muito mais complicado do que pode parecer. Vários desafios de gerenciamento e segurança vêm à tona quando você tenta implementar um modelo de *utility computing* em uma SOA.

O gerenciamento de mensagens se torna problemático quando o *web service* que está sendo invocado pula de uma máquina para outra. O computador chamador precisa acompanhar onde o *web service* desejado está localizado. Mais especificamente, precisa saber qual instância do *web service* invocar–a que está sobrecarregada ou a substituta replicada. Como o computador chamador vai saber que a situação de sobrecarga se

CAPÍTULO 12 – UTILITY COMPUTING | 183

acalmou e agora pode voltar a invocar o *web service* antigo? Se você lançar diversas versões do web service como um fator de contenção, irá ter muita dor de cabeça.

Questões de protocolo de transporte e roteamento também se tornam complicadas quando a localização do *web service* é alterada toda hora. A quantidade e tipos de transformações de protocolos de transporte podem mudar se a SOA de *utility computing* mudar o *web service* de um *data center* para outro. E a definição do que é o caminho mais rápido ou mais confiável para um web service provavelmente irá mudar junto com a localização do *web service* na rede.

A segurança também se torna complicada com a SOA baseada em *utility computing*. Se o *web service* for replicado dentro do mesmo domínio, não é tão problemático. Porém, se o *web service* for transferido para outros *data centers* ou domínios, as políticas de segurança que mantêm tudo seguro precisam ser capazes de se adaptarem na hora para fazer com que o web service responda seguramente às suas invocações.

A questão, porém, é como você gerencia um sistema de modo que funcione do jeito que você quer. Resposta: você precisa de uma aplicação de gerenciamento e segurança de SOA, seja comprada, construída ou alugada. Você não poderá aproveitar os benefícios da SOA–ou nesse caso específico, da SOA baseada em *utility computing*–sem uma aplicação de gerenciamento. Vamos ver como isso funciona examinando algumas das dificuldades envolvidas na criação de uma SOA baseada em *utility computing*.

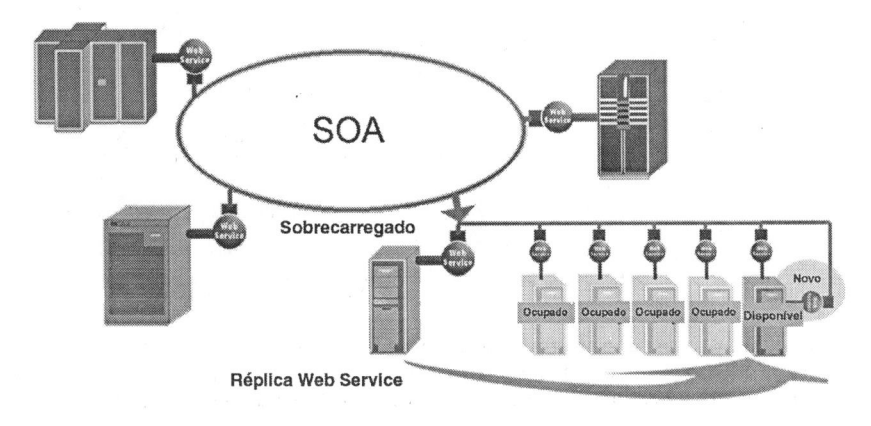

Figura 12.5 Em um cenário de SOA baseada em utility computing, um web service sobrecarregado pode transferir requisições SOAP para uma versão de backup dele mesmo que foi replicada para outra máquina.

Colocando interceptadores de SOAP ao longo da SOA e da infra-estrutura de *backup* de *utility computing*, você pode ter uma SOA que antecipa os problemas de carga e desempenho e age para corrigi-los antes que ocorram ou imediatamente após. A figura

12.6 provê uma visão simplificada do que isso significa. Conforme o *web service* em questão se torna sobrecarregado, as funcionalidades de *utility computing* da sua SOA decidem replicá-lo para outro computador. Para que a SOA baseada em *utility computing* alcance o seu objetivo de transferir a demanda do serviço sobrecarregado para uma nova instância replicada do *web service*, a existência do serviço replicado deve ser propagada instantaneamente para toda a rede.

Quando o *web service* replicado é criado, sua localização é enviada para o UDDI aperfeiçoado da solução de gerenciamento de SOA. Quando um computador na SOA envia uma requisição SOAP para invocar esse *web service*, o interceptador de SOAP mais próximo pára a mensagem e procura a condição do *web service* de destino no UDDI. O UDDI, que foi atualizado para saber sobre a nova instância do *web service*, dá ao interceptador de SOAP as informações de localização, roteamento, transporte, versão e segurança corretas de que precisa para encaminhar a requisição SOAP para o *web service* replicado.

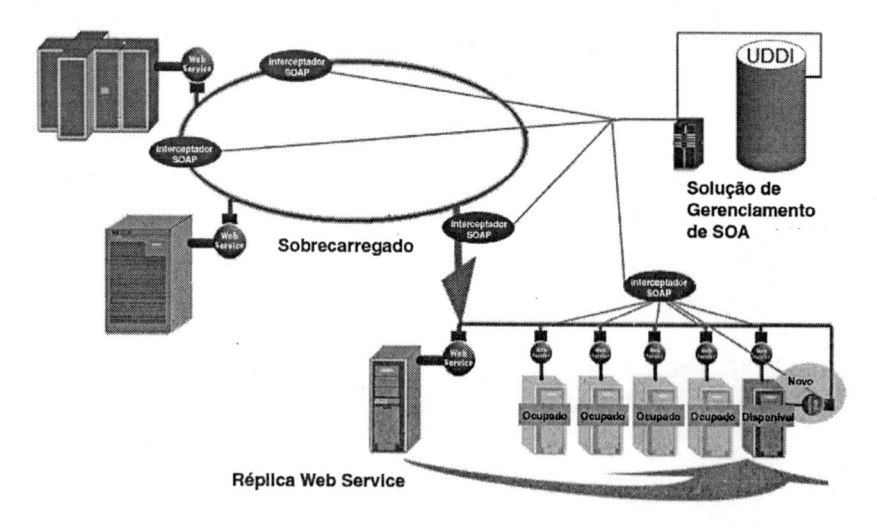

Figura 12.6 Em um cenário de SOA baseada em utility computing, uma solução de gerenciamento de SOA usa interceptadores de SOAP para medir a carga, disparar a replicação de web services e gerenciar o fluxo de mensagens SOAP para balancear a carga.

A solução de gerenciamento de SOA também comunica quaisquer QoS, SLA e termos de contrato aplicáveis ao *web service* sobrecarregado para a versão replicada. A solução de gerenciamento de SOA mede o tempo de resposta e outros critérios de desempenho para garantir que a versão replicada do *web service* esteja agindo conforme esperado. Em geral, a SOA permanece "consciente" e "inteligente" sobre a existência, localização e desempenho de todos os seus *web services*. Se e quando o web services replicado é retirado, o fato da remoção também é colocado no UDDI que, por sua vez, tem a possibilidade de pedir aos interceptadores de SOAP que parem de enviar mensagens SOAP para o serviço replicado agora morto.

12.4 O GERENTE ATENTO ALERTA: TORNE SEGURA A SUA UTILITY COMPUTING

Arriscando me contradizer, você pode ficar bastante paralisado com segurança quando se trata de *utility computing*. Por quê? Diferentemente dos modelos tradicionais de computação, a *utility computing* baseia-se fortemente em compartilhamento de recursos. Onde há compartilhamento, há maiores riscos de segurança. Além disso, muitos modelos de *utility* incluem terceirização de operações de TI e hospedagens – o que significa mais preocupações com segurança. Se você pretende adotar a *utility computing*, faça com que seu time tenha uma abordagem detalhada e altamente flexível para tornar segura a solução de *utility computing*. Sua solução de segurança precisará se adaptar à sua natureza essencialmente fluida.

12.5 RESUMO

A *utility computing* é um novo e empolgante paradigma para o gerenciamento de infra-estrutura de TI que está sendo comentado pelos grandes *players* da indústria de TI. A *utility computing* é um modelo de gerenciamento de infra-estrutura que faz com que os recursos de infra-estrutura se tornem mais dinâmicos de acordo com a demanda. Ao replicar funcionalidades de recursos de infra-estrutura conforme necessário em resposta à demanda, a infra-estrutura de *utility computing* opera com maior eficiência do que os modelos de infra-estrutura atuais. O resultado final é um ambiente onde o uso de infra-estrutura é balanceado e a utilização é alta–uma situação que cria um retorno sobre o investimento alto para o proprietário da infra-estrutura.

Embora a *utility computing* seja uma questão de infra-estrutura, sua realização é altamente dependente de soluções de *software*. Para que a funcionalidade de um recurso de infra-estrutura sobrecarregado possa ser replicada, o *software* no recurso replicado deve ser compatível com o do recurso original. Sistemas operacionais e linguagens de programação heterogêneos tornam complexa a replicação de recursos de infra-estrutura.

Padrões abertos simplificam a replicação requerida de recursos de infra-estrutura no modelo de *utility computing*. Uma SOA pode também rodar baseada em *utility computing*, com *web services* sobrecarregados sendo replicados a si mesmos para máquinas subtilizadas conforme necessário. Porém, muitos desafios de gerenciamento se originam da implementação desse conceito.

As soluções de gerenciamento de SOA que se baseiam em interceptação de SOAP podem gerenciar e tornar segura um *hub* de uma SOA baseada em *utility computing* rastreando a constante mudança de *web services* disponíveis e assegurando que as mensagens SOAP trafegam para seus destinos seguramente e atendendo aos parâmetros de desempenho esperados pelos usuários da SOA.

PARTE 2

Compreendendo as pessoas e o processo da SOA corporativa

Voltamo-nos totalmente para a Titan Insurance na parte 2, com o objetivo de expor a você em profundidade todas as questões pessoais e relativas a processos que podem surgir na implementação da SOA corporativa em uma companhia real. A parte 2 é o complemento de pessoal e da política da parte 1, que foca a tecnologia da SOA corporativa. Na minha opinião, é necessário analisar profundamente tanto o lado tecnológico quanto o pessoal do quebra-cabeças da SOA para alcançar o sucesso com a SOA corporativa.

CAPÍTULO 13

EXPLORANDO UMA SOA PARA A TITAN

13.1 Encontrando-se com os profissionais da Titan
13.2 Convertendo a lista de desejos da Titan em uma SOA
13.3 Resumo

"Ok!", comecei entusiasticamente. "Agora, vamos falar sobre uma SOA para a Titan".

Depois de tudo isso, Jay de repente ficou inseguro: "Adotar nossos planos para uma SOA agora realmente pode fazer diferença em nossa situação?"

"Sim," garanti-lhe, e continuei a explicar que adotar padrões de SOA fornecerá uma abordagem para as dificuldades de integração e colocará a Titan no caminho para baixar o custo de projetos futuros. Com uma abordagem de SOA, a companhia pode usar XML e *web services* para substituir as interfaces proprietárias e *customizadas* que atualmente conectam seus vários sistemas. O resultado será uma redução notável na dependência da Titan sobre seus fornecedores para manter essas conexões. Além disso, disse ao Jay, a SOA será menos cara de se operar, uma vez que esteja implementada.

Olhando adiante, uma SOA irá simplificar a integração legada complicada e os problemas de substituição de sistemas legados que a Titan enfrenta. Expliquei ao Jay que, por exemplo,se a Titan criasse interfaces SOAP entre o *mainframe InsurTech* e cada um dos sistemas secundários que se conectam a ele, então a solução da *InsurTech* poderia ser substituída peça a peça sem ter de reescrever nenhum desses conectores. Aplicações dependentes serão simplesmente redirecionadas ao longo do tempo (com uma mudança no registro UDDI) conforme a funcionalidade legada incremental for sendo disponibilizada em sistemas mais novos.

Em termos operacionais, a SOA pavimentará o caminho para eliminar os problemáticos *fat clients* que estão criando gargalos no serviço ao cliente, gerenciamento de sinistros e negócios de corretoras. A SOA proverá a base para estender as funcionalidades principais dos sistemas críticos da Titan para a Internet, um portal e linhas telefônicas de resposta por voz para os clientes e corretores. Discutiremos esse conceito em profundidade. Embora um *fat client* possa não ser um problema em si no caso da Titan, esse cliente não é desejável por diversos motivos. A companhia possui um ambiente de sistemas operacionais heterogêneos por um lado, e há um plano para permitir possíveis terceirizações de funções de *call center* e tarefas correlacionadas. Para ser bem-sucedida, a Titan não deseja ter qualquer tipo de ambiente de *desktop* consistente. Os navegadores são uma solução, como você poderá ver conforme continuamos a historiar.

> **Observação**
>
> Também conhecidos como *thick clients*[1], os *fat clients*[2] contêm código especializado no lado do cliente em uma arquitetura cliente-servidor para lidar com processamento de dados. Em comparação, um *thin client*[3], por exemplo um navegador *web*, não possui praticamente nenhum código no lado do cliente. O processamento dos dados é realizado no servidor. Como resultado, aplicações cliente-servidor baseadas em *thin clients* são muito mais fáceis de serem atualizadas do que em *fat clients*, nas quais cada cliente deve ser modificado de modo a realizar a atualização do programa.

No nível corporativo, uma SOA permite que a alta gerência ganhe maior visibilidade sobre as operações. Uma SOA fornece a estrutura necessária para se entregar relatórios rápidos, flexíveis e quase em tempo real sobre as operações de negócios. Eu expliquei ao Jay que a Titan poderia criar um *data warehouse virtual* e focar na gerência dos processos de negócios em vez dos sistemas de TI que os suportam.

Em termos financeiros, embora não possa oferecer uma estimativa, sinto-me bastante confiante de que a SOA representa o menor gasto dentre quaisquer opções que a Titan esteja considerando, levando em conta os efeitos em longo prazo de manutenção de *software*, níveis de equipe e infra-estrutura. No final das contas, uma SOA é a maneira mais eficaz de a Titan fazer com que o objetivo da divisão de TI se alinhe com os objetivos corporativos gerais. Os problemas de TI da companhia estão causando indiretamente problemas no sucesso financeiro da fusão entre a Apollo e a Hermes.

---

[1] N. T. Literalmente, "clientes grossos". Foi mantido o termo original em inglês por ser o termo adotado no meio.

[2] N. T. Literalmente, "clientes gordos". Foi mantido o termo original em inglês por ser o termo adotado no meio.

[3] N. T. Literalmente, "cliente fino". Foi mantido o termo original em inglês por ser o termo adotado no meio.

CAPÍTULO 13 – EXPLORANDO UMA SOA PARA A TITAN | 191

A SOA é, garantidamente, a maneira mais eficaz em termos de custos de controlar esses problemas.

Estava bastante empolgado no meu discurso pró-SOA: "a SOA é uma visão de longo alcance. Não é uma panacéia ou uma bala mágica. Algumas partes da visão de SOA não estão prontas atualmente, embora os padrões e os pacotes de *software* estejam sendo desenvolvidos rapidamente para a realização completa da promessa. Muitos dos benefícios dependem de como a SOA é implementada e utilizada. E, é claro, o sucesso da SOA depende totalmente de você a realizá-la corretamente. As boas práticas são absolutamente importantes na criação de uma SOA."

Jay estava espantado com meu discurso, mas posso dizer que dei a ele alguma esperança. Ele viu que não estou tentando lhe vender nada mas que estou apenas tentando aconselhá-lo sobre opções relativamente novas. Quando partimos, ele me agradeceu pela ajuda e me disse que pensaria a respeito do que disse e me daria um retorno. Uma semana depois, fui convidado para uma reunião com Jay, H.P. Wei e Dot Bartlett para discutir a criação de uma SOA para a Titan.

13.1 ENCONTRANDO-SE COM OS PROFISSIONAIS DA TITAN

Quando me dirigi à sala de conferência do terceiro andar da Titan, pude sentir a tensão das pessoas que estavam em volta da mesa. Eu reconheço essa tensão, senti-a muitas vezes. Os executivos de TI que me cumprimentaram estavam sob grande pressão para terem um bom desempenho, mas sentiam-se presos pelas circunstâncias. Muitos deles estavam preocupados até mesmo em perder seus empregos se os problemas de TI não fossem resolvidos, ou não estivessem a caminho de uma solução.

H.P. Wei conduziu a reunião dizendo, "Não tenho muito tempo para discussões hoje. Podemos ir direto ao assunto? O que você está propondo? Quanto irá custar? E quanto tempo demorará?" Diante das circunstâncias, passei diretamente para uma visão sumarizada da SOA, que apresentei ao Jay no restaurante há uma semana. Depois, dei um exemplo de como essa abordagem poderia impactar a Titan em uma implementação hipotética na área de apólices.

Apresentando um diagrama de arquitetura corporativa, que se parece com o da figura 13.1, comecei a explicar que empregar *web services* pode ser uma boa idéia de TI e negócios para a companhia. Como sei que agora existe uma conexão entre o banco de dados de apólices da InsurTech e o antigo banco de dados de apólices da Apollo, expliquei: "sabemos que o antigo banco de dados da Apollo está sempre atualizado com as últimas informações de apólices". "Vamos assumir", continuei, "que preferimos migrar as informações de apólices do *mainframe InsurTech* com o tempo, fazendo com que todas as informações de apólices residam no novo sistema da Apollo". Observei que metade das pessoas na sala estava a ponto de rejeitar minha sugestão. Supus que essas pessoas faziam parte da antiga equipe da Hermes e que tinham um interesse pessoal em manter o *mainframe,* não importasse o quão problemático isso havia se tornado. Cortei suas objeções explicando: "isso é um exercício. Eu não sei realmente qual é o melhor sistema de apólices para a Titan. Apenas me acompanhem." Eles concordaram em me deixar continuar a apresentação sem colocar suas preocupações até o final.

Vamos assumir, continuei, que expomos as funcionalidades do antigo sistema de apólices da Apollo como um conjunto de *web services.* Desse jeito, as aplicações consumidoras de *web services* baseadas em SOAP no lado do usuário podem interagir com o sistema de apólices enviando e recebendo mensagens SOAP. Se isso fosse criado, seria possível o seguinte:

- Os antigos corretores e a equipe da Hermes, incluindo o serviço ao cliente, poderiam acessar o banco de dados de apólices atualizado que contém tanto as apólices das antigas Hermes quanto da antiga Apollo usando um cliente baseado em navegador que servia como uma interface do usuário para a aplicação consumidora de SOAP. Os *fat clients* e interfaces dos clientes, que agora estão em uso para conectar os corretores da Hermes e a equipe aos dados de apólices, poderiam ser eliminados, junto com os seus gastos.

- O sistema de atendimento por voz da Hermes poderia agora se conectar diretamente no banco de dados combinado da Hermes/Apollo usando uma aplicação consumidora de SOAP. Isso eliminaria a interface que agora conecta o sistema de atendimento por voz ao computador da InsurTech. Além de simplificar a arquitetura reduzindo a complexidade e o custo de manutenção dessa interface, o sistema de atendimento por voz poderia agora acessar os dados de apólices da Hermes e da Apollo. Desse modo, ambos os conjuntos de clientes, não apenas os antigos clientes da Hermes, poderiam usar o sistema de atendimento por voz.

- A equipe e os corretores antigos da Apollo poderiam acessar o banco de dados de apólices combinado com os da Hermes/Apollo usando um cliente baseado em navegador em vez de um *fat client.* A Titan poderia eliminar o servidor de aplicações que agora usa para suportar o *site web* de corretores e o sistema de atendimento por voz.

- Uma vez que os *web services* estejam em uso, seria mais simples substituir os sistemas legados. Como mostrado na figura 13.2, se a Titan quisesse substituir o antigo sistema de apólices da Apollo por um novo, as aplicações consumidoras de *web services* que se conectariam a ele não precisariam ser modificadas.

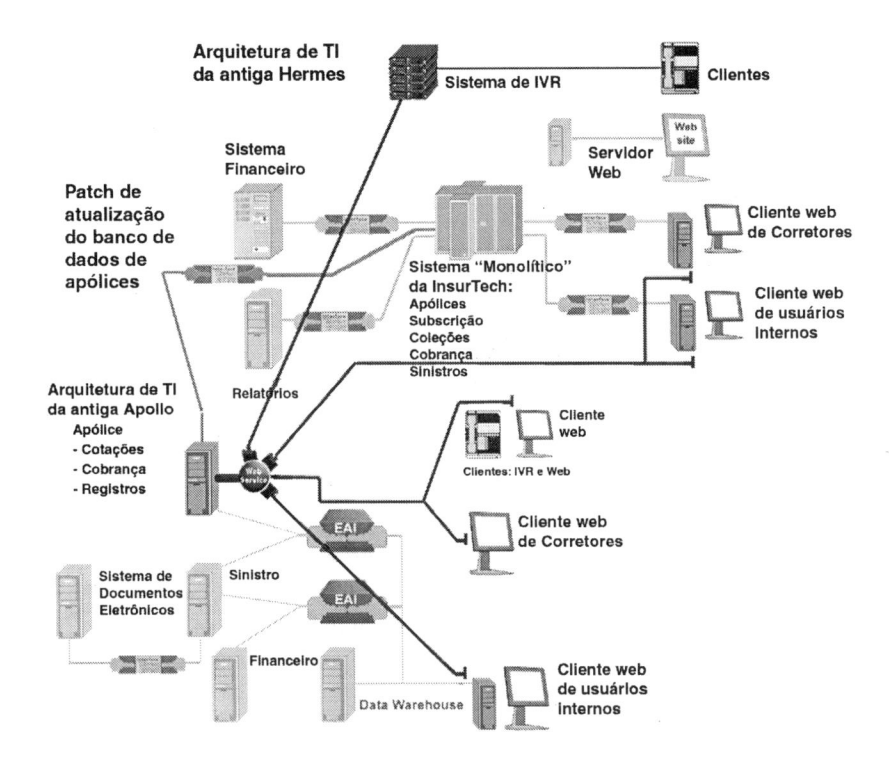

Figura 13.1 Conversão hipotética dos sistemas de apólices para *web services*.

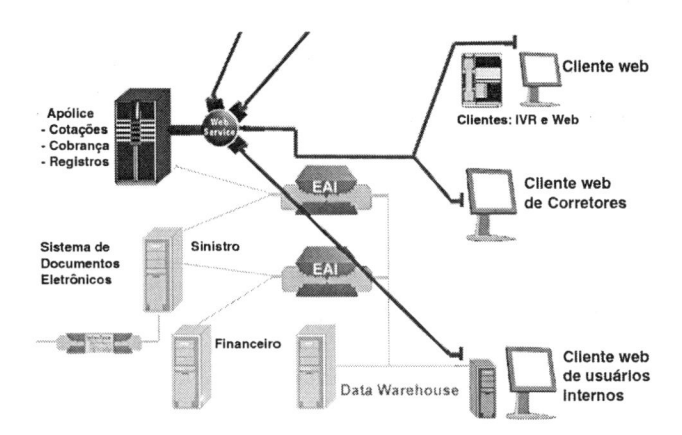

Figura 13.2 Substituição de legado.

Terminei minha apresentação e me preparei para receber de todos na sala uma ovação. Na verdade, porém, fui recebido com alguns sinais de interesse e aprovação, alguns rostos neutros e muitos olhares céticos e reprovadores de pessoas sentadas no fundo de suas cadeiras com os braços cruzados. H.P. Wei, em particular, parecia bastante cético, e rapidamente percebi que havia cometido um erro na escolha do exemplo que apresentei.

Ao sugerir que seria mais sábio para a Titan tirar seus sistemas do *mainframe InsurTech*, e inadvertidamente subestimei a antiga equipe da Hermes. Percebi que o pessoal ficou preocupado em perder sua influência, seu emprego ou ambos. Posso dizer, pelo clima na sala que até o H.P estava preocupado que uma SOA pudesse significar o abandono de um tipo de TI com o qual estavam acostumados, e combinado com a migração para um tipo de arquitetura de *software* que eles conheciam muito pouco, ou, no mínimo, que eles pensavam que sabiam muito pouco.

Ninguém na sala disse qualquer coisa, e esperamos, obviamente, H.P. falar. Estava a ponto de interromper o silêncio, mas H.P. foi mais rápido. "Isso é certamente de nosso interesse," disse, surpreendendo-me. "Mas no meu entendimento, essa tecnologia é imatura e levará um bom tempo antes que fique pronta. Não podemos arriscar migrar nossos sistemas para uma tecnologia ainda não comprovada."

"Verdade", concordei "mas não é exatamente assim. Os *web services* e a SOA são certamente novos, e ainda há muito mais padrões que precisam ser ratificados e *softwares* que precisam ser criados e melhorados antes que o mundo todo possa criar SOAs com facilidade. Mas, a SOA está certamente pronta agora mesmo para adoção. E, é claro, não seria sábio, ou mesmo possível, realmente, migrar tudo para um *framework* de SOA diretamente. É preciso um processo em fases, como qualquer plano de migração em larga escala de TI. SOA é um alvo, uma visão, não um projeto. A idéia é usar padrões para projetos que precisam ser realizados de qualquer maneira, mas agora serão feitos em um contexto de um princípio de organização mais flexível."

"Gostei", disse Dot Bartlett do seu lado da mesa. "Temos pago licenças de *software* e taxas de manutenção como se estivéssemos pagando resgate, lutando contra pacotes de *software* desatualizados que os fornecedores não podem ou não querem atualizar, ou lutando contra interfaces customizadas complicadas. Eu adoraria que adotássemos um padrão aberto e desenvolver a partir dele."

"Não temos tempo para isso", disse um homem no fundo da sala. "Temos que realizar isso rapidamente. Não temos tempo para aprender todo um novo conjunto de protocolos e linguagens e depois começar a consertar o que está quebrado."

"Talvez não tenhamos tempo para não aprender", respondeu Dot tensamente. "Se não pensarmos nisso cuidadosamente e apenas nos limitarmos a resolver os nossos problemas com pequenos *band-aids* aqui e ali, poderemos nos arrepender em breve."

"Mas nos foi dito que talvez nem funcione", disse o homem irritadamente. "As questões de segurança não serão resolvidas no tempo que temos. As questões de gerenciamentos são desconhecidas. Os padrões ainda estão crus. A última vez que tentamos algo como isso foi com o CORBA, e agora estamos abandonando isso também. Essa coisa toda é uma perda de tempo."

"Ok," interveio H.P.. "Percebo que todo mundo aqui está sob estresse. Eu com certeza estou, mas precisamos permanecer com a cabeça aberta e abordar as coisas calma e racionalmente. Eu sugiro o seguinte: vamos receber uma proposta e ver como isso se encaixa em nossos orçamentos e cronogramas. Todos concordamos que nossos planos de longo prazo estão alinhados com uma SOA – a questão é: podemos entrar nisso agora?"

13.2 CONVERTENDO A LISTA DE DESEJOS DA TITAN EM UMA SOA

Quando Jay e eu nos encontramos para discutir a realização de uma proposta que convertesse os itens da "lista de desejos" da Titan em *web services*, ele já havia começado a destacar itens na lista que ele achava que eram mais urgentes. Eu o parei e expliquei que devíamos dar um passo atrás, respirar profundamente e revisar o propósito geral da conversão da lista de desejos em uma SOA antes de entrar em recomendações de SOA específicas.

13.2.1 Transformando a lista de desejos em serviços e processos

"Por que não esquecemos a lista de desejos?" Perguntou Jay. "Se ela não tem importância, então vamos começar com coisas mais importantes primeiro."

"Não", respondi. "A lista de desejos representa as questões mais importantes para a Titan nesse momento. Se não a respondermos, nunca teremos uma segunda chance lá. Se a abordarmos com um monte de teorias, seremos, no mínimo, descartados. Logo, vamos examinar a lista de desejos e mostrar ao H.P. Wei e a Dot Bartlett como uma SOA pode funcionar na Titan." E, acrescentei com uma piscada, "podemos achar uma boa idéia de projeto piloto enquanto a examinamos. Vamos dar uma olhada."

A lista de desejos da Titan se parece com isso:

1 Baixar o orçamento de TI.

2 Permitir o acesso por telefone e *web* a todas as informações de apólices tanto para os corretores quanto para os segurados.

3 Desenvolver uma aplicação única por meio da qual um empregado ou corretor possa acessar qualquer sinistro ou informação de apólice de qualquer lugar.

4 Implementar um sistema unificado de processamento de sinistros.

5 Desenvolver um sistema único de impressão de cheque de pagamento de sinistros.

6 Implementar um sistema único de impressão de cobrança.

7 Criar um sistema único de pagamento e processamento de cartões de crédito.

8 Desenvolver um portal corporativo.

9 Desenvolver um portal para os corretores.

"Ok,", disse. "O número um é óbvio. Vamos tirá-lo da lista."

"Certo," respondeu Jay. "Número dois: 'Permitir o acesso por telefone e *web* a todas as informações de apólices tanto para os corretores quanto para os segurados.' Bem, nós temos dois sistemas separados de atendimento por voz e dois *sites web*, sendo que nenhum dos dois é completo." Ele se levantou e começou a diagramar os sistemas no quadro branco.

"Pare," eu disse. "Vamos deixar de lado os diagramas de sistemas por enquanto. Precisamos ver os processos envolvidos em cada item da lista de desejos. Quero saber quais são os processos e quem são seus usuários. Depois, veremos onde há interseção. A partir daí, podemos começar a mapear uma SOA básica." Juntos, começamos a trabalhar, e gastamos longas horas desenhando um quadro, cuja versão final é mostrada na tabela 13.1.

Tabela 13.1 Lista de Desejos da Titan, Processos de Negócios Envolvidos e Serviços de Sistemas Requeridos

Item	Processo	Serviços de sistemas usados	Usuários
1. Permitir acesso por telefone e *web* a todas as informações de apólices tanto para os corretores quanto para os segurados, incluindo cotações para novas apólices	1. Enviar número da apólice ou ID do segurado. 2. Receber informações da apólice (conjuntos de dados diferentes para corretores *vs.* segurados; corretores podem ver mais dados de negócios que os segurados). Problemas com a situação atual: operações ineficientes devido a interseções e falta de coordenação entre os dois sistemas legados; incompatibilidade de *fat client*.	• Proporcionar ao corretor uma visão das informações da apólice em resposta a solicitação. • Proporcionar ao segurado uma visão das informações da apólice em resposta a solicitações. • Criar cotação.	• Corretores • Segurados
2. Desenvolver uma aplicação única por meio da qual qualquer empregado ou corretor possa acessar qualquer sinistro ou informações de apólices de qualquer lugar. (Incluindo cotações.)	1. Enviar número da apólice ou ID do segurado. 1a. Enviar número do sinistro ou ID do segurado. 2. Receber informações da apólice (diferentes para corretores *vs.* equipe). 2a. Receber informações de sinistro (diferente para corretores *vs.* equipe). Problemas com a situação atual: operações ineficientes devido a interseções e falta de coordenação entre os dois sistemas legados; incompatibilidade de *fat client*.	• Proporcionar ao corretor uma visão das informações da apólice em resposta a solicitações. • Proporcionar ao corretor uma visão das informações do sinistro em resposta a solicitações. • Proporcionar à equipe uma visão das informações da apólice em resposta a solicitações. • Proporcionar à equipe uma visão das informações do sinistro em resposta a solicitações. • Criar cotação.	• Corretores • Equipe

Item	Processo	Serviços de sistemas usados	Usuários
3. Implementar um sistema único de processamento de sinistros.	1. A Titan recebe notificação de um sinistro. 2. A Titan cria o arquivo de sinistro no sistema. 3. A Titan investiga o sinistro. 4. A Titan recebe da investigação informações sobre o sinistro. 5. A Titan revisa o sinistro. 6. A Titan envia e recebe vários documentos e cartas relacionados ao sinistro. 7. Arquiva documentos de papel (Hermes). 7a. Escaneia documentos para o sistema (Apollo). 8. A Titan concorda com o sinistro ou litiga. (Deve ser aprovado pelo chefe do departamento de sinistros.) 9. Fecha o sinistro e o arquiva	• Prporcionar à equipe informações sobre a apólice em resposta a solicitações. • Proporcionar informações à equipe de sinistros em resposta a solicitações. • Abrir o arquivo do sistema de sinistros. • Entrar informações de sinistro no sistema. • Requisitar e receber documentos eletrônicos. • Requisitar aprovação do sinistro. • Receber aprovação do sinistro. • Transmitir requisição para pagamento do sinistro ao sistema financeiro. • Arquivar o sinistro.	• Equipe • Corretores • Terceiros (médicos, advogados) • Gerência sênior
4. Desenvolver um sistema único de impressão de cheques de pagamento de sinistro.	1. O chefe do departamento de sinistros aprova um sinistro. 2. A equipe de sinistros solicita um cheque de sinistro ao sistema do departamento financeiro. 3. O sistema financeiro emite o cheque. Problema com a situação atual: dois sistemas de pagamento de sinistros causam confusão e faltam relatórios rápidos.	• Transmitir requisição para pagamento do sinistro ao sistema financeiro. • Imprimir cheque.	• Equipe • Gerência sênior

Item	Processo	Serviços de sistemas usados	Usuários
5. Implementar um sistema único de impressão de cobrança.	1. O sistema de apólices gera informações de cobrança para o segurado: nome, endereço, número da apólice, valor do débito, data de pagamento, saldo anterior (se houver). 2. O sistema de apólices encaminha as informações de cobrança para as impressoras, que imprimem a cobrança. 3. As cobranças são enviadas aos segurados. Problema com a situação atual: dois sistemas de cobrança de apólices e de impressoras causam confusão e erros. Além disso, a Titan deseja ser capaz de realizar cobranças eletrônicas, baseadas na *web*.	•Gerar prêmio da apólice devido em resposta a solicitações. •Transmitir as informações de cobrança para as impressoras.	• Equipe
6. Criar um sistema único de processamento e pagamento de cartões de crédito.	1. Requisitar prêmio devido para uma apólice específica. 2. Oferecer pagamento por cartão de crédito. 3. Processar cartão de crédito junto à instituição financeira. 4. Atualizar registros financeiros. 5. Atualizar sistemas de apólices para refletir o pagamento do prêmio.	•Gerar prêmio de apólice devido em resposta a solicitação. •Receber informações de cartão de crédito. •Processar transação de cartão de crédito. •Atualizar sistema financeiro. •Atualizar sistema de apólices.	• Segurados • Equipe

Item	Processo	Serviços de sistemas usados	Usuários
7. Desenvolver um portal corporativo.	Requisitar e receber quaisquer informações de apólices, sinistros, segurados ou financeiras disponíveis em uma "visão corporativa" que inclua quaisquer informações requeridas para uso da companhia, como cotações.	• Proporcionar à equipe uma visão das informações de apólices em resposta a solicitação. • Gerar prêmio de apólice devido em resposta a solicitação. • Gerar informações de sinistros para equipe em resposta a solicitação.	• Equipe • Gerência sênior
8. Desenvolver um portal para os corretores.		• Proporcionar ao corretor uma visão das informações de apólice em resposta a solicitação. • Gerar prêmio de apólice devido em resposta a solicitação. • Criar uma cotação. • Gerar informações de sinistros para corretores em resposta a solicitação.	• Corretores

"Então, Jay, você está vendo o que eu estou vendo?", perguntei.

"Eu só estou vendo uma descrição mais detalhada de quão sérios são os nossos problemas" ele respondeu. "Nunca faremos todas essas coisas, pelo menos não dentro de um prazo e orçamentos razoáveis e as complexidades e interconexões entre os sistemas legados nos deixarão loucos e sem dinheiro ao mesmo tempo."

"Sério? Vamos ver quais serviços são compartilhados pelos itens na sua lista de desejos" (veja a tabela 13.2).

Tabela 13.2 Cada Serviço, Casado com os Itens da Lista de Desejos que Suporta

Serviço de Sistema	Itens da Lista de Desejos Compartilhados
A. Proporcionar ao corretor uma visão das informações da apólice em resposta a solicitação.	1. Permitir acesso por telefone e web a todas as informações de apólice para ambos os corretores e segurados. 2. Desenvolver uma aplicação única por meio da qual qualquer empregado ou corretor possa acessar qualquer sinistro ou informações de apólices de qualquer lugar. 8. Desenvolver um portal para corretores.
B. Proporcionar aos segurados uma visão das informações da apólice.	1. Permitir acesso por telefone e web a todas as informações de apólice para ambos os corretores e segurados.
C. Criar cotação.	1. Permitir acesso por telefone e web a todas as informações de apólice para ambos os corretores e segurados. 2. Desenvolver uma aplicação única por meio da qual qualquer empregado ou corretor possa acessar qualquer sinistro ou informações de apólices de qualquer lugar. 7. Desenvolver um portal corporativo. 8. Desenvolver um portal para corretores.
D. Proporcionar ao corretor uma visão das informações de sinistro em resposta a solicitação.	2. Desenvolver uma aplicação única por meio da qual qualquer empregado ou corretor possa acessar qualquer sinistro ou informações de apólices de qualquer lugar. 8. Desenvolver um portal para corretores.
E. Proporcionar à equipe visão das informações de apólice em resposta a solicitação.	2. Desenvolver uma aplicação única por meio da qual qualquer empregado ou corretor possa acessar qualquer sinistro ou informações de apólices de qualquer lugar. 3. Implementar um sistema único de processamento de sinistros. 7. Desenvolver um portal corporativo.
F. Proporcionar à equipe visão das informações de sinistro em resposta a solicitação.	2. Desenvolver uma aplicação única por meio da qual qualquer empregado ou corretor possa acessar qualquer sinistro ou informações de apólices de qualquer lugar. 3. Implementar um sistema único de processamento de sinistros. 7. Desenvolver um portal corporativo.

Serviço de Sistema	Itens da Lista de Desejos Compartilhados
G. Abrir arquivo de sinistro do sistema.	3. Implementar um sistema único de processamento de sinistros.
H. Visualizar informações de sinistro no sistema.	3. Implementar um sistema único de processamento de sinistros.
I. Solicitar e receber documentos eletrônicos.	3. Implementar um sistema único de processamento de sinistros.
J. Solicitar aprovação do sinistro.	3. Implementar um sistema único de processamento de sinistros.
K. Receber aprovação do sinistro.	3. Implementar um sistema único de processamento de sinistros.
L. Transmitir requisição para pagamento do sinistro ao departamento financeiro.	3. Implementar um sistema único de processamento de sinistros.
M. Arquivar sinistro.	3. Implementar um sistema único de processamento de sinistros.
N. Imprimir cheque do sinistro.	4. Desenvolver um sistema único de impressão de cheque de pagamento de sinistro.
O. Gerar prêmio de apólice devido em resposta a um pedido.	5. Implementar um sistema único de impressão de cobranças. 6. Criar um sistema único de pagamento e processamento de cartões de crédito. 7. Desenvolver um portal corporativo. 8. Desenvolver um portal para corretores.
P. Transmitir informações de cobrança para as impressoras.	5. Implementar um sistema único de impressão de cobranças.
Q. Receber informações de cartão de crédito.	6. Criar um sistema único de pagamento e processamento de cartões de crédito.

Serviço de Sistema	Itens da Lista de Desejos Compartilhados
R. Processar transação de cartão de crédito.	6. Criar um sistema único de pagamento e processamento de cartões de crédito.
S. Atualizar sistema financeiro (com detalhes da transação de cartão de crédito).	6. Criar um sistema único de pagamento e processamento de cartões de crédito.
T. Atualizar sistema de apólices (com detalhes da transação de cartão de crédito).	6. Criar um sistema único de pagamento e processamento de cartões de crédito.

13.2.2 Traduzindo a lista de desejos para um mapa de serviços

"Ainda estou um pouco confuso com o conceito de serviços", admitiu Jay. "O que você quer dizer com um serviço?"

Expliquei que com *web services* e a SOA, você pode abstrair o *software* do serviço que ele provê. Por enquanto, vamos esquecer tudo sobre como todos os vários sistemas precisam funcionar para, digamos, dar um prêmio de apólice, quando fornecido o número da apólice. Tudo que precisamos saber é que o *software* do prêmio da apólice está disponível como um serviço. Uma vez que a SOA é baseada em padrões abertos, qualquer aplicação consumidora de *web services* pode solicitar a funcionalidade de um *web service*, não importando onde está localizada ou qual *software* utiliza. Vamos ver desse modo." Eu rascunhei um diagrama parecido com a figura 13.3. "Isso é um mapa de serviços. Imagine que cada funcionalidade de *software* requerida para realizar os itens da lista de desejos seja uma 'caixa preta' que realiza as tarefas magicamente. Você não precisa saber quais sistemas a estão suportando. Você apenas sabe que a função é realizada quando você deseja. Você vê como cada item da lista de desejos pode simplesmente obter a funcionalidade que deseja acessando um *web service*?"

"Sim, eu compreendo.", disse ele.

"Logo, nesse sentido, é bastante simples. Cada serviço está disponível sob solicitação, independentemente de como o sistema de TI subjacente realmente realiza o trabalho. Logo, se um corretor liga para o sistema de atendimento por voz e digita um número de apólice no telefone, o sistema solicita as informações da apólice ao Serviço A. O Serviço A responde enviando ao sistema de atendimento por voz as informações da apólice.

"Ok," continuei. "Vamos simplificar. Eis uma questão: você realmente precisa de oito aplicações separadas para atender à sua lista de desejos? Se você pode conectar qualquer *software* de que precise através de *web services* XML, então todas as aplicações da sua lista de desejos podem teoricamente ser alcançadas. E se você criasse alguns portais altamente funcionais para gerenciar os processos de trabalho que está tentando tratar com a lista de desejos?

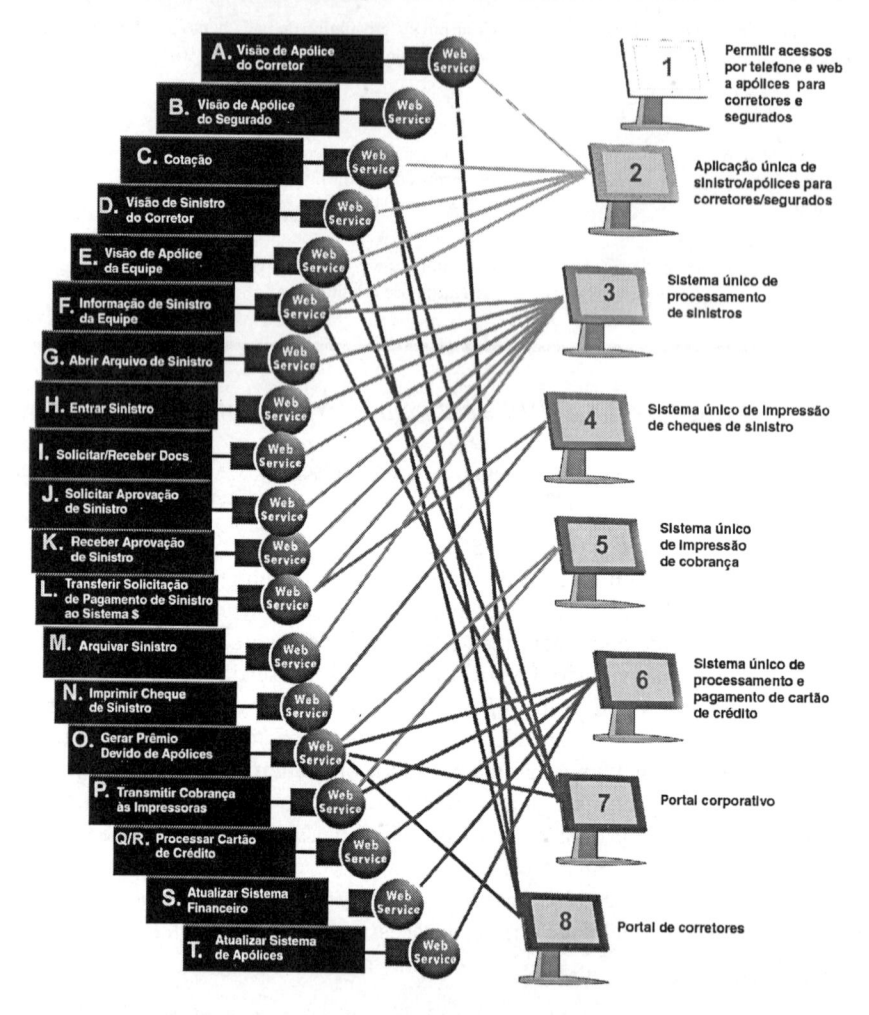

Figura 13.3 Esse simples mapa de serviços mostra como cada aplicação na lista de desejos interage com os serviços. Cada funcionalidade de *software* requerida para realizar a lista de desejos da Titan é expressa como uma "caixa preta" com um *web service* à frente.

Vamos supor que você criou um portal de clientes, um portal para os corretores e um portal corporativo. E depois, dois sistemas de atendimento por voz, um para corretores e outro para clientes. Isso iria se parecer com o seguinte" e desenhei uma aproximação

CAPÍTULO 13 – EXPLORANDO UMA SOA PARA A TITAN | 205

grosseira da figura 13.4 no quadro branco. "Agora, você tem cinco sistemas de *front-end* em vez de oito. Os três portais substituem os *fat clients* problemáticos e as aplicações especializadas. Tudo de que o cliente precisa é um navegador que possa realizar qualquer uma das tarefas na sua lista de desejos. Os sistemas de atendimento por voz são na verdade versões simplificadas dos portais, que podem ser acessados por telefone."

"Ainda há várias linhas. Eu mal consigo seguir todas elas," disse Jay.

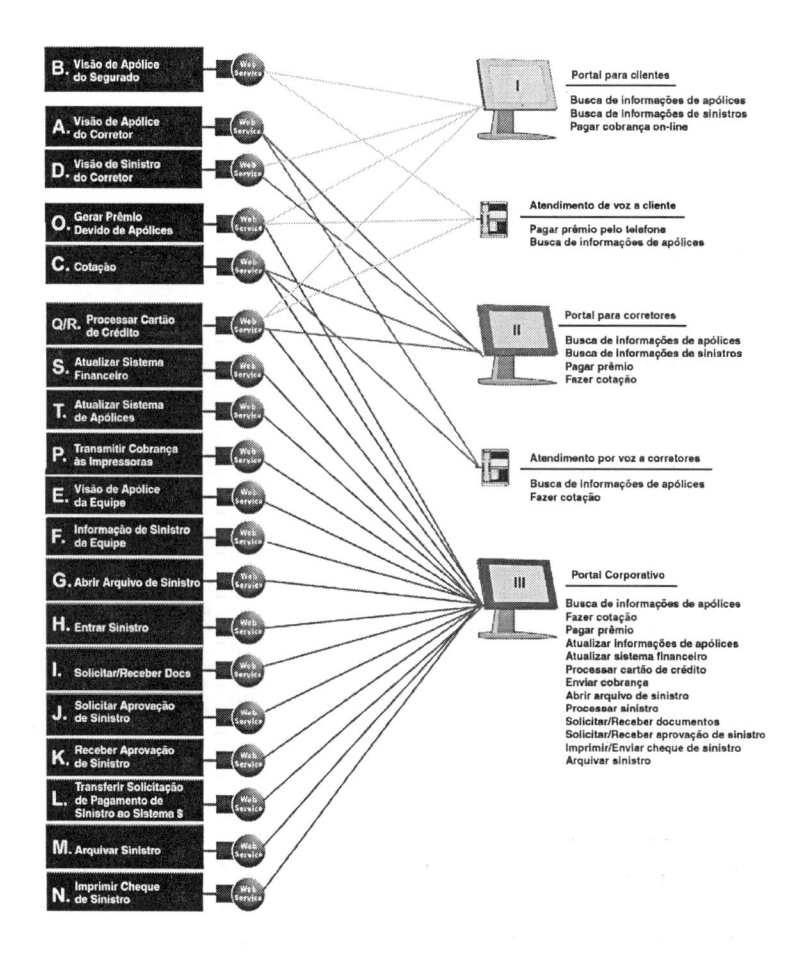

Figura 13.4 O mapa de serviços simplificado de modo que a lista de desejos tenha sido condensada a três portais e dois sistemas de atendimento por voz mostra como a SOA pode reduzir bastante a complexidade do *fron-end*. Todos os *fat clients* e aplicações especializadas foram descartados, substituídos por portais baseados em navegadores e sistemas de atendimento por voz por telefone que enviam solicitações de informações e funcionalidade à SOA.

"Verdade," respondi, "então vamos simplificar o mapa de serviços um pouco mais." Eu redesenhei o diagrama no quadro branco. "Imagine," disse, "que podemos juntar os serviços em *clusters* que desempenham tarefas associadas a cada grande área funcional. Essa é uma visão de alto nível da sua SOA. Você possui três portais e dois sistemas de atendimento por voz acessando cinco grupos básicos de *web services*." O mapa de serviços simplificado mostrado na figura 13.5 se tornou a base da proposta que apresentamos à Titan na semana seguinte.

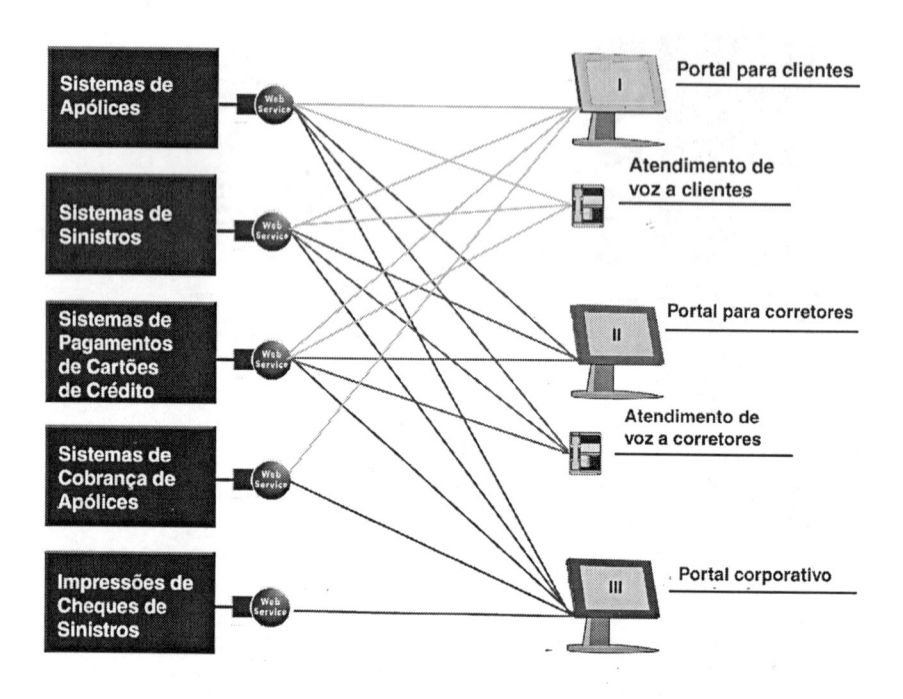

Figura 13.5 Combinar os serviços em grandes grupos funcionais cria uma visão de alto nível da SOA potencial da Titan.

13.3 Resumo

Transformar uma SOA de teoria para a prática no mundo real requer um processo intensivo de comunicação com os *stakeholders* importantes em todos os níveis de uma organização. Com a Titan Insurance é necessário apresentar uma visão fortemente atraente de uma SOA, e do que se pode fazer por ela,, antes mesmo de a companhia considerar uma proposta real.

Capítulo 13 – Explorando uma SOA para a Titan

Encontramo-nos com a equipe da Titan para discutir como uma SOA poderia ajudar a companhia a alcançar seus objetivos de TI de um modo que, embora com uma boa relação custo-benefício, garanta a eles maior grau de flexibilidade no futuro. Na reunião, usamos o exemplo do banco de dados de apólices de seguro para ilustrar como uma SOA na Titan poderia funcionar de fato. Substituindo as interfaces proprietárias existentes e *fat clients* que conectam a equipe interna, corretores e clientes ao sistema por aplicações baseadas em navegadores que se comuniquem com o banco de dados de apólices através de *web services*, a Titan poderia eliminar diversos dos caros problemas de TI. Além disso, a SOA facilitará o processo de substituição dos sistemas legados conforme se tornem obsoletos.

O primeiro passo na exploração de uma SOA para a Titan é examinar a "lista de desejos" de TI da companhia e determinar como os itens na lista, que representam a visão da TI de um funcionamento ideal, vêm ao encontro dos processos de negócios e serviços do sistema que suportam esses processos. Para esse propósito, um serviço é como uma "caixa preta" em *software* que realiza uma tarefa sem quaisquer considerações aos sistemas de TI subjacentes que possam estar envolvidos de fato. A chave do exercício é ganhar uma visão de quais serviços de *software* os itens da lista de desejos realmente precisam sem entrar nas complexidades da arquitetura dos sistemas. Isso pode vir depois.

Para descobrir informações para a criação de uma SOA, você deve primeiramente simplificar as necessidades e requisitos de sua empresa como um todo. Isso envolve olhar de perto a funcionalidade que cada um dos itens da sua lista de desejos realmente requer e decompor essas funções em serviços. Portanto, em nosso exemplo, o item da lista de desejos que pede acesso por telefone às informações de apólices precisa de um serviço de sistema que forneça as informações da apólice sob demanda.

Jay e eu construímos um rascunho de "mapa de serviços" que define como cada item da lista de desejos pode chamar serviços do sistema para realizar suas tarefas. A partir desse ponto, decidimos condensar a lista de desejos e mostrar como um conjunto compacto de portais corporativos – para a equipe interna, corretores e clientes – pode prover as funcionalidades de toda lista de desejos, porém com muito mais flexibilidade na arquitetura e baixo custo de manutenção de um cliente baseado em navegador.

Capítulo 14

Chegando a um consenso na Titan

14.1 A segunda reunião
14.2 Liderança
14.3 Os quatro P's
14.4 Resumo

Depois de ter trabalhado com Jay a idéia básica de como seria a solução de SOA da Titan, preparamo-nos para apresentar nossas descobertas para a equipe de TI. O objetivo da reunião era alcançar um consenso no grupo em relação à decisão de ir adiante com uma SOA. Como expliquei para o Jay, esse é um dos passos mais críticos em todo o processo. Tendo vivido várias situações semelhantes nos últimos anos, posso garantir que muitos projetos problemáticos de TI têm na origem de seus problemas a falta de consenso no grupo. É absolutamente fundamental que a equipe de TI da Titan concorde que a) uma SOA é a direção correta para eles; e b) a abordagem delineada de suas necessidades imediatas é a correta.

14.1 A segunda reunião

Antes mesmo de eu começar a descrever sobre a armadilha potencial que é um projeto de SOA mal planejado, na segunda reunião, o problema veio no disfarce de um apoiador zeloso demais. Bem no início da reunião, um dos desenvolvedores da Hermes virou uma tela de PC pra mim e disse que já havia escrito o primeiro *web service* da Titan. Usando um pacote de prateleira popular de desenvolvimento de *web services*, o desenvolvedor criou um serviço simples que procurava o endereço de e-mail de um empregado da Titan baseado em uma consulta simples.

Essa situação me trouxe um dilema. Embora tenha ficado impressionado que alguém na Titan tenha tomado a iniciativa de mergulhar nos *web services*, fiquei preocupado que esse tipo de abordagem não planejada e não supervisionada para se criar uma SOA possivelmente levaria ao fracasso uma SOA séria para a Titan. Eu sabia, por experiência, que o novo *web service* poderia não ser gerenciado ou auditado apropriadamente e poderia não se tornar seguro. Inevitavelmente, a equipe iria barrar esse caminho e acabaria, no final das contas, não dando em nada, o que poderia estragar todo o programa de SOA.

Cuidadosamente, eu disse: "essa é uma boa maneira de começar a aprender sobre *web services*, e você merece bastante crédito por ter tomado essa iniciativa, porém, posso perguntar por que você não esperou para criar esse *web service* experimental depois que todos nós chegássemos a um acordo sobre como iríamos proceder?"

Eu fui para o quadro branco e pedi aos membros da equipe que dessem suas idéias sobre o que estavam imaginando alcançar com a SOA. Ninguém disse nada, logo, mudei minha abordagem. Eu perguntei o que eles *queriam* conseguir com a arquitetura corporativa, independentemente de como seria realizada de fato. Dessa vez consegui algumas respostas:

• Um alto grau de neutralidade/agnosticismo de fornecedores.

• Soluções *best-of-breed* em cada área da TI de seguros: apólices, sinistros, cobrança, IVR e assim por diante.

• Elementos arquiteturais que fossem fáceis de ser modificados.

• Custo mais baixo.

• Adaptabilidade aos processos de negócios atuais e às suas eventuais mudanças.

• Relatórios em tempo real ou quase em tempo real.

• Alta visibilidade de gerenciamento nas operações.

• Aproveitamento dos investimentos já feitos em recursos de TI de modo a minimizar novas compras.

• Reutilização de interfaces entre aplicações internas e a capacidade de compartilhar essas aplicações com parceiros.

14.1.1 Substituindo o *front-end*

Depois mostrei a figura 14.1 como um *slide* do PowerPoint e comecei uma longa explicação sobre como Jay e eu chegamos ao mapa de serviços mostrado no lado direito. Uma das primeiras ordens de negócios é separar melhor a "camada de apresentação" da lógica de negócios e começar a expor essa lógica como *web services*. Desse modo, a experiência do usuário se torna simplesmente uma questão de consumir serviços e entregar resultados, abrindo a porta para os serviços subjacentes a serem usados e reutilizados de várias maneiras por intermédio da empresa. Na Titan, os resultados imediatos são os seguintes:

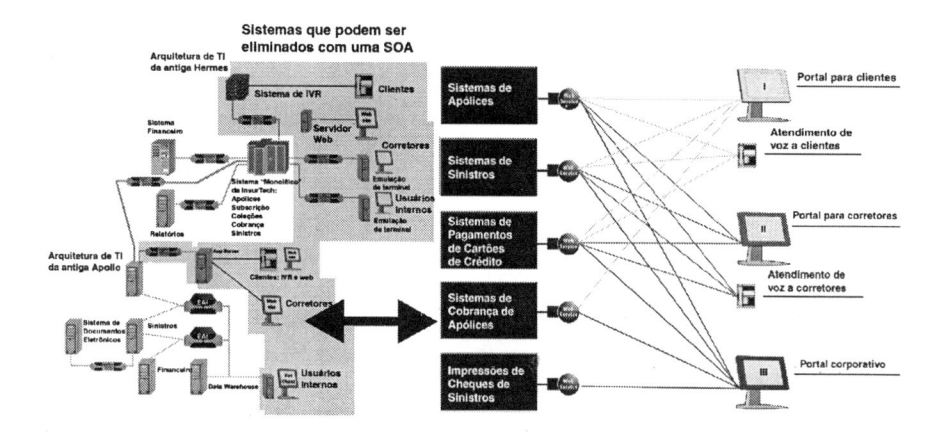

Figura 14.1 A SOA e os portais propostos, à direita, substituem a maioria das interfaces de front-end da arquitetura de sistemas existentes na Titan. Ao introduzir a SOA, a Titan pode reduzir ou eliminar sete sistemas de front-end e substitui-los por aplicações baseadas em navegadores que utilizam web services para acessar as funcionalidades dos sistemas de back-end de apólices, sinistros, finanças e outras áreas.

- O sistema de atendimento por voz (IVR) ao cliente legado da Hermes será substituído pelo sistema de atendimento por voz na nova SOA.
- O *site web* legado da Hermes será substituído pelo portal dos clientes.
- Os *fat clients* dos corretores tanto da Hermes quanto da Apollo serão substituídos pelo portal dos corretores.
- Os *fat clients* dos usuários internos tanto da Hermes quanto da Apollo serão substituídos pelo portal corporativo.

"Vamos ver como isso poderia funcionar," continuei. "Agora, tendo em mente que isso é uma visão altamente simplificada; vejam como cada grupo de *web services*, como os sistemas de apólices, sistemas de sinistros e assim por diante, acessam conjuntos diferentes de sistemas de *back-end*. Pegue apólices, por exemplo. Se um cliente se registra no portal de clientes e solicita informações de apólices, o portal de clientes envia a requisição para os *web services* que representamos como uma caixa-preta chamada 'sistemas de apólices'. Essa caixa-preta, na verdade contém os *web services* diversos que foram expostos nos dois sistemas de apólices na arquitetura da Titan" (veja a figura 14.2).

"E assim por diante," disse, passando por cada um dos três *slides* (veja as figuras 14.3, 14.4 e 14.5). "Em cada caso, quando os portais e sistemas de IVR precisam de informações, enviam uma requisição SOAP para os *web services* que foram expostos nos respectivos sistemas requeridos para prover as informações. Para verificar um sinistro, por exemplo, um corretor usaria o portal de corretores para enviar uma requisição

SOAP para um *web service* em um dos dois sistemas de sinistros e receber sua resposta através do portal, como se pode ver no *slide* 14.3."

"Estou confusa," disse Dot Bartlett. "Se o cliente quiser buscar um saldo antigo em uma apólice de automóveis *versus* uma nova cobrança de uma apólice de residência, como a 'caixa-preta' de sistemas de apólices que você está mostrando saberá descobrir isso?"

"Bem," disse, "esse diagrama é altamente simplificado com o intuito de lhes dar uma visão geral. Eis como se pareceria." Eu cliquei no *slide* (figura) 14.6. "Em cada sistema legado, expomos tantos *web services* quantos sejam necessários para fornecer as funcionalidades do sistema legado através dos portais e dos sistemas de IVR. Podemos acabar expondo uma dúzia de *web services* em cada sistema – para cotações, atualizações de saldos, terceirizações e assim por diante."

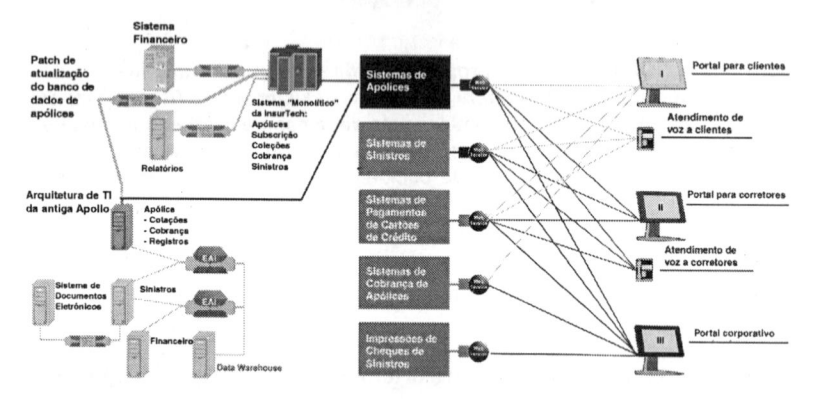

Figura 14.2 Consultas relacionadas a apólices dos portais e sistemas de IVR fluem para os web services que foram expostos nos dois sistemas de apólices na arquitetura da Titan.

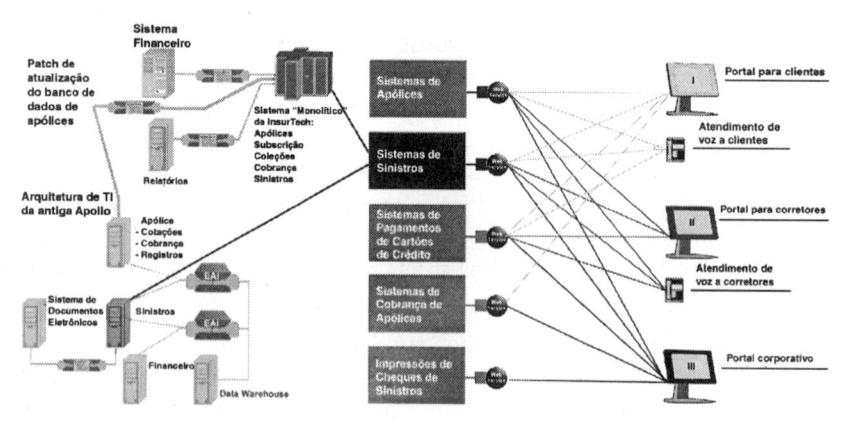

Figura 14.3 Solicitações de informações relacionadas a sinistros fluem dos portais e sistemas de IVR para os web services designados expostos nos sistemas de sinistros.

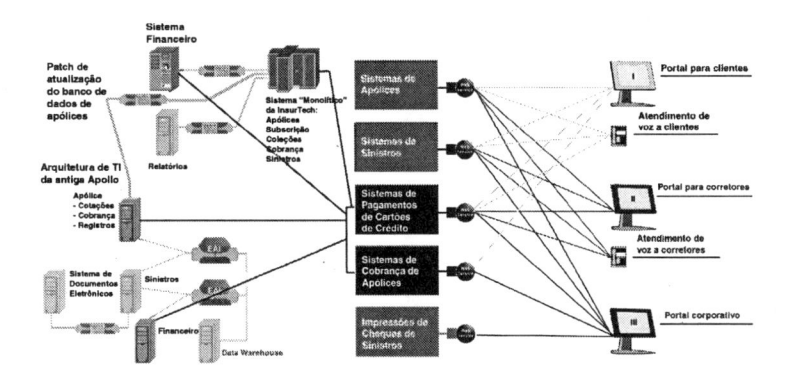

Figura 14.4 Requisições de processamento e pagamento de cartões de crédito e de cobranças de apólices fluem dos portais e sistemas de IVR para os web services designados expostos nos sistemas financeiros e de apólices.

"É bastante trabalho," interrompeu H.P. Wei. "Nós realmente queremos fazer isso?"

"Bem," respondi, "parece que vocês terão bastante trabalho não importa qual opção escolham. Se vocês escolherem um fornecedor global de TI, a InsurTech, ou um dos *players* de EAI, haverá bastante trabalho para se fazer. A vantagem de fazer desse modo é que darão a vocês mesmos a capacidade de expor essas funcionalidades via padrões agora e se beneficiarem nos próximos anos conforme aplicações futuras e processos que precisam das mesmas funcionalidades surjam. Também poderão resolver seus problemas imediatos com não menos, mas também não mais trabalho, ao mesmo tempo em que criam uma fundação crítica da sua estratégia de SOA para o futuro."

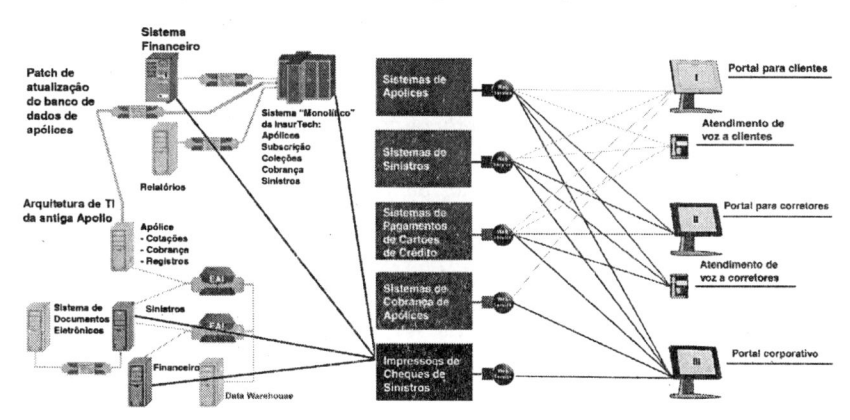

Figura 14.5 Requisições de impressão de cheques de sinistros fluem do portal corporativo para os web services designados expostos nos sistemas financeiros e de sinistros.

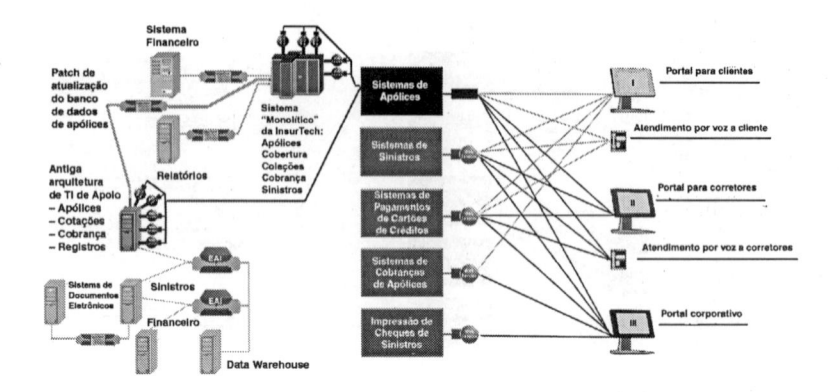

Figura 14.6 Aprofundando-se no diagrama altamente simplificado da SOA, esta figura mostra como os portais e sistemas de IVR consumirão diversos web services expostos nos sistemas legados. A Titan terá de expor tantos web services quantos sejam necessários para entregar as funcionalidades nos sistemas legados através dos portais e de sistemas de IVR. A justificativa para realizar esse grau de trabalho é a capacidade que a Titan terá para eliminar as interfaces complexas e custosas que atualmente mantém o front-end.

"Verdade," H.P. concordou, "mas iremos substituir a maioria dessas interfaces se formos com a InsurTech ou a IBM ou quem quer que seja. O que a SOA nos dá que não podemos obter deles?"

"Essa é a pergunta-chave que com certeza vocês devem fazer", disse, "e eis a resposta..."

14.1.2 Migrando para best-of-breed

"Se seu objetivo é migrar para uma arquitetura corporativa composta de sistemas *best-of-breed*," disse, "então a SOA lhe proporcionará a mais simples, barata e rápida forma de realizá-la." Cliquei no *slide* (figura) 14.7 e expliquei: "A SOA simplifica a migração de sistemas legados existentes para sistemas *best-of-breed* nas áreas de apólices, sinistros e finanças.

"Nesse exemplo, vamos assumir que a Titan mantenha seus dados e funcionalidades de apólices no *mainframe* da InsurTech, mas substitua os sistemas financeiro e de sinistros por uma alternativa em J2EE ou .NET. A SOA facilita esse processo ao eliminar a necessidade de reescrever o *front-end*. Podemos trocar os sistemas de *back-end*, mas pouparmos trabalho e despesas de ter de reescrever as aplicações consumidoras. Os portais e os sistemas de IVR continuam a consumir os *web services*, alegremente sem saber em qual plataforma eles estão. Isso significa que você 'acoplou fracamente' suas aplicações consumidoras ao sistema legado em si e pode trocar um serviço por outro a qualquer hora."

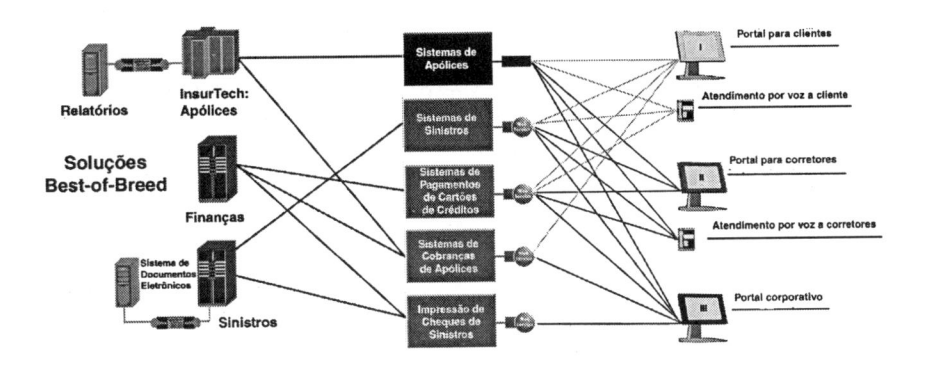

Figura 14.7 A SOA simplifica a transição dos sistemas legados existentes para uma substituição com sistemas best-of-breed nas áreas de apólices, sinistros e finanças. Nesse exemplo, assumimos que a Titan mantenha seus dados e funcionalidades de apólices no mainframe da InsurTech, mas substitua os sistemas financeiros e de sinistros por outros mais novos. A SOA facilita esse processo ao eliminar a necessidade de reescrita dos portais e sistemas de IVR de front-end e dos programas consumidores de web services correspondentes. A única peça do quebra-cabeça que precisa ser trocada é a do sistema legado.

14.2 LIDERANÇA

Após a apresentação inicial, Jay, Dot e eu fomos para a sala do H.P. Começou ele: "queremos fazer isso. Depois de assistir à sua apresentação e discutir as alternativas entre nós, decidimos seguir adiante. O que precisamos agora é de um bom guia de boas práticas para a implementação de uma SOA. É por isso que você está aqui, certo?"

"Eu lhes darei uma visão geral das minhas recomendações de boas práticas de SOA," respondi, "mas antes preciso enfatizar a boa prática mais importante de todas, a que determinará o sucesso ou falha de sua SOA."

"Qual é?", Dot perguntou. "A escolha de ambiente de desenvolvimento ou servidor de aplicações?"

"Não," respondi. "Liderança". A liderança é o *sina qua non* do desenvolvimento de SOA."

"Designarei um excelente líder de equipe para esse projeto," H.P. disse. "Ele é realmente um dos nossos melhores. Você o conhecerá na próxima vez em que nos encontrarmos."

"Não, precisa ser um de vocês," disse a H.P. e a Dot. "Um de vocês precisa se responsabilizar diretamente por esse programa. Vocês podem delegar parte do trabalho, mas para manter *web services* funcionando sem cair em desordem improdutiva, ao envolvimento ativo da alta gerência de TI, senão, não dará certo. Talvez isso seja a boa prática mais importante no início." Esse comentário foi recebido com um surpreendente silêncio. "E," continuei, "sem ofensas a você, Dot, mas deveria ser realmente H.P. Ele vem da organização de TI legada. Se sua sua antiga equipe perceber que ele não está totalmente envolvido pode encontrar desculpas para sabotar o projeto ou ,se ocorrerem problemas, voltar para seus padrões de interfaces proprietários."

"Sem problemas," disse Dot.

"Bom, sua equipe precisa estar nisso de todo o coração. Todos precisam querer que isso dê certo. Realizar uma SOA me lembra aquela velha piada, 'Quantos psiquiatras são necessários para se trocar uma lâmpada? Um, mas a lâmpada precisa querer ser trocada.' O departamento de TI da Titan é como essa lâmpada."

"Já temos a visão geral, mas temos projetos práticos que precisam ser realizados agora dentro de rígidas restrições de custo," disse H.P.

"Bom," respondi. "Vamos passar para os quatro Ps."

14.3 Os quatro Ps

Prosseguindo, dei ao grupo uma visão geral das boas práticas de desenvolvimento de SOA que chamo de "quatro Ps":

• Pessoal – Todos no departamento de TI da Titan precisarão aprender sobre XML, *web services* e os princípios de uma SOA.

• Piloto – Para ajudar a treinar o pessoal e provar o conceito de *web services* ao mesmo tempo, trabalharemos com a equipe da Titan para selecionar um pequeno projeto de *web services,* e executá-lo sob nossa orientação.

• Planejamento – Após as pessoas terem sido treinadas em XML e em *web services* e terem tido alguma experiência de desenvolvimento de *web services* em um projeto piloto, será hora de começar a planejar a SOA da Titan seriamente. O planejamento da SOA incluirá avaliações de possíveis aplicações que possam ser expostas como *web services* baseadas em um processo de "quadro de *web services*". Além disso, o planejamento incluirá uma abordagem flexível para um projeto em diversas fases ao longo de vários anos.

• Prosseguimento – Finalmente, será hora de começar o verdadeiro desenvolvimento da SOA baseado no planejamento.

Esses quatro passos formam a base das boas práticas em desenvolvimento de SOA. O restante do livro resume como a Titan passa pelos quatro Ps e trilha o caminho em direção a uma SOA bem-sucedida.

"Estamos chegando perto de um consenso sobre como abordar esta SOA?", perguntei. "Temos uma idéia básica do que desejamos alcançar com a SOA, como pode ser estruturada, quem vai liderar os esforços e os passos que iremos dar." Houve consentimentos na sala.

"Alguma pergunta?" Todo mundo começou a rir – eles tinham tantas dúvidas, que mal sabiam por onde começar. H.P., no entanto, tinha uma pergunta que era importantíssima para ele:

"E se mudarmos de idéia depois de termos começado?"

"Acho que você vai gostar da resposta," disse. "Diferentemente de muitas decisões de larga escala de TI, o caminho para utilizar padrões é flexível e reversível. Você pode decidir, após alguns meses, que realmente deseja seguir com um sistema de EAI proprietário, ou uma interface *customizada* etc. Nesse momento, o trabalho que teve ao expor *web services* e interfaces de *front-end* como os portais e os sistemas de IVR podem ser *plugados* diretamente em qualquer nova solução que você adote. A razão? A maioria das companhias na indústria está migrando para *web services* e XML agora mesmo enquanto conversamos. Por exemplo, se você decidir estender seu sistema de EAI em vez de substitui-lo, certamente descobrirá que o módulo de EAI que possui tem interfaces XML e com *web services* como parte do pacote."

"Chegamos a um consenso?", perguntei novamente. "Sim," todos responderam. Estamos prontos para começar.

14.4 Resumo

Para que a SOA seja criada sem maiores problemas, é muito importante chegar a um consenso entre os *stakeholders*-chave envolvidos antes do início. Para a Titan Insurance, é essencial que sua equipe concorde que a) uma SOA é a direção certa para eles; e b) a abordagem é a correta. E, embora os membros da equipe possam mudar de idéia sobre praticamente qualquer aspecto da SOA conforme prosseguem com seu desenvolvimento, é necessário que eles comecem "na mesma página".

Tivemos uma segunda reunião com a equipe de TI da Titan e revisamos os objetivos da organização para uma SOA, incluindo a realização da lista de desejos, alto grau de neutralidade de fornecedores, capacidade de implementar soluções *best-of-breed* conforme seja necessário, processos simples de mudanças, baixo custo e alta visibilidade gerencial sobre as operações. Depois, apresentamos e discutimos o mapa da SOA simplificada que desenvolvemos no capítulo anterior. Dessa vez, porém, incluímos a arquitetura legada da Titan nos diagramas e mostramos como novos portais e sistemas de IVR que vislumbramos iriam substituir eficazmente a maioria das interfaces de *front-end* existentes e que estavam causando tantos problemas para a Titan.

A parte seguinte da apresentação ilustrou como a SOA irá simplificar o processo de substituir os sistemas de *back-end* de sua configuração legada para a abordagem *best-of-breed*. Uma vez que as aplicações consumidoras de *web services* dos portais e sistemas de IVR tenham sido criadas, elas não precisarão ser reescritas para acessar os novos sistemas *best-of-breed* que substituirão os sistemas legados no *back-end*.

Depois tratamos da questão de liderança, um aspecto crucial do processo para se chegar a um consenso. Após alguma discussão, concordou-se que H.P. Wei, o CIO anterior da Hermes e agora CIO da Titan, o profissional mais sênior na TI corporativa da organização e líder da equipe de TI dominante, seria o responsável pela visão de SOA pessoalmente. Se ele não o fizesse, ponderei, haveria muitas maneiras pelas quais o projeto poderia potencialmente ser abortado, incluindo por falta de retaguarda da alta gerência assim como pela expressão, entre os membros do departamento de TI, de que a SOA não seria importante o suficiente para justificar os desafios que inevitavelmente iria trazer. A alta liderança é necessária para garantir a todos os envolvidos no projeto que a SOA requer o mais alto nível de disciplina e compromisso profissional.

Finalmente, delineamos o que chamo de "quatro Ps," os passos que formam a base das boas práticas do processo de desenvolvimento de SOA: pessoal, piloto, planejamento e prosseguimento. Para fazer com que a SOA dê certo, os profissionais da Titan terão que ser treinados em XML e *web services*. Selecionaremos um projeto piloto de *web services* e o usaremos como parte do processo de treinamento prático da equipe. Nesse momento, estaremos prontos para começar o planejamento da SOA da Titan para uso real de uma abordagem de "quadro de *web services*" que ajude a equipe a avaliar quais funcionalidades dos sistemas legados são mais adequadas a serem expostas como *web services*. Somente nesse momento, depois de o pessoal, o piloto e o planejamento estarem prontos, poderemos começar a implementação da SOA.

Capítulo 15

Pessoal: começando o treinamento

15.1 Criando grupos para o sucesso do treinamento de SOA

15.2 Indo além do básico

15.3 Adicionando um "Conselho de Arquitetos"

15.4 Resumo

Depois da escolha da alta liderança, o treinamento dos profissionais é o fator mais crítico para assegurar o sucesso no desenvolvimento de uma SOA. É fundamental que se consiga o comprometimento de todos os profissionais de TI que serão envolvidos ou afetados pela nova arquitetura. Embora isso possa parecer óbvio, você precisará estar constantemente consciente de que uma SOA é um empreendimento humano. Não é um único projeto ou pacote de *software* que se compra de um fornecedor. Se você fizer com que seus profissionais estejam envolvidos em uma abordagem positiva e de aprendizagem contínua de desenvolvimento de SOA, descobrirá que eles serão capazes de superar os desafios inevitáveis que surgirem em um grande empreendimento de transição como esse. Se você não obtiver sucesso nessa dimensão humana vital, sua SOA estará fadada ao fracasso, provavelmente nas mãos das muitas pessoas comprometidas com sua criação.

15.1 Criando grupos para o sucesso do treinamento de SOA

Embora haja um período de treinamento enquanto a sua SOA está sendo criada, é importante ter em mente que você estará encorajando uma atmosfera de aprendizagem contínua, que nunca parará, mesmo quando o período de treinamento oficial acabar.

A primeira coisa que reparei na reunião de *kickoff* para o projeto de SOA na Titan foi que havia dois conjuntos de cadeiras separados por um corredor no meio. Em um lado estava a antiga equipe da Hermes e no outro estava o pessoal da Apollo. Isso não era um bom sinal. Esses dois grupos deveriam aprender a trabalhar juntos para que o projeto fosse bem-sucedido. De fato, muitos dos problemas que eles enfrentavam eram causados pela falta de cooperação entre os dois grupos ao longo dos dois últimos anos.

Eu não disse ou fiz qualquer crítica sobre essa separação de imediato. Em vez disso, após uma palestra introdutória em que enfatizei a importância de todos estarem comprometidos com o desenvolvimento de uma SOA para a Titan, pedi que um voluntário fosse ao quadro branco e desenhasse um quadro organizacional detalhado do departamento de TI da Titan (veja a figura 15.1).

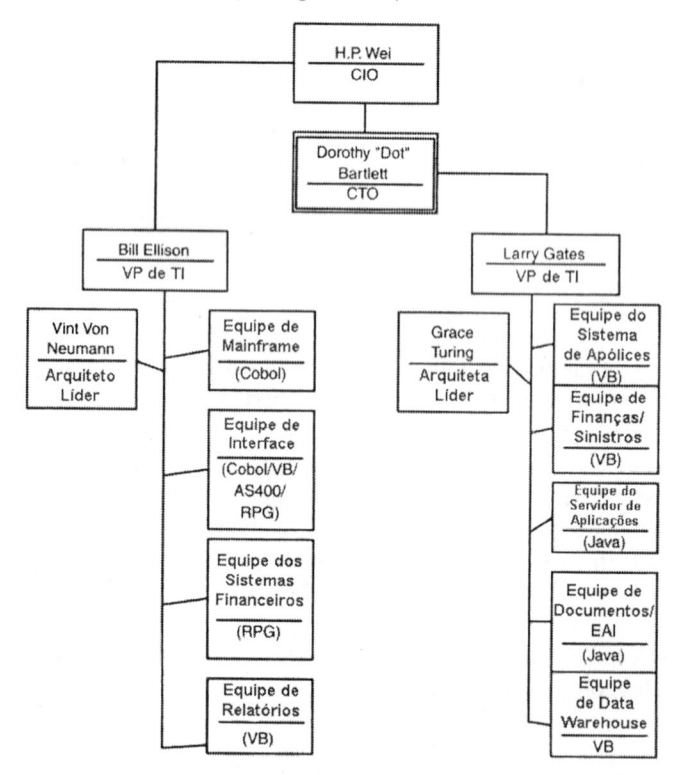

Figura 15.1 Quadro organizacional do departamento de TI da Titan mostrando grupos de equipes e conjuntos de habilidades.

O quadro que nosso voluntário desenhou incluía os grupos das equipes e principais conjuntos de habilidades de cada grupo. Não havia grandes surpresas aqui. A antiga equipe da Hermes, que em sua maioria cuidava do sistema monolítico da InsurTech,

CAPÍTULO 15 – PESSOAL: COMEÇANDO O TREINAMENTO | 221

tinha habilidades em Common Business-Oriented Language (COBOL) e Report Program Generator (RPG). A antiga equipe da Apollo, que se baseava na maior parte em sistemas Microsoft e uma plataforma de EAI, tinha vasta experiência em Visual Basic (VB) e Java.

O que seria preciso para esse grupo fragmentado e heterogêneo tecnologicamente colaborar em uma SOA coesa? Hoje, há livros e práticas de consultoria que focam em "gerenciamento de mudanças", e certamente não sou *expert* no assunto, mas conheço o que é TI. Para a Titan, *web services* e a SOA eram um novo paradigma e deveriam ser tratados como tal. Minha intuição foi a de misturar os grupos conforme prosseguíamos com o programa de treinamento de *web services* e SOA que formavam o núcleo da fase "pessoal" do desenvolvimento da SOA da Titan.

Por causa de restrições de espaço e agenda, não pudemos treinar o grupo todo de uma só vez. Sugeri, então, dividirmos o departamento de TI da Titan em cinco grupos de treinamento, como mostrado na tabela 15.1.

Tabela 15.1 Divisão das Equipes do Departamento de TI da Titan em Grupos de Treinamento

Grupo de Treinamento	Inclui essas equipes
A	A equipe da mainframe da Hermes e a do sistema de apólices da Apollo
B	A equipe de interface da Hermes, a do servidor de aplicações da Apollo e a de documentos/EAI da Apollo
C	A equipe do sistema financeiro da Hermes e a de finanças/sinistros da Apollo
D	A equipe de relatórios da Hermes e a de *data warehouse* da Apollo
E	A equipe de liderança: CIO, CTO, VPs e a dos arquitetos líderes

Embora desejasse incluir profissionais tanto da Hermes quanto da Apollo em cada grupo de treinamento, para encorajar a união, tentei agrupá-los segundo alguns critérios de semelhança. Ao tentar colocar a equipe de mainframe da Hermes junto com a antiga equipe do sistema de apólices da Apollo, meu objetivo era o de fornecer oportunidades para que os membros das duas equipes encontrassem pontos em comum sobre o assunto de processamento de apólices. A equipe de interface da Hermes provavelmente encontraria algo em comum (eu esperava) com o servidor de aplicações e o pessoal de EAI da Apollo e assim por diante.

De acordo com a liderança de TI da Titan, sugeri que a equipe de liderança, composta por H.P. Wei, Dot Bartlett, os dois vice-presidentes e os arquitetos líderes, assistisse a todo o treinamento dividindo sua freqüência pelos quatro grupos de treinamento. Desse modo, eles poderiam ter uma visão geral das questões que surgissem durante o treinamento de cada grupo. Também preparei várias sessões de treinamento específicas de gerenciamento e liderança de SOA com o intuito de comunicar as informações de gerenciamento de mudanças assim como para servir de fórum para questões que surgissem durante o processo como um todo.

Quando informei sobre os grupos de treinamento e agendas para o pessoal da Titan, ouvi várias queixas irritadas sobre as dificuldades que estava criando em suas vidas. Eu não sabia que eles estavam ocupados e com trabalho extra.? Eu não percebia que os antigos escritórios da Hermes e da Apollo estavam a vários quilômetros de distância um do outro? Esse tipo de reação é típico de um grupo que está resistindo a mudança, e, vamos ser francos, a maioria de nós não gosta de mudanças. Porém, com sua alta gerência explicando que isso iria acontecer de qualquer jeito, as pessoas começaram a cooperar.

O processo de treinamento precisava que cada grupo se encontrasse um dia por semana durante dez semanas. Desse modo, os quatro grupos se encontrariam a cada segunda-feira, terça-feira, quarta-feira e quinta-feira sucessivamente. Os membros do grupo poderiam tratar das tarefas do departamento de TI nos outros quatro dias da semana. Devido aos rigores dos seus trabalhos, não seria prudente deslocá-los do seu trabalho por duas semanas. Outra vantagem de dividir o curso por dez semanas era a de dar a oportunidade aos membros do grupo de lerem, experimentarem e explorarem os *web services* durante os outros dias da semana.

Para facilitar a cooperação e realizar um programa de treinamento mais suave, fiz algumas sugestões a H.P. Wei e a Dot Bartlett. Primeiramente, recomendei estabelecer um link de conferência web entre os dois escritórios, de modo que os grupos de treinamento compartilhassem aplicações e quadros brancos virtuais a qualquer instante. Além disso, encorajei-os a tornar o treinamento divertido saindo para um bom almoço em cada dia de treinamento e/ou uma atividade à noite como boliche ou dardos depois da aula. Pode custar um pouco, expliquei, mas vencer as barreiras entre as duas antigas equipes da Hermes e da Apollo vale cada centavo.

15.2 Indo além do básico

Nossa abordagem para treinamento de boas práticas de SOA estressa a experiência prática na aprendizagem em sala de aula. Qualquer desenvolvedor de *software* experiente pode aprender rapidamente a sintaxe e nuances do XML, portanto logo após conduzirmos duas aulas iniciais sobre SOAP, XML, UDDI e WSDL, começamos a aula de apresentação da mudança de paradigma de desenvolvimento de *software* para requisitos de negócios específicos para desenvolvimento de *web services* em uma SOA.

Há uma grande diferença cultural entre o que desenvolvedores de *web services* fazem hoje e o que devem fazer no contexto de uma SOA. Para fazer com que desenvolvedores trabalhem bem em um programa de SOA, você tem que mudar o modo como eles pensam sobre *software*. Com uma SOA, os desenvolvedores não podem mais considerar apenas os requisitos específicos de uma dada tarefa. Em vez disso, precisam focar no bem da empresa como um todo e levar em conta a reutilização e a abstração.

No treinamento de boas práticas de SOA, enfatizamos a necessidade de incluir passos nesse processo de projeto que faz com que os desenvolvedores se perguntem:

- Quais são os serviços reutilizáveis dentro dessa aplicação que estou construindo hoje?
- Quais serviços são viáveis nesse processo de projeto (ou nessa aplicação)?

Para ajudar os grupos a verem as boas práticas em um exemplo real, pedi uma descrição do processo que eles estavam seguindo para criar uma nova aplicação de cotação de apólices para corretores. Ambas as equipes da Apollo e da Hermes seguiram um método similar:

1 Obter os requisitos de negócios.

2 Criar um documento de requisitos de software e obter aprovação do "cliente" de negócios.

3 Criar um plano de projeto.

4 Criar o código no ambiente de desenvolvimento.

5 Testar o código.

6 Liberar para produção

A Hermes e a Apollo sempre seguiram uma abordagem sólida e profissional para desenvolvimento de aplicações, e os resultados em cada companhia eram bons. A figura 15.2 mostra como seria o produto final de um projeto de desenvolvimento de uma aplicação de cotação de apólices se pareceria. O processo de negócios, mostrado no topo da figura, captura os passos específicos utilizados pelos corretores na requisição e recepção de cotações de apólices. A aplicação cliente-servidor que a equipe desenvolveria seguiria esses passos de processo de negócios.

Esse processo altamente focado é, de longe, a maneira mais barata e eficiente em termos de tempo para desenvolver um *software* específico, mas não funciona bem para uma SOA. No caso da aplicação de cotação de apólices, o processo convencional resulta em um código cliente-servidor eficaz que envia uma requisição que contém dados de aplicação de apólice para o mainframe e depois recebe uma resposta que contém a cotação da apólice e algumas informações relacionadas à comissão do corretor naquele produto de seguro específico.

Processo de negócios de cotação de apólices para corretores

1. Corretor informa dados de aplicação de apólices ⟷ 2. Sistema InsurTech processa dados da aplicação ⟷ 3. Sistema InsurTech retorna cotação da apólice para o corretor, incluindo informações de comissão

Arquitetura cliente/servidor e fluxo de dados

Do cliente para o Mainframe:
– Dados de aplicação da apólices – automóveis ou residência

Do Mainframe para o cliente:
– Cotação de apólice – automóveis ou residência
– Informação de comissão do corretor

Mainframe InsurTech

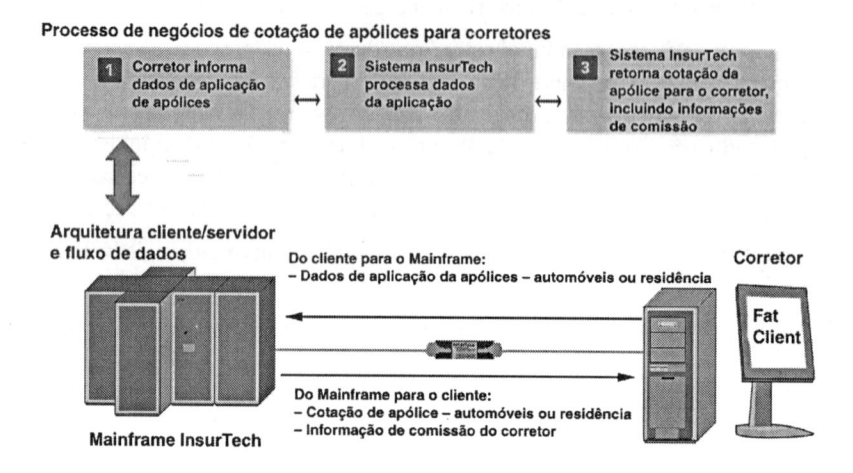

Corretor

Fat Client

Figura 15.2 Antes do treinamento de SOA, a equipe de desenvolvimento na Hermes criaria uma aplicação de cotação de apólices para corretores que atendesse aos requisitos de negócios específicos para o processo de negócios de cotação de apólices para corretores.

Eis o desafio de boas práticas: Com a SOA, os desenvolvedores da Titan e seus gerentes devem aprender a pensar em construir aplicações de *web services* com potencial para reutilização em diversos casos. Em comparação com o desenvolvimento de *software* tradicional, em que os desenvolvedores não necessariamente precisam considerar a eventual reutilização de componentes da aplicação, com *web services*, os desenvolvedores precisam aprender a construir um passo ou dois antes do processo de desenvolvimento da aplicação. Eles precisam pensar nos sistemas que podem utilizar o mesmo *web service*, ou alguma parte dele posteriormente. Como você projetaria um *software* para requisitos futuros que não conhece bem hoje? Certamente, os desenvolvedores não podem sonhar com cada requisito que exista para possíveis serviços futuros, mas precisam levar o projeto um pouco além da sua limitada esfera de influência. Os desenvolvedores que trabalham em uma aplicação de cotação de apólices, por exemplo, devem ter uma visão um pouco mais ampla do mundo de hoje, como mostrado nos passos estendidos do processo de desenvolvimento:

1 Obter os requisitos de negócios.

2 Criar um documento de requisitos de *software* e obter aprovação do "cliente" de negócios.

3 Fazer *brainstorm* sobre casos de uso alternativos com *stakeholders* potenciais.

4 Desenvolver especificações de projeto para uma aplicação de *web services* que podem atender a alguns ou a todos os casos de uso potenciais.

5 Criar um plano de projeto.

6 Criar o código no ambiente de desenvolvimento.

7 Testar o código.

8 Liberar para produção.

No nosso exemplo de cotação de apólices, os grupos criaram cinco casos de uso para a aplicação:

• Corretores: uma função de cotação que retorna a cotação da apólice e informações sobre a comissão

• Clientes: uma função de cotação que retorna apenas a cotação da apólice.

• Pessoal de resseguro: uma função de cotação que retorna a cotação da apólice e informações de resseguro.

• Atuarial: uma função de cotação que retorna a cotação de uma apólice e dados atuariais.

• Nova linha de negócios de seguros: uma função de cotação que retorna a cotação de apólices para uma nova linha de produtos de seguros, como cobertura de terremotos.

O *web service* resultante se pareceria com o mostrado na figura 15.3. O *web service* e suas partes funcionais poderão atender às necessidades de vários casos de uso. Nesse caso, o *web service* de cotação de apólice poderia responder às requisições SOAP que o invocariam para entregar cotações de apólices com informações adicionais para corretores e pessoal de resseguro e atuariais. Além disso, o *web service* poderia ser projetado para lidar com as necessidades de apólices de seguros futuras, como as requeridas pelo resseguro de cobertura de terremotos que a Titan atualmente não oferece, mas está considerando para o próximo ano.

Definição de Web Service de cotação de apólice

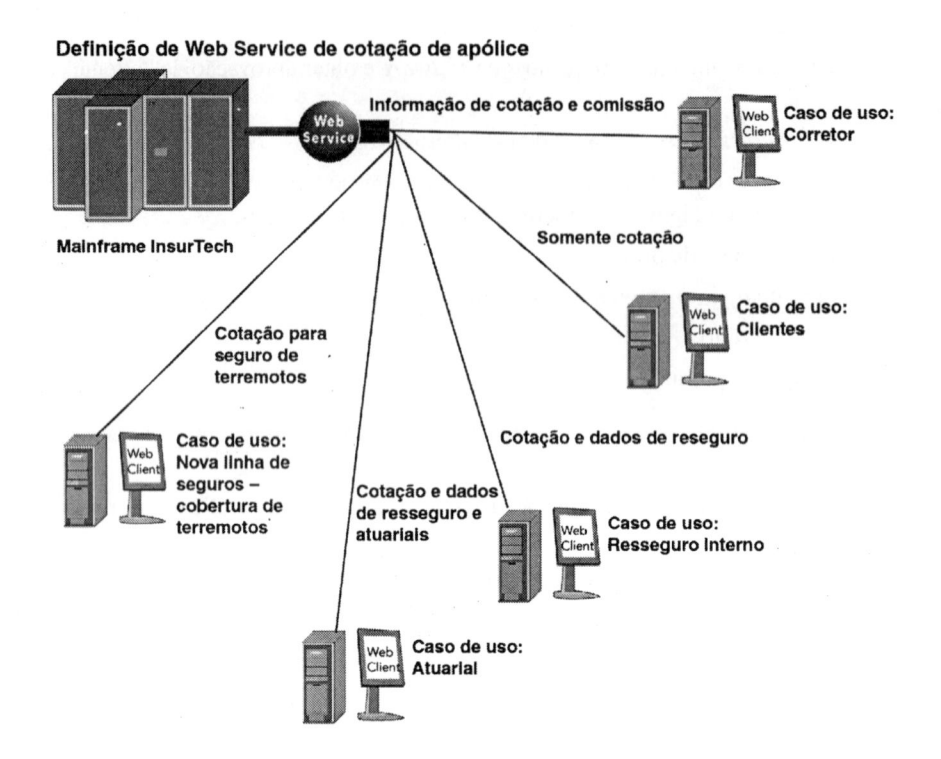

Figura 15.3 As boas práticas de processo de desenvolvimento de aplicações para desenvolver um *web service* de cotação de apólices levariam em consideração diversos casos de uso na fase de projeto. O resultado seria um *web service* que poderia ser reutilizado por um número razoável de casos de usos diferentes, incluindo os que ainda não foram implementados.

No treinamento, ressaltamos que, embora o processo de desenvolvimento requerido para o *web service* de cotação de apólices demande mais tempo e seja mais caro do que o necessário para a aplicação cliente/servidor de cotação de apólices para corretores, mostrada anteriormente, o resultado final possuiria muito mais utilidade. O *web service* poderia prover dados para quatro casos de uso existentes e um futuro. Em comparação, a abordagem específica de aplicação proprietária resolveria o problema em mãos, mas teria que ser reescrita para cada caso de uso. Conforme explicamos nos nossos grupos de treinamento, essa é a essência da SOA. A cotação de apólices é um serviço que está disponível em vários cenários de usuários. A forma como é criado é de importância secundária. Nesse ponto, o que faz e quem o utiliza são as principais considerações. Enfatizamos isso muitas vezes no treinamento: uma SOA vê as aplicações de *software* como serviços que podem ser utilizados à vontade.

Logo, embora isso seja um problema do tipo "carro na frente dos bois", você tem de fazer com que os desenvolvedores pensem em utilizar *web services* já existentes em seus projetos. Como sabemos, com *web services* você pode reutilizar código muito eficientemente. Em vez de codificar tudo do zero, podemos utilizar *web services* escritos anteriormente no *software* que estamos desenvolvendo. No treinamento de SOA, encorajamos um processo de desenvolvimento que questiona, bem cedo, quais *web services* podem ser utilizados.

Uma grande no modo de pensar dos desenvolvedores também tem a ver com deixá-los imaginar um departamento de TI diferente. Uma das principais razões pelas quais os desenvolvedores têm tradicionalmente um foco estreito e centrado em requisitos é devido a orçamento. Desenvolver *web services* leva mais tempo do que desenvolver *software* tradicional. Não há o que discutir. O tipo de pensamento no nível corporativo que é requerido para implementar *web services* os faz mais custosos de serem desenvolvidos. A economia resulta das eficiências que ocorrem *depois* que os *web services* foram desenvolvidos. As eficiências potenciais dos *web services* são tão grandes que a maioria das organizações no mundo está mudando para esse modelo. O que é menos compreendido é que uma mudança para esse modelo sem uma governança apropriada e visão futura, na verdade adiciona ineficiência em vez de resolução. Por essa razão, é que insistimos em que acima de tudo está o planejamento, e que as companhias devem se acautelar para não caírem na armadilha da euforia de *web services*.

Em uma área relacionada, devemos trabalhar com a equipe da Titan para repensar seu planejamento de infra-estrutura, pois uma SOA pode mudar as características de carga e outros requisitos de uma infra-estrutura corporativa. Eles podem precisar atualizar os servidores de aplicações, e/ou colocar servidor de banco de dados mais resistentes para suportar a carga adicional das outras aplicações que podem estar consumindo o serviço.

Assim que se começa a oferecer serviços, pode-se entrar em questões operacionais sobre rodar aplicações compartilhadas. Além dos sistemas existentes que precisam de atenção, novos sistemas, como um servidor UDDI, devem ser considerados devido à necessidade de governar e prover serviços na empresa. No passado, o pessoal de gerenciamento de suas operações entendia de servidores DNS. Eles entendiam sobre roteadores e *firewalls*. Entendiam (em vários níveis) sobre servidores de aplicações e as plataformas que requerem. Agora, está-se trazendo todo um novo conjunto de serviços e problemas para os grupos operacionais. O pessoal precisa olhar em um nível de serviços que nunca viu antes em suas vidas. Existem acordos de nível de serviço (SLAs) que precisam ser mantidos entre aplicações; agora esses SLAs estão no nível da aplicação, não no nível da rede.

Portanto, o grupo de gerenciamento de sistemas (o pessoal de gerenciamento de operações) deve ser motivado para compreender uma SOA. Eles precisam manter seus servidores de UDDI e uma plataforma de gerenciamento de *web services* para abstrair e reforçar a segurança, monitorar o desempenho e garantir a qualidade do serviço. No passado, se lidava com um servidor que estava indisponível, mas agora há esse quase abstrato conceito de um serviço, que pode estar disponível ou indisponível ou em violação de uma SLA. O estado do serviço pode não ter correlação com a plataforma de *hardware* subjacente, que é com o que eles sempre se lidava no passado. Com a SOA, um nível completamente novo de complexidade é infligido sobre o gerenciamento de operações.

Durante o treinamento um dos mais importantes objetivos foi fazer com que a equipe da Titan repensasse as premissas e atitudes básicas de trabalhar com TI, trabalhando uns com os outros e com sua gerência superior. Além de comunicar os tipos de mudanças específicas que podem ocorrer quando o grupo começa a criar a SOA, nós trabalhamos com o pessoal da Titan para vencer um pessimismo com uma atitude "nós podemos". O grupo da Titan, como muitos outros desenvolvedores, foi condicionado por anos de guerras de orçamentos para rejeitar qualquer idéia que pudesse ser percebida como sendo mais custosa do que o mínimo requerido para realizar o trabalho básico. E, embora eu admire os processos de TI economicamente eficazes, é necessário transcender essa abordagem ao desenvolver uma SOA. Ao mostrar que a alta gerência está comprometida em fazer com que a SOA dê certo, convencemos o time de que os recursos adicionais de infra-estrutura serão providos, dentro do razoável. Estava claro para todos os envolvidos que essa abordagem resultaria no final em economias consideráveis – e que fazer aquilo naquele momento era crítico.

15.3 ADICIONANDO UM "CONSELHO DE ARQUITETOS"

A última peça importante do quebra-cabeças de "pessoal" é a estrutura organizacional do departamento de TI da Titan. Não cabia a mim dizer à Titan quem deveria se reportar a quem logo sugeri para a alta gerência que eles se organizassem com o propósito de implementar a SOA. Recomendei que criassem um "conselho de arquitetos" que serviria como um órgão supervisor para a SOA.

O conselho revisaria as várias sugestões de projeto que viriam das equipes de projeto, sugeriria modificações e ratificaria os planos finais da SOA. O conselho funcionaria como um órgão diretriz para a SOA, para resolver disputas e criar uma direção clara para todo o esforço. Ele não iria passar por cima do poder dos alto executivos, mas proveria um fórum organizado para discutir diferentes pontos de vista sobre qualquer assunto que afetasse a qualidade ou custo da SOA.

Sugeri que o conselho fosse composto por H.P. Wei, Dot Bartlett, os dois vice-presidentes, os arquitetos líderes e um representante de cada equipe da Hermes e da Apollo. Desse modo, todos poderiam sentir que tinham voz no processo de desenvolvimento da SOA. H.P. decidiu seguir essa sugestão. O primeiro encontro do conselho de arquitetos aconteceu na última semana do período de treinamento, o que foi bom, pois houve diversas reclamações e comentários de praticamente todas as partes. O conselho provia uma arena em que cada *stakeholder* no processo podia expressar seus sentimentos ou idéias e alcançar alguma solução. Nas semanas seguintes, o conselho serviu a esse propósito novamente.

15.4 Resumo

Uma SOA é uma criação humana que deve servir às necessidades de uma variedade de necessidades das pessoas. Como resultado, um planejamento organizacional para desenvolver uma SOA deve dedicar atenção e recursos substanciais ao pessoal dentro do processo de desenvolvimento da SOA desde o início.

O treinamento nas boas práticas de SOA é um primeiro passo necessário para fazer com que o pessoal da sua organização entre no ritmo da SOA. Se sua organização for fragmentada, como é a Titan Insurance, recomendo que você misture as pessoas de diferentes *backgrounds* em grupos de treinamento heterogêneos, o que as encorajará as pessoas a trabalharem juntas.

Após cobrir todas as informações básicas sobre SOA como SOAP e UDDI, recomendo que o treinamento de boas práticas de SOA enfatize as diferenças culturais entre o desenvolvimento de aplicações convencional e o desenvolvimento de SOA. Isso significa focar nas mudanças no processo de desenvolvimento de *software* que são requeridas para desenvolver *web services* em uma SOA que irão satisfazer diversos casos de uso. Isso inclui os serviços que ainda não existem. O objetivo é reduzir a necessidade de reescrita do *web service* em cada novo caso de uso. Fazer com que os desenvolvedores pensem mais amplamente do que faziam no passado e focar no potencial de reutilização de cada *web service* que desenvolvem é uma grande mudança. É necessário investir tempo e dinheiro para garantir que os desenvolvedores da sua SOA dominem o novo paradigma de desenvolvimento multiuso de SOA.

Para garantir uma transição suave para uma SOA, sua organização deve estabelecer um órgão diretriz para o processo de desenvolvimento da SOA. No caso da Titan, o departamento de TI criou um "conselho de arquitetos", com representantes da alta gerência de cada grande equipe de desenvolvimento de aplicações. O conselho servia como um grupo supervisor para os esforços de desenvolvimento da SOA e como um fórum para a discussão de questões que surgiam durante o processo.

Capítulo 16

Pessoal: estabelecendo as melhores práticas

16.1 Descoberta de Serviços
16.2 Criação de Serviços, Parte I
16.3 Resumo

Depois de ter formado os grupos de treinamento e de tê-los ensinado o básico de projeto e desenvolvimento de SOA, chegou a hora de mergulhar fundo nas boas práticas de desenvolvimento de SOA. Como expliquei aos grupos de treinamento, essas boas práticas são divididas em duas grandes fases:

- Descoberta de serviços – A descoberta de serviços começa com uma análise de todo o ambiente corporativo que identifica iniciativas de negócios viáveis que podem ser realizadas por uma SOA. As iniciativas de negócios depois são divididas em processos de negócios e *web services* de suporte.

- Criação de serviços – Na fase de criação de serviços, os desenvolvedores utilizam uma "classificação de *web services*" que avalia, de acordo com um conjunto de critérios que tenta balancear a complexidade com o potencial de reutilização quais *web services* são melhores para o desenvolvimento. Junto com o desenvolvimento de *web services*, a equipe finaliza a arquitetura de suporte requerida para transformar a SOA em uma realidade. Além disso, essa fase estabelece mecanismos para gerenciar, medir e refinar o desempenho dos *web services* após sua instalação.

16.1 Descoberta de serviços

Como expliquei ao Jay, construir serviços eficazes provavelmente tem mais a ver com processos de negócios do que com tecnologia. Um bom projeto de serviço implica desenvolver funcionalidades reutilizáveis que atendam às necessidades de processos que podem variar largamente em sua função, desde necessidades departamentais internas até gerenciamento de relacionamentos de parceiros e cadeias de suprimentos externos. O serviço em si existirá independentemente do processo que o invoca. Por essa razão, serviços devem ser definidos com extremo cuidado; se forem muito granulares e específicos para um caso de negócios em particular, o valor principal para a organização ao longo do tempo será perdido.

16.1.1 Modelando o negócio

No exemplo da Titan, o processo de modelagem de negócios requereu que revisássemos a "lista de desejos" com a qual os desenvolvedores tinham lidado nos últimos meses. Para fazer isso eficazmente, criei diversas sessões de treinamento paralelas para os executivos de gerenciamento da Titan. Após dar a eles uma lição abreviada sobre *web services* e SOA, pedi-lhes que retornassem para a lista de desejos original – a que criaram, incidentalmente – e olhassem para ela novamente no contexto de uma SOA. Pedi-lhes que dividissem a lista de desejos em grandes iniciativas de negócios e componentes de processos que pudessem ser atendidos por acessos a vários sistemas. Depois de muita discussão, resumimos a lista de desejos em duas tarefas essenciais, mostradas na tabela 16.1. Apesar de toda a complexidade da situação, a gerência da Titan possuía dois objetivos básicos: reduzir o custo da venda de seguros e baixar o custo do processamento de sinistros. Todos os requisitos de TI necessariamente vinham dessas duas premissas.

Tabela 16.1 Lista de desejos da TI da Titan

Iniciativa	Objetivos	Processos
Redução de custos em subscrições de apólices	Usar TI para cortar custos associados a venda de seguros: •Reduzir custo de representante de serviço ao cliente •Facilitar comunicação com corretores da Titan •Melhorar a eficiência do processo de cobrança •Melhorar a eficiência do processo de pagamento	• Subscrição de apólices • Cobrança • Processamento de pagamentos

Redução de custos em processamentos de sinistros	**Usar TI para cortar custos associados com o processamento de sinistros:** • Facilitar comunicação entre as diversas partes envolvidas no processamento de sinistros • Melhorar a eficiência do processo de pagamento de sinistros	• Processamento de sinistros • Processamento de pagamento de sinistros

Uma vez identificadas as grandes iniciativas de negócios que direcionarão sua SOA, avalie cada iniciativa para determinar se devem receber uma alta consideração para o desenvolvimento da SOA. Uma variedade de métodos estão disponíveis para conduzir essa avaliação, alguns são simples e outros, bem complexos. Em geral, a maneira mais eficaz de se identificar os tipos de iniciativas de negócios que um serviço deve atender é procurar as necessidades de negócios mais urgentes e priorizar a partir daí. Em outras palavras, a SOA não é uma iniciativa que varre toda a companhia, mas um sinal da distância que é atingida navegando-se através de projetos pequenos e práticos um por um. Dessa maneira, os serviços são definidos em relação às necessidades imediatas de negócios e são depois reutilizados conforme necessidades de negócios adicionais surjam no futuro. Para garantir que essas necessidades de negócios futuras sejam acomodadas no projeto do serviço, é imperativo que, no máximo possível, outros departamentos dentro da organização sejam consultados cedo em relação a como e por que podem precisar do mesmo serviço no futuro. É importante garantir que a tirania dos prazos imediatos e pressões não passem por cima da oportunidade de criar serviços no contexto de boas práticas, levando adiante assim os objetivos de SOA da companhia. De modo similar, ao decidir quando e quais aplicações expor como serviços, o caminho óbvio será sempre qual caso de negócios é o mais forte e mais imediato em vez de qualquer imperativo tecnológico específico. Na Titan, a análise progrediu como mostrado na tabela 16.2.

No caso da Titan, avaliamos duas iniciativas usando fatores estratégicos, operacionais e financeiros. Como resumido na tabela 16.2, listamos os benefícios e desafios esperados em cada iniciativa e assinalamos a cada fator uma pontuação em uma escala de 1 a 10, com 10 representando o nível mais alto de benefício para a Titan. A iniciativa relacionada a apólices foi a vencedora óbvia. Assim, decidimos adiar a iniciativa relacionada a sinistros naquele momento e concentrar nosso desenvolvimento de SOA nas questões de apólices.

16.1.2 Definição de Processos

Depois que a equipe de gerência da Titan identificou essas iniciativas de negócios, convidei-a a se juntarem com os grupos de treinamento de TI para um "encontro das mentes". Trabalhando juntos, os dois grupos modelaram os processos de negócios que eram o centro das iniciativas de negócios. A figura 16.1 mostra o modelo de processos de negócios para subscrição de apólices. Nos modelos de processos de negócios mostrados nas figuras, o símbolo ▽ indica um processo manual, enquanto o símbolo ▭ representa um processo automatizado ou "serviço" provido pelo processo de negócios pelos sistemas de TI da Titan. (Diamantes também são serviços.)

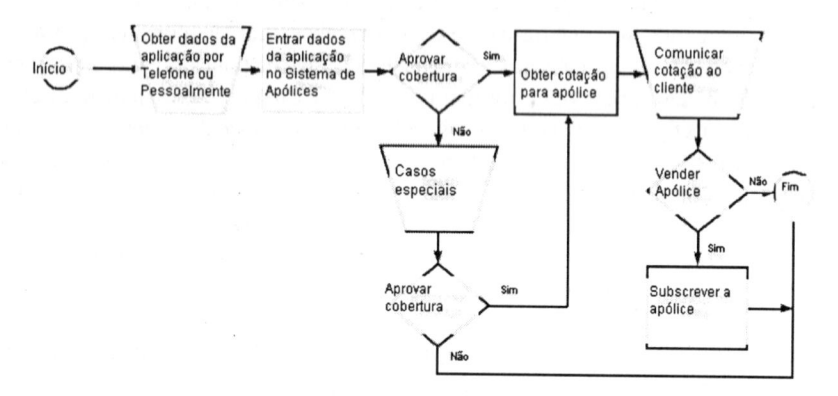

Figura 16.1 Modelo de processos de negócios para subscrição de apólices

Embora isso possa parecer um pouco confuso, um passo importante no desenvolvimento de uma SOA é a compreensão de como os processos de negócios chamam os "serviços" dos sistemas de TI, independentemente de esses serviços serem baseados em SOAP ou em qualquer outro padrão. No caso do modelo de processos de negócios da figura 16.1, os serviços descritos são providos ou pelo *mainframe InsurTech* ou pelos antigos sistemas de apólices da Apollo.

A gerência da Titan identificou o primeiro passo – a aquisição de informações de segurados recém-adquiridos, seja manualmente, por telefone ou pessoalmente – como sendo o passo mais custoso, em termos de tempo, e ineficiente no processo. Além disso, a comunicação da cotação de apólices para o cliente por telefone ou pessoalmente também era considerada altamente ineficiente. O time de gerenciamento estava interessado em ver como a SOA poderia ajudá-los a melhorar a eficiência dessas tarefas. A resposta óbvia, que já tínhamos explorado de um modo preliminar, era migrar alguns desses processos para uma aplicação de portal baseada em navegadores.

Tabela 16.2 Avaliação das Iniciativas de Negócios da Titan

Iniciativa	Fatores Estratégicos	Fatores Operacionais	Fatores Financeiros	Avaliação
Redução de custos em subscrições de apólices	Simplificar o processo de vendas de corretores ajudará a aumentar as vendas de apólices: • Corretores permanecerão fiéis à companhia que torna sua vida mais fácil • Segurados são sensíveis ao atendimento ao cliente. Melhorar o serviço ao cliente aumentará as taxas de retenção de clientes.	O departamento de serviço aos clientes já trata de questões de vendas de corretores. O custo representa uma mudança incremental no procedimento.	A Titan gasta $20 milhões por ano em despesas com o serviço ao cliente e subscrição de apólices. Uma melhora de 5% de eficiência se traduz em uma economia de $1 milhão.	A iniciativa de apólices apresenta o caso mais estratégico, operacional e financeiramente atrativo.
Classificação	7	3	8	Resultado: 18
Redução de custos em processamentos de sinistros	Facilitar o processo de pagamento de sinistros beneficiará os segurados que possuem sinistros. Um pagamento melhor e mais rápido melhora a imagem da marca da Titan como uma boa companhia de seguro para se trabalhar.	O gerenciamento de sinistros é atualmente tratado por dois departamentos completamente distintos que usam dois tipos completamente diferentes de tecnologia (papel vs. documentos eletrônicos). A implementação de uma SOA será apenas uma pequena parte de uma reorganização maior da unidade de sinistros.	A Titan gasta $5 milhões por anos no custo do processamento de sinistros. Para economizar $1 milhão provável a ser realizado na iniciativa de vendas de apólices, a iniciativa de sinistros teria de ter uma melhoria de 20%, o que é improvável. A economia provável da iniciativa de sinistros seria de $500.000 por ano.	A iniciativa de sinistros, embora válida, é parte de um programa de mudanças operacionais maior. Além disso, o custo/benefício da iniciativa não é tão bom quanto o da iniciativa de apólices.
Classificação	3	1	1	Resultado: 5

Repetimos o exercício de modelagem de processos de negócios para os processos de cobrança e pagamento de cartões de crédito da iniciativa de negócios de apólices. Não é difícil saber por que a gerência da Titan acha que essa é uma boa área para se examinar a simplificação e a contenção de custos. O processo de cobrança, em particular, é baseado em vários passos manuais e procedimentos feitos em papel. A gerência da Titan possui um grande interesse em encorajar seus segurados a migrarem para um processo de cobrança por telefone ou *on-line* e aposentar gradualmente a cobrança impressa. Em curto prazo, porém, a companhia sabia que teria de continuar com a cobrança impressa enquanto tornava o processo mais eficiente e barato ao mesmo tempo. A grande questão era: com esses objetivos de negócios em mente, quais aplicações faria mais sentido serem expostas como *web services*?

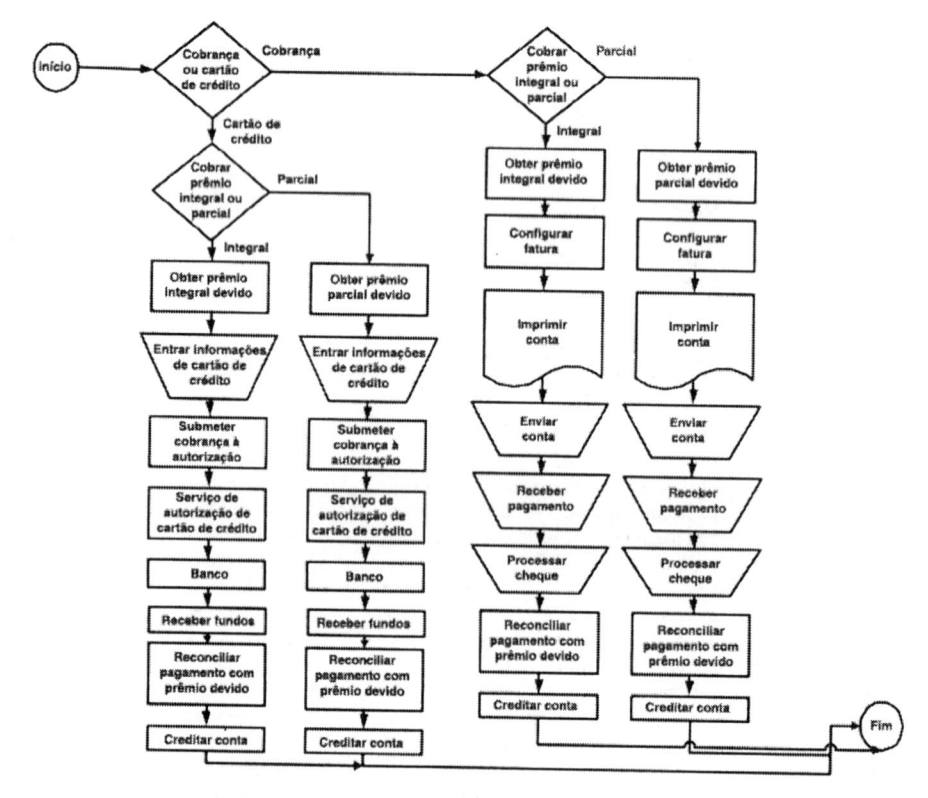

Figura 16.2 Modelo de processos de negócios para pagamento e cobrança de prêmio de apólice.

Além disso, quais faria mais sentido de serem implementadas primeiro, e qual proporcionaria um aprendizado mais eficaz como um projeto piloto de *web services*?

O objetivo das boas práticas de desenvolvimento de SOA é identificar os serviços

CAPÍTULO 16 – PESSOAL: ESTABELECENDO AS MELHORES PRÁTICAS

O objetivo das boas práticas de desenvolvimento de SOA é identificar os serviços que são usados por um processo de negócios (processos diferentes e de diversas partes) e identificar os melhores para exposição como *web services*. O desafio para os desenvolvedores é obter uma metodologia para avaliar quais serviços seão os viáveis. Antes da avaliação, recomendamos compilar uma lista de serviços, como mostrado na tabela 16.3, dos processos de negócios que você definiu para o possível desenvolvimento da SOA.

Tabela 16.3 A Lista de Serviços

Processo	Serviço	Localização Atual do Serviço
Subscrição de apólice	Entrar dados da contratação de apólice no sistema de apólices	Sistemas de apólices
	Aprovar cobertura (decisão baseada em sistema)	Sistemas de apólices
	Obter cotação para cobertura	Sistemas de apólices
	Subscrever a apólice	Sistemas de apólices
Faturar prêmio	Obter prêmio integral devido	Sistemas de apólices
	Obter prêmio parcial devido	Sistemas de apólices
	Submeter fatura para autorização	Sistemas de apólices
	Autorização de cartão de crédito	Serviços de autorização (externo)
	Receber fundos	Sistemas financeiros
	Reconciliar pagamento com prêmio devido	Sistemas financeiros e de apólices
	Creditar contas	Sistemas financeiros e de apólices
Enviar cobrança de prêmio	Obter prêmio integral devido	Sistemas de apólices
	Obter prêmio parcial devido	Sistemas de apólices
	Configurar fatura	Sistemas de apólices
	Receber fundos	Sistemas financeiros
	Reconciliar pagamento com prêmio devido	Sistemas financeiros e de apólices
	Creditar contas	Sistemas financeiros e de apólices

16.2 CRIAÇÃO DE SERVIÇOS - PARTE I

Depois que os grupos identificaram 16 serviços que suportavam os processos de negócios sob consideração na iniciativa de negócios de apólices, chegou a hora de começar a parte I de criação de serviços. Nesse estágio, avaliamos quais serviços devem receber prioridade para exposição como *web services*. Na parte II, que vem depois do projeto piloto, planejamos toda a SOA.

Como se determina a prioridade para criação de *web services*? Deve-se simplesmente começar pelo topo da sua lista e expor cada serviço de *software* necessário para suportar os processos de negócios como *web services*, ou deve-se ser mais seletivo? Em caso afirmativo, como? Em resposta às perguntas recomendo que se aborde o desenvolvimento de SOA: usando um processo incremental baseado em priorização metódica de serviços que precisam ser expostos. Não é aconselhável sob nenhuma circunstância tentar converter uma arquitetura corporativa para uma SOA em uma única varrida. Por causa da natureza sempre em evolução de *web services*, das questões de transição humanas e organizacionais envolvidas e do cronograma inevitável de uma conversão como essa, criar uma SOA de uma só vez não é um bom passo. A abordagem mais inteligente é examinar cada *web service* potencial na lista de serviços e determinar quais seriam os relativamente mais simples de serem executados e designar o que seria mais útil na SOA que está sendo criada.

16.2.1 Classificando os serviços

Para descobrir os serviços de maior prioridade para serem expostos como *web services*, recomendei que a Titan usasse um "boletim" de *web services;* uma ferramenta que considero uma das mais importantes dentre as boas práticas de SOA. O boletim classifica *web services* baseando-se em quatro fatores:

- **Migração** – O desenvolvimento desse *web service* simplificará os planos de migração de sistemas?
- **Isolamento** – Esse *web service* isola a aplicação consumidora da necessidade de desempenho lógico de negócios complexos para utilizá-lo?
- **Flexibilidade** – O *web service* pode lidar com vários cenários de consumo?
- **Reutilização** – O *web service* pode ter diversos consumidores diferentes?

O serviço que possuir o *mix* correto dessas qualidades será um bom candidato para ser exposto como um *web service*. Aos serviços que não atendam a esses critérios deve ser dada menor prioridade para exposição como *web service* ou possivelmente nunca devem ser expostos. Para ilustrar esse processo, fizemos um *mentoring* com os grupos de treinamento da Titan no uso do boletim para classificar dois *web services* candidatos, "Subscrever a apólice" e "Autorizar cartão de crédito", e depois comparamos os resulta-

CAPÍTULO 16 – PESSOAL: ESTABELECENDO AS MELHORES PRÁTICAS | 239

dos. Trabalhando com quadros brancos, chegamos às figuras 16.3 e 16.4, que ilustram o fluxo lógico de cada serviço que existia na arquitetura da Titan.

Como a figura 16.3 mostra, o serviço "Subscrever a apólice", embora simples em seu fluxo lógico básico, está integralmente ligado ao funcionamento do sistema de apólices. Na realidade, subscrição de apólices é um processo altamente complexo com lógica de aplicação muito detalhada que alimenta bancos de dados atuariais e registros de segurados contidos no sistema de apólices.

A autorização de cartão de crédito, como ilustrada na figura 16.4, requer que o sistema financeiro formate e envie as informações de cartão de crédito do cliente (número do cartão, data de expiração e assim por diante) para um entre vários serviços externos de autorização de cartão de crédito usados pela Titan. Cada serviço de autorização de cartão de crédito requer sua própria interface *customizada*. O "ponto doloroso" para a Titan tem sido o custo e esforço necessários para manter essas interfaces. Não apenas as interfaces requerem manutenção e atualização constantes, mas tornar-se caro para a Titan substituir serviços de autorização, o que a companhia ocasionalmente desejar fazer.

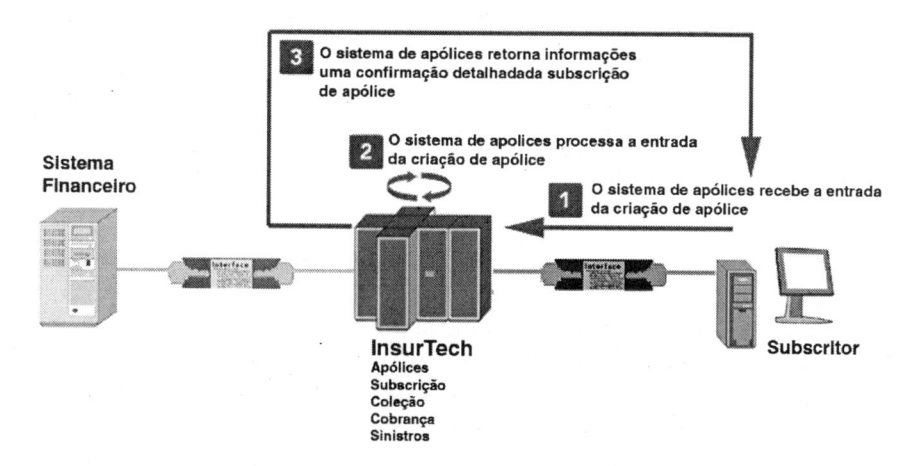

Figura 16.3 O serviço "Subscrever a apólice" envolve três passos no sistema de apólices: o sistema recebe dados da contratação de apólices, processa-os e retorna uma confirmação detalhada da apólice subscrita ou para o corretor ou para o usuário interno que solicitou a subscrição.

240 | COMPREENDENDO SOA CORPORATIVA

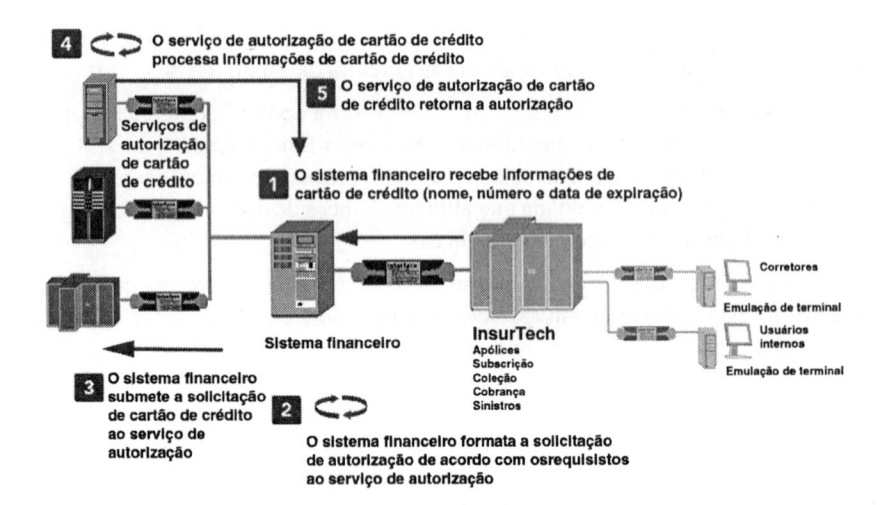

Figura 16.4 O serviço "Autorizar cartão de crédito" é composto por cinco passos que se originam e terminam no sistema financeiro da Titan. O sistema financeiro, que recebeu as informações do cartão do cliente do sistema de apólices, deve formatar essas informações para atender às necessidades de um dos três serviços de autorização possíveis. Um dos grandes desafios da Titan tem sido o esforço requerido para manter as necessidades que freqüentemente mudam de formatação de mensagens desses serviços de autorização.

Quando exposto como um *web service*, o serviço "Subscrever apólice" se parece com a figura 16.5. O sistema de subscrição, que provavelmente será o novo portal corporativo, discutido anteriormente, consumirá o *web service*, criando uma requisição SOAP que contém os dados do candidato à apólice. O *web service* que expõe as funcionalidades do sistema de apólices processa a requisição SOAP e retorna uma confirmação detalhada da subscrição da apólice como uma resposta SOAP.

O serviço "Autorizar cartão de crédito", exposto como um *web service*, se parecerá com a figura 16.6. O *web service* estará à frente do sistema financeiro, mascarando a complexidade da formatação das solicitações de autorização de cartão de crédito para cada provedor externo de serviços de autorização de cartões de crédito. Atualmente, a Titan precisa manter interfaces *customizadas* altamente complexas que gerenciam a formatação das solicitações de autorização que navegam para cada serviço de autorização. O *web service* elimina a necessidade dessas interfaces ao padronizar a solicitação de autorização em formato SOAP.

Nesse ponto, com detalhes e aplicações reais surgindo, posso dizer que os grupos de treinamento se empolgaram com essa nova perspectiva. Como você pode ter adivinhado, porém, os problemas envolvidos na exposição desses serviços como *web services* são um tanto mais desafiadores do que aparecem no quadro branco.

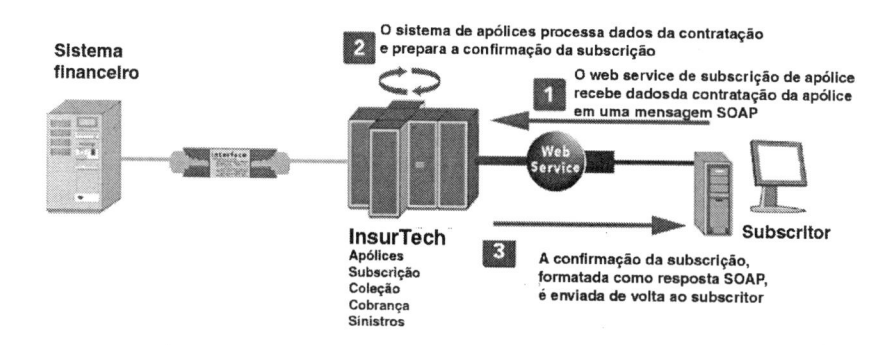

Figura 16.5 Ilustração do passo "Subscrever apólice" como um *web service*.

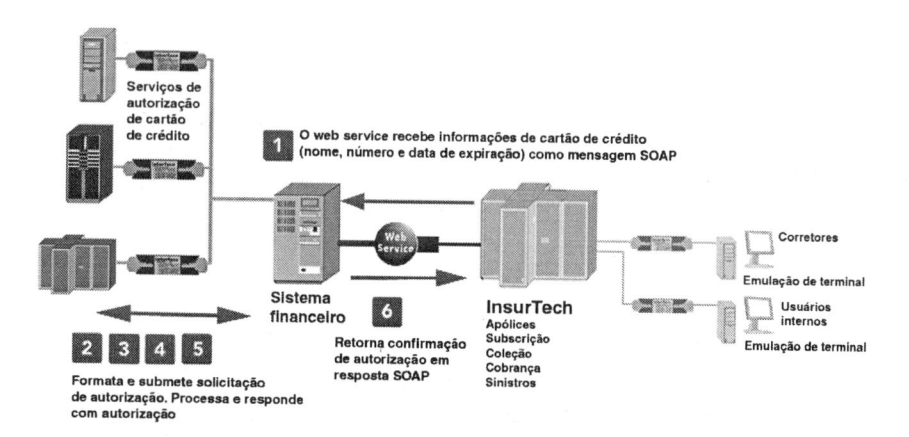

Figura 16.6 O serviço "Autorizar cartão de crédito" exposto como um web service. O web service exporá as funcionalidade do sistema financeiro e permitirá ao sistema de apólices criar uma resposta SOAP contendo as informações do cartão de crédito do cliente.

16.2.2 Migração

Migração se refere à transformação da arquitetura corporativa pela retirada gradual dos sistemas antigos e introdução dos novos. Em termos de avaliação do boletim de *web services*, a migração é um fator importante, pois só vale a pena criar um *web service* para um sistema legado se for feita a simplificação ou a retirada desses planos de migração. Para cada um dos dois *web services* que estávamos considerando, os grupos discutiram vários cenários de migração para ver como os serviços iriam se comportar com essas mudanças.

O *web service* "Subscrever apólice" possuía um caminho de migração aperfeiçoado que era muito interessante. Como mostrado na figura 16.7, parecia para o grupo de treinamento, que se podia simplesmente trocar o antigo sistema de apólices e colocar o *web service* "Subscrever apólice" no lugar dele. Não é assim. Conforme discutimos em mais detalhes, começamos a ver que o *web service* exposto no sistema de apólices existente teria de conter muita lógica de programação específica para a abordagem do sistema de apólices para a subscrição de apólices. Se a Titan quisesse substituir o sistema de apólices, provavelmente qualquer *web service* de "Subscrição de apólices" que ela tivesse teria de ser jogado fora e reescrito ou revisado tão intensamente que não valeria a pena.

Em comparação, a simplicidade do *web service* "Autorizar cartão de crédito" e a quase universalidade de cartões de crédito em negócios e *e-commerce* o tornavam um bom candidato para migração. Como mostrado na figura 16.8, migrar para um novo sistema de apólices não precisaria de muitas mudanças no *web service* básico de autorização de cartões de crédito. Os requisitos da mensagem – nome, número do cartão de crédito, data de expiração e assim por diante – não mudariam em nada se o sistema de apólices fosse totalmente substituído. Se o sistema financeiro fosse migrado para uma nova plataforma (um passo que está sendo considerado), as funções de processamento de cartões de crédito também não seriam muito afetadas. Em geral, como foi contemplado, os provedores externos de autorização de cartões de crédito iriam converter suas interfaces para *web services*. Nos três cenários de migração, o *web service* "Autorizar cartão de crédito" foi visto pelos grupos de treinamento como a melhor parte do processo.

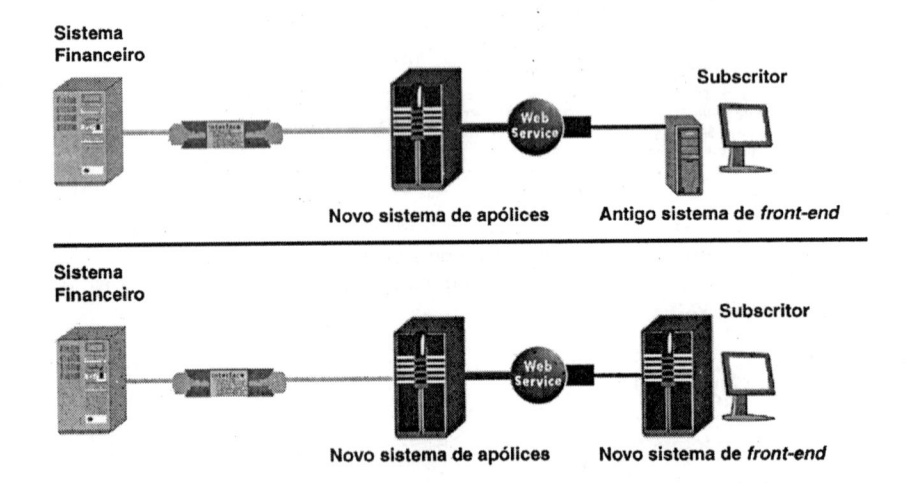

Figura 16.7 Possíveis cenários de migração para o *web service* "Subscrever apólice". Embora seja simples na aparência, o processo de migrar esse serviço para novos sistemas provavelmente requereria trabalho extensivo do *web service*, dada a quantidade de lógica de programação específica que contém.

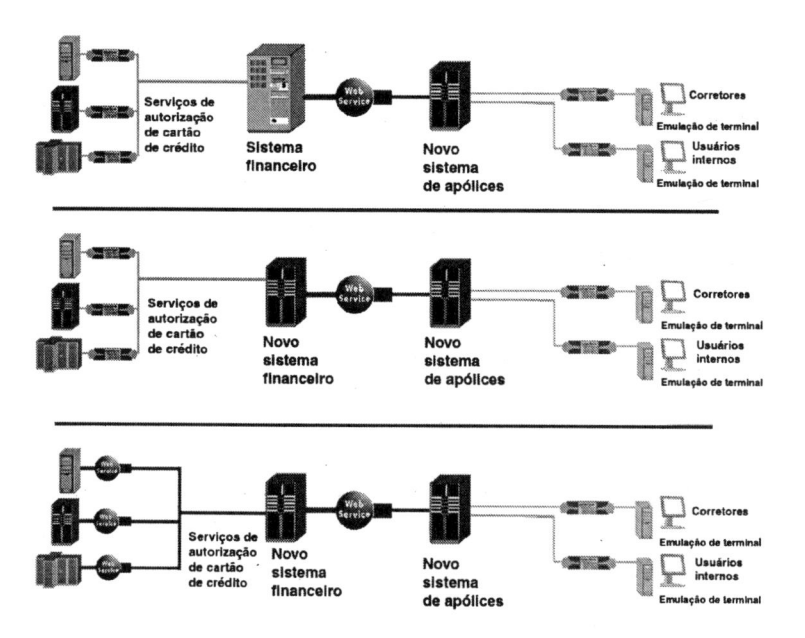

Figura 16.8 Cenários possíveis de migração do web service "Autorizar cartão de crédito", incluindo a possibilidade de os provedores externos de autorização de cartão de crédito mudarem suas interfaces para padrões de web services.

16.2.3 Isolamento

No desenvolvimento de *web services*, *isolamento* é definido como uma avaliação da capacidade do *web service* proposto de capturar e isolar sua lógica de outros passos no processo de negócios. Expliquei para os grupos as seguintes questões que fazemos quando tentamos classificar o isolamento de um *web service*:

- O *web service* representa um valor de negócios independente?
- É autodescritível? Em outras palavras, descrever o *web service* depende de incluir descrições de outros *web services*, operações manuais ou processos de *software*?
- O *web service* pode ser modificado facilmente devido a mudanças nos casos de uso de consumo independentemente das outras funções ou serviços?

Esses fatores o ajudarão a definir um *web service*, difícil de ser separado de outros serviços, e que não está, ainda definido apropriadamente como um serviço independente. Por exemplo, se você tem um serviço A pobremente isolado que está interligado com a funcionalidade do serviço B, então uma modificação de B provavelmente exigirá uma modificação em A. Muitas interdependências como essas podem criar problemas de manutenção em uma SOA.

O *web service* "Autorizar cartão de crédito" marca muitos pontos para isolamento, o que significa que o serviço é bastante distinto. Ele recebe informações de cartão de crédito de uma fonte, formata uma solicitação de autorização, envia-a e responde com uma confirmação de autorização. É um processo de negócios independente. Pode-se autodescrever – "Autorizar cartão de crédito" Isso já diz tudo. Pode ser modificado para diferentes usos de consumo, como entrada de sistema de IVR e assim por diante, independentemente de outros serviços. Em outras palavras, pode-se adicionar, remover ou modificar as aplicações consumidoras do *web service* "Autorização de cartão de crédito" sem ter de modificar qualquer outro serviço na arquitetura corporativa.

O *web service* "Subscrever apólice" é bem diferente pois é muito menos isolado do que, por exemplo, o do cartão de crédito.Se o *web service* fosse criado, englobaria vários processos lógicos, como cálculos atuariais e consulta a bancos de dados de clientes. Como resultado, não representa um valor de negócios independente. É parte de outros processos, logo não pode ser totalmente autodescritivo. É difícil, ou quase impossível, modificar seus casos de uso de consumidores sem alterar outros processos dependentes dentro do sistema de apólices.

16.2.4 Flexibilidade e reutilização

O grau no qual um *web service* é flexível reflete sua capacidade de lidar com diversos casos de consumo e variações em casos de uso. Nesse contexto, o *web service* "Autorizar cartão de crédito" é bastante flexível. Ele pode lidar com cartões Visa e Mastercard, por exemplo, sem praticamente nenhuma modificação em sua interface. Para receber um cartão American Express, que possui mais dígitos no número do cartão de crédito, uma pequena modificação é necessária. E, como discutimos antes, o *web service* "Autorizar cartão de crédito" funcionaria bem com diversos consumidores de *web services* potenciais, como *web*, IVR e assim por diante. Em comparação, o *web service* "Subscrever apólice" possuía um caso de consumo básico e deveria ser modificado extensivamente para lidar com tipos diferentes de apólices de seguro.

De modo similar, em termos de reutilização, o *web service* "Autorizar cartão de crédito" é muito mais versátil do que o *web service* "Subscrever Apólice". Conforme a Titan cresça, é provável que várias linhas diferentes de negócios e sistemas, incluindo os que ainda não existem, possam utilizar o serviço de autorização de cartão de crédito. Qualquer linha dos negócios da Titan que precise processar cartões de crédito – um processo de negócios que é pouco provável que mude substancialmente ao longo do tempo – pode utilizar o *web service* uma vez que esteja operando. O *web service* "Subscrever apólice", em comparação, praticamente não possuía reutilização potencial além da sua função inicial.

16.2.5 Outros fatores

A quinta categoria no boletim cobre outros fatores que podem influenciar a decisão de dar prioridade ao desenvolvimento a um *web service* específico. Embora esses fatores variem, geralmente vale a pena olhar o custo da implementação, o tempo de desenvolvimento e os desafios técnicos e organizacionais envolvidos em criar o *web service* proposto. Vamos ver como os grupos de treinamento compararam os dois *web services* potenciais usando esses fatores.

Os grupos de treinamento avaliaram os dois *web services* e determinaram que o *web service* "Autorizar cartão de crédito" seria um pouco menos custoso de ser desenvolvido e implementado do que o *web service* "Subscrever apólice". Tecnicamente, o projeto "Subscrever apólice" é mais desafiador do que o *web service* de cartão de crédito, devido em parte ao fato de o *web service* "Subscrever apólice" ser parte de um plano maior de migração de *fat clients* para portais. Organizacionalmente, também, os grupos de treinamento perceberam que o *web service* relacionado a apólices deveria fazer parte de uma figura maior dentro da mudança do modo como as duas antigas companhias se integrariam na área de apólices. Por essas razões, o *web service* "Autorizar cartão de crédito" pareceu ser o melhor a ser priorizado para desenvolvimento do que o *web service* "Subscrever apólice".

16.2.6 Avaliação geral

Em toda categoria de avaliação do boletim de web services, o web service "Autorizar cartão de crédito" classificou superiormente ao web service proposto "Subscrever apólice". Isto pode não ser uma grande surpresa, uma vez que estabeleci a comparação como um exercício de treinamento. Em sua organização, você pode descobrir que as diferenças entre web services propostos são ainda mais sutis. Entretanto, conforme completamos nossa avaliação, nosso boletim, mostrado na tabela 16.4, apresenta o web service "Autorizar cartão de crédito" como o claro vencedor

Tabela 16.4 Boletim de *Web Services*

Fator	Classificação para "Autorizar cartão de crédito"	Classificação para "Subscrever apólice"
Migração	7	2
Isolamento	6	1
Flexibilidade	8	2
Reutilização	7	2
Outros Fatores	5	3
Total	33	10

16.2.7 Próximos Passos

Depois de termos conduzido os grupos de treinamento pelo método de explorar os processos de negócios e avaliar os *web services* correspondentes, era hora de selecionar um projeto piloto. Embora os grupos de treinamento estivessem ansiosos para começar o *web service* "Autorizar cartão de crédito", Jay e eu sentimos que era um pouco complicado utilizá-lo como piloto. Em vez disso, sugerimos ver mais um *web service* antes de tomar a decisão. Essa exploração é abordada no próximo capítulo.

Depois do piloto, entraremos na fase de planejamento da SOA da Titan. Nesse momento, mergulharemos mais fundo na segunda parte da criação de serviços. Veremos as grandes questões de infra-estrutura, a arquitetura-alvo, a seleção da plataforma e outras questões envolvidas em começar o projeto de SOA seriamente.

16.3 RESUMO

Depois de os grupos de treinamento da Titan terem aprendido o básico de projeto de SOA, puderam começar a aprender as boas práticas de SOA. Recomendo uma abordagem em dois passos:

1) descoberta de serviços, que é uma análise das iniciativas de negócios que em geral estão conduzindo o desenvolvimento da SOA, seus processos de negócios e os *web services* de suporte e 2) criação dos serviços, que é um processo mais profundo de avaliação dos *web services* potenciais que são os candidatos mais lógicos a terem prioridade no desenvolvimento. O processo de avaliação é baseado em um "boletim" de *web services* que ordena as qualidades dos serviços em termos de potencial de migração de sistema, isolamento lógico, flexibilidade, reutilização e mais.

Depois de revisar a lista de desejos da Titan pela segunda vez na fase de descoberta de serviços, os grupos de treinamento descobriram que a companhia possuía duas iniciativas principais: redução de custos na arena de apólices e redução de custos no processamento de sinistros. Um exame dos méritos de cada iniciativa revelou que a área de apólices seria mais lucrativa que a de processamento de sinistros para começar o desenvolvimento da SOA. Este é um primeiro passo importante nas boas práticas de desenvolvimento de SOA – começar com a iniciativa de negócios que faz mais sentido do ponto de vista de negócios em vez de gastar tempo e dinheiro em uma iniciativa que seria melhor deixar para mais tarde.

Continuando com a descoberta de serviços, os grupos de treinamento mapearam os processos de negócios que eram inerentes a dois processos de negócios representativos na iniciativa de apólices: subscrição de apólices e autorização de cartão de crédito. Depois de mapear as regras, os grupos criaram uma "lista de serviços" que listava os serviços de *software* que cada processo de negócios requer para ser executado. Uma vez que a Titan ainda não possui uma SOA, os "serviços" discutidos são providos por vários sistemas legados que operam na Titan. O desafio que o grupo enfrentou na primeira parte da fase de criação de serviços foi avaliar quais serviços providos pelos sistemas legados da Titan seriam mais interessantes de serem expostos como *web services* primeiro.

Os grupos de treinamento compararam os *web services* potenciais "Autorizar cartão de crédito" e "Subscrever apólice" utilizando um boletim que classificava os dois serviços por esses fatores:

• **Migração** – Capacidade do *web service* de atender aos planos de migração da Titan

• **Isolamento** – Capacidade do *web service* de isolar a lógica de negócios envolvida em seu processamento, uma questão que possui implicações para gerenciamento de mudanças e atualizações de sistema em geral

• **Flexibilidade** – Classificação da capacidade do *web service* de se adaptar a mudanças nos casos de uso de consumo

• **Reutilização** – Classificação do potencial do *web service* para ser utilizado por outras aplicações consumidoras que venham a surgir

• Outros fatores, incluindo custo de implementação, prazo e desafios técnicos e organizacionais

Baseado nesses fatores, o *web service* "Autorizar cartão de crédito" mostrou-se ser uma escolha mais prática e flexível do que o *web service* "Subscrever apólice". Uma comparação entre os dois mostra que o *web service* de cartão de crédito possui grande potencial de se adaptar e ser reutilizado na SOA, onde quer que o processamento de cartão de crédito seja necessário. Em comparação, o *web service* de subscrição de apólice representa uma parte profunda, mas estreita, da lógica de negócios da Titan e não poderia ser migrado facilmente ou não teria muito potencial de reutilização conforme a Titan continuasse a crescer.

CAPÍTULO 17

PESSOAL: ESTABELECENDO AS BOAS PRÁTICAS

17.1 Escolhendo uma plataforma
17.2 Escolhendo um projeto-piloto
17.3 Confrontando uma arquitetura real
17.4 Estabelecendo objetivos e chegando ao sucesso
17.5 Mensurando o sucesso
17.6 Resumo

Depois de algumas semanas de treinamento, algumas mudanças surpreendentes ocorreram no departamento de TI da Titan. A união do pessoal das antigas Hermes e Apollo nos grupos de treinamento resultou em algumas novas amizades (embora as margueritas após o expediente tenham contribuído) e em um sentimento geral de unidade sobre o trabalho que se seguiu com a criação da SOA. Após dominar os princípios da SOA e de *web services*, chegou a hora de executar um projeto-piloto que desse a todos a oportunidade prática de testar as habilidades recém-adquiridas.

17.1 ESCOLHENDO UMA PLATAFORMA

A nova harmonia entre os participantes das equipes de treinamento terminou assim que começamos a discutir plataformas de desenvolvimento. Como em muitas áreas de TI, há dois campos básicos: Java e Microsoft. O grupo da Apollo é essencialmente Microsoft. A maioria das aplicações desenvolvidas internamente foi criada utilizando-se Microsoft SQL, ASP, Visual Basic, COM e assim por diante. Muitas das aplicações rodam em produtos Windows. Eles estão ansiosos para que a Titan adote o novo .NET Framework para XML e *web services*. A antiga equipe da Hermes, que é mais influente, não possui *experts* nem em Java e nem em Microsoft. A equipe da Hermes é uma mistura de antigos funcionários de *mainframe* (adeptos de COBOL, principalmente), especialistas em *hardware* da IBM e desenvolvedores Java. Como um grupo, porém, estavam mais inclinados a ir com Java, pois o consideravam mais aberto e flexível.

De certo modo, esse argumento é como tentar convencer um torcedor dos *Yankees* de que o *Red Sox* é um time melhor. Há pontos de vista válidos nos dois lados, mas você se arrisca a se machucar se tentar introduzir lógica na discussão. Discutimos a questão em profundidade e chegamos ao que considero ser uma solução criativa. Desenvolveríamos nosso *web service* piloto usando Java, mas também experimentaríamos criando uma aplicação consumidora de *web services* baseada em Microsoft usando a plataforma Microsoft para aprender sobre os desafios sutis de interoperabilidade que ainda existem entre as duas plataformas, apesar da conformidade aos padrões de *web services*.

Nossas razões para escolher Java foram as seguintes: ambos os grupos concordavam em que provavelmente iriam instalar algumas das novas aplicações de SOA nos servidores de aplicações da BEA ou IBM no futuro e, uma vez que isso requer algum conhecimento organizacional de J2EE, pensaram que essa seria uma boa hora para aprender. Em um nível interpessoal, é praticamente impossível também convencer alguém do lado "antimicrosoft" de que deve se aliar à gigante de *Redmond*. Para ser sincero, eu sou basicamente neutro. Vejo grandes forças e desafios em ambas as plataformas. O objetivo mais importante da minha perspectiva era convencer os grupos de treinamento a concordarem em trabalhar em uma plataforma ou outra.

17.2 ESCOLHENDO UM PROJETO-PILOTO

Primeiramente, assumimos que iríamos desenvolver o *web service* "Autorizar cartão de crédito" como nosso piloto. No entanto, conforme começamos a explorar a questão em maior profundidade, vimos que ele talvez fosse complexo demais para um exercício de treinamento. Em vez disso, discutimos diversas alternativas antes de voltar para o *web service* potencial: "Obter prêmio devido". Como vimos anteriormente, "Obter prêmio devido" é um dos passos de vários processos de negócios relacionados a cobrança e pagamento. A função "Obter prêmio devido" é invocada por diversas aplicações consumidoras, incluindo o sistema de IVR e os portais de corretores, corporativo e de clientes.

O *web service* em si é bastante simples em sua essência. Como mostrado na figura 17.1, a aplicação consumidora envia uma requisição SOAP que contém o nome do segurado e o número da apólice para o *web service*. O *web service* então processa a requisição recuperando o prêmio devido do banco de dados de apólices, que está no sistema de *mainframe* da *InsurTech*. Depois, o *web service* envia uma resposta SOAP que contém o prêmio devido de volta à aplicação consumidora.

Indo para o quadro branco, os grupos de treinamento demonstraram que o *web service* "Obter prêmio devido" possuía muitos clientes potenciais. Como mostrado na figura 17.2, havia 12 casos de uso potenciais para o serviço, pois é uma parte integral de muitos processos de negócios de cobrança e serviço ao cliente. Em alguns casos, o cliente, corretor ou funcionário poderiam querer processar um pagamento. Em outros casos, o usuário estaria simplesmente fazendo uma consulta do tipo: "quanto devo em minha apólice exatamente agora?"

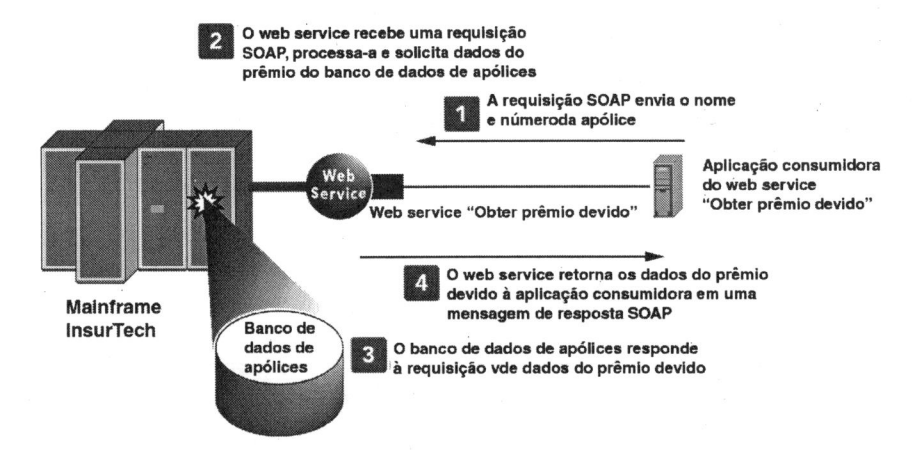

Figura 17.1 Web service proposto para "Obter prêmio devido". O web service responde a uma requisição SOAP que contém o nome do segurado e o número da apólice com uma resposta SOAP, derivada do banco de dados de apólices da InsurTech, que contém a quantia do prêmio devido.

Embora pudéssemos investigar atentamente o *web service* e ver que ele possuía um grande apelo como um piloto, achamos que era apropriado pôr nossas boas práticas para trabalhar e avaliar o *web service* "Obter prêmio devido" de acordo com o boletim de *web services* (veja o capítulo anterior). Logo, os grupos resolveram avaliar o *web service* "Obter prêmio devido" segundo os critérios de migração, isolamento, flexibilidade, reutilização e outros fatores.

O *web service* parecia ser ótimo para migração. Como mostrado na figura 17.3, a funcionalidade de lógica de negócios simples do caso de uso – prover um nome e número de apólice e receber um valor de prêmio devido – pode migrar para praticamente qualquer novo sistema de apólices que a Titan pudesse instalar. Independentemente do tipo ou configuração de *software* do novo sistema, era bastante provável que funcionasse no nível de nome do segurado, número da apólice e prêmio devido da apólice.

252 | COMPREENDENDO SOA CORPORATIVA

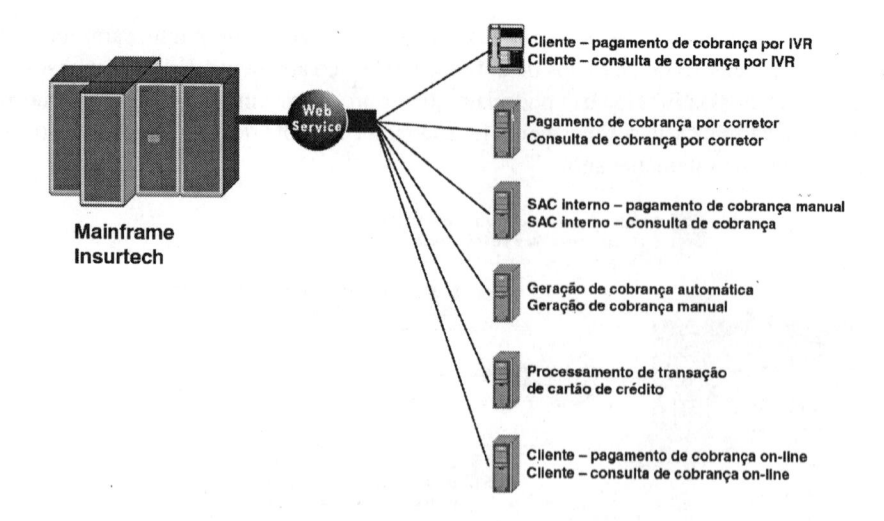

Figura 17.2 Há 12 possíveis casos de uso para o web service "Obter prêmio devido", incluindo cobrança, processamento de pagamento e consultas de clientes.

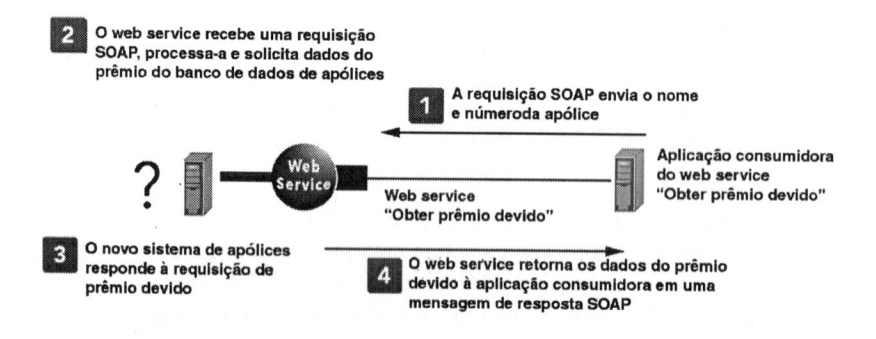

Figura 17.3 Em termos de migração, o web service "Obter prêmio devido" pode funcionar com praticamente qualquer novo sistema de apólices que a Titan implemente.

Em termos de isolamento, o *web service* tem uma pontuação média. No lado da requisição, é quase completamente isolado. Independentemente da lógica de negócios envolvida em obter o prêmio devido, os parâmetros de requisição quase sempre serão os mesmos: nome e número da apólice. No lado da resposta, o *web service* é menos isolado. Para responder a uma requisição, o serviço deve estar integrado à lógica no novo sistema de apólices. Seria um tanto difícil separar o lado da resposta do serviço da lógica de negócios do sistema de apólices. Se a lógica de negócios do sistema de apólices mudasse, seria necessária uma mudança no *web service*. Porém, dada a simplicidade do serviço, não deve ser uma mudança complexa.

Além disso, o *web service* não requeria que a aplicação consumidora realizasse qualquer lógica de negócios. Tudo que os consumidores precisavam fazer era fornecer o nome e o número da apólice em uma solicitação e, em resposta, receber o prêmio devido para essa apólice. Não havia praticamente nenhum cálculo ou passos lógicos a serem seguidos para consumir o *web service*. Nesse sentido, o *web service* "Obter prêmio devido" era extremamente isolado e, por isso, merecedor de uma grande pontuação em isolamento.

O *web service* era bastante flexível. Como mostrado na figura 17.2, havia pelo menos uma dúzia de cenários de consumo que podiam utilizar o *web service* exatamente como é. Com pequenas modificações, o serviço poderia, provavelmente, responder a diversas aplicações consumidoras. O serviço é bastante reutilizável. Não importava como a Titan modificasse sua arquitetura, seria quase certo que precisaria criar novas aplicações consumidoras que requeressem um "Prêmio devido" para uma apólice específica.

Em termos de outros fatores, como custo de implementação, tempo de desenvolvimento e desafios tecnológicos e organizacionais, o *web service* também pontuava alto. Desenvolver o serviço custaria relativamente pouco e requereria um curto período de tempo. O projeto apresentava alguns grandes desafios tecnológicos e organizacionais.

O boletim do *web service*, resumido na tabela 17.1, mostra que o *web service* "Obter prêmio devido" é um grande candidato para desenvolvimento. Uma vez que tivéssemos concordado com a escolha, os grupos de treinamento poderiam começar a mapear o projeto e se ocupar dele. Logo depois desse início empolgante, no entanto, escutei lamentações vindas dos grupos. Agora vinha a parte divertida.

Tabela 17.1 Boletim para "Obter prêmio devido"

Fator	Pontuação para "Obter prêmio devido"
Migração	8
Isolamento	6
Flexibilidade	8
Reutilização	8
Outros fatores	5
Total	35

17.3 CONFRONTANDO UMA ARQUITETURA REAL

Quando todos os grupos de treinamento começaram a mapear a aplicação consumidora de *web services*, que iria entrar no domínio da Titan, a submeter sua requisição SOAP e a receber a resposta SOAP, começaram a ver que havia diversos problemas significantes que não tinham sido previstos. Com o caso de uso de consumo de um corretor de seguros pagando uma cobrança de prêmio, os grupos utilizaram o quadro branco para ver uma arquitetura real que seria necessária para fazer o *web service* funcionar. Como a figura 17.4 mostra, as questões de segurança e protocolo de mensagens tornavam o *web service* "Obter o prêmio devido" bem mais complexo do que os grupos tinham pensado no início.

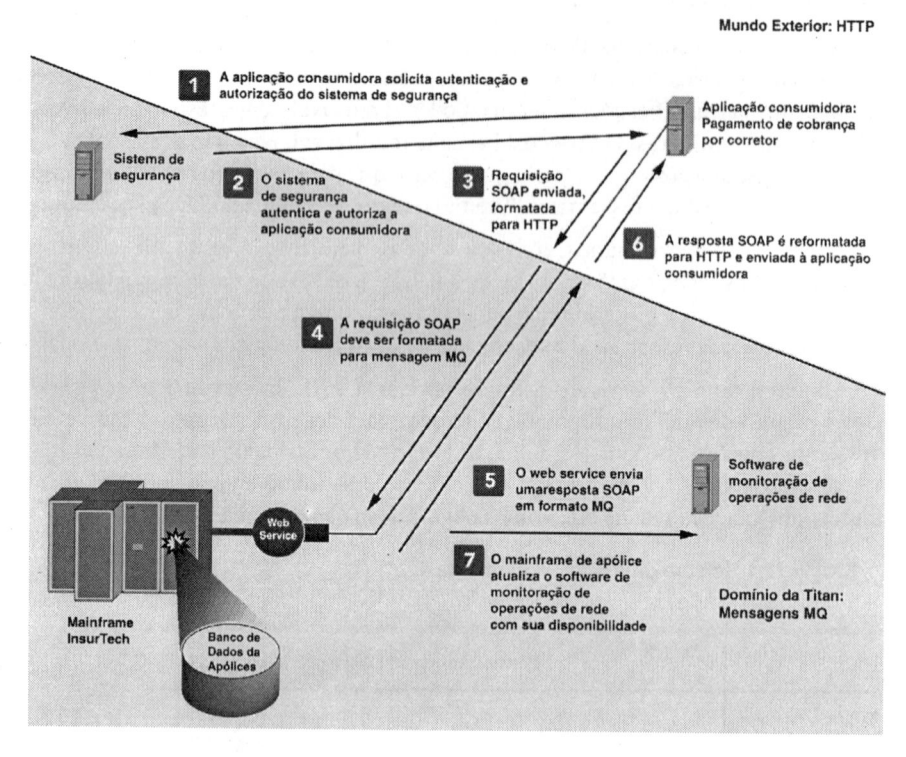

Figura 17.4 Uma visão mais realística da arquitetura real que seria requerida para realizar o web service "Obter o prêmio devido"

A infra-estrutura de segurança da Titan, à qual não tinha sido dada muita atenção até esse instante, agora ia longe. Antes mesmo de a aplicação consumidora poder enviar sua requisição SOAP, ela deve ser autenticada e autorizada para pelo sistema de segurança da Titan. Depois de estabelecido um acesso seguro ao domínio da Titan, deverá enviar uma requisição SOAP que será formatada para trafegar sobre um protocolo de mensagens HTTP. Isso é ótimo, até chegar ao domínio da Titan, que opera com um protocolo de mensagens Message Queuing (MQ). A mensagem SOAP terá de ser reformatada para chegar ao *web service* em uma forma reconhecível. Para fazer com que a resposta SOAP chegue de volta à aplicação consumidora deve ocorrer uma outra transformação de protocolo de mensagens de MQ para HTTP. Finalmente, o sistema de monitoramento de operações de rede que assegura que todos os sistemas da Titan estejam operando corretamente em suas respectivas redes, precisa ser atualizado com o *status* do sistema de apólices – uma ação que requer que o *web service* se comunique com o sistema de monitoramento de operações de rede.

Nenhum desses problemas é incontornável, mas cria um grande desafio. Para satisfazer a segurança, transformação de mensagens e requisição de operações de rede da Titan, os grupos de treinamento perceberam que teriam de criar tantos códigos sob medida, tanto no *web service* quanto na aplicação consumidora, que isso literalmente iria arruinar todo o propósito da abordagem de *web services*. O resultado seria outra interface customizada e *hard-coded* – o oposto do objetivo de *web services* e SOA. E cada cenário de consumo apresentariaa um conjunto ligeiramente diferente de fatores de segurança e mensagens, o que tornaria a situação toda ainda mais complicada.

Outros problemas também logo surgiram . "E o *failover*?" Perguntou um membro de um dos grupos de treinamento. "Como balanceamos a carga sobre o *web service*?" Perguntou outro. "Como estabeleceremos e gerenciaremos o acordo de nível de serviço?" Inquiriu um terceiro. Essas eram boas questões, e fiquei extremamente feliz de ver que os grupos de treinamento se sentiam confiantes o bastante em sua área de trabalho para pensarem criticamente sobre essas importantes questões.

Para fazer com que o piloto fosse bem-sucedido, dei-lhes uma escolha: eles poderiam simplificar bastante o exercício e – no momento – ignorar as questões de segurança e protocolo de mensagens. Isso tornaria, de fato, o projeto uma "prova de conceito". Alternativamente, poderiam solucionar os problemas que haviam descoberto de uma maneira mais genérica e útil de fato, criando uma "estrutura de serviços" inicial que abstrairia os consumidores e os serviços das complexidades de comunicação uns com os outros. Esse caminho, é claro, consumiria mais tempo, mas seria o único,que seria seguido se o piloto fosse um sucesso. Criar uma camada de abstração desse tipo requereria procurar ou desenvolver uma aplicação de segurança e gerenciamento de *web services*. Seria provável, expliquei para os grupos, que a Titan tivesse de obter uma aplicação como essas antes de embarcar em um processo de desenvolvimento de SOA o quanto antes. Porém, no estágio inicial desse piloto, poderiam optar por manter o projeto bem simples para dominar o básico da arquitetura de *web services*.

17.4 Estabelecendo objetivos e chegando ao sucesso

Os grupos de treinamento retornaram com sua resposta, que não era bem a que esperava. Escolheram desenvolver uma prova de conceito utilizando um conjunto simplificado de premissas. Contudo, também anunciaram que pretendiam seguir o exercício de realizar a arquitetura do *web service* piloto utilizando uma aplicação hipotética de segurança e gerenciamento de *web services*. De fato, o conselho de arquitetos da Titan estava considerando diversos produtos concorrentes na área naquele momento.

A arquitetura da prova de conceito é mostrada na figura 17.5. A arquitetura, que também funciona como um ambiente de desenvolvimento para o projeto, colocava o *web service* em um servidor Sun. O *web service* foi desenvolvido usando uma ferramenta de desenvolvimento de *web services* Java. Para simplificar o projeto e o processo de desenvolvimento e maximizar os aspectos de aprendizagem relacionados a *web services*, os grupos decidiram criar um banco de dados de teste de informações falsas de apólices e prêmios que o *web service* poderia consultar. A alternativa – conectar o *web service* ao banco de dados real – criaria uma tarefa complexa que se distanciaria do ensino de *web services* inerente à prova de conceito. As aplicações consumidoras em .NET e Java estavam hospedadas em máquinas Windows e Sun, respectivamente. Finalmente, os grupos criaram uma terceira máquina Sun para hospedar o UDDI.

Para tornar o exercício interessante (embora alguns pensassem que era meramente para fins de tortura) fiz com que os grupos utilizassem um processo de desenvolvimento que seguia um verdadeiro desenvolvimento orientado a serviços. Cada grupo de treinamento, com exceção dos altos executivos, tinha de desenvolver tanto o *web service* "Obter prêmio devido" quanto a aplicação consumidora. Porém, os grupos tinham de desenvolver tanto um consumidor para o serviço quanto um serviço para o consumidor do outro grupo. Logo, o Grupo de Treinamento A desenvolveu sua versão do *web service* e o chamou de *Web Service* A.

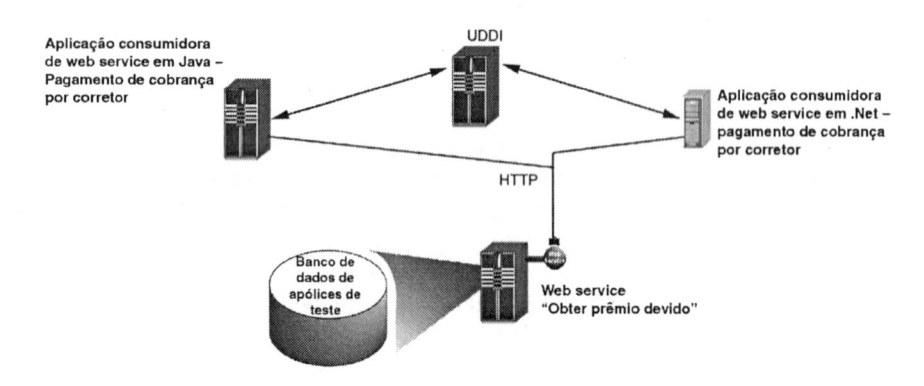

Figura 17.5 Arquitetura da prova de conceito. Para simplificar o projeto e o desenvolvimento da prova de conceito, os grupos de treinamento criaram um ambiente de desenvolvimento em que o web service era hospedado em um servidor Sun. Desenvolveram o web service utilizando uma ferramenta Java e o conectaram a um banco de dados de teste carregado com dados não verdadeiros. As aplicações consumidoras de web service em .NET e Java foram hospedadas em máquinas Windows e Sun, respectivamente. Finalmente, os grupos adicionaram um UDDI hospedado em uma terceira máquina Sun.

O Grupo de Treinamento B, por sua vez, desenvolveu uma aplicação consumidora usando somente WSDL e informações postadas no UDDI. O Grupo A, então, também teve que desenvolver um consumidor para o *Web Service* B, que foi desenvolvido pelo Grupo B. Forçamos os grupos a trabalhar "cegamente", sem poder falar com os outros grupos sobre como projetaram seus serviços e aplicações consumidoras. A idéia era simular o processo pelo qual a Titan iria desenvolver aplicações e *web services* conforme crescesse para uma SOA extensa. Queríamos ver quão bem os grupos poderiam criar *web services* que funcionassem de acordo com os padrões e que não precisassem de quaisquer informações além do WSDL para permitir a criação de aplicações consumidoras.

Não sei se os grupos aderiram à política "cega" completamente, mas Jay e eu criamos alguns incentivos divertidos para manter as regras. No final do processo, cada grupo avaliou o desempenho de outro grupo que era diferente do grupo para o qual desenvolveram uma aplicação consumidora. A tabela 17.2 captura o estilo *"round-robin"* de desenvolvimento e avaliação que segue. Por exemplo, o Grupo A testou o *web service* e as aplicações consumidoras criados pelo Grupo C, com quem não trabalharam diretamente durante o processo de desenvolvimento. A avaliação era composta por duas partes: uma visão subjetiva do processo de desenvolvimento em termos de coesão de grupo, tempo e assim por diante. Depois, os grupos passaram os novos *web services* e aplicações consumidoras por alguns testes para ver quão bem funcionavam. Os grupos com mais pontos ganhariam um jantar grátis.

Tabela 17.2 A abordagem "Round-Robin"

Grupo	Desenvolve	...Avalia...
Grupo A	Consumidor para B	Desempenho do Grupo C
Grupo B	Consumidor para C	Desempenho do Grupo D
Grupo C	Consumidor para D	Desempenho do Grupo A
Grupo D	Consumidor para A	Desempenho do Grupo B

Uma questão que tivemos de tratar foi a granularidade. Como acontece com qualquer *web service*, você deve escolher projetar para um grande ou pequeno número de cenários de uso potenciais. Idealmente, projetar um serviço que otimize o balanço entre o potencial de reutilização do serviço e o esforço envolvido no seu desenvolvimento. No caso do "Obter prêmio devido", retornamos para o quadro branco com os grupos de treinamento para determinar os fatores que contribuíam para a questão de granularidade. O quão refinado queríamos tornar esse serviço?

Depois de alguma discussão, percebemos que enfrentávamos três grandes fatores que contribuíam para a questão de granularidade do *web service* "Obter prêmio devido". Eles são mostrados na tabela 17.3. O primeiro fator relaciona-se com o modo como o *web service* iria acomodar diferenças no protocolo de numeração de apólices. Na Apollo, os números de apólices tinham oito dígitos, com um A no início para apólices de automóveis e um número de 10 dígitos para residências. Há uma solução relativamente simples para esse desafio imediato. Adicionando-se um ou mais zeros no início do número da apólice, o *web service* poderia utilizar um único projeto de mensagem SOAP e estar de acordo com qualquer sistema de numeração existente. A questão era, o que aconteceria se a Titan decidisse adquirir mais companhias de seguros que tivessem protocolos de numeração de apólices incompatíveis? Não tínhamos uma resposta imediata e naquele momento não criamos uma contingência para isso, mas a discussão em si foi muito educativa para todos os envolvidos.

ttTabela 17.3 Fatores que contribuem para a granularidade do Web Service "Obter prêmio devido"

Fator	Impacto na granularidade	Decisões tomadas pelos grupos de treinamento
Variações na numeração das apólices	O *web service* deveria ser projetado para acomodar os sistemas de numeração existentes, sem se preocupar com possíveis mudanças nos protocolos de numeração no futuro	Os grupos decidiram limitar o aspecto de numeração de apólices na definição de mensagem SOAP ao protocolo de numeração existente na Titan.
Tipos diferentes de informações de "prêmio devido" que possam ser requeridos; p.ex., plano de pagamentos mensais, trimestrais ou prêmio integral	Cada definição de prêmio diferente requer que o *web service* acesse um conjunto de campos de dados diferente no sistema de apólices.	Os grupos decidiram criar três "operações" separadas dentro do *web service* que correspondiam aos prêmios devidos mensal, trimestral e integral.
Casos especiais; p.ex., refinanciamento, pagamentos parciais, cheques retornados e assim por diante	Muitas consultas de prêmio envolviam casos especiais. Incorporá-los no *web service* o faria mais acurado, mas adicionaria bastante granularidade e complexidade ao desenvolvimento.	Os grupos decidiram adiar a integração de casos especiais no *web service* até que decisões de longo prazo tivessem sido tomadas em relação aos sistemas financeiros da Titan.

O segundo fator que surgiu envolvia os três tipos diferentes de informações de prêmio devido que o sistema deveria fornecer para as aplicações consumidoras. A Titan permitia que as apólices fossem pagas integralmente, por trimestre ou por mês. Os grupos decidiram que era necessário que o *web service* tratasse cada um desses três tipos de

CAPÍTULO 17 – PESSOAL: ESTABELECENDO AS BOAS PRÁTICAS | 259

requisições de prêmio. Como resultado, projetamos o *web service* com três "operações" diferentes, ou subprogramas, que tratavam cada uma dos três tipos de prêmio.

Finalmente, tínhamos a questão dos casos especiais. Em muitas situações, o prêmio devido sobre uma apólice não é simplesmente o pagamento mensal como refletido na página inicial da apólice. Em vez disso, condições como pagamentos a mais, refinanciamentos, cheques ruins, atrasos e assim por diante complicam a questão. Conforme discutíamos a questão, sabíamos que afinal, na vida real, teríamos que tratar esses casos especiais no nosso *web service*. Porém, por hora, decidimos adiar a questão por duas razões. Primeiramente, para estender a funcionalidade do *web service* de modo a obter dados de um dos sistemas financeiros da Titan, o escopo do projeto-piloto seria alongado bem além do que era possível no tempo dado. Segundo, era aparente nas discussões com a alta gerência que a companhia estava considerando uma grande substituição dos sistemas financeiros, , logo fazia sentido esperar até que o sistema fosse escolhido antes de nos preocuparmos com questões do nível de *web service*. Contudo, nesse caso, como antes, a discussão em si era o que mais importava. Falando sobre esses desafios de granularidade, todos aprendemos bastante sobre projeto prático de *web services*.

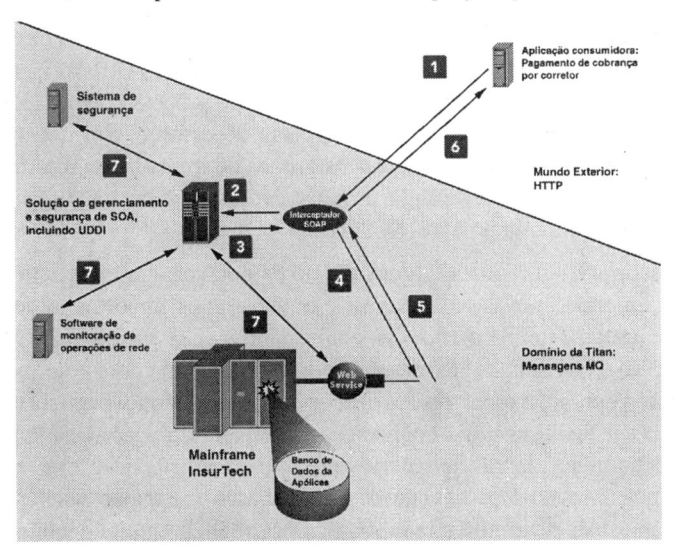

Figura 17.6 A arquitetura para o web service "Obter prêmio devido" no mundo real. Usando uma solução de segurança e gerenciamento de SOA baseada em interceptação de SOAP, a arquitetura demanda que o interceptador: (1) pare a requisição SOAP quando entra no domínio da Titan; (2) envie para a solução de gerenciamento de SOA uma solicitação de autenticação, autorização e transformação de protocolo de mensagens; (3) receba uma resposta para permitir a requisição SOAP seguir adiante; (4) passe a mensagem para o web service; (5) receba uma resposta SOAP; (6) transforme a resposta SOAP para o protocolo HTTP e a encaminhe para o consumidor original e (7) mantenha contato entre o web service, a solução de gerenciamento de SOA, o sistema de segurança e o monitor de operações de rede.

Como parte final do projeto-piloto, os grupos trabalharam em uma arquitetura para a implementação no mundo real do *web service* "Obter prêmio devido". Como mostrado na figura 17.6, a implementação do serviço na SOA real da Titan requeria a integração de uma solução de gerenciamento e segurança de SOA de algum tipo. Criamos a hipótese de que a Titan poderia usar uma solução de gerenciamento e segurança de SOA baseada em interceptação de SOAP. Com o interceptador de SOAP funcionando, as requisições SOAP entrariam no domínio da Titan, seriam checadas para autenticação e autorização, transformadas de HTTP para o protocolo de mensagens MQ e depois seguiriam seu caminho para o *web service*. O interceptador de SOAP poderia também fazer com que a resposta SOAP fosse transformada de volta para HTTP e enviada para a aplicação consumidora original. Enquanto isso, a solução de gerenciamento e segurança de SOA poderia se comunicar com o sistema de segurança da Titan e o monitor de operações de rede.

17.5 MENSURANDO O SUCESSO

A conclusão do projeto-piloto também sinalizou o fim do período de treinamento em boas práticas para o departamento de TI da Titan. Quando H.P. Wei, Jay Franklin, Dot Bartlett e eu sentamos para uma reunião de fim do processo de piloto, discutimos os modos como poderíamos mensurar o sucesso do esforço. Em um nível básico, coloquei que fomos bem-sucedidos, pois os grupos de treinamento foram capazes de criar um prova de conceito funcional e projetar a arquitetura para a implementação do *web service* piloto em uma possível SOA real.

Além disso, a Titan realizou alguns objetivos notáveis em apenas três meses. A equipe toda aprendeu novas habilidades, e ainda o mais importante: começaram a trabalhar conjuntamente, de modo que sinalizavam o sucesso real da SOA da Titan. Embora o pessoal das antigas Hermes e Apollo tivessem sido dois grupos separados e adversários no passado, o processo dos grupos de treinamento foi bem-sucedido em diminuir muitas das barreiras para a cooperação. Certamente, ainda havia muitos desafios, mas naquele momento, depois de o período de treinamento ter acabado, tínhamos uma situação em que todos no departamento se comunicavam abertamente uns com os outros e discutiam questões de arquitetura corporativa com um conjunto comum de padrões e um novo sentido de direção e objetivo. Considero que essa realização seja talvez a mais importante medida do sucesso do processo de treinamento de boas práticas. A Titan estava agora pronta para começar o planejamento da SOA.

17.6 RESUMO

Conduzir um projeto-piloto de *web service* é um empreendimento que deve ser visto como um benefício educativo em cada atividade envolvida. O *web service* de fato e os resultados finais são, por vários motivos, menos importantes do que o que sua equipe

CAPÍTULO 17 – PESSOAL: ESTABELECENDO AS BOAS PRÁTICAS | 261

aprende do processo. Em cada fase, o máximo de esforço deve ser utilizado para ensinar as questões de boas práticas às pessoas envolvidas.

Na Titan, a primeira decisão que precisou ser tomada foi sobre a plataforma de desenvolvimento que usaríamos para o piloto. Após longas discussões de Java *versus* .NET, os grupos de treinamento decidiram usar ambos – criar aplicações consumidoras tanto em .NET quanto em Java para um *web service* que desenvolveriam usando uma ferramenta de *web services* Java.

Para escolher um *web service* para o desenvolvimento-piloto, retornamos para nossa lista de *web services* e tivemos a idéia de criar um *web service* baseado na função "Obter prêmio devido" que aparece em muitos dos processos de negócios de cobrança e pagamento da Titan. Em termos do "boletim", o *web service* "Obter prêmio devido" alcançava uma pontuação alta em todas as categorias.

No início, porém, os grupos de treinamento perceberam que construir o *web service* e implementá-lo de modo que fosse seguro e acomodasse as políticas de segurança da Titan seria um desafio muito maior do que imaginavam. A experiência de aprendizagem que surgiu dessa discussão levou a um consenso de que a Titan precisaria instalar algum tipo de sistema de segurança e gerenciamento de SOA antes de prosseguir com a criação do seu primeiro *web service*. O conselho de arquitetos da Titan estava, de fato, procurando esse tipo de sistema naquele momento. Os grupos de treinamento decidiram implementar uma versão simples de prova de conceito do *web service* "Obter prêmio devido" como uma alternativa para lidar com a complexidade de uma implementação real usando um sistema de gerenciamento e segurança de SOA. Porém, reconheceram também que sua prova de conceito nunca escalaria, devido a considerações de gerenciamento e segurança *hard-coded*, e seu esforço para avaliar os produtos de gerenciamento e segurança se intensificaram depois dessa percepção.

Desenvolvemos a prova de conceito usando um processo que forçava cada grupo de treinamento a trabalhar "cegamente". Cada grupo criou um consumidor para um *web service* desenvolvido por outro grupo usando somente o WSDL que era publicado na rede. Durante esse processo os grupos não puderam falar uns com os outros, pois queríamos que eles experimentassem um desenvolvimento orientado a serviços verdadeiro; eles tinham que procurar as especificações e localizações dos *web services* usando WSDL e UDDI. Embora isso fosse comprovadamente desafiador, os grupos o consideraram altamente educativo.

Para projetar o *web service*, os grupos também tinham de descobrir como lidar com a questão de "granularidade" – quantas opções diferentes e cenários de uso alternativos o *web service* deveria ser projetado para tratar? Um *web service* não pode lidar com qualquer cenário concebível, mas idealmente o serviço deve otimizar seu potencial de reutilização com o escopo de sua implementação. Os grupos consideraram questões como tamanho de numeração de apólices de seguro, categorias de prêmio diversas como mensal *versus* trimestral e casos especiais como refinanciamentos e atrasos.

No final, o piloto foi avaliado com base em quanto todos aprenderam ao realizar o trabalho envolvido e o no quão útil o resultado final teria sido se tivesse sido arquitetado de uma maneira escalável. No final do período oficial de treinamento de boas práticas, consideramos o piloto como um sucesso, e não apenas porque o esforço produziu um *software* que funcionou como o esperado, mas e o que foi o mais importante – também porque o pessoal da Titan estava agora trabalhando conjuntamente com um novo espírito de cooperação e falando uma linguagem comum de padrões e isso– contribuiu para o sentimento de que o esforço havia valido a pena.

Capítulo 18

Planejar e prosseguir

18.1 Criando um plano de SOA

18.2 O quarto P: Prosseguimento

18.3 Enfrentando o desastre

18.4 Resumo

Passaram-se quase seis meses desde que Jay e eu tivemos o famoso "almoço que mudou tudo", como H.P. Wei gosta de chamá-lo. Alguns funcionários menos caridosos são conhecidos por terem outros apelidos para isso, como o "almoço que acabou com a minha vida", mas alguns deles têm crescido para apreciar a direção que tomamos. Após o término do piloto, o departamento de TI da Titan e a liderança mudaram a maioria das premissas básicas sobre desenvolvimento de aplicações e planejamento de arquitetura corporativa. As mudanças que ocorreram foram extraordinárias e a maior parte dos membros da equipe do departamento ficou chocada com a rapidez com que assimilaram o que em princípio pareceu ser uma nova abordagem. Essa "nova abordagem" eventualmente revelou-se ser notavelmente similar às estratégias anteriores, apenas com padronização e reutilização agora priorizadas. A equipe da Titan estava ansiosa para avançar para o estágio de planejamento completo da SOA e ir além.

18.1 Criando um plano de SOA

Não se pode criar uma SOA bem-sucedida sem um plano. Embora pareça óbvio, é surpreendente a quantidade de organizações grandes e bem administradas que abordam a implementação de SOA sem um plano cuidadoso. Um bom plano de SOA, independentemente do seu tamanho, leva vários fatores críticos em consideração: requisitos, tecnologia existente, arquitetura-alvo, plano de migração, questões de alocação financeira e de recursos e cronograma.

18.1.1 Sobrecarga

Um planejamento profundo de uma SOA real requer muito trabalho. Conforme revisávamos o conjunto de atividades no estágio de planejamento, vários gerentes de TI da Titan logo perceberam que iríamos ter de trazer alguns consultores externos para ajudar com a "sobrecarga". Todos já tinham um trabalho a fazer e estávamos procurando algo como 3 mil homens-hora de trabalho para realizar um plano eficaz de SOA.

H.P. Wei não ficou feliz com isso. "Por que eles passaram por todo esse treinamento se agora estamos chamando ainda mais consultores?" perguntou. Você poderia estar pensando o mesmo. "É uma pergunta justa, mas eu não penso nem por um segundo que o tempo da equipe foi desperdiçado com o processo de treinamento em boas práticas. A equipe está mais bem preparada para uma SOA do que estava antes. Se não tivéssemos realizado o treinamento, não importa qual trabalho os consultores teriam de realizar, certamente teriam falhado. Uma organização precisa se preparar para uma SOA, mesmo que uma parte do trabalho detalhado seja realizado por outros. A Titan precisa ser, se não mais, um consumidor altamente preparado de tecnologia de *web services* e do processo de SOA." Respondi. Wei se satisfez com essa resposta, embora ache que ele esperava conseguir realizar o plano com recursos internos.

Trabalhando sob a orientação do conselho de arquitetos, os consultores, liderados por mim, começaram uma série exaustiva de auditorias em todas as áreas das operações de negócios da Titan. Nossa equipe entrevistou vários empregados e gerentes da Titan em uma auditoria de processo de negócios que clareou cada um dentre os que estavam originalmente sendo considerados no momento de criação da lista de desejos de TI da Titan. Mapeamos os processos de negócios e discutimos maneiras de melhorar sua eficiência com as lideranças de departamentos da Titan.

Conforme refinávamos o modelo de processos de negócios da Titan, criamos uma análise de requisitos completa. Esse documento, que se tornou a base do plano de SOA da Titan, estabelecia os requisitos funcionais de cada *software* considerado necessário nas arquiteturas atual e futura da Titan.

Além disso, conduzimos uma auditoria de tecnologia detalhada que mapeou completamente os sistemas e infra-estrutura de TI da Titan. O objetivo foi desenvolver uma visão total do estado das operações de TI atuais da Titan, os requisitos de negócios da SOA e os *"gaps"* entre os dois. Conforme trabalhamos na *"gap analysis"* e em outros aspectos do plano da SOA com o conselho de arquitetos, tornou-se claro que a Titan iria ter de tomar grandes decisões em breve sobre como prosseguir.

18.1.2 Tomando grandes decisões

Sun Tzu, um filósofo chinês de guerra do século V antes de Cristo, disse: "se você se fortalecer em tudo, enfraquecer-se-á em tudo." Além de ser um axioma útil para vencer exércitos inimigos, essa atitude também é útil no planejamento de SOA. Não se pode implementar uma SOA em todos os lugares de uma só vez. Fazer isso resultaria em uma implementação "fraca" – além de ser proibitivamente caro e com grandes chances de falhar tecnologicamente. É muito mais sábio, na minha opinião, prosseguir em fases distintas.

Com essa abordagem gradual em mente, a primeira grande decisão da Titan era desenvolver a seção de apólices de seguro na nova SOA primeiro e depois prosseguir para a área de sinistros ou tentar realizar ambas ao mesmo tempo. A resposta recaiu parcialmente nos aspectos de retorno sobre investimento (ROI) da decisão.

Trabalhando juntamente com os gerentes de negócios das operações de apólices e sinistros, pudemos calcular o ROI básico de cada uma das iniciativas. Como mostrado na tabela 18.1, a iniciativa de apólices custava substancialmente mais do que a de sinistros. Lembre-se de que cada companhia é diferente, e as estimativas de custo contidas aqui são teóricas. Seus negócios podem passar por um processo de SOA que é uma fração do que mostrei aqui, ou um grande múltiplo, dependendo do tamanho e da complexidade da sua organização assim como das suas necessidades. O importante desse exercício é demonstrar a metodologia de ROI. Porém, a iniciativa de apólices também tinha o potencial de economizar para a Titan mais dinheiro do que a de sinistros, tanto em termos absolutos quanto relativamente ao ROI.

Tabela 18.1 Comparação do retorno sobre investimento na iniciativa de SOA de Apólices vs. a SOA de Sinistros

Iniciativa	Custos de hardware	Custos de software	Consultores externos	Custos internos	Investimento total	Economia com pessoal	Economia de gastos	Retorno sobre investimento
SOA de apólices	?	?	?	?	?	?	?	?
SOA de Sinistros	?	?	?	?	?	?	?	?

Aproveitando ainda mais o momento para implementar a iniciativa de SOA de apólices, primeiramente o conselho de arquitetos decidiu comprar um novo sistema de gerenciamento de apólices de um novo fornecedor. Com o *mainframe InsurTech* enfrentando obsolescência e os antigos sistemas da Apollo considerados inadequados para atender à operação de subscrição de apólices da Titan, o conselho gastou vários meses procurando alternativas. Depois de uma busca exaustiva, decidiram concordar com uma solução da *PolicyWare*, uma solução *best-of-breed* preferida de muitas companhias seguradoras.

A decisão pela *PolicyWare* foi causada pelo anúncio de que a sua nova versão (a que a Titan estava comprando) oferecia muitas das suas funções-chave como *web services*. A *PolicyWare*, como muitas empresas desenvolvedoras de *software*, percebeu que o mercado estava indo em direção à SOA e agiu de acordo. Comprando o novo sistema da *PolicyWare*, a Titan estava acelerando seu plano de implementação de SOA. Por sorte, a organização de TI da Titan estava agora totalmente pronta para o novo *software* de *web services* da *PolicyWare*.

18.1.3 Formando a arquitetura-alvo

Com a decisão da compra do *software* da *PolicyWare*, a arquitetura de SOA- alvo da Titan se parecia com o que é mostrado na figura 18.1. Como a figura mostra, a Titan estava pronta para implementar uma SOA completa na área de processamento de apólices. Com o sistema da *PolicyWare* oferecendo *web services* para as funções de apólices requeridas pela companhia, corretores e segurados, a Titan planejava implementar seus portais e sistemas de IVR corporativo, de corretores e de clientes, como o *front-end* do sistema de apólices. Na área de sinistros, a Titan teria de ficar com os *fat clients* existentes no curto prazo, mas a companhia esperava implementar uma SOA no processamento de sinistros dentro de dois anos.

A arquitetura-alvo representa nosso melhor palpite sobre como a arquitetura corporativa da Titan se pareceria quando a primeira fase da SOA – o sistema de apólices – tivesse sido finalizada. Encorajei o pessoal da Titan a manter em mente, porém, que essa arquitetura era um trabalho em andamento. Precisávamos criar a arquitetura-alvo, logo saberíamos que estávamos avançando, mas ao mesmo tempo tínhamos que compreender que ela precisaria mudar com o tempo.

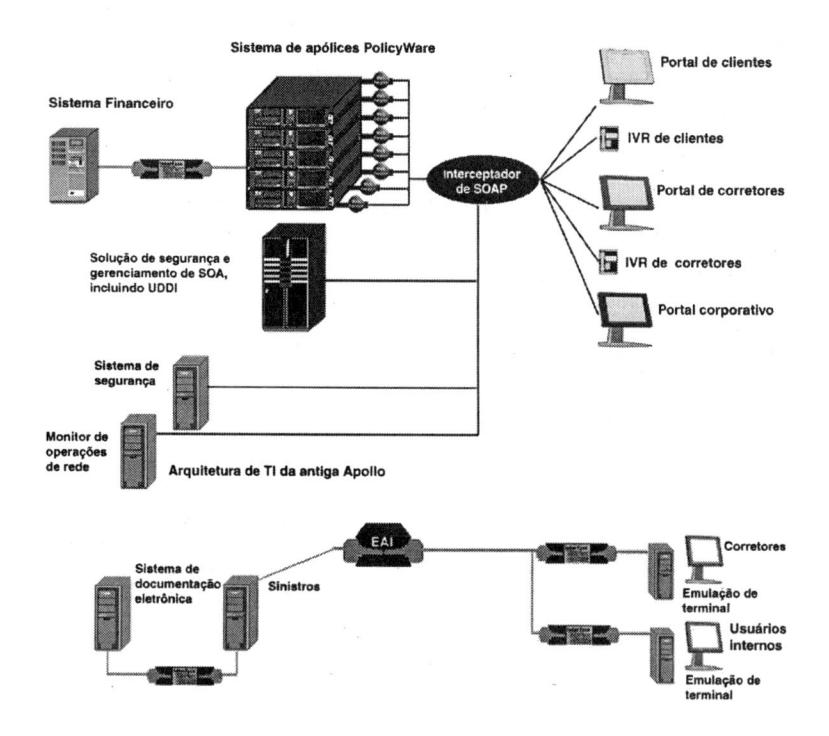

Figura 18.1 A SOA- alvo para a Titan Insurance demandava a instalação de um novo sistema de apólices que já tivesse web services. Para garantir a segurança e a gerenciabilidade, a Titan planejava adquirir uma solução de gerenciamento e segurança baseada em interceptação de SOAP que se conectaria aos sistemas de segurança existentes na companhia. No curto prazo, a Titan decidiu não modificar seu sistema de sinistros.

18.1.4 Plano de migração

O processo de levar a Titan a dar o primeiro grande passo de sua SOA -- a implementação do sistema da *PolicyWare* -- necessitou de um plano detalhado de migração. Como mostra a figura 18.2, a migração demandou a eliminação de vários sistemas existentes e a fusão de vários outros. No lado da Hermes, o sistema de IVR, o servidor *web*, os *fat clients* emuladores de terminal dos corretores e usuários internos, o sistema de relatórios e é claro o *mainframe InsurTech* foram todos descontinuados. O sistema financeiro da Hermes se tornaria o sistema financeiro geral da Titan, logo dados do sistema da Apollo teriam de ser migrados para ele.

No lado da Apollo, o servidor de aplicações, o sistema de IVR, o sistema de apólices, o sistema financeiro e o *data warehouse* foram todos descontinuados. No caso do *data warehouse*, a Titan decidiu manter o banco de dados "*as is*" no curto prazo para o caso de a gerência querer usá-lo para extrair relatórios. Contudo, deixou de ser uma parte viva da arquitetura geral. O módulo do sistema de EAI que conectava os sistemas de apólices e de sinistros da Titan também foi eliminado. Os dados antigos de sinistros da Hermes, que naquele momento residiam no *mainframe da InsurTech*, foram migrados para o sistema de apólices da Apollo que por sua vez se tornaria o sistema completo de processamento de sinistros, pelo menos até uma fase seguinte no desenvolvimento da SOA que pudesse substituí-lo ou mudá-lo. O *fat client* da Hermes utilizado no processamento de sinistros foi aposentado e a equipe de processamento de sinistros da Hermes teria o cliente de processamento de sinistros da Apollo instalado em seus sistemas.

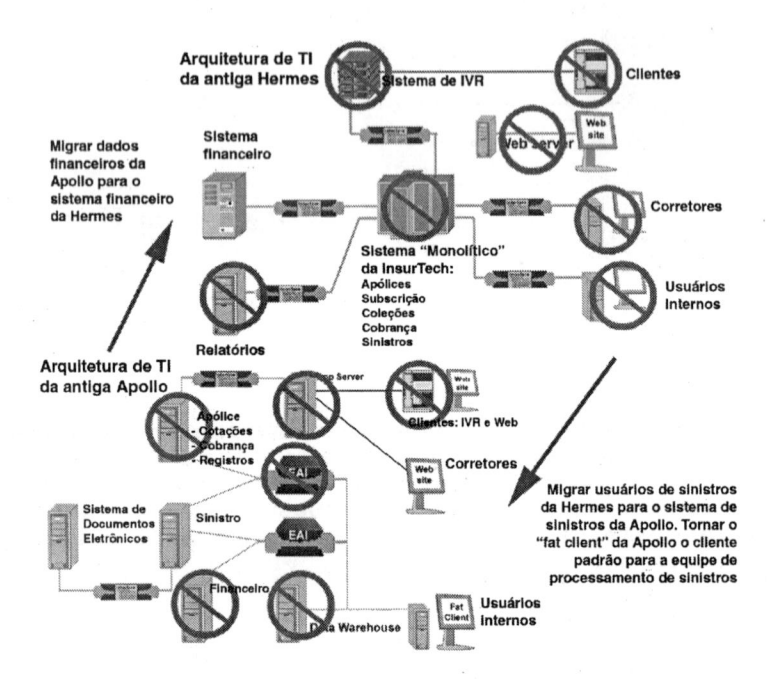

Figura 18.2 O plano de migração demandou que a Titan descontinuasse muitos dos sistemas existentes para abrir caminho para o novo sistema PolicyWare e seus sistemas relacionados de portal e IVR. Ao mesmo tempo, a Titan migraria o antigo sistema financeiro da Apollo para o da Hermes e também instalaria o cliente de processamento de sinistros da Apollo no departamento de processamento de sinistros da Hermes.

Embora pareceste antiintuitivo realizar o trabalho de migrar esses clientes de processamento de sinistros de uma companhia para outra (lembre-se, havia incompatibilidades de sistemas que tornavam o processo bastante custoso), o pessoal da Titan tomou a decisão de fazer isso porque percebeu que não poderia criar *web services* para sinistros e apólices ao mesmo tempo. Sinistros teriam de esperar, e enquanto isso, o processamento de sinistros precisava continuar. Como resultado, embora não fosse uma situação ideal, a Titan seguiria adiante com a migração do departamento de sinistros da Hermes para o cliente de processamento de sinistros da Apollo.

No final, tínhamos um plano de ação altamente detalhado baseado em uma abordagem de "caminho crítico" para implementação de projeto (veja a figura 18.3). Na migração, diversos eventos eram interdependentes e precisavam ser gerenciados em paralelo. Por exemplo, não podíamos descartar o *mainframe InsurTech* até que os portais e sistemas de IVR estivessem trabalhando sem falhas. Nem podíamos lançar o *PolicyWare* até que os portais estivessem prontos.

18.1.5 Finalizando o plano

O último passo no processo de planejamento é a formalização do orçamento, alocação de recursos e cronograma de implementação. Sugeri criar um "documento vivo" que pudesse ser modificado regularmente. Como todos sabemos, as circunstâncias em uma grande companhia como a Titan mudam com o tempo. Estar comprometido com um plano que é rígido demais é um erro. Certamente, alguns aspectos do plano foram "gravados em pedra" e não poderiam ser modificados, como a escolha do sistema de apólices da *PolicyWare*. Uma vez tomada essa decisão, mudá-la no meio do caminho seria completamente insano. Em outras questões, porém, como o projeto de portais, concordamos em nos esforçarmos para projetá-lo corretamente na primeira vez, mas também estaríamos abertos a mudanças, pois os requisitos poderiam mudar de acordo com os negócios da Titan.

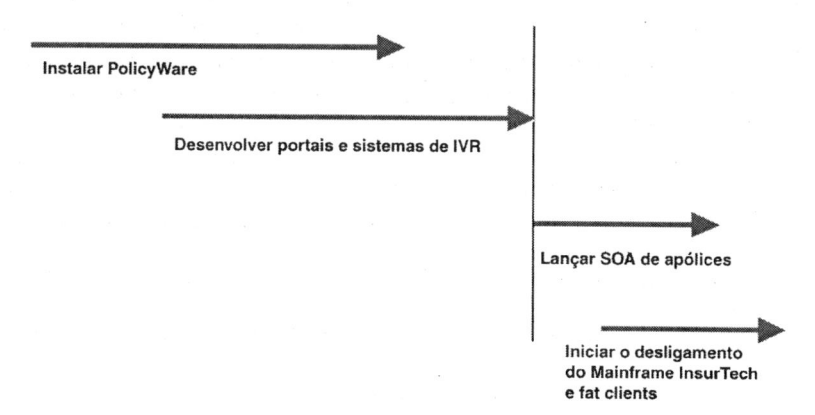

Figura 18.3 O plano de migração da SOA do sistema de apólices precisava seguir um "caminho crítico", mostrado aqui simplificadamente. A SOA não poderia ser criada até que o sistema PolicyWare fosse instalado e os sistemas de portais e IVR aos quais estaria conectado estivessem funcionando corretamente.

18.2 O QUARTO P: PROSSEGUIMENTO

Com o plano de SOA chegando à sua forma final e o plano de migração pronto para ser executado, a Titan estava pronta para começar o quarto passo das boas práticas de SOA: o quarto P – "prosseguimento". Antes de começarmos, porém, fiz uma recomendação a H.P. Wei em relação à mudança organizacional. Com Dot Bartlett tendo assumido cedo a liderança no processo de desenvolvimento da SOA, sugeri a H.P. apontá-la como arquiteta corporativa chefe da Titan. Ele concordou.

Prosseguir com a SOA da Titan seria, no mínimo, um projeto de dois anos. Na realidade, porém, seria um esforço permanente e contínuo de aperfeiçoamento. Uma equipe de desenvolvimento de SOA mal arranjada, com recursos emprestados de outros departamentos, não funcionaria bem de jeito nenhum. A Titan precisava de uma equipe dedicada enquanto durasse da instalação do *PolicyWare*, no mínimo. Depois disso, o departamento de TI poderia começar a fazer rodízio de pessoas no projeto conforme o escopo.

A equipe do projeto deveria ser composta por pessoas de cada um dos grandes grupos dos departamentos das antigas Apollo e Hermes. Desse modo, poderia haver um consenso de visões sobre como proceder com o plano de migração e o desenvolvimento da SOA, que eram complexos, interdependentes e divididos em múltiplas fases. Não desejávamos uma situação em que antigas rivalidades prejudicassem o progresso da SOA. Certamente, estávamos apostando ao assumir que um grupo heterogêneo de profissionais de TI pudesse trabalhar junto, mas sentimos que, dado o sucesso da experiência do piloto, a maioria do pessoal se daria bem uns com os outros. O importante era que a SOA precisava de uma estrutura organizacional permanente para tornar a implementação um sucesso.

A maior pressão sobre Dot Bartlett ao assumir seu novo papel como arquiteta corporativa chefe da Titan foi decidir sobre a plataforma de desenvolvimento para a SOA. Como discutimos anteriormente, há essencialmente duas escolhas: Java ou .NET. Após longas discussões com sua equipe, assim como com fornecedores, ela escolheu seguir com Java. Talvez você possa estar pensando: "Aha! O autor está expressando uma clara preferência por Java em vez de Microsoft." Não é isso. O que estou dizendo é que, no caso da Titan, há mais razões pelas quais Java é a melhor escolha. Por um lado, é provável que a Titan continuasse aberta à integração de vários servidores de aplicações e de outros produtos da IBM, BEA e outros. Java daria à equipe da Titan mais flexibilidade para realizar isso na opinião de Dot.

Ela também teve de escolher uma solução de gerenciamento de SOA. Além de precisar de uma solução dessas para gerenciar o tráfego de *web services* na nova SOA, Dot acreditava que a solução de gerenciamento de SOA seria crítica para medir o desempenho da SOA dinamicamente. Como muitos executivos corporativos experientes, ela compreendia que, apesar do comprometimento da Titan com a SOA, era possível que o empreendimento como um todo fosse enfraquecido posteriormente se fosse percebido que a SOA não estava funcionando como prometido. Pensando à frente, ela quis possuir um mecanismo para medir o progresso e o desempenho de modo que pudesse estar confiante de que a SOA estava cumprindo sua promessa. Após um exaustivo teste de laboratório, a equipe da Titan escolheu uma solução de gerenciamento de *web services* que funcionava com um modelo de interceptador de SOAP. Assim como a decisão pelo Java, isso daria à Titan maior flexibilidade para modificar e expandir a SOA sem preocupação com questões de gerenciamento. A solução de interceptador de SOAP escala e muda com a SOA ao longo do tempo. Embora essas soluções existam tanto para .NET quanto para J2EE, os estudos de caso mais amplamente adotados até agora favorecem a direção de J2EE, com compatibilidade e suporte para .NET, em vez de uma solução nativa em .NET e fazê-la gerenciar também servidores de aplicações J2EE.

A implementação começou de acordo com o plano, mas Dot teve a idéia de estabelecer um processo de revisão estruturado para rastrear o progresso da iniciativa de SOA. A intervalos regulares – no início, a cada duas semanas e, eventualmente, uma vez por mês – o conselho de arquitetos se encontrava para revisar o progresso feito na SOA. Eles discutiam problemas e encontravam soluções para a maioria deles. As reuniões também serviam como um fórum para o pessoal expressar sua opinião, tanto positiva quanto negativa, sobre o modo como as coisas estavam indo com a SOA. Nem sempre foi um processo fácil, mas as revisões criavam um ambiente em que quase todos sentiam que estavam participando e tendo um retorno. Dot me confidenciou que qualquer pressão vinda das revisões era preferível à possibilidade de a SOA sofrer sabotagem interna ou apatia.

Eu participei das revisões regularmente e observei com orgulho que a SOA da Titan estava sendo desenvolvida de acordo com o plano e sem maiores problemas. Todavia, tudo mudou no dia em que recebi um telefonema do Jay, preocupado. No início, pensei que ele estivesse com um sério problema pessoal, mas após acalmá-lo, descobri que a SOA da Titan estava correndo perigo de fracassar antes de começar a caminhar com suas próprias pernas.

18.3 Enfrentando o desastre

A causa do pânico de Jay foi um anúncio, feito mais cedo nesse mesmo dia, de que a Titan iria se fundir com a Dominion Casualty, uma companhia de seguros gigante localizada no leste dos Estados Unidos. Dominion é bem conhecida por ser *mainframe* com uma cultura IBM que se remete aos anos 1960. Jay e outros estavam convencidos de que sua amada SOA, na qual investiram tanto ao longo de um ano, iria ser jogada fora. Porém, como se descobriu depois, seu pânico tinha sido prematuro.

Conforme os planos de fusão se solidificaram, tornou-se cada vez mais claro que todo o trabalho duro da Titan na SOA se pagaria de maneira inesperada. Em vez de a Dominion dominar o departamento de TI da Titan e descartar a SOA, na verdade a equipe da Titan é que foi vista como tendo o plano superior para se seguir adiante.

O pessoal da Dominion ficou ansioso para expor seus sistemas legados no *mainframe* como *web services*, mas eles ainda não haviam começado o processo de projeto e implementação de SOA. A equipe da Titan, que então possuía um vasto conhecimento de SOAs, era capaz de assumir a liderança na criação de um plano de integração razoável que conectaria os sistemas legados da Dominion à SOA emergente da Titan. Quando essa realidade foi finalmente assimilada, todos sentiram um grande alívio e continuaram seu trabalho de construir uma verdadeira grande SOA para a Titan. O desastre havia sido evitado e o valor do trabalho duro de todos estava sendo reconhecido pela organização. De fato, se não fosse pela iniciativa de SOA é bem possível que a equipe de TI da Dominion tivesse se despontado como a sobrevivente em vez da equipe Titan.

18.4 Resumo

Os dois últimos passos dos "quarto Ps" da abordagem de boas práticas para o desenvolvimento de SOA, planejamento e prosseguimento, envolvem um trabalho detalhado e extensivo. Para ajudar com a "sobrecarga" de construir um documento completo de requisitos de SOA para toda a organização, a Titan precisou trazer alguns consultores externos. Embora isso possa parecer contraproducente, dada a quantidade de tempo que a companhia investiu em treinar seu pessoal, na verdade faz todo o sentido. Se os consultores precisassem ajudar a desenvolver a SOA, e a Titan não tivesse sido treinada, o esforço certamente teria falhado. Desse modo, o pessoal da Titan sabia o que desejava dos consultores e o projeto de planejamento foi um sucesso.

Após os consultores criarem o documento de requisitos, o estágio de planejamento envolveu vários passos. O mais crítico foi a decisão de comprar um sistema de apólices completamente novo de uma companhia chamada *PolicyWare*. O grande apelo da mais nova versão do *PolicyWare* é que expunha quase todas as suas funcionalidades como *web services*. A *PolicyWare* estabeleceu uma grande parte da SOA da Titan diretamente *out of the box*. A equipe da Titan só precisou construir os portais e sistemas de IVR que se conectavam a ele. Ao mesmo tempo, a Titan teve de decidir o que fazer com seus sistemas de processamento de sinistros no curto prazo. Fazia pouco sentido tentar migrar tanto os sistemas de apólices quanto o de sinistros para uma SOA ao mesmo tempo. Mas uma análise de ROI revelou que a migração do sistema de apólices seria uma aposta melhor tanto de valor absoluto economizado quanto de ROI.

Antes de formalizar o plano de implementação da SOA, a Titan precisou criar um plano de migração e uma arquitetura-alvo. Usando uma abordagem de "caminho crítico" em várias fases, a equipe da Titan definiu como desligariam gradualmente os sistemas existentes na área de apólices conforme a nova SOA com base no *PolicyWare* fosse implantada. O plano de migração demandava que os sistemas de sinistros e financeiros da companhia fossem migrados de modo que apenas um sistema permanecesse em cada função.

Antes de prosseguir com a implementação da SOA, a Titan decidiu realizar algumas mudanças organizacionais permanentes no seu departamento de TI. Dot Bartlett, que liderou a maior parte do trabalho de desenvolvimento da SOA, foi indicada arquiteta corporativa chefe, uma posição que lhe permitia gerenciar a implementação da SOA como chefe efetiva do empreendimento. Sua primeira grande decisão foi seguir adiante com um ambiente de desenvolvimento de SOA com base em Java e em uma solução de gerenciamento de SOA com interceptador de SOAP que podia tanto gerenciar a SOA quanto monitorar seu desempenho de assegurar que a iniciativa estava cumprindo suas promessas. Essa solução também ajudou a Titan a estabelecer SLAs básicos para os serviços e garantir uma qualidade de serviço para os clientes de modo a promover a reutilização. Por último, a solução permitiu à Titan alavancar seus sistemas existentes de identificação para garantir autenticação e autorização apropriadas das aplicações que tentassem acessar os serviços. Além disso, a liderança de TI da Titan estabeleceu um processo de revisão formal para a SOA como forma de monitorar seu progresso e resolver quaisquer conflitos que surgissem.

OLHANDO ADIANTE

Essa é uma época muito empolgante para se estar envolvido com tecnologia da informação corporativa. A arquitetura orientada a serviços, um sonho antigo de muitos no campo de TI, está se tornando uma realidade em um passo que poucos anteciparam mesmo há pouquíssimos anos. Desde que este livro foi escrito, mudanças arrasadoras aconteceram na paisagem de SOA. Quando pensei pela primeira vez em escrevê-lo, estava seguro de que teria de explicar o que era uma SOA para a maioria dos executivos de TI que encontrava. Agora, estou confiante de que já sabem.

Setenta por cento das companhias da Fortune 500 estão conduzindo pilotos de *web services* ou colocando *web services* em produção. Milhares de outros negócios e organizações baseadas em Internet estão utilizando *web services* como um modo padrão de projetar aplicações de *software*. O progresso feito em apenas um ou dois anos tem sido estarrecedor. Daqui a poucos anos, as companhias que não estejam utilizando *web services* para aperfeiçoar a eficiência de seus negócios serão minoria.

Para ser justo, há muitos desafios à frente. Os organismos de padronização continuam lutando com os conflitos sobre padrões e o movimento sutil de "padrões proprietários" sempre parece estar espreitando pelas sombras, ameaçando destruir a natureza verdadeiramente revolucionária que estamos tentando alcançar. Eu tenho muita fé, porém, de que os verdadeiros padrões abertos irão prevalecer. As apostas são muito altas e a promessa – que todos nós vimos com nossos próprios olhos – vale o comprometimento. A mudança é importante demais agora para ser sabotada por alguma companhia, mesmo as globais. Essas companhias que se consideram autorizadas a trair o processo de padrões podem ser penalizadas por eles mesmos ao fazerem isso.

O exercício de escrever este livro também me deu bastante visão de diversas questões que tinha como certas em meu desenvolvimento de *software* e base de empreendimento. O mais importante, talvez, seja a confirmação de que os *web services* e o desenvolvimento de SOA sejam integrais ao processo de projeto de negócios como um todo. Não poder haver uma SOA eficaz sem uma visão de gerenciamento de negócios sólida por trás. Diferentemente de muitas outras inovações de TI, a SOA obriga a gerência de negócios e a TI a trabalharem juntas em uma parceria verdadeira.

Os anos adiante no campo da SOA prometem ser empolgantes e desafiadores. Espero que este livro o tenha ajudado a obter uma perspectiva sólida e pragmática das questões tecnológicas e gerenciais que devem ser consideradas ao se desenvolver uma SOA de sucesso. Se fui bem-sucedido, então você provavelmente possui mais perguntas do que tinha quando começou a ler. A SOA é uma nova oportunidade, mas um conceito antigo – tão antigo quanto *software* em si: construir uma vez e reutilizar em toda a empresa e entre parceiros. Foi um grande prazer compartilhar minhas experiências e visões com você. Desejo-lhe boa sorte em todos os seus empreendimentos de TI e de gerenciamento de negócios.

ÍNDICE

Numéricos
11/9 93

A
academia 93
acesso de superusuário 129
acesso não autorizado 50
acesso seguro 254
acoplamento forte 10, 34, 67
acoplamento forte xxvii, xxx
acoplamento fraco 18–18, 33, 128, 214
acoplamento fraco xxxvii
ACORD 52
acordos de nível de negócio 123
acordos de nível de serviço 50, 148, 166, 227, 255
    QoS 154
    regra para o desempenho 123
    SOA não gerenciada 148
administrador 154, 158
agências governamentais 164
ágil 119
agilidade de negócios 42, 119
agilidade. *Veja* agilidade de negócios
agnosticismo. *Veja* neutralidade de fornecedores
alianças 85
alocação de equipe 269
alocação de infra-estrutura flexível 180
alta disponibilidade 159
aluguel de automóveis 91
ambiente de computação distribuída 12, 24, 28, 64
ambiente de sistemas operacionais heterogêneos 80, 190
análise de negócios 108
análise de requisitos 264
antiterrorismo 93
aplicação 179, 223
desenvolvimento 223
proxy 138
servidor 215
usuários 179
aplicação consumidora 238. *Veja também* aplicação consumidora de Web services
aplicações de negócios críticas 147
aprendizagem contínua 219
aquisição de clientes 102
arquiteto corporativo chefe 270
arquitetura 56, 87, 231, 254
arquitetura alvo 266
arquitetura corporativa xxvii, 55–60, 63–64, 214, 241
arquitetura de negócios 56
arquitetura de tecnologia 56
arquitetura legada xxv
arquiteturas distribuídas 26
arquiteturas orientadas a serviços. *Veja* SOA
AS/400. *Veja* IBM AS/400
ASP 77, 249
assinatura digital 140, 143
assinaturas 135. *Veja também* assinaturas digitais
ataque de DoS. *Veja* ataques de negação de serviço
ataques de negação de serviço 144
ataques maliciosos 155
ataques. *Veja* ataques maliciosos
ATM 16
atualização em lote 115
atualizando 115–117
auditabilidade 81
auditar 133, 144
autenticação 128, 132, 137–138, 145, 172
autenticação federada 137
autodescritível 243
autoridade certificadora 141, 146
autorização 128, 132, 138

B

B2B 85, 172
BAM. *Veja* monitoração de atividades de negócios
banco de dados 13, 37, 94, 96–98, 191
base 111
baseado em padrões 56
batalhas 82
BEA 3, 250
best of breed 214
binding 35
BLAs. *Veja* acordos de nível de negócios
boas práticas 223, 231, 249, 251
boas práticas de desenvolvimento de SOA 237
BPM 100
BPM. *Veja* gerenciamento de processos de negócios
Business Objects. 122

C

C 79
C# 38
C++ 15, 50, 77
CA. *Veja* autoridade certificadora
cabeçalho de mensagem. *Veja* cabeçalho de mensagem SOAP
cabeçalho. *Veja* cabeçalho de mensagem SOAP
cache 156
calendários 75
camada de abstração 255
caminho crítico 269
câncer 95
candidatos a exposição como *web services* 237
capacidade 179
carga 159, 182
    balanceamento 151
    características 227
    parâmetro 159
carga alta 159
cargas de dados 117
cartões de crédito 100, 173
    processamento 106, 195
certificados 135, 140
chamada e resposta 16, 26
chamada/resposta 26
chamadas de procedimentos remotos. *Veja* RPC

chamadas de procedimentos. *Veja* RPC
chave privada 141
chave pública 141
chaves 135, 140
chief information officer (CIO) 55
CIA 93
ciclos de vida de produto 85
classificando os serviços 238
cliente/servidor 16
    aplicação 223
    arquitetura 23, 42
Clinger-Cohen Act 93
COBOL 45, 79, 221, 250
codificado sob medida 10
    portal 74
código 223
código *customizado* xxxvi, 254
código desenvolvido sob medida 11
código espaguete 14
código procedural 13
Cognos 122
colaboração 93–94
COM 249
comércio 85
Common Business Oriented Language. *Veja* COBOL
comportamento malicioso 132
comprando 99
computação distribuída 4–5, 7, 26–29
computador de *backup* 159
confiabilidade 80, 175
conflito 80
conformidade xxxiv, 135
conselho de arquitetos 228, 256, 264, 271
consultores 264
consultores externos 264
consumidor 164, 257. *Veja também* consumidor de *web services*
consumo
    casos de uso 243
    cenários 238
    conteúdo −74, 83
    contexto 150, 157
    sensibilidade 150

conta de corretagem 114
contas bancárias 101
contratos 155, 166
controle de versão 150–151
convertendo para uma SOA 87
CORBA 18, 195
corporações virtuais 85
correlação 103–105
cortadores de custos 178
credenciais 137
criando um plano de SOA 263–270
    criando a arquitetura alvo 266
crime 132
criptografar 128, 135, 140
criptografia 140
criptografia por chave pública/privada 143
CRM. *Veja* gerenciamento de recursos de clientes
cronograma de implementação 269
CSR. *Veja* representante de serviço ao cliente
cumprimento de leis 94
custo 49

D
dados científicos 94
dashboard de gerenciamento corporativo 118
dashboard. *Veja dashboard* de gerenciamento corporativo
data warehouse virtual 121–122
data warehouse xxvii, 103, 107, 121
DB2 170
DBMS 170
DCE. *Veja* ambiente de computação distribuída
DCOM 18
defesa 3
definindo objetivos 255
demanda 184
departamento de contabilidade 154
depósito 113
descriptografar 142
desempenho 46
desenvolvedores 227, 231
desenvolvimento 253
    ambiente 215, 223
    ferramentas 128

plataformas 249
processo 257
taxas 11
desenvolvimento orientado a serviços 256
desktop xxx, 190
destinos 165
detecção 169
DIF 21
disponibilidade 159
domínio 254
DOS 133
DSOM 18

E
EA. *Veja* arquitetura corporativa
EAI proprietário 71
EAI. *Veja* integração de aplicações corporativas
EAP. *Veja* planejamento de arquitetura corporativa
ebXML 45
EDI 43–44, 52
EDI. *Veja* troca de dados eletrônicos
educação 50
eficiência 235
empresa centrada em integração 101
empresa centrada em processos 109, 111
empresas de telecomunicações 3
emulação de terminal xxvi
envelope 31
envelope de dados. *Veja* envelope SOAP
enviar mensagens 26, 28
Envie e Esqueça 26
equipe 190, 220
ERP. *Veja* planejamento de recursos corporativos
erro 117
escolhendo um projeto-piloto 250
especificações de projeto para *web services* 225
espionagem 132, 135
estoque 86
estoque de peças 149
excesso de carga 159
executivos 228
experiência do usuário 210
expor 36, 147
exposto, como um *web service* 26, 36, 62, 75

segurança 82, 130

F
fabricante 128
failover 151, 159, 255
falha 219
fat client xxvi, xxx
fat clients 190–192, 266
fatura 149
FBI 93
ferramenta de desenvolvimento de *web services* em Java 256
fila 109
fila de mensagens 165-166
    de volta a HTTP 255
firewall 59, 81, 128, 131
flexibilidade 238
fornecedor 68, 71–73, 81–83
fornecedores 29, 165
Forrester Research 17, 68
fraude 132
front end 210
FTP 27, 164
função 225
fusão 79, 271

G
Gartner 35
genético 95
    tratamento 95
gerenciamento da cadeia de suprimentos 86
gerenciamento de cadeia 128
gerenciamento de contratos 139
gerenciamento de mensagens 81
gerenciamento de mudanças 72, 89, 91
    Gerenciamento de *Web Services* 150
    Interceptação de SOAP 158
    Redes de SOA 168
gerenciamento de processos de negócios 100, 106, 111
gerenciamento de recursos de clientes 68, 71
gerenciando a rede de SOA 165
gerenciando mudanças 168
governança 134–135

governo 93
governos estrangeiros 94
grupos de treinamento 221, 231, 246, 249, 257

H
hacker 131, 133
hard code 76
hard-coded 8
hardware xxvii, 8
Hewlett-Packard 3, 23
história da computação 4
história de *Web services* 5
homem-máquina 131
HP 12
HTML 17, 19–19, 21, 23
HTTP xxxi, 164–165
    mensagens 254
    MQ 260
hubs 89, 175
Hyper-Text Markup Language. Veja HTML

I
IBM 3, 12, 18–19, 23, 45, 59, 250
IBM AS/400 45
IBM *WebSphere* 37
identidade 132
ilhas de integração 68, 82
indisponibilidade 178
informática biomédica 94–96
infra-estrutura 178, 190, 228
    planejamento 227
infra-estrutura adaptativa 50
iniciativas de negócios 231–233
insegura 82
instalação 231
instância 154, 184
integração 5–7, 67, 70–73, 76, 81, 83, 189
integração de aplicações corporativas xxvii–xxviii, xxxii–xxxiii, xxxvi, 8, 47–49, 213, 216-217
    arquitetura 68
    iniciativas 72
    limitação de *web services* 80–83
    módulo 69, 217
    pacote 71

portais 72-73
simplificando com *web services* 72–63
SOA lado a lado 73
Titon 67–71
integridade 132
    dados 143
Intel 12
inteligência 3
interceptadores. *Veja* interceptador de SOAP
interface 8, 27–28, 33
interface customizada 255
interfaces chamáveis 4
interfaces customizadas xxxvii, 189
interfaces proprietárias 26, 33, 40, 86
Internet 7, 16–19, 23–24, 34, 85, 165
    conexão 128
    protocolos 19, 33
interoperar 7, 11, 25, 37, 41–44, 47, 98
    em tempo real 114
intrusão 169
inundação 133, 155
invocações 148
    por minuto 159
invocando
    procedimentos remotos 42
    Veja também invocações
invólucro de dados 31
isolamento 238, 243, 247, 252
IVR. *Veja* Reposta Interativa por Voz

J
J2EE 37, 214, 271
Java 2 Enterprise Edition. *Veja* J2EE
Java 38, 50, 60, 62, 77, 165, 181, 249, 270
Java Database Connectivity. *Veja* JDBC
JBuilder 37
JDBC 49
JMS 27, 165
justificativa de negócios 99

L
LANs 7
latência 49
legado 182, 211

código 6
configuração 217
integração 189
organização 216
sistema 5, 50, 117, 272
substituição de sistemas 189
Lego 59
leilão competitivo 87
licença 11
líder da equipe 215
liderança 219, 222
linguagens de programação 26, 36, 50
    chamada de procedimento remoto 42
    sistemas multifornecedores 45
    utility computing 181
linhas aéreas 91
Linux 50
lista de desejos 195, 232
logging. *Veja logging* de transações
lógica de negócios xxxv, 6, 210, 238, 253
lógica de programação 242
logs de uso 144

M
mainframe IBM 47
mainframe xxviii, 5–7, 45, 50, 131, 268, 272
    ambiente legado 182
manutenção 11, 69, 72
mapa de serviços 203
máquina-máquina, 96, 129
    comunicação 131
mecanismo de segurança binária 129
mensagem em trânsito 132
mensagens 7
metadados 20, 172
Microsoft 3, 15–18, 23, 164, 249
    linguagens 77
    SQL 249
migração xxxv–xxxvi, 80, 83, 194, 241, 247, 269
    caminho 242
    de dados 6
    plano 267
migrar xxxiii
minicomputador 33, 59

mistura de fornecedores 58
modelando os negócios 232
monitoração de atividade de negócios 105–107
monitoração e gerenciamento de processos de negócios 109
MQ. *Veja* fila de mensagens

N
não-repúdio 144
National Institute of Standards and Technology (NIST) 16
navegadores 34, 190
navegadores *web* 17
.NET 37, 164, 214, 256
.NET *Framework* 249
neutralidade de fornecedor 85, 210
neutralidade de fornecedor/agnosticismo 210
nome lógico 32
nós 164

O
OASIS 17
Object Management Group 18
objetivos de negócios 236
objeto 13
obsolescência xxx
on-demand 177
Open Database Connectivity (ODBC) 14-15, 23, 49, 76
operações 26, 29, 39, 259
Oracle 3, 12, 23, 45, 47, 53
orçamento de TI xxxv
orçamento xxxiv, 69, 269
orçamentos xxv
organizações de TI xxv
Organization for the Advancement of Structured Information Standards. Veja OASIS
orientação de negócios 99
orquestrado 29, 156

P
pacote 19
pacote de desenvolvimento de *web services* de prateleira 209
padrões 13, 18, 20–21, 24, 38

organismos de 17, 23, 39
padrões abertos 4, 128
padrões proprietários 10, 58
parâmetros de nível de serviço 151
parceiro de negócios 128
parceiro-parceiro 90
parceiros 85
pares de chaves 141
passando mensagens 165
patch xxviii–xxx
PeopleSoft 3, 36
período de treinamento 228, 260
pesquisa acadêmica 94
pessoal 216, 221
pessoas mal-intencionadas 128
piloto 163, 216, 236, 249, 255, 270
planejamento de recursos corporativos 62, 71, 86
plano de migração em múltiplas fases 270
plano de projeto 223–225
plataforma 249
política organizacional 82
política
    informação 195
    pontos de reforço 161
    sistema 192
ponto de venda (POS) 101
portal de clientes 211
portal de empregados 74
portal xxxv, 67, –74, 190, 196, 204, 211, 269
    arquitetura 74–76
    desenvolvedor 74
    pacote 74
possibilitadores da *utility computing* 180
PowerPoint 210
prazos 233
previdência 101
previsão de vendas 74
prioridade para criação de *web services* 238
privacidade e integridade 132
processo de negócios 99, 101, 102, 223, 237
    auditoria 264
    boas práticas de SOA 231
    cadeia de suprimentos 88
    definição de processo 234

ÍNDICE | 283

flexibilidade 92
 modelos 234
 otimização 100, 111
processo distribuído 24
processo lógico 244
 modelagem 111
processos 99, 150, 195. *Veja também* processos de negócios
programa 106
programação customizada 117
programação orientado a objetos 77
programática, integração 172
projeto piloto de *web services*. *Veja* plano de piloto 216, 263
prosseguimento 216
proteção de ataque duplicado 144
protocolos 26, 28, 32–33, 39
protocolos de transporte 170
protocolos de transporte de mensagens 26
prova de conceito 255
provisionamento 135
proxy 138

Q
QoS. *Veja* Qualidade de Serviço
quadro organizacional 220
Qualidade de Serviço (QoS) 148, 154, 166
 UDDI 171
 Utility computing 182
quase em tempo real 115
quatro Ps 216
questões políticas 82

R
RDBMSs 97
recursos humanos 74
rede 118, 169
 monitor de operações 260
 padrões de transmissão 26
 protocolos 58, 64. *Veja também* protocolos
 transparência 19, 34, 35
rede de área ampla 7
rede de valor agregado (VAN) 44
rede elétrica 159

rede privativa virtual 131, 133. *Veja também* XML VPN
reembolso 166
reescrevendo 80, 84
registro 13
registro. *Veja* UDDI
regulamentação de reserva 116
relacionamentos cliente-fornecedor 86
relatórios de auditoria 144
relatórios xxxiv
Report Program Generator (RPG) 221
representante de serviço ao cliente 25, 29,148, 232
requisitos de negócios 223
reservas 116
Retorno sobre Investimento. *Veja* ROI
reutilização 73, 76, 238, 244
 código 76, 227
 interfaces 210
riscos do acoplamento fraco 127–133
rivalidades 270
ROI 178, 265
rompendo barreiras 222
roteamento 164–165, 167, 170–172
 e gerenciamento de mudanças 158
RPC 42, 52

S
SAML 137
 asserção 137–138
SAP 3, 36, 45, 53, 60
Sarbanes-Oxley 135, 144
Security Assertion Markup Language. *Veja* SAML
segurança interna 3
segurança no nível de mensagens 135
segurança xxx, 49, 82, 168, 183, 260
 adoção de política de segurança 172
 credenciais 169
 informações de política 172
 infra-estrutura 137, 254
 parâmetros 128
 política e provisionamento 134
 políticas 83, 134, 172
 riscos 128
seguro 101

sem fins lucrativos 93
serviço ao cliente 148, 190
serviço sobrecarregado 184
serviço
    criação 231, 238–246
    descoberta 231
    lista 238
    mapa 206
    projeto 231
serviços 177
serviços financeiros 101
servidor de aplicações xxvii
servidor *Sun* 256
servidor *web* 116
SGML 21
Siebel 45, 47, 59
silo 5, 12
silos xxviii
Simple Object Access Protocol. Veja SOAP
sincronizar operações 124
single sign-on (SSO) 129
sintaxe 223
sistema de documentação eletrônica xxxiii
Sistema de Gerenciamento de Identidade Federado 137
sistema de impressão de pagamentos de sinistros 195
sistema de processamento de sinistros 195
Sistema de Reposta Interativa por Voz 113, 192, 211, 250, 269
sistema gerenciador de banco de dados. *Veja* DBMS
sistema operacional xxvii
sistema
    incompatibilidades 260
    integração 101
    planos de migração. *Veja* migração
    sobrecarga 155
sistemas de informação de gerenciamento (MIS) 55
sistemas distribuídos 114, 125
sistemas legados xxiv, xxvi, xxx, xxxvi
sistemas operacionais 8, 26, 36–38, 42, 45, 53, 58, 181
SLA. *Veja* acordo de nível de serviço
SMTP 27
SOA autogerenciada 182

SOA não gerenciada 147, 156
SOA não segura 132, 147
SOA
    boas práticas 215, 223, 270
    desenvolvimento 221, 231, 268
    emprea em tempo real baseada em 119–121
    framework 194
    gerenciamento 152–154, 170
    planejamento 263–265
    projetos 209
    rede 163, 167–168
    segurança 127, 135, 138
    solução 209
    solução de gerenciamento 152–154
    solução de gerenciamento de rede 170
    solução de segurança 136
    sucesso do treinamento 219
    treinamento de boas práticas 223
SOAP 26, 30, 43, 62, 96, 128, 223
    aplicação consumidora 192
    cabeçalho de mensagem 136
    criptografia 133
    envelope 31, 36
    fluxos de mensagens 118
    interceptação 117–119, 136, 170
    interceptador 260
    interceptador de mensagens 153, 170
    interface 33, 77
    mensagens 31, 36, 87, 123, 167, 192, 255
    monitoração 153–154
    monitoração de mensagens 136, 145
    redes de SOAs 170
    resposta 240
    segurança 137
    solicitação 151, 165, 172, 184, 212, 240
    tempo real 117–119
    transações 160
SOAP XML 181
    mensagens 117
SOAs científicas e governamentais 93
software de pacote 5
software
    arquitetura 194
    desenvolvedor 11, 223

desenvolvimento 67, 76, 79, 84, 225
documento de requisitos 223
engenheiros 68
manutenção 190
taxas de licença e manutenção 194
Solaris. *Veja* Sun Solaris
solicitações por minuto 151
stakeholders 217
Standard Generalized Markup Language. Veja SGML
subprogramas. *Veja* operações
substituindo sistemas legados 50
Sun 3, 12, 19, 23, 28, 33, 38, 45, 47, 53
Sun Microsystems 3
Sun Solaris 28, 45
SYLK 21

T
tag 21
taxas 94
TCP/IP 19
tempo real 113, 115
    empresa 115
    interoperação 125
    operações 116
    relatórios 210
    SOA 118
    transações 114
TI
    arquiteturas 263
    departamento 249, 263
    equipe 209
    executivos 191
    gastos 5
    gerentes 12, 127
    infra-estrutura 178
    orçamento 195
    requisitos 232
    segurança 131
    transações 124
tornando segura a rede de SOA 168
tornando seguros os parceiros 137
tráfego 138
transações 149

logging 145
monitoração 149
transações expostas 128
transferência de dados demorada 114
transparência 50
tratamento de saúde 93–94
treinamento 219, 221, 226, 232, 245, 249
treinamento de equipe 219
trilha de auditoria 133
troca de chaves 129
troca de dados 41, 114, 117
troca de dados eletrônicos 7, 43–45, 48, 52–53

U
U.S. government 93
UDDI 23, 29, 32, 189, 256
    Comércio B2B 88–89
    Redes de SOAs 170
    Segurança 127
    Utility Computing 185
Universal Discovery, Description, and Integration. Veja UDDI
Universal Resource Locater. Veja URL
UNIX 5, 28
URL 19, 32
uso não autorizado 131
usuários autorizados 137
utility computing 177
    infra-estrutura 179
    na SOA 182

V
valor da vida de um cliente 107
vaporware 160
VB. *Veja* Visual Basic
verificação 172
VeriSign 141
versão de produção 223–255
visibilidade das operações 210
Visual Basic 15, 77–80, 163, 221, 249
VisualStudio.NET 37
vôo 91
VPN. *Veja* rede privativa virtual

W

W3C 17, 21, 24, 30
Wal-Mart 100
WANs 7
web service secundário 152
web services baseados em SOAP 192
Web Services Description Language. *Veja* WSDL
Web services registry. *Veja* UDDI
web services
    aplicações consumidoras 192, 253
    arquitetura 75, 255
    boletim 245, 253
    classificação 216
    consumidores 50, 244
    desenvolvimento 231
    desenvolvimento de *software* 76
    gerenciamento 158
    hub baseado em 90
    orquestração 149
    padrões 152
    projeto 259
    SOA baseada em 73
    soluções de gerenciamento 152
WebLogic 38
website 113, 211
WebSphere. *Veja* IBM *WebSphere*
Windows xxvi–xxviii, xxxi, 12, 28, 33, 38, 45, 47, 59, 256
WSDL 23, 29–32, 35, 88, 257
    e gerenciamento de mudanças 150
WS-I 17
WS-*Security* 137

X

XML não-SOAP 52
XML VPN 172–174
XML
    criptografia 142, 146
    documento 20
    esquema 21
    esquemas de rotulação 23
    padrões 24, 26
    sem SOAP 52